北方領土研究

- 地籍學으로 풀어낸 北方領土 範圍 -

曺秉鉉 지음

백산자료원

北方領土研究

– 地籍學으로 풀어낸 北方領土 範圍 –

지 은 이 | 曺 秉 鉉
펴 낸 이 | 육 락 현
인 쇄 | 동아인쇄

인쇄 | 2012. 8. 24.
발행 | 2012. 8. 30.

등록번호 제2-1125호
등록일자 1991. 2. 11

펴낸곳 | 백산자료원
㊄ 100-193 서울시 중구 을지로 3가 334-1
TEL : (02) 2268-8668 FAX : (02) 2267-7710
http : //www. paeksan.com
E-mail : gando2090@naver.com

값 25,000원
ISBN 978-89-6194-026-9-93910

* 파본은 교환하여 드립니다.

책머리에 – 내가 걸어 온 지적地籍의 길

필자의 고향은 경남 함양군 안의면 황곡리 1552번지이다. 지리산 밑에서 땅과 더불어 지게와 땀으로 자식 뒷바라지한 부모님 덕분에 지적을 공부하였다. 대한지적공사에 근무하면서 지적측량업무와 지적재조사사업 추진, 북한의 토지문제를 연구하였다. 지금은 30년 근무를 마감하고 제2의 인생을 출발하는 변곡점에 서 있다. 지적인地籍人으로 부끄럽지 않게 살아온 증표로 이 책을 발간하게 되었다.

이 책은 필자의 박사학위논문 『地籍學의 接近方法에 의한 北方領土問題에 關한 研究』를 수정·보완한 것이다. 당초 2010년 봄에 펴내고자하였으나, 게으름으로 이제야 내게 되었다. 지적공사를 그만둔 덕분에 부족한 내용을 보완할 수 있는 여유를 가지게 되었다.

필자는 이 책을 펴내면서 지적학의 접근이론과 실태분석 부문에 대해서는 약간의 수정만 가했다. 서론과 제4부는 새로 추가하였다. 박사학위논문과 분량으로 따져보면 이 책의 반 정도는 다시 썼다고 해도 과언이 아니다.

자료를 정리하면서 가급적 지적 또는 측량과 관련된 내용은 모두 담으려고 노력하였다. 서술체계도 알기 쉽게 풀어 쓰면서 구어체나 북한식 표현은 원문을 훼손하지 않는 범위 내에서 수정하였다. 그리고 내용도 필자가 준비하고 있는 또 하나의 연구서인 『북한의 토지제도 연구』와 중복되지 않도록 노력하였다.

필자가 북방영토문제를 박사학위논문으로 설정한 것은 북한토지문제 연구의 연장선상에서 이루어졌다. 통일 대비 북한지역 지적재조사사업 추진계획을 수립하면서 통일과 북방영토문제가 직결되어 있음을 알았다. 그리고 북방영토의 지리적 범위를 확정하는 것이 매우 긴요한 것으로 판단하였다. 간도협약으로 북방영토가 중국으로 넘어 간지 100년을 앞두고 되찾고자 하는 땅이 어디까지인지, 면적은 얼마나 되는지도 모르면서 소유권을 주장하는 것은 이치에 맞지 않다고 생각했기 때문이다.

그런데 막상 논문을 준비하면서 지적학의 접근방법으로 북방영토문제를 풀어내기가 쉽지 않았다. 지적학은 토지와 인간 사이에서 발생하는 사회적 현상을 연구하는 학문이다. 매우 전문적인 분야이기도 하지만 역사가 짧아 접근방법에 대한 이론이 정립되지 않은 상황이다. 최적의 접근방법을 채택하기가 쉽지 않았다.

또 다른 고민은 시간적인 범위 설정이었다. 통일에 대비한 논문으로 할 것인가? 통일 이후를 상정할 것인가의 문제였다. 고민 끝에 통일과 연계하여 연구를 진행하되 제목에는 통일을 넣지 않기로 하였다. 북방영토문제는 통일과 관련 없이 이 문제가 해결될 때 까지 풀어야 할 과제로 판단하였다.

이러한 문제와 함께 또 하나의 난관은 북방영토의 개념에 대한 정립이었다. 지금까지 간도, 만주, 고토 등으로 부르고 있는 이 지역을 대표하면서 문화와 역사를 포괄하도록 정의하기가 쉽지 않았다. 일본과 북한에서 사용하고 있는 개념과 사전적 의미를 종합하여 북방영토의 개념을 정립하였다. 이러한 문제의식과 난관은 북방영토를 지적학의 시각으로 풀어내는 이론적 토대가 되었다.

그리고 북방영토문제를 역동적으로 그려내기 위하여 많은 고민을 하였다. 북방영토의 위치, 크기, 모양을 산출하는 분석의 틀은 최신 측량기술인 위성영상 기술을 접목하기로 하였다. 위성영상 기술은 국경지역을 일일이 답사하지 않아도 실태파악이 가능하여 시도하였다. 이에 따른 자료준비와 기술개발은 직장 동료들의 도움으로 현실회 할 수 있었다.

필자의 국경지역 답사는 1998년 연변대학교와 조선족자치주 방문으로부터 시작되었다. 이를 발판으로 러시아 모스크바와 우크라이나 키예프에서 북한의 김책공업대학교 교수들과 사전회의를 개최한 후 남・북한 공동답사가 이루어 졌다. 이 때 백두산지구와 답사 경로를 측량한 것이 이 책을 완성하는데 도움이 되었다.

업무와 연관하여 연구를 병행한 것은 지적공사에 근무했기 때문에 가능했다. 그 동안 일선과 본사, 지적연구원, 국토부 파견근무를 통해 지적재조사특별법 입법과 예비타당성조사를 추진하였으며, 북한 지적제도 연구와 개성공단 지적확정측량을 수행하였다. 그리고 지적공사 비전수립, 미등록도서・DMZ 등록사업 추진 등 새로운 업무를 담당하였다. 주로 신설 부서에서 아무도 가지 않는 '지적의 길'을 걸었다.

이와 함께 『한국지적100년사』 집필위원을 역임하고, 북한 및 간도에 관한 논문 30편을 발표하였다. 국회 정론관에서 간도협약 무효 기자회견과 국가경쟁력강화위원회의 지적 선진화 정책 지원, 간도되찾기운동본부 자문 활동도 병행하였다. 배우고 공부하는 잔잔한 재미가 있었다. 누가 뭐라 해도 '앉으나 서나' 지적재조사사업과 지적공사를 위하여 몸과 마음을 바쳤다. 수처작주隨處作主의 마음으로 몸을 아끼지 않았다. 지적과 지적인의 역할을 일필지에서 영토문제까지 넓히고자 노력하였다.

지금 이 순간, 지적의 발전을 위해 내가 걸어 온 이 길 말고는 나에게 다른 길이 없었음을 잘 알고 있다. 지적공사가 나를 이 만큼 성장시켜 주었음을 믿는다. 지적공사에서 몸은 떠났어도 지적제도 선진화와 지적재조사사업을 위해 열심히 일할 것을 다짐한다.

돌이켜 보면 그 동안 함께한 분들을 잊을 수 없다. 지적학의 창시자인 三地 元永喜 교수님의 열정을 이어받아 지적학문의 체계화를 위해 노력하는 이범관 지도교수와 해불양수海不讓水의 가르침을 주신 공민배 총장님, 남・북한 지적제도 통합 작업을 함께한 김석종 총장님의 지도에 힘입은 바 크다. 북한과 통일 공부에 지표를 세워 주신 '새롭고 하나된 조국을 위한 모임'의 홍사덕 설립자와 신미녀 대표님, 우리나라 지적주권 확립을 위해 헌신하시는 한국토지공법학회 석종현 회장님과 동국대학교 김상겸 학장님의 격려와 배려는 평생 잊지 못할 것이다. 그리고 오늘의 필자가 있도록 지탱해 준 지적계의 선후배님, 지적관련 학과 교수님, 한국지적학회에 감사드린다. 마지막으로 이 책의 출판을 흔쾌히 허락해 주신 백산의 육락현 대표님과 관계자 여러분께 감사드린다.

이 책을 완성하고자 많이 노력하였지만 부족한 부분이 많이 발견된다. 보완해야 할 부분들에 대해서는 저자의 홈페이지 '북한토지연구소(http://www.nkland.org)'를 통해 새로운 정보를 제공할 것을 약속드린다. 독자 여러분의 허심탄회한 조언을 부탁드린다.

나와 만나 인생길 30여년을 동고동락해 온 나의 아내 오길여와 두 아들 힘찬, 지음이에게 나의 사랑과 고마운 마음을 전하고 싶다. 지적을 사랑하고, 간도 되찾기를 바라는 모든 사람들에게 이 책을 바친다.

2011년 12월 17일 하풍죽로당에서 조병현 씀

목 차

책머리에 – 내가 걸어 온 지적地籍의 길 ········· 3

서론 동북공정과 북방영토

1. 중국의 동북공정과 우리의 대응 ········· 13
2. 북방영토에 대한 연구동향 ········· 26
3. 중국과 북한의 북방영토 인식 ········· 40
4. 이 책의 서술방향 ········· 51

제 1부 북방영토 연구의 시각과 방법

제1장 북방영토문제의 이론적 고찰 ········· 58
1. 북방영토문제의 개념 ········· 58
2. 북방영토문제의 분류와 특징 ········· 64
3. 북방영토문제 제기의 필요성 ········· 71

제2장 북방영토문제의 연구방법 ········· 75
1. 지적학의 접근방법 ········· 75
2. 북방영토문제에 적합한 접근방법 ········· 77
3. 지적학으로 본 북방영토문제의 유형 ········· 85

제3장 분석틀 – 위성영상 분석 기법 도입 ········· 90
1. 분석모형의 구성 ········· 90
2. 북방영토문제 분석모형 분류 ········· 93

제 2부 북방영토의 형성과정과 관리실태 분석

제4장 북방영토의 지리적 범위 ······ 99

1. 북방영토의 위치 ······ 99
2. 북방영토의 크기 ······ 126
3. 북방영토의 모양 ······ 132
4. 소결-북방영토의 지리적 범위 미확정 ······ 141

제5장 북방영토의 소유권 변천 ······ 146

1. 지적부와 변계호적안 작성 ······ 146
2. 일본의 대규모 측량 사업 추진 ······ 152
3. 중국의 토지개혁과 지적조사사업 완료 ······ 159
4. 소결-실제적 지적주권의 상실 ······ 162

제6장 북방영토의 가치 분석 ······ 164

1. 인적자원의 가치 ······ 164
2. 물적자원의 가치 ······ 167
3. 소결-인적·물적 가치의 약화 ······ 171

제7장 북방영토의 관리 분석 ······ 173

1. 조선과 대한제국 시기의 관리 ······ 173
2. 중국·러시아의 관리 ······ 187
3. 한국정부의 관리 ······ 192
4. 소결-한국 정부의 관리정책 부재 ······ 201

제 3부 지적학으로 풀어 낸 우리 땅 북방영토

제8장 위성영상에 의한 북방영토의 범위 확정 ······ 206

1. 북방영토의 위치 ······ 206
2. 북방영토의 크기 ······ 220
3. 북방영토의 모양 ······ 224

제9장 북방영토의 소유권 확보 방안 …… 230
1. 소유권 주장의 당사자 …… 230
2. 중국정부에 간도협약 무효 통지 …… 236
3. 잠재적 소유권 확보 및 중재재판 대응 …… 239
제10장 북방영토 가치의 재인식 …… 243
1. 재중동포의 중요성 인식 …… 243
2. 간도대장 자료 확보 및 축적 …… 246
제11장 북방영토의 관리 방향 …… 250
1. 자체관리 방향과 공동관리 방향 …… 250
2. 국가차원의 관리방향과 민간차원의 관리방향 …… 255
제12장 통일한국 정부의 북방영토 귀속 전망 …… 259
1. 국경획정과 국가영역의 변경 …… 259
2. 영토분쟁의 사법적 해결 …… 269
3. 통일한국의 북방영토 귀속 전망과 선결과제 …… 285

제 4부 우리 땅 북방영토 가봐야 안다

1. 남·북한 지적 전문가 북방영토 답사 …… 307
2. 백두산지구 GPS 측량 …… 320
3. 통일기행 일번지 우리 땅 간도 …… 333
4. 토문 감계사 의인 이중하 묘소 참배 …… 352
5. 간도협약 체결 100년의 회고와 재조명 …… 366

결론 평가와 전망

1. 북방영토문제 연구의 평가 …… 375
2. 연구의 한계와 정책적 제언 …… 380

參考文獻 ········· 385

찾아보기 ········· 87

서론 동북공정과 북방영토

1. 중국의 동북공정과 우리의 대응 13

2. 북방영토에 대한 연구동향 26

3. 중국과 북한의 북방영토 인식 40

4. 이 책의 서술방향 51

이 책은 우리나라 북방영토[1]의 지리적 범위를 지적학적으로 분석하고 설명하고 있다. 서론은 네 개의 장으로 이뤄져 있다. 먼저 중국의 동북공정과 우리의 대응에 대해 검토하고, 북방영토에 대한 연구동향과 중국·북한의 북방영토 인식을 분석한다. 그리고 이 책의 서술방향을 구체적으로 소개하고 설명하여 전체 내용을 쉽게 파악하도록 도와줄 것이다.

1. 중국의 동북공정과 우리의 대응

여기에서는 중국의 동북공정과 우리의 대응에 대해 살펴보기로 한다. 동북공정의 배경과 목적을 검토하고 이로 인한 역사왜곡을 설명한다. 그리고 우리 정부와 국회, 민간차원의 대응에 대해 구체적으로 설명하고 있다.

중국의 동북공정과 역사왜곡

우선, 중국의 동북공정과 역사왜곡에 관련된 부분을 살펴보자. 중국은 1949년 정부수립과 함께 국토의 60%를 차지하고 있는 소수민족 문제에 관심을 가지기 시작하였다. 소수민족 문제를 장래 국가의 생존과 직결되는 현실적인 문제로 인식하고, 현재의 국토

1) 여기서 북방영토는 우리가 지금까지 알고 있는 간도, 만주, 우리의 고토, 되찾아야 할 땅 등과 동일한 개념으로 "압록강·두만강 이북의 일정한 지역으로 우리가 되찾아야 하는 땅"을 말한다. 북방방영토의 개념은 제1장 북방영토문제의 이론적 고찰에서 자세히 설명하기로 한다.

를 기준으로 중국사의 범주를 설정하는 다민족통일국가론多民族統一國家論을 내놓았다.[2] 1989년 동구권의 변화, 1991년 소비에트연방의 해체 과정 속에서 각 민족의 독립과 분열을 직접 눈으로 보면서 소수민족 문제에 대해 각별하게 대처하기 시작하였다. 1983년 국무원 산하 사회과학원에 중국변강사지연구중심(中國邊疆史地研究中心, Center of China's Borderland History and Geography)을 설립하여 동북 지방의 역사, 지리, 민족문제 등을 본격적으로 다루기 시작하였다. 우리가 말하는 동북공정東北工程[3]의 서막이 열리게 되었다.

그러나 다민족통일국가론으로는 고구려사 전체를 중국사로 편입하기 곤란하자 최근에는 족속론族屬論과 관계론을 들고 나왔다.[4] 그리고 현재의 영토라는 통일적다민족국가론의 전통적인 기준을 조금씩 과거의 영토로 대체하였다. 2002년 동북공정 선포 이후 새로운 잣대(paradigm)로 "조선 역대 강역은 처음부터 끝

---

2) '다민족통일국가론'이란 "중국은 55개 민족으로 구성된 통일적 다민족국가이기 때문에 중국을 구성하고 있는 수많은 민족의 역사, 나아가 중국 영토안에서 이루어진 역사는 모두 중국사"라는 역사관이다. 이러한 주장은 각 시기별 역사 주체의 계통을 무시하고 오로지 현재의 영토만을 기준으로 역사의 범주를 설정한다는 점에서 주변 국가와 영토분쟁이 불가피한 측면이 있다. 동북아역사재단, 2009, 『직장인을 위한 역사 아카데미〔동북아시아, 그 갈등과 협력의 역사〕, pp.16~17.

3) 동북공정은 '동북변강역사여현상계열연구공정東北邊疆歷史與現狀系列研究工程'의 준말로서 "동북 변강의 역사와 현재 현상에 대한 체계적인 프로젝트"의 의미로 해석할 수 있다.

4) 고구려의 영역이 중국과 한반도에 걸쳐 있고, 평양이 북한에 있어 '현재의 영토'라는 기준을 전면적으로 대입하기 보다는 고구려의 족원이나 시종일관 중국 왕조와의 조공·책봉 관계 등을 중심으로 고구려사를 중국사에 편입하는 논리를 말한다. 동북아역사재단, 2009, 前揭書, pp.17~18.

까지 한 번도 압록강·두만강을 넘지 못했다"는 역사적 강역을 주장하고 있다.[5] 고구려의 판도 전체가 본래부터 중국영토였다고 주장하기 위해 '고조선사'를 기자조선-위만조선-한사군을 고구려 전사前史로 설정하였다. 고구려가 백제·신라의 북상을 저지하여 중국의 전통 강역을 보존했다는 것이다. 중국이 역사적 강역이라는 새로운 잣대로 만든 한·중 국경사는 고구려사의 역사 왜곡을 넘어 고조선사까지 중국사로 편입하는 것이다.[6]

결국 중국의 동북공정은 현재의 중국영토라는 전통적인 통일적다민족국가론의 기준마저 폐기하고, 중국왕조의 판도가 가장 넓었던 과거 불특정한 시점을 기준으로 중국사의 범주를 최대한 확장하려는 국가적 프로젝트라 할 수 있다.

동북공정의 목적은 중국변강사지연구중심 홈페이지에 나타나 있는데 국가의 장기적인 안정과 사회질서 확립으로 되어 있다. 중국 공산당 정치부 위원과 재정부 부장, 사회과학원 부원장, 흑룡강성 부서기 등 중국 정부의 주요 관직자들이 참여하고 있다. 이로 미루어 볼 때 동북공정이 단순히 학문적인 연구에만 그치는 것이 아니라 특정한 정치적 목표에 주안점을 둔 프로젝트임을 알 수 있다.

그러면 여기에서 동북공정의 추진배경에 대해 구체적으로 살펴보자. 동북공정을 추진한 직접적인 계기는 2001년 우리 국회에서

5) 서길수, 2009, 백두산 국경 연구, 서울, 여유당출판사, pp.335~356.

6) 중국의 많은 학자들은 저서와 논문을 통해서 고구려가 중국 역사라는 것을 주장해 왔다. 그 주된 논리는 "고구려는 중국 땅에 세워졌다. 고구려는 국가가 아니라 소수민족 지방정권이다. 고구려가 멸망한 뒤 고구려인은 대부분 중국에 속하게 되었다"로 요약할 수 있다.

재중동포[7]의 법적지위에 대한 특별법이 상정되자 중국 당국은 조선족 문제와 한반도의 통일과 관련된 문제 등에 대한 국가적 차원의 대책을 세우기 시작하였다. 더구나 2001년 북한이 고구려 고분군을 국제연합교육과학문화기구(UNESCO)에 세계문화유산으로 등록을 신청하자 국가적 프로젝트인 동북공정을 기획하고 추진하게된 것으로 보인다.[8]

중국이 주장하는 동북공정의 추진배경은 첫째, 개혁 개방 이래 동북 변강에서 한국과 북한, 러시아와 중국 사이의 관계에 큰 변화가 초래되었다는 점, 둘째, 동북아의 정치·경제적 위상이 나날이 커지면서 동북 변강 역시 중요한 전략적 지위를 갖게 되었다는 점, 셋째, 남·북한의 연구기구와 학자들이 특별한 의도를 가지고 역사사실을 왜곡하고 그릇된 논리를 펼치고 있어서 동북 변강의 역사와 현상에 관한 연구가 많은 도전에 직면하게 되었다는 점 등을 들고 있다.[9]

중국은 동북공정에 대해 나름대로 설명하고 있지만, 소수민족으로서 재중동포 문제와 긴밀히 연관되어 있다. 1992년 한·중 수

---

7) 동포同胞는 같은 핏줄을 이어받은 사람들로, 국내에 살건 국외에 살건 동일한 민족의식을 가진 사람 모두를 다정하게 이르는 말이다. 그러나 우리는 간도지역에 거주하는 우리 동포들을 연구자나 시기에 따라 한인, 조선인, 조선족 등으로 부르고 있다. 따라서 이 책에서는 재중동포로 통일하여 표현하도록 한다. 그리고 우리는 가급적 재중동포를 "조선족"이라 부르는 것은 피해야 한다. "조선족"은 중국인 입장에서 소수민족인 우리 동포를 부르는 이름인데 우리마저 그렇게 부를 이유가 없다.

8) 윤휘탁, 2006, 동북공정의 문제점과 대응방향, 정세와 정책 통권 124호, 국가기록원 나라기록(http://contents.archives.go.kr/next/content/listSubjectDescription.do?id=003101&pageFlag=A), 2011년 4월 19일 검색

9) 동북아역사재단, 2009, 前揭書, pp.35~36.

교 이후 빈번해진 한국인들의 동북지역 여행과 재중동포의 코리안 드림 현상, 탈북자로 인한 북방지역의 불안상황에 자극 받은 것으로 보인다. 당시 대부분의 탈북자들이 연변지역으로 숨어들어 북한과 외교문제가 될 정도로 심각하였다. 이러한 내용은 "한반도 형세의 변화에 대한 동북지구의 안정과 충격"에 보면 잘 나타나 있다.[10]

그리고 눈앞에 닥친 길림성의 중·조 변경 현상을 들 수 있다. 19세기 하반기 조선인의 중국으로 이동과 형성에 대한 역사적 연구, 통일 후에 제기될 두 차례의 정해·을유 국경회담과 조·중변계조약의 승계 문제 등에 대한 중국의 과민 반응에서 비롯됐다. 중국변강사지연구중심의 지도자인 마대정을 위시한 11명이 집안에서부터 국경선을 따라 백두산 천지의 국경선을 답사한 후 훈춘의 방천 지역과 두만강 지역까지 답사를 실시한 것에서 알 수 있다.

또 다른 한 가지는 이 지역에 대한 한반도의 영향력을 차단하여 동북지역의 국민적·영토적 통합에 대한 확고한 처리에 있다. 중국은 동북지역의 국경문제를 국가영토·국가주권의 정치문제이며, 변강 차원의 지역문제가 아니라 중국 전체의 문제로 인식하고 있다. 이러한 인식하에 영토문제를 집중적으로 연구하여 국경문제와 변강의 안정, 역사와 현실의 관계를 해결하고자 하였다.[11]

---

10) 이일걸, 2004, 중국의 동북공정과 간도 영유권문제, 백산학회·국사편찬위원회, pp.100~150.

11) 동북공정 지도그룹의 부조장인 길림성 부성장 전철수全哲洙의 배경 설명이다. 그리고 동북공정의 지도그룹의 조장인 왕락림王洛林은 동북공정의 중요한 임

중국은 동북공정을 학문적인 연구로 설명하고 있지만,12) 주요 연구대상을 살펴보면 사실이 아님을 알 수 있다. 오래 전부터 한·중 간에 영토분쟁이 있었던 중국의 동북지방에 위치한 요녕성, 길림성, 흑룡강성이 연구대상으로 삼고 있는 것만 보아도 단순히 학문적인 연구에만 그치는 것이 아니고 동북지역의 공정과 영토문제가 핵심임을 알 수 있다. 동북공정의 연구결과물을 보면 더욱 명확해 진다. 2003년 6권, 2006년에 3권을 출판하고 2007년 말에 종합보고서를 내놓았다. 95개의 연구과제 중에서 동북지역에 대한 연구는 25개, 한국 및 한국사와 관련된 것은 30개로 비중이 매우 높다.13)

한국과 한국사의 비중이 높은 것에 대하여 단순히 영토문제와 역사 왜곡의 시각으로만 바라보아서는 안 된다. 우리나라 돈으로 5조원을 투입해 고구려를 "중국의 부속국가에 불과하다"는 결론을 얻기 위한 것이 아니다. 북한지역에 대한 역사적 연고권을 더욱 강화하면서 북한 김정일 정권의 붕괴를 겨냥한 북한 흡수 통

무를 "동북지방사, 동북변강민족사, 동북변계연혁사, 19세기 조선이민의 중국사, 동북지역과 주변 국가지역의 관계사와 변계연혁사 등 연구방면의 연구성과를 집중하고, 주변 국가에서 제기하는 의혹과 난점을 우세한 역량으로 집중 공략하여 해결하는 데 있다." 또한, 동북공정의 방향은 "충분한 연구인원으로 연구역량을 정리·종합하여 높은 성과가 나도록 하며, 국가이익, 국가외교정책, 민족정책, 경제정책 등의 민감한 문제들을 잘 이끌고 관리하는데 있다."고 하였다.

12) 중국의 강역이론, 동북지방사 연구, 동북 민족사 연구, 고조선·고구려·발해사 연구, 한중관계사 연구, 중국 동북 국경지역과 러시아 극동지역 관계사 연구, 한반도 정세변화와 중국 동북 국경지역 안정에 미치는 영향 등으로 구성되어 있다.

13) 박장배, 2007, 중국의 동북공정 경과와 쟁점 및 우리의 대응, 동북아역사재단 학술회의 자료집, pp.17~18.

합에 대비한 한반도 전략으로 보아야 한다.

우리는 동북공정이 노리는 궁극적인 목적을 간과해서는 안된다. 그들의 주장대로 단순히 학술적인 차원에 불과한 것이 아니라 한반도가 통일된 후에도 이 지역에 대하여 계속 관할하기 위한 포석으로 간도분쟁에 대비하면서 북한 영토에 대한 기득권 확보에 있다는 것을 명심해야 한다. 중국은 북한 정권이 오랫동안 존속할 수 없기 때문에 독립 정권을 계속 유지하기 위해서는 중국의 군사력에 의존할 것으로 판단하고 있다. 중국은 군사적 지원을 통해 북한 지역을 지방정권화하고, 장기적으로 통합하기 위하여 동북공정을 추진한 것이 틀림없다. 동북공정은 단순한 역사왜곡 문제가 아니라 한민족韓民族의 생존과 직결된 문제이다

중국의 동북공정에 대한 우리의 대응

여기에서는 중국의 동북공정과 역사왜곡에 대한 정부 및 국회, 민간차원의 대응에 대하여 살펴보기로 한다. 중국이 20년간 추진한 동북공정과 역사왜곡의 영향은 이미 나타나고 있다. 최근 미국 소재 대학과 박물관, 방송사, 포털사이트 등 총 34개 기관이 세계 지도에서 한국의 전체 영토 및 일부를 중국 영토로 표기하고 있는 것으로 나타났다. 한반도 전체를 중국 땅으로 왜곡한 지도는 25건, 평양 이북은 2건, 한강 이북은 17건, 전라도 이북은 6건, 불분명하게 표기한 것 3건 등 총 53건이 중국 땅으로 표기하고 있다.[14] 그리고 외교부가 국회 외통위에 제출한 자료에

14) 사이버 외교 사절단 반크(www.prkorea.com)의 조사 내용을 연합뉴스에서

의하면 "중국 시중에 풀린 10여 종의 역사 교과서 중 한국사를 제대로 기재한 교과서 1종 밖에 없다"고 밝혔다. 이는 중국이 동북공정을 통해 세계 여론을 악화시키고 있음을 여실히 보여주고 있다. 이 같은 한반도의 중국영토 표기와 중국 지방정부 주장은 국제적으로 더욱 확산될 것이 틀림없다.

동북공정에 의한 역사왜곡이 이렇게 심각함에도 불구하고 우리 정부는 초창기에 학술문제로 국한시켜 대응하였다. 2002년 동북공정에 의한 역사왜곡이 한·중 간에 첨예한 외교적 문제로 비화되자 2004년 3월 고구려연구재단을 설립하였다. 2004년 8월 중국 외교부 부부장인 우다웨이가 방한하여 5개항을 구두로 합의[15)]하여 양국의 실리와 명분을 살렸지만 근본적인 문제해결은 이루지 못하였다.

그 이후 고구려사와 발해사 등 한국 고대사의 연구결과가 홈페이지에 소개되었다. 중국의 패권주의를 비판하는 시위가 벌어지고 여론이 악화되자 핀란드 아셈회의에서 노무현 대통령이 원자바오 총리와 만나 유감을 표시하였다. 그리고 베이징에서 열린 한·중 정상회담에서도 고구려사 문제를 논의하였지만 근본적인 해결책을 마련하지 못하였다. 철저하게 학술문제로 접근한다는

"美 주요기관 한국은 중국땅' 왜곡 표기" 제목으로 2005년 01일 14일 보도하였다.

15) 한국 정부와 중국 외교부의 우다웨이武大偉 부부장이 구두합의한 5개항은 1.고구려 문제가 중대 현안으로 대두된 데 중국 측은 유념한다. 2.향후 역사문제로 인해 한·중 우호협력 관계를 손상되는 것을 방지하기 위해 노력한다. 3.고구려사 문제의 정치화 방지에 노력한다. 4.중국, 중앙 및 지방정부 차원의 고구려사 왜곡 기술에 대한 한국 측 우려에 대해 이해한다. 5.고구려사 문제의 해결을 위해 한·중간 학술교류의 조속한 실시 추진으로 되어 있다.

중국의 입장만 확인하고 다시 불붙었던 양국 간의 역사논쟁이 일단락되었다.

이를 계기로 교육인적자원부와 한국정신문화연구원에 고구려사를 체계적으로 연구할 수 있는 한중역사공동연구회를 설립하고, 2006년 9월에 동북아역사재단을 출범시켰다.[16] 동북아역사재단은 중국의 역사왜곡과 일본의 독도 영유권 주장에 대해 감정적·일시적 대응보다는 철저한 확인과 논리에 의거, 각계의 지혜를 모아 장기적·종합적 연구 분석과 체계적·전략적 정책개발에 목적을 두고 있다. 주요사업은 동아시아의 근·현대사 쟁점 규명, 한·일 관계사와 고구려사 등 동북아시아 역사 연구, 한·중 역사문제 및 역사 쟁점별 대응논리 정리, 중국·일본 등 동북아시아 각국에 대한 인문학적 조사 및 분석, 동북아 시민사회와의 네트워크 구축과 올바른 역사 인식 확산을 위한 대국민 역사교육 및 홍보 등에 두고 있다.[17]

중국의 동북공정에 대해 직접 대응하기 위하여 2003년 설립한 고구려연구재단은 동북아역사재단에 통·폐합되었다. 그 동안 고구려연구재단은 중국이 고구려사를 중국사로 편입하는 근거의 허

16) 2004년 08월 '동북아의 평화를 위한 바른역사정립기획단 설치 및 운영에 관한 규정' (대통령 훈령 제147호) 제정과 12월 6일 국회 유기홍 의원 등 23명이 '동북아역사재단 설립·운영에 관한 법률안' 을 발의하였다. 2006년 5월 19일 '동북아역사재단 설립·운영에 관한 법률' 을 제정(법률 제7955호)함으로써 공식적으로 출범하게 되었다. 정부는 '동북아역사재단 설립 관련 설명 자료' 에서 "중국의 동북공정의 본질은 중국의 국가전략 차원에서 이뤄지는 중국 국무원 산하 사회과학원의 역사 연구를 빙자한 조직적 역사왜곡 프로젝트" 라면서 "중국은 오히려 '정치·연구 분리' 운운하면서 왜곡현상을 심화하고 있는 실정" 이라고 밝혔다.

17) 동북아역사재단 홈페이지(http://www.nahf.or.kr), 2011년 11월 5일 검색.

구성을 집중 규명하고 고구려사가 한국사임을 밝히는 작업을 다각도로 진행하였다. 특히, 2005년 7월 19일부터 30일까지 백두산을 직접 답사하여 백두산정계비 터를 확인하는 등 고조선・고구려・발해 등의 역사에 대한 연구를 꾸준히 진행하여 많은 성과를 창출하였다.

동북아역사재단에서 발표한 2011년도 주요 업무에 중국・일본과의 역사 갈등 대응, 바른 역사 인식 확산을 위한 교육 등이 포함되어 있다. 여기서 한 가지 주목 할 만 한 것은 중국과의 역사 갈등에 대한 대응부분이다. 필자의 의견은 동북아 역사재단은 해외의 역사왜곡 사례들을 시정할 수 있도록 구체적인 대응논리 개발에 힘쓰고, 연구부분은 민간단체에서 우수한 실적을 낼 수 있도록 전폭적인 지원이 필요하다는 것이다.

한편, 우리 정부는 2004년 8월 우리 고대사의 정치쟁점화를 금지한 한·중 구두양해 이후에도 중국의 역사왜곡이 지속적으로 진행됐는데도 북한 핵 및 6자회담에서 중국의 역할을 고려해 안이하게 대처하였다. 김양수 한나라당 의원이 교육인적자원부로부터 제출받은 자료에 의하면, 외교부는 한중 구두양해 이후인 2004년 9월 '고구려사통합TF'를 만들고 산하에 외교부, 국가안전보장회의(NSC) 등 관계부처가 참여하는 외교전략팀을 구성하여 중국의 역사교과서 왜곡 사실을 확인하였다. 이에 따라 국무조정실은 중국의 역사교과서 왜곡 시정을 적극 요구하기로 결정하고 교육인적자원부에 공문을 보내 "중국 역사교과서 왜곡 대책에 만전을 기하라"고 지시했다. 첨부한 자료에는 부여, 진한의 문화, 고구려 영역, 발해 등 12개의 중국 교과서 왜곡 사항과 이의 시정조치 내용이 담겨 있다.

그리고 교육부는 중국에서 열린 교육차관회의에서 왜곡부분에 대한 수정을 요청했지만 중국측이 받아들이지 않았다. 그러자 정부는 국회에 제출한 답변 자료를 통해 "2006년 8월 현재 중국 중앙정부 및 당·정·관영 언론 차원의 추가 역사왜곡은 나타나지 않고 있다"고 입장을 밝혀 비판을 받았다.

다음은 국회의 대응에 대하여 살펴보자. 국회에서도 정부와 마찬가지로 이 문제에 대하여 적극적으로 나서지 않았다. 국회에서 중국의 동북공정과 영토문제를 언급한 것은 많지 않다.

2003년 12월에 여야의원 25명이 제출하여 '고구려사 왜곡 및 역사 편입 시도 중단촉구 결의안'을 채택하였다. 결의안은 "대한민국 국회는 2004년 8월 한·중 양국간 양해사항 합의에도 불구하고 중국 정부 차원의 역사왜곡이 중단되지 아니하고 오히려 심화·확대되고 있음에 깊은 우려와 유감을 표한다"며 "중국 사회과학원 산하 변강사지연구중심 웹사이트에 게시한 일련의 논문들은 단순한 학술차원의 개인적 연구로 치부할 수 없다"고 하였다. 또한 "정부가 중국의 역사왜곡에 적극적으로 대응하지 않고 있다는 국민적 비판이 확산되고 있음에 유의하고 정부의 보다 적극적이고 체계적인 대응 노력이 절실하다"는 내용도 포함하였다. 이어 중국 정부의 역사 왜곡 중단 및 시정 조취, 정부의 단호한 대처 및 민간단체와의 유기적 협력, 남북 공동대책 마련, 국제사회의 올바른 역사의식 정립, 정부의 대응에 대한 감시·감독 등 5개항을 촉구하였다. 그리고 '독도 수호 및 역사왜곡 대책 특별위원회'를 구성하여 정부의 미온적 태도에 대해 문제점을 지적하고

중국의 역사왜곡에 당당하게 대응할 것을 촉구하였다.[18)]

마지막으로 민간단체 차원의 대응에 대하여 살펴보자. 동북공정에 대한 정부와 국회의 소극적 대응에 비해 언론보도는 전 국민의 관심을 불러 일으켰다. 동북공정에 의한 중국의 고구려사 편입 왜곡은 국민감정을 격앙시켜 고구려 역사 드라마 열풍으로 이어졌다. 이러한 여론에 부응하여 역사학계와 시민단체에서 학술회의를 개최하고 집회를 가졌다.

현재 우리나라에서 북방영토와 관련된 민간단체는 백산학회와 한국간도학회, 북방민족나눔협의회가 있고, 교육기관으로는 경일대학교 독도·간도교육센터가 개설되어 간도 연구 및 교육을 실시하고 있다. 민간단체 중 백산학회는 간도 관련 국사부문 중 대륙관계의 연구와 자료 발간을 목적으로 창립되었다. 만주대륙의 동쪽 즉, 한반도로부터 흑룡강유역과 내몽고를 거쳐 발해만에 이르는 지역일대가 반만년 이래 우리민족의 생활무대였던 간도문제를 해결하기 위해 많은 자료를 수집하여 약 700여 편의 연구논문을 발표하였다. 논문집으로 「백산학보」를 발간하여 북방영토문제에 관련된 논문과 사료를 꾸준히 발표·정리함으로써 중국의 동북공정에 대응한 북방영토문제 연구의 구심적 역할을 담당하고 있다.

그리고 '한국간도학회'는 2004년 동북공정에 맞서 역사, 정치사, 국제법 전공학자들이 창립하였다. 그 동안 간도영유권 문제에 관한 자료를 수집하고 각종 학술대회를 수차례 개최함으로써 간도가 우리 영토로 귀속되어야 한다는 연구결과와 당위성을 일반

18)2006년 09월 08일자 문화일보 참조

국민들에게 알리는데 전념하여 왔다. 「간도학보」를 발간하고, 동아시아 영토문제 국제학술회의 및 미국·독일·일본 학자들이 함께 참여하는 국제학술대회를 개최하기도 하였다.

한편, 시민단체로는 북방민족나눔협의회가 가장 활발히 활동하고 있다. 2006년 7월 31일 외교통상부에 비영리민간단체로 등록하였다. 산하에 간도되찾기운동본부와 북방한민족사업본부를 구성하여 간도지역과 재중동포에 대한 다양한 사업을 전개하고 있다. 간도되찾기운동본부는 순수한 시민단체로 현재 4,000명의 회원이 가입해 전국에서 활동하고 있다. 간도가 우리 땅이라는 확신을 다지고 간도 되찾기에 대한 지혜를 결집하여 한국 근대의 북방영토와 국경문제를 주제로 학술대회를 개최하는 등 학술적으로 간도가 우리 땅이란 당위성을 제시하였다. 2005년 9월 4일을 간도의 날로 선포하여 기념행사를 개최하고 있다.[19)]

한편 경일대학교 독도·간도교육센터에서는 전국에서 처음으로 학부에 간도론을 정규과목으로 개설하여 교육하고 있으며, 한국지적학회지에 북방영토 관련 논문을 시리즈로 발표해 학문적인 토대를 마련하였다. 2009년 9월 4일 대구 망우공원 광복회관 항일독립운동기념탑 광장에서 교육용 백두산정계비 제막식을 개최하였다.[20)]

---

19) 매년 현충일에 간도관련 인물을 기리고자 묘소를 찾아 참배를 하는데 2010년에는 간도감계사 이중하의 묘소를 참배하였다. 여기서 필자는 '의인 이중하 선생을 추억한다.'는 제목으로 강연하였다. 강연내용은 제4부 '간도 감계사 이중하 묘소 참배'에 실었다.

20) 제막식 행사는 경과보고, 백두산정계비 제막식, 대국민선언문 낭독, 간도와 독도의 만남 자료전, 간도신문과 고지도 전시, 백두산정계비 영상물 상영이 있었다. 경일대학교 독도·간도교육센터장인 이범관 교수는 "금번

그리고 필자가 소속되어 있던 대한지적공사도 대구과학대학교, 북한 김책공업종합대학교와 공동으로 북한과 북방영토에 대한 자료수집 및 학술토론회, 공동답사를 추진하였다. 2003년 모스크바에서 개최한 동북아 국제심포지엄을 계기로 2006년도에는 남·북한 학술 심포지엄과 백두산, 토자비 공동답사가 이루어졌다.[21]

앞으로 민간단체의 역할을 더욱 발전시켜 북한 학계와 공동으로 고구려의 역사와 문화가 우리의 역사임을 확인하고, 러시아 연해주 지역에서 발해 유적을 발굴하는 등 남북 공동대응이 절실히 필요한 것으로 판단된다.

2. 북방영토에 대한 연구동향

여기에서는 우리 땅 북방영토에 대한 연구동향을 살펴보기로 한다.

선행연구 중에서 북방영토와 밀접한 관련이 있는 간도지역 영유권문제, 백두산정계비 설치와 효력, 간도협약 및 조중변계조약 등 국경조약을 중심으로 한국학계와 중국·일본·북한 등 외국

제막식 행사를 계기로 간도가 엄연한 우리 땅이라는 사실을 분명히 알리고, 언젠가 후세대가 되찾을 수 있도록 근거를 마련해 주는 것이 당연한 우리의 책무이다"고 전했다. 2009년 8월 29일 뉴스천지(http://www.newscj.com)참조.

21) 대한지적공사 내부자료, 2006, 남·북한 학술 심포지엄 참가 보고서, pp.16~29. 남·북한 학술 심포지엄에서는 지적분야 최초로 북한 학자의 논문발표가 있었다. 필자는 "녹돈도의 영유권 분쟁에 관한 연구"를 발표하였다. 발표내용은 제4부 "남·북한 지적 전문가 북방영토 답사"에 실었다.

학계의 연구동향에 대하여 구체적으로 설명하고 있다.

한국학계의 연구동향

여기에서는 북방영토에 대한 한국학계의 연구동향에 대하여 살펴보자. 중국의 동북공정이 알려지자 언론매체와 시민단체 등에서 다양한 방법으로 대응하였다. 학계에서도 동북공정에 대한 연구가 다수 발표되었지만 북방영토와 직접 관련 있는 연구는 많지 않았다. 2009년 9월 20일 국회전자도서관에서 북방영토라는 주제어로 관련 도서를 조회한 결과 총 182건이 검색되었다. 검색된 도서 가운데 7건 만이 한국에서 발행된 것이고, 나머지 175건은 일본의 북방영토와 관련하여 발행된 것이다. 또한, 동일 주제어로 학위논문을 조회한 결과 총 17건이 검색되었는데, 이 중 우리나라 북방영토에 관한 논문은 4건에 지나지 않고, 나머지 13건은 일본의 북방영토에 관한 논문이었다.[22)]

이와 같이 북방영토와 관련된 도서와 논문은 주로 일본의 북방영토와 관련된 논문들이다. 우리나라 북방영토와 관련이 있는 일부 도서와 논문도 간도와 백두산정계비에 국한되어 단편적으로 이루어졌음을 알 수 있다. 이처럼 우리나라 북방영토와 관련된 연구가 부족하지만, 북방영토를 이해하는데 도움이 되거나 직접적으로 관련이 있는 선행연구를 살펴보면 다음과 같다.

김득황은 백두산과 북방강계[23)]라는 단행본을 통해, 만주사의

22) 여기서 우리나라의 북방영토와 일본의 북방영토라는 용어를 각각 사용하게 되는데, 그에 대한 자세한 내용은 제1장 북방영토문제의 이론적 고찰에서 자세히 설명하기로 한다.

주역이 한민족이므로 만주가 우리의 땅이라는 역사의식을 가져야 한다는 입장을 견지하고 있다. 백두산과 간도문제, 간도의 어제와 오늘, 만주사와 한민족 등으로 나누어 간도문제를 정리하였다. 특히, 조·청 양국 국경획정, 청태종의 방어공사, 행정관청의 설치 및 지권발급, 북방경계인 레지선(Regis Line)의 면적을 제시하였다.

유정갑은 북방영토론[24]이라는 단행본을 통해, 영토의 개념 및 범위에 대한 이론적 접근과 우리민족의 영토변천사와 세계사에서의 흥망성쇠 사례를 분석하였다. 우리 민족 영토변천사로 상고시대부터 조선시대까지 영토변천 과정과 시대별 영토확장 요인을 분석하였다. 그리고 이슬람제국과 몽고, 이스라엘 등의 흥망성쇠를 검토하고, 고토지역을 난하지역, 만주지역, 간도지역으로 구분하고 가능성을 탐색하였다. 고토회복 방안으로 힘에 의한 방안, 국제법에 소송을 제기하는 방안, 분쟁 당사국간의 정치협상을 통한 방안을 제시하였다. 최선의 방안은 어느 시기에 가서 우리와 한족간의 직접교섭을 통해 정치적으로 해결하는 것이라 제시하였다. 그리고 고토회복의 기본요건으로 단군조선의 영광을 되살려 나라를 크게 일으키자는 '다물정신'[25] 확립으로 결론을 맺었다. 북방영토론은 북방영토에 관한 역작으로 북방영토 연구에 새로운 장을 열었다. 그렇지만 북방영토에 대한 개념의 정의와 지리적

---

23) 김득황, 1987, 백두산과 북방강계, 서울, 사사연, pp.25~35.

24) 유정갑, 1991, 북방영토론, 서울, 법경출판사, pp.11~25.

25) 다물은 순수 우리말로 "잃어버린 옛 영토를 되찾는다"는 뜻으로 풀이된다. 삼국사기와 중국의 자치통감 등에 '위복구토위다물謂復舊土爲多勿'이란 기록이 있다. 경남 산청 군 단성면에 다물평생교육원이 있다.

범위에 대한 논의가 이루어지지 않았으며, 북방영토 연구의 학문적 체계와 성격을 정립하지 못한 아쉬움이 있다.

신각수는 국경분쟁의 국제법적 해결에 관한 연구[26)]에서 국경획정과 국경분쟁에 관련된 국제법 이론을 바탕으로 세계 각국의 분쟁 사례들을 분석한 다음 이를 간도문제에 적용하였다. 그는 국경분쟁의 유형을 국경조약의 해석·효력·공식화된 국경의 부재에 관련된 분쟁으로 분류하고, 유형별로 백두산정계비의 법적 성격과 해석문제, 청·일간도협약 및 통일시 북한이 체결한 국경조약의 효력문제, 한중간의 간도국경분쟁에 대하여 연구하였다. 서론에서 국경에 관한 일반적 이론과 국경분쟁과 영유권분쟁의 차이점, 국경의 좌종성과 안정성의 원칙에 대하여 고찰하고, 국경획정과 국경분쟁, 물리적 국경의 획정 방법을 설명하였다. 그리고 국경조약의 해석과 관련된 분쟁의 해결사례와 한국-중국간 백두산정계비분쟁의 법적 성격과 해석문제를 검토하고, 국경획정기준의 적용과 국경표지 작업과 관련된 분쟁, 국경조약의 효력과 관련된 분쟁 등을 검토하였다. 특히, 한국의 국경분쟁과 국경조약의 효력·국가승계, 통일시 북한이 체결한 국경조약의 효력을 검토하였다. 본 논문은 국제법상 국경분쟁을 다룬 첫 박사학위논문이다. 백두산정계비는 계속 효력을 지니나 완전한 국경조약이 아니며, 토문강으로 국경획정이 부분적으로 이루어졌으나 토문강을 두만강과는 별개의 강으로 보았다. 지도는 국경획정 작업의 결과로 제작된 경우는 1차 증거로서 조약보다 우선한다. 간도협약은

26) 신각수, 1991, 國境紛爭의 國際法的 解決에 관한 硏究, 박사학위논문, 서울대학교, pp.1~6.

국제법상 무효이며, 조·중변계조약은 지방정부에 불과한 북한이 체결하였기 때문에 효력이 없으므로 통일 후 통일 한국이 새로운 국경조약을 체결해야 하는 것으로 결론을 내렸다.

김홍철은 국경론[27]이라는 단행본을 통해 국경론의 뜻과 학문적 성격, 국경론의 세기적 연구동향 등을 분석하여 독립학문으로써 국경론의 위상을 정립하였다. 국경론은 정치국경론적 측면에서 본 국경관념 형태의 문명권별 유형적 편차와 연구사적 시각을 중심으로 국경론을 전개하였다. 국경론의 이론적 배경으로 학문적 성격을 규명·통찰하고, 국경론의 국내·외에 걸친 세기적 연구동향과 그 동안 축적되어 온 연구 활동·업적에 관하여 체계적으로 정리하였다. 그 외에도 유럽 문명권, 이슬람 문명권, 중화적 문명권별로 국경관념 형태를 논하였다. 우리나라 한민족의 고유한 전통적 영토관·국경관념·국토의식 등 제반 문제에 관하여 통찰하면서 문명권별 국경관념 형태의 개별적 특징과 유럽적 편차를 비교 분석하였다.

홍영희는 간도론[28]이라는 단행본을 통해, 간도문제에 관하여 지금까지 국내에서 발간된 서적과 논문을 요약·정리하였다. 간도론은 최근 심각한 문제로 대두되고 있는 영토문제를 체계적으로 교육하기 위한 교재로 개발되었다. 간도론은 간도지역에 대한 기초인식, 조선과 청나라와의 간도지역 개발과 백두산정계비 건립, 한·중 영유권 교섭에 관해 구체적으로 논하였다. 그리고 간도를 둘러싼 조선과 청·일간의 영유권 다툼과 간도협약의 무효, 북

27) 김홍철, 1997, 국경론, 서울, 민음사, pp.12~42.
28) 홍영희, 2006, 간도론, 대구, 삼지출판사, pp.10~20.

한·중국 간의 비밀국경 조약, 연해주 영유권 문제, 서간도 문제 등을 다루었다. 끝으로, 오늘날 간도지역의 연변조선족자치주[29]의 현황과 중국의 동북공정에 대해 객관적·역사적 사실을 기초로 간도가 한국의 영토임을 밝히는데 주안점을 두었다. 그러나 간도론은 복잡한 간도문제를 일목요연하게 정리한 교재로서는 부족함이 없으나, 이론적 근거와 깊이가 다소 부족한 측면이 있다.

노영돈은 2004년 간도학보 창간호에 발표한 청·일 간도협약의 무효와 한국의 간도 영유권[30]이라는 연구를 통해, 현재 중국이 간도를 점유하고 있는 것은 사실상의 지배에 불과한 것으로 규정하였다. 오늘날의 간도소유권 문제는 적어도 1880년대에 있었던 분쟁상태에 있는 것을 강조하였다. 그러나 간도소유권 문제에 있어서 기본 사항인 간도 범위가 확정되지 않은 상태를 지적하였다. 오늘날 통용되는 국경선 개념에 의거 백두산정계비를 기초로 두만강 건너편 동간도를 한국의 영토로 보는 법리와 봉황성 이동의 압록강 건너편 서간도까지 한국의 영토로 보는 법리를 제공하였다. 그리고 지금까지는 북방영토에 대해 소유권을 주

29) 연변조선족자치주는 1952년 9월 3일 연변조선족자치구가 성립되었고, 1955년 자치주로 개칭되었으며, 1958년에는 길림성, 흑룡강성, 요녕성, 내몽고자치구 등지에 42개 조선족자치구, 자치향이 성립되었다. 류춘욱·김병호, 2007, 중국 조선족 인구문제와 그 대책, 북경, 민족출판사, pp.49~50.

30) 노영돈, 2004, 청·일 간도협약의 무효화와 한국의 간도 영유권, 간도학보, 창간호, pp.20~30. 그리고 노영돈은 2005년 통일부 용역 보고서 조-중 변계조약의 내용과 그 법적 효력에 관한 연구(연구책임자 노계현)를 통하여 한-중 간도영유권분쟁 역사적 개관, 조-중 국경획정조약의 내용과 효력, 남·북한 통일시 조-중 변계조약의 국가승계문제 등에 대하여 검토하였다.

장할 기회가 없었지만, 이제는 남북통일에 대비하여 제기할 수 있는 단계에 왔기 때문에 정부의 적극적인 대처를 촉구하였다.

박동기는 통일한국에 있어서 북방영토에 관한 연구[31]라는 학위논문에서 영토의식의 성장과 배경, 만주 고토에 대한 인식을 바탕으로 간도의 정치·지리적 특성을 개관하였다. 간도의 정치·지리적 위치를 맥킨더(H. J. Mackinder)의 내측 초생달지역(inner crescent)과 스파이크맨(N. J. Spykman)의 주변지역 이론(rimland)[32]에 의해 추정하였다. 동북아시아의 심장지역은 간도를 포함하는 만주지역이기 때문에 "우리가 간도지역을 회복하여야만 동북아의 강대국으로 성장할 수 있다"면서 간도 영유권 회복을 강조하였다. 그리고 러시아와의 두만강 유역의 국경문제와 연해주 영유권 문제를 제기하고 중국, 러시아 및 북한의 영토정책을 분석하였다. 이를 바탕으로 통일에 대비한 한국의 영토정책을 모색하였다. 그러나 통일에 따른 국가승계에 관련한 국제법규와 한국에의 적용가능성 분석에 한정하여 통일과 북방영토에 대한 연계 연구가 부족한 것으로 보인다.

필자와 이범관은 우리나라 북방영토의 경계획정에 관한 연구[33]를 통해 우리나라 북방영토의 지리적 범위를 인공위성영상

---

31) 박동기, 1999, 통일한국에 있어서 북방영토에 관한 연구, 석사학위논문, 조선대학교 정책대학원, pp.40~50.

32) 스파이크맨은 맥킨더의 추축지역 이론을 발전시켜 심장지역 이론을 내세웠다. 그는 동부유럽을 지배하는 자는 심장지역을 지배하고, 심장지역을 지배하는 자는 세계도서를 지배하며, 세계도서를 지배하는 자는 세계를 지배한다고 주장하였다. 임덕순, 1989, 정치지리학, 서울, 법문사, p.112.

33) 조병현·이범관, 2007, 우리나라 북방영토의 경계획정에 관한 연구, 한국지적학회 춘계학술세미나 자료집, 사단법인 한국지적학회, pp.45~50. 본 논문은 일간신문과 라디오 시사프로그램에도 소개되어 북방영토문제를

을 활용하여 규명하였다. 북방영토에 대한 정부의 시각변화와 국민적 공감대형성 및 역량집중 등을 촉구하는 한편, 우리 헌법상 영토규정의 개정 필요성을 제안하였다. 그리고 필자는 지적학 측면에서 본 백두산정계비의 역할 연구, 간도영유권 주장의 지적학적 범위 분석, 청일 국경경계교섭과 북방영토의식에 관한 연구 등 다수의 논문을 지적학회지와 지적지에 발표하였다. 국내의 선행연구에 관한 지금까지의 설명을 그림으로 나타내면 <표 1>과 같다.

표 1 북방영토문제에 대한 국내의 선행연구 동향

연구자 / 연구년도	연 구 제 목	연 구 내 용
김득황 (1987)	백두산과 북방강계	간도문제의 정리와 조 · 청 양국 국경획정, 청 태종의 방어공사, 행정관청의 설치 및 지권발급, 북방경계인 레지선 면적제시
유정갑 (1991)	북방영토론	우리민족의 영토변천사와 세계사에서의 흥망성쇠 사례분석, 난하지역, 만주지역, 간도지역으로 구분 회복방안 제시
신각수 (1991)	국경분쟁의 국제법적 해결에 관한 연구	국제법상 국경분쟁을 다룬 첫 학위논문으로서 국가승계와 국경조약, 영토취득방법, 지도의 증거력, 국경분쟁의 해결방식 등 분석
김홍철 (1997)	국경론	국경론의 세기의 연구동향분석과 문명권별 국경관념 형태의 개별적 특징과 유럽적 편차를 비교분석
박동기 (1999)	통일 한국에 있어서 북방영토에 관한 연구	간도의 정치 지리적 특성을 개관, 심장지역이론 적용
노영돈 (2004)	청 · 일 간도협약의 무효와 한국의 간도 영유권	한국의 영토로 보는 법리 제공, 지리적 범위 확정 필요성 제기
홍영희	간도론	국내에 발간된 간도관련 서적 및 논문 등을 요

국민에게 널리 알리는데 기여하였다.

(2006)		약・정리하여 간도론으로 대학교재로 활용
조병현 이범관 (2007)	우리나라 북방영토의 경계획정에 관한 연구	우리나라 북방영토의 지리적 범위를 인공위성영상을 통해 분석하여 최초 발표

그리고 간도문제 관련 박사학위 논문도 다수 있다.[34] 이 외에도 사료에 입각하여 비교적 객관적으로 분석하기 위하여 노력한 이화자의 2007년 조청 국경문제연구, 서길수의 2009년 백두산 국경 연구 등이 있다. 그리고 양태진의 1981년 한국의 국경연구와 1992년 1902년 변계호적안, 최장근의 1998년 한중국경문제연구 등이 있다.

외국학계의 연구동향

우리나라 북방영토문제에 대한 외국학계의 선행 연구는 많지 않다. 여기에서는 일본과 러시아 학자, 중국에 거주하는 동포와 북한 교수의 연구동향을 살펴보자.

통감부 간도임시파출소 총무과장과 경성제대총장을 지낸 시노다 지사쿠篠田治策는 그의 저서 간도는 조선 땅이다.[35]에서 "간

34) 篠田治策의 "백두산정계비"(1938년경, 동경대학), 이한기의 "한국의 영토 : 영토취득에 관한 국제법적 연구"(1969, 서울대학교), 이일걸의 "간도협약에 관한 연구 : 한・중 영유권분쟁을 둘러싼 일・청 교섭과정을 중심으로"(1990, 성균관대학교), 노영돈의 "재소한인의 법적보호에 관한 연구"(1991, 성균관대학교), 강석화의 "조선후기 함경도와 북방영토 의식"(1996, 서울대학교), 최장근의 "근대일본 영토정책사 연구"(1996, 일본중앙대학교), 김경춘의 "압록・두만강 국경문제에 관한 연구"(1997, 국민대학교), 김정호의 "국제법상 간도영유권에 관한 연구"(2000, 명지대학교), 이화자의 "17-18세기 월경문제를 둘러싼 조・청교섭"(2003, 서울대학교) 등이 있다.

도는 양국의 어느 한쪽에도 속하지 않는 자연적으로 형성된 무인의 중립지대이다. 이미 압록강 대안을 청의 영토로 한 이상 두만강 대안은 조선 영토로 하는 것이 공평하다고 믿는다. 물론, 조선의 영토는 이러한 이유에 입각한 것이 아니고, 백두산정계비에 근거하여 토문강 이남의 간도를 한국영토로 주장하는 것이다" 라고 하였다. 무인지대가 광서光緖초년에 와서 청이 봉금지대의 개간에 착수하였고, 한국도 이미 그 수년 전부터 지방관이 지권을 발급하여 개간을 허용하였다. 그때부터 중립의 성질을 상실하게 되어 종래 무주·무인의 중립지대였던 간도가 중립의 성질과 무인의 상태를 잃고, 단순히 무주의 토지로 남게 되었다고 주장하였다.[36] 이러한 주장에는 만주대륙의 침략을 목적으로 간도문제에 개입한 일제의 입장을 합리화하기 위한 의도가 깔려 있다. 통감부 간도파출소는 '간도의 소속은 미정이지만, 장래에 있어서 한국 영토로 만들어 일본 및 한국 신민의 복리를 증진시킨다'는 시정방침을 공포하였지만 일제의 침략성이 그대로 드러난 것이라 하겠다.

이나바 이와키치稻葉岩吉는 그의 저서 만주발달사[37]에서 한국과 중국의 국경선은 두만강 밖에서는 녹둔도를 포함하고, 흑산산맥으로부터 보발산으로 뻗어 있다. 압록강의 상류에 들어와 머리

35) 篠田治策 著·신영길 譯, 2005, 간도는 조선땅이다. 서울, 지선당, pp.35~45.

36) 또한 시노다 지사쿠는 그의 박사학위논문인 백두산정계비에서 1627년 강도회맹 이후 봉금지대인 무인지대가 자연스럽게 형성되었으며, 간도 지역을 한·만간에 형성된 무주지로 간주하였다. 한민이 간도를 처음 개간·점유하였기에 간도는 한국영토로 보았다. 백두산정계비는 중요한 국경선임을 강조하였다.

37) 稻葉岩吉, 1915, 만주발달사, 동경, 大阪屋出版部, p.20.

길 도랑으로부터 12길 도랑에 달하는 여러 개천과 송화강 서대원의 개천과 분수령이 된 장백산의 지맥으로부터 동가강 본류의 조금 서쪽을 경과하여 대소북하의 수원에서 압록강과 봉황성의 중간에 이르는 선으로 구획한다고 서술하고 있다. 이 설명에 의하면 봉황성의 동북에, 조선국의 서쪽에 분계표가 있다는 것을 증명한다.

플로트니코바 마리나(Plotnikova Marina)는 논문 1863년~1910년까지 연해주로의 한인 이주와 그들에 대한 러시아의 정책[38]에서 1860년대에 시작된 한인들의 연해주 이주는 조선에서 가장 가까운 지역인 뽀시에트를 중심으로 시작되어 점차 여러 지역으로 분산되었다. 그들 대다수가 농민으로서 땅을 개간하고 농업에 종사하였으나, 사정이 여의치 않은 경우 노동자가 되거나 광부로 일하기도 하였다. 이러한 과정을 통해 한인들은 연해주의 농촌뿐만 아니라, 도시 지역에까지 넓게 분포하게 되었다. 연해주 지방은 조선 말기부터 한민족이 월강하여 농사를 지으며 살다가 나라가 패망하면서 많은 동포들이 이주하여 독립운동의 본거지가 되었다.

박청산은 천리 두만강[39]에서 간도 지명의 유래와 간도지역의 토지개혁에 대해 설명하고 있다. 특히, 백두산정계비에 대한 내용을 우리와 다른 시각에서 바라보고 있다. 그 내용을 살펴보면 다음과 같다. 1883년 이후부터 월강하여 경작하는 농민들이 급속히

38) 플로트니코바 마리나, 2006, 1863년~1910년까지 연해주로의 한인 이주와 그들에 대한 러시아의 정책, 석사학위논문, 한국학중앙연구원 한국학대학원, p.15.

39) 박청산, 2005, 천리두만강, 길림성, 연변인민출판사, p.20~35.

증가되자 함경도 관찰사는 월경경작자들에게 토지증명서까지 발급하였다. 예컨대, 1883년에 종성부에서 월경경작자들을 등록한 대장에는 죽기동, 삼동포, 소천곡, 방한신동 등의 지명이 있다. 1884년에 온성부에서 등록한 대장에도 상탄도, 영달신도, 서도, 북도, 남도, 미도 등 지명이 있는데 농민들은 월강하여 간도에 갔다 왔다 하면서 농사를 지었다. 그리하여 간도 범위가 확대되어 종성간도, 회령간도, 무산간도로 불렸고 나중에는 두만강 이북지구를 북간도로, 압록강 이북지구를 서간도라고 불렀다. 이 지역에서 실시한 토지개혁 과정과 지역별로 농민에게 분배한 내용이 자세하게 나타나 있다. 그리고 1712년에 목극등이 정계비를 세울 때 분수령을 두 강의 발원지로 보고 세웠는데 후일 정계비 위치(어떤 기록에는 정계비를 옮겨 놓았다는 일설도 있다)가 황화송구자가 되었다. 백두산정계비에서 동북으로 흐르는 토문강은 송화강 지류이며, 백두산정계비상의 '동은 토문'이라는 내용에 근거하여 중·조국경은 마땅히 송화강 지류로 하여야 한다면서 중국과 조선 양국의 국계가 미확정되었음을 증명하려고 시도하였다.

사실 백두산정계비에 이러한 문제가 있어 두만강상류의 변계문제를 가지고 청과 조선의 계무관들이 1890년과 1892년에 회령에서 두 차례 논의를 가졌다. 처음 논의에서는 정계비의 위치문제가 쟁론이었으나, 두 번째 논의에서는 두 나라가 두만강을 국계로 하는 전제하에서 두만강상류의 발원지를 석을수로 하는가 아니면 홍토수로 하는가 하는 문제에 이견이 있어 해결하지 못하였다. 1893년에 다시 논의하려 하였으나, 의견이 서로 달라 결론을 내리지는 못하였다. 양국의 변계문제는 두만강상류의 변계선

문제로서 전반 간도문제가 아니었으며, 토문강은 곧 도문강이고 두만강이지 송화강이 절대 아닌 것이었다.

두만강이 청과 조선의 국경선인 것은 조선의 문헌에도 명확히 기재되어 있다. '신증동국여지승람'에 두만강은 경원부 이동의 2.5리 되는 곳에 있는데 백두산에서 발원한다고 하였다. 여진족들의 말에 의하면, 만万이란 두만인데 여러 강들이 합류한다고 하여 이렇게 불렀다고 하였다. 실학파인 정약용도 청·조 문헌을 대조하면서 두만강 명칭의 유래에 대하여 다음과 같이 말하였다. 만수万水란 곧 두만강이다. 두만강은 여섯 가지 이름이 있다. 금나라 때에는 통문수 또는 도문수라고 하였는데 우리나라에서는 두만강이라고 한다. 이는 토문강의 역음에서 온 것이다. 그러나 천리 두만강에 나와 있는 백두산정계비와 관련된 부분은 양국간에 진행된 논의 년도가 우리가 알고 있는 것과 다르며, 내용 또한 상이한 부분이 있어 추가 검토가 필요하다.

북방영토와 관련한 북한의 연구는 민속학자 황철산의 백두산 등산 연로의 유적이 있다. 1948년 전장석교수와 역사과 학생 4명이 함께 조사 측정한 결과를 1957년에 발표하였다.[40] 이 논문에 백두산정계비와 석퇴에 대한 답사내용이 자세히 나와 있다. "현재 정계비가 섰던 분수계의 동쪽 골짜기 우안을 따라 사람의 머리만한 돌들을 모아 커다란 각담 모양으로 만든 것이 일렬로 포

40) 이 논문은 1948년 7월에 청진교원대학 '백두산 탐사대'에 참가하여 조사한 자료를 정리하여 발표한 것이다. 황철산 교수는 고고학 및 민속학 연구소를 창립할 때 초대 민속학 연구실장을 맡았다. 함경도 출신의 민속학자로 청진교원대학 교원시절부터 함경도 일대에 대한 현지 조사를 많이 한 것으로 민속 관련 서적에 소개돼 있다.

치되어 있었다"면서 "돌각담의 총수는 106개이고, 돌각담이 처음 있는 지점부터 끝나는 곳까지의 거리는 5,391m에 달한다."고 밝혔다.

황교수는 "흙무덕은 전혀 없고 목책이 썩은 것도 보이지 않았다"며 "필경 나무가 서 있는 곳은 드문드문 목책도 세웠을 것이나, 이백 수십년이 지난 오늘까지 썩어 없어지지 않을 수 없다"고 적고 있다.

그리고 "백두산정계비는 1931년까지 220년 동안 그 자리에 있었으나 일제에 의해 없어졌다"면서 "일제는 9·18사변 직전 지령을 내려 유서 깊은 력사적 유적을 계획적으로 인멸하였다"고 서술하였다. "백두산은 무쌍하게 웅대하고 신무성까지는 약 24㎞나 되며 신무성에서 혜산 또는 삼장까지는 80㎞가량 된다. 당시 이 구간은 인마가 통하는 길밖에 없었다. 그러므로 이 비를 자취 없이 운반하기에는 쉽지 않았을 것으로 보아 혹시 이 근방 어느 지점에 매몰하지 않았을까 하는 생각이 든다. 지금 비가 섰던 자리에는 비를 꽂았던 자연 암반에 뚫은 구형 구멍만 남아 있다."고 설명하였다.

이 논문의 실측 조사에 따르면 백두산정계비와 토문강 사이에 석퇴가 연결돼 있으므로 토문강과 두만강은 별도의 강이 된다. 토문강과 두만강이 동일한 강으로 주장하고 있는 중국의 입장과 상반되는 주장이다.[41] 국외의 선행연구에 관한 지금까지의 설명을 그림으로 나타내면 <표 2>와 같다.

---

41) 2008년 02년 19일자 뉴스메이커 762호 "〔역사〕 토문강 국경 울타리 60년 전에도 있었다"에 실린 내용을 요약 정리하였다.

표 2 북방영토문제에 대한 국외의 선행연구 동향

국명	연구자	년도	연구제목	연구내용
일본	篠田治策 (시노다지사쿠)	1932	간도는 조선땅이다 -백두산정계비와 국경-	· 간도는 무인 중립지대 · 압록강 대안은 청, 두만강 대안은 조선 영토가 타당
일본	稲葉岩吉 (이나바 이와키치)	1915	만주발달사	· 봉황성의 서쪽에 조선국의 분계표가 있어 조선영토 주장
러시아	Plotnikova Marina (플로트니코바 마리나)	2005	1863년~1910년까지 연해주로의 한인 이주와 그들에 대한 러시아의 정책	· 연해주지방은 조선 말기부터 한민족이 도강하여 정착
중국	朴青山(박청산)	2005	천리 두만강	· 두만강을 건너 혼강유역을 개간하여 정착 · 토지착취 및 토지개혁 실시
북한	황철산	1957	백두산 등산 연로의 유적	· 백두산정계비 답사, 석퇴 측정 · 백두산정계비 없어진 이유 추정

3. 중국과 북한의 북방영토 인식

여기에서는 우리 땅 북방영토에 대한 중국과 북한의 인식을 살펴보기로 한다. 현재 북방영토문제의 당사자인 중국과 압록강·두만강으로 국경을 확정한 북한은 북방영토문제를 어떻게 인식하고 있는지 구체적으로 설명하고 있다.

중국의 북방영토 인식

여기에서는 중국의 영토 및 주권에 대한 일반적인 인식을 먼저 살펴보고, 중국의 북방영토에 대한 인식을 구체적으로 살펴보기로 한다.

중국의 근대사에 나타난 영토 취득과 상실은 주변 국가들과의 조공관계로 설명된다. 중국의 영토인식은 흑백의 논리로 평가하는 유럽의 관행과는 차이가 있다. 최근 중국과 일본 사이에 영유권 분쟁이 발생한 센카쿠섬에 대한 시각은 중국의 조공관계가 영향력을 행사한 것으로 보고 있다.[42)]

그러면 여기에서 중국의 북방영토에 대한 인식을 살펴보자. 중국과 일본의 간도문제 논의 과정에 중국의 입장이 잘 나타나 있다. 일본은 역사적 사실과 우리가 주장해 오던 이론에 입각하여 간도가 한국 영토라고 주장한 요지에 대하여 조여상으로 하여금 반박문을 작성하여 일본에 보냈다. 일본이 말한 '한국관리가 지권을 발급하였다는 것은 전문에 불과하므로 믿을 수 없다.'고 하면서 토문강은 곧 두만강이라고 주장하는 동시에 백두산정계비 자체를 부인하고, 1887년의 정해감계담판에서 무산 이하의 두만강으로서 국경으로 정하였음은 기정사실인 것처럼 주장하였다.[43)]

---

42) 박선영교수가 오마이뉴스에 기고한 20004년 7월 28일자 '분쟁지역으로 선포해야 " 내용을 정리하였다.

43) 국토통일원, 1969, 『백두산 및 간도지역의 영유권 문제』, pp.62~67. 이 자료는 1960년대 말 정부에서 준비한 간도 관련 대외비 문서이다. 국토통일원(통일부의 전신)에서 근무한 노계현 전 창원대 총장(외교사 전공 · 간도연구가)은 "1969년 국토통일원을 만들면서 당시 신태환 초대장관이 북한 수복 후 540여 가지 대책을 마련하면서 영토 문제로 간도에 대한 연구를 지시했다" 고 말했다. 이 보고서의 결론은 "우리는 이상에서 논증

그 이후 중국은 간도분쟁에 대해서는 1909년 간도협약으로 해결된 것으로 보고 있다. 초윤명焦潤明은 "양국간 에는 확실한 하나의 역사상에 남겨진 국경 분쟁 문제가 존재한다. 이 분쟁 문제는 소위 역사 강역 문제이고 중요한 것은 역사상 민족의 이동과 변화 발전에 따라 한중 역사상의 각 왕조의 국경이 변화 이동되었다. 이것은 본래 전근대에 속한 문제이므로 현대 한중 국경분쟁의 이유가 성립되지 아니한다"고 설명한다.[44]

북방영토에 대한 중국의 인식을 구체적으로 살펴보면 첫째, 중국은 간도문제를 조선인이 위조하여 외교적으로 사기 친 것이라고 본다. 1712년 목극등이 세운 정계비가 소백산에 있었는데 조선인들이 정계비를 옮겨 중국에게 영토를 요구한 국제 외교 사기극이라는 것이다. 중국의 간도 날조론, 허위론에 대해 우리는 역사적인 의미 부여에 치중하여 언어학적, 민족적, 지리적, 역사

한 바대로 백두산을 중국에 빼앗길 수 없는 동시에 간도도 다시 찾기 위한 모든 노력을 아끼지 않아야 한다" 고 끝맺었다. 이 보고서는 대통령에게 보고하기 직전에 신 장관이 장관직에서 물러나는 바람에 역사 속의 자료로만 남게 되었다.

44) 그리고 초윤명焦潤明은 "국경분쟁 해결의 법리 원칙" 논문에서 중국의 간도분쟁에 대한 국제법적 해결 원칙을 제시하고 있다. 첫째는 국제 연합 헌장에 따른 각국간의 우호 관계와 협력에 관한 국제법 원칙의 선언에서 선포된 7개 항의 국제법 원칙이다. ①위협 또는 무력사용의 금지원칙으로 어떠한 국가라도 자신의 무력에 의해 다른 나라의 영토를 침해해서는 안 된다. ②국제 분쟁의 평화적 해결 원칙, ③내정 불간섭 원칙, ④국제 협력 원칙, ⑤각 민족의 평등권과 자결권의 향유 원칙, ⑥각국의 주권 평등 원칙, ⑦의무 담당 및 국제 연합 헌장 이행의 원칙이다. 둘째는 현상 승인 원칙 또는 점유 유지 원칙이다. 국경 분쟁의 해결은 우선 국제 분쟁의 평화적 해결 원칙을 견지하여 국가에 관하여 담판 혹은 협상을 통해야 한다. 셋째는 불평등 조약에 의거하여 점유한 영토는 무효라는 원칙이다.

적인 측면에서 해석하였다.

둘째, 중국은 관대정책론 혹은 방임정책론으로 간도문제를 설명하고 있다. 중국은 간도가 원래 중국의 영토인데 조선인이 불법 이주한 것에 대해 관대하게 대하였기 때문에 간도문제가 발생하였다. 한·중 양국의 국경은 기본적으로 청천강淸川江과 대동강大同江 사이를 오가는 정도였다. 압록강이 중국과 고려의 국경이 된 것은 금金 태조로부터 시작되고, 명대에는 두만강 일대에 행정기구를 두고 관할을 통치하였다. 16세기에 이미 중국과 조선 간에는 압록강과 두만강을 중심으로 기본적으로 국경이 형성 확정되었다. 따라서 간도문제 발생에 좋은 빌미가 된 것은 한·중 변경의 상당부분을 공지空地의 비군사 지역으로 삼았고, 조선의 요구에 관대했던 자소(字小·큰 나라가 작은 나라를 사랑해 주는 것)정책에서 비롯된 것으로 본다. 조선인은 중국인과 달리 황무지 개간세 및 기타 잡세도 납부하지 않았을 정도로 중국이 관대정책을 폈다는 것이다.

셋째, 백두산정계비의 유·무효론이다. 1712년 백두산정계비를 설정한 것에 대해 중국은 정계비 유효론과 무효론으로 설명하고 있다. 중국이 양국의 변경을 정확히 모르는 상태에서 일방적으로 조선인의 말을 듣고 백두산 절반이 조선에 속하는 정계비를 세워 많은 영토를 상실하였다는 것이다. 청나라 강희제의 과실이라는 것이다. 정계비는 변경을 조사한 심시비審視碑에 불과하며 양국의 대표가 참석한 것이 아니기 때문에 국경조약이라 볼 수 없다. 정계의 함의도 없기 때문에 단순히 기념물적인 성격이라는 것이다.

넷째는 국제법적 해결론이다. 중국은 간도문제에 대해 현상유지를 고집하면서 동북공정을 통해 국제법을 검토하여 근현대 변경분쟁을 해결할 법리원칙 5가지를 제시하였다.[45)]

중국은 영토분쟁 문제에 대한 기존의 연구에서는 국제법적인 측면을 중시하지 않았다. 그러나 현대 사회에서 양국간의 영토분쟁 문제가 국제법에 따라 소송으로 처리할 수 있다는 것을 인식한 후, 간도 문제를 국제법적인 측면에서 이해하고 있다.

지금까지 살펴본 바와 같이 중국은 한·중간에 역사적으로 미해결된 변경 분쟁의 문제가 남아 있다고 인식하고 있는 것 같다. 이러한 분쟁은 역사적인 영토 문제로서 민족의 이주 및 각 왕조의 변경 변천으로 조성된 것이다. 그러나 이러한 것을 전근대적인 문제로서 현재 한·중간 변경 분쟁의 이유가 될 수 없다고 설명하려고 한다. 중국이 변경 분쟁 여부를 표면적으로 어떻게 설명하던지 간에 한·중간의 변경 문제를 중요하게 인식하고 있으며, 중국은 이를 해결하기 위해 다양한 논리를 만들고 있다.[46)]

북한의 북방영토 인식

45) 5대원칙은 ①관습선 존중 ②비밀협약 불승인 ③일방적 변경선 불인정 ④중앙 전권대사 체결 조약만 인정 ⑤미해결 문제는 양국이 협상 등이다. 우리는 중국 제시한 5가지 법리원칙을 간도문제에 적용하여 새로운 논리를 개발할 필요가 있다. 박선영교수가 2004년 10월 15일자 오마이뉴스에 '간도, 외교적인 사기인가 역사적 사실인가' 기고한 내용을 요약 정리하였다.

46) 2005년 9월 3일 박선영 교수 인터뷰 자료, 중국은 간도를 이렇게 본다 -국제법적 측면 이해 움직임-, 주요 내용을 요약 정리하였다.

한편, 북방영토에 대한 북한의 입장은 어떤지 살펴보자. 북방영토에 대한 북한의 입장을 검토하는 작업은 매우 어려운 일에 속한다. 왜냐하면 북한의 공식적인 입장이 알려져 있지 않고, 그나마 자료 입수도 쉽지 않기 때문이다.

먼저, 북한의 국경과 간도협약에 대하여 알아보자. 북한은 '백과전서'에 국경을 "국가의 령토완정을 보장하는 경계선으로서 신성불가침이다", 령토완정이란 "주권국가의 령역에 대하여 다른 나라들이 침범할 수 없다는 국제법상의 공인된 원칙"이다. 이를 유린하는 것은 "자주권의 침해로 되며, 침략행위"라고 기술하고 있다.[47] 그리고 1992년 교과서[48]에 의하면 "국경은 국가주권이 미치는 법적계선이며, 국가와 국가를 구분하는 지역의 경계선"으로 규정하고 있다. "우리나라의 국경은 륙지국경으로 압록강·두만강이며, 바다국경은 공화국이 규정한 령해바깥선이며, 공중국경은 공화국의 륙지국경과 바다국경의 수직상공"으로 설명하고 있다. 이 내용으로 미루어 볼 때 북한은 중국과 국경선을 1962년 조·중변계조약과 1964년 '조중변계의정서'에 나타난 압록강, 두만강으로 명시하고 있음을 알 수 있다.

국경조약 과정에 간도영유권을 주장하였는지에 대해서는 확인할 수 없다. 다만 간도협약에 대하여 일제조선침략일지에 "1909년 9월 4일 간도에 관한 청일협약 조인과 11월 8일 이완용 매국내각이 고시로 공포하였다"고 언급하고 있다.[49]

47) 과학, 백과사전출판사, 1982, 『백과전서1』, p.475 ; 『백과전서2』, p.439.
48) 김일성종합대학, 1992, 국제법학(법학부용), 평양, 김일성종합대학출판사, pp.97~99.
49) 사회과학출판사, 1973, 일제조선침략일지, 평양, pp.90~91.

2002년 발행된 '국제법사전'에 간도협약은 "일제가 청나라 봉건정부에 강요하여 체결한 침략적 조약"으로 규정한 후 "조선 사람들이 많이 살고 있던 간도를 침략하기 위하여 1907년 8월에 조선통감부 간도파견파출소를 룡정에 설치하였다. 이를 계기로 청・일 두나라 사이에 령토권문제와 관련한 분쟁이 생기게 되었다"[50]고 기술하고 있다. 이어 이 조약으로 "일제는 간도에서 사실상의 주권자로 되었으며, 이 지방주민의 절대 다수를 차지한 조선 사람들에 대한 수탈과 탄압을 더욱 강화할 수 있게 되었다. 일제는 이 조약을 통하여 중국침략의 정치, 경제적 지배를 더욱 공고히 하였다"[51]고 평가하고 있다.

그러나 북한은 이 조약의 효력에 대해서는 언급하지 않고 있다. 을사늑약에 대해서는 "일제 침략자들이 조선봉건정부에 강요하여 체결한 침략적이며 예속적인 조약"으로 "법률적 형식도 갖추지 못한 완전히 불법무효한 문건"이라고 규정하고 있는 것과는 대조적이다.[52] 이는 간도협약에 대하여 무효를 주장할 경우 경계문제에 민감한 중국 정부와 불편해 질 수도 있기 때문으로 추측된다.[53]

이런 입장과는 반대로 북한 공산당은 간도지역을 북한영토로 편입하고자 1948년 2월 소련, 중공과 평양협정을 체결하였다.[54]

---

50) 사회과학원법학연구소, 2002, 국제법사전, 평양, 사회과학출판사, p.3.
51) 사회과학원법학연구소, 2002, 前揭書, p.3.
52) 사회과학원법학연구소, 2002, 前揭書, pp.577~578.
53) 이근관, 2010.12, 통일 후 한-중 국경 문제에 관한 국제법적 고찰, 대한국제법학회, 국제밥학회논총 제55권 제4호, pp.122~124.
54) 박선영, 2006, 소련이 '간도 지역을 북한의 영토로 획정'한 중화민국 외교부 사료와 간도문제에 대한 연구 과제, 중국사연구 제43호, pp.292~293.

1945년 일본의 무조건 항복에 따라 간도지역은 중공군이 점령하였지만 소련은 다른 의도를 가지고 있었다. 그것은 바로 간도를 북한에 편입시키는 것이었다. 소련은 중국과는 별개의 민족이며, 북한과는 동일한 민족이 다수 분포되어 있었던 간도를 중국에서 분할하여 북한에 편입시켜 중국을 약화시키고 북한을 강화하여 중국을 견제하게 함으로써 다소나마 중국과 북한의 균형을 맞추고 자국의 유일 패권 확립을 도모하고자 하였다.

소련은 중국과 조선의 변경지역을 자세히 측량하고, 1947년 5월 제1차 평양협정에서 요동반도와 남만주 전체를 북한에 편입시키기로 협정하였다. 그리고 1948년 2월 제2차 평양협정에서는 안동성, 지린성, 간도성의 3개 자치구를 북한에 귀속시키기로 협의하였다.

다음 그림에서 보는 바와 같이 사실상 간도지역을 북한의 영토로 귀속시키기로 하였던 것이다. 그에 따라 1948년 7월 북한의 정규군이 연길延吉, 목단강牧丹江, 목릉穆陵 지역에 주둔하였다.

이러한 내용은 1948년 7월 10일 국방부 2청이 중화민국 외교부에 보낸 문서[55]에 잘 나타나 있다. "소련 대표는 현재 중국 길림성의 연길, 목단강, 목릉 및 그 부근 지역을 북한의 영토로 획정하려고 한다. 이 지역은 북한정규군 부대가 주둔하고 있고 지방행정 역시 조선인이 주관하고 있어 실제로 각 지역이 북한에 합병된 것과 같다."고 보고하였다. 첨부한 지도에는 영구營口와 도문圖們을 가로지르는 직선으로 경계선을 구획하였으며, 안동, 길

---

55) 문서번호(37) 희장자제0267호, 국방부2청 정보 소련이 길림, 목단강, 목릉 등지를 조선으로 획분하려는 사정, 박선영, 전게서, pp.298~303.

림, 간도가 표시되어 있다.[56)]

북한이 간도를 자기 영토로 편입시키려 시도했던 것은 다른 자료에서도 확인된다. 문화혁명 당시 작성된 '팜플릿'에 의하면 1947년 4월 김일성의 지시에 따라 공개적으로 연변을 조선에 획분해 줄 것을 요구하였다. 그리고 문화혁명 때 작성된 자료에는 연변조선족이 중국혁명을 위해 흘린 피의 대가로 연변지구는 북조선에 합병해야 한다고 주장하였다. 1948년 11월 평양의 김책 집에서 북한 및 만주 조선인 지도자들이 북한 귀속을 논의한 것을 보면 김일성 등 북한 지도자들의 희망사항이기도 했을 것이다.[57)]

이러한 채권의식에 근거하여 귀속론을 주장하였으나 중국의 한국전쟁 참여로 채권의식이 사라져 이 지역은 북한에 할양되지 않고 1952년 연변조선족자치주가 설치되었다. 북한은 귀속론을 주장하면서도 오늘날 한국과 중국 학계에서 많이 논의되고 있는 백두산정계비의 내용이나 간도협약 등은 근거로 내세우지는 않은 것으로 보인다.

더욱이 중국의 모택동 주석이 지난 1964년 10월 7일 북한에 요동을 포함한 중국 동북지방을 넘겨줄 것을 시사했으나 북측이 이를 사양한 것으로 알려졌다. 당시 모택동은 요녕성을 가르는 강을 지칭하며

---

56) 염인호교수는 "또하나의 한국전쟁"에서 중공을 영토를 팔아먹는 '매국집단'으로 모략하는 정치적 선전공세였을 가능성이 큰 것으로 보고 있다. 당시 소련이 중공을 지원했던 것은 사실이지만 영토문제를 결정할 정도의 위치에 있지 않았고, 또한 영토를 북한에 할양할 이유도 없었던 것으로 분석하였다. 염인호, 2010, 또하나의 한국전쟁 –만주 조선인의 '조국'과 전쟁–, 서울, (주)역사비평사, p.198.

57) 염인호, 2010, 前揭書, pp.198~203.

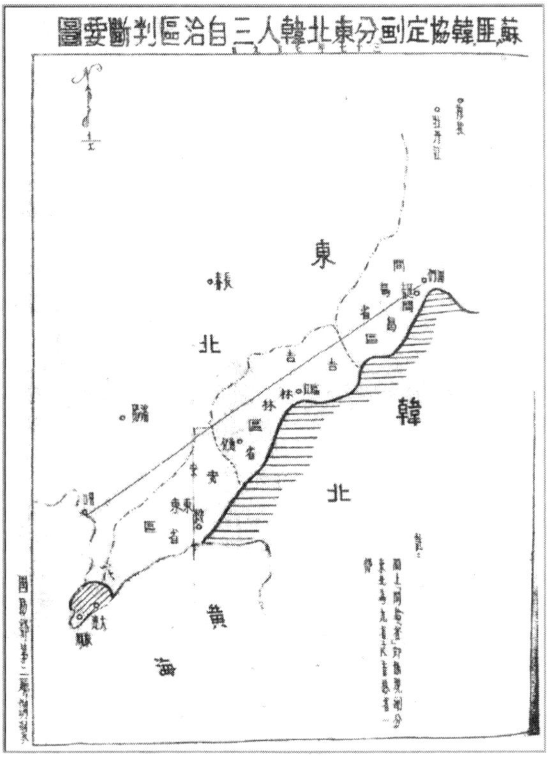

▲ 1948년 평양협정 지도
자료 : 박선영, 2006, 소련이 '간도 지역을 북한의 영토로 획정'한 중화민국 외교부 사료와 간도문제에 대한 연구 과제, 중국사연구 제43호, p.297.

"당신네 국경이 과거 요하였는데 봉건제가 조선인들을 압록강 너머로 가게 했소"라고 말했다. 이때 북한은 모택동에게 요하 동쪽의 땅을 원치 않으며 이미 갖고 있는 것에 "매우 만족한다"고 답했다. 이어 모택동은 "그래서 우리는 동북지방을 전부 당신네 후방지역으로 만들어 주겠소. 요하 땅보다 큰 지역이오"라고 말했으나 북한은 "다시 정중하게 반대했다"는 것이다.[58]

이러한 정황으로 볼 때 북한은 1962년 국경조약으로 국경문제가 종결된 것으로 보는 듯하다. 북한이 이 같은 태도를 취하는 것은 국경조약이 비밀조약이기 때문에 입을 막고 있는 것으로 보인다. 만약 북한이 간도지역 영유권을 주장할 경우 중국과 체결한 국경조약의 효력을 부인하는 자기모순에 빠지기 때문이다.

그리고 북한은 중국의 동북공정에 대해서도 적극적인 반대를 하지 않고 있다. 현재 러시아와의 관계에서도 연해주영유권문제가 존재하지 않는 것으로 생각하는 것 같다. 그러나 북한은 한반도에서 주체성과 정통성을 주장하고 있기 때문에 향후 간도지역에 대해 일정한 주장을 제기할 가능성이 있다. 2004년도에 '백두산 고전작품선집' 발간에서 그 단면을 찾을 수 있다. 이 책에는 백두산정계비에 대한 내용과 건립과정, 간도지방의 농사문제, 간도는 우리 땅이라는 주장 등이 자세히 기록되어 있다.[59] 북한이 중국과의 민감한 영토 문제임을 알면서도 이런 기록을 출간한 것이다. 그러나 이러한 도서 출간이 영유권 주장으로 이어지는 것은 아니다. 그렇기 때문에 향후에도 간도지역에 대한 영유권 주장은 현실성이 높지 않아 보인다.

---

58) 중국 최초의 냉전 사학자로 알려진 상하이 소재 화둥사범대학교 냉전사 연구소장 선 즈화 교수가 공개한 것으로 2011년 5월 30일자 시드니 모닝 헤럴드가 소개하였다.
(출처:http://www.smh.com.au/opinion/special-treatment-for -kim-disguises-depth-of-distrust-20110529-1fauy.html#ixzz1G3bEyb17), 2011년 06월 15일 검색.

59) 북한의 사회과학원 주체문학연구소 고대중세문학연구실에서 백두산을 다룬 시와 산문을 알기 쉽게 한글로 풀어 놓았다. 이 책에는 간도 문제와 관련된 홍세태의 백두산기, 박종의 백두산 기행, 서명응의 백두산 유람기, 홍양호의 백두산고 등이 실렸다.

4. 이 책의 서술방향

앞에서 살펴본 바와 같이 중국의 역사왜곡에도 불구하고 우리 정부는 특별한 조치 없이 손 놓고 있다. 남북분단이라는 역사적 사건으로 북방영토에 대한 우리의 통치권이 직접적으로 미치지 못할 뿐만 아니라 관심조차 없어 소중한 근거들이 사라져가고 있다. 이러한 상황에서 민간과 학술단체에서 부분적으로 대응하였으나 중국이 추진하는 동북공정에 비교하면 미약한 수준이다.[60]

학계를 중심으로 그 동안 역사학·법학·지리학 분야에서 북방영토에 대한 연구가 이루어졌지만 문제의 핵심인 북방영토의 범위에 대해서는 구체적으로 제시되지 못하고 있다. 되찾고자 하는 북방영토가 어디인지? 또 얼마나 되는지? 조차 모르는 상황에서 그에 대한 소유권을 주장하였던 것이다.

이런 맥락에서 필자는 동북공정에 보다 적극적으로 대응하고, 북방영토를 원상회복시키기 위한 첫 단계는 지적학적 접근방법에 의한 북방영토의 실체 규명이 긴요한 것으로 판단하였다.

지적학은 인간과 토지와의 관계에서 발생하는 각종 지적현상에 대한 체계화된 원리를 탐구하는 학문분야이다.[61] 지적학의 접근

60) 2005년 10월 28일 '한국간도학회' 주최로 '동아시아 영토문제'에 관한 국제학술대회가 개최된 바 있다. 당시 학술대회에서 방영된 역사다큐멘터리 '간도아리랑'에서는 요하를 압록강으로, 평정산을 백두산으로, 아무르강을 두만강으로 볼 수 있다는 주장이 제기되기도 하였다. 조병현·이범관, 2007, 우리나라 북방영토의 경계획정에 관한 연구, 2007 한국지적학회 춘계학술대회 논문집, 사단법인 한국지적학회, pp.79~99.

61) 이범관, 2007, 지적학원론, 대구, 삼지출판사, p.15.

방법을 활용하면 북방영토의 지리적 범위 확정이 가능하다. 북방영토를 하나의 필지로 간주하고, 북방영토에 대한 물리적·권리적·가치적·관리적 내용을 구체적으로 접근할 수 있다.

필자가 지적학의 접근방법에 의한 북방영토문제를 연구대상으로 선택한데는 이유가 있다. 지금까지는 대부분의 논문들이 간도에 대한 법적인 측면과 역사과정에 대한 서술에서 크게 벗어나지 못했다. 이러한 한계를 극복하기 위하여 인공위성 영상과 GPS 등 최신 측량기술을 적용하려는 의도에서 출발하였다.

이 책은 지적학의 접근방법으로 북방영토에 대한 실태를 조사·분석하여 제반 문제점을 도출하고, 도출된 문제점을 토대로 효율적인 해결방향을 제시하는데 목적이 있다. 즉, 지적학의 접근방법과 위성영상기술을 동원하여 북방영토의 지리적 범위를 확정하고, 북방영토에 대한 구체적인 관리방향을 제시하려는 것이다.

이러한 목적을 달성하는데 있어서 연구범위는 구체적으로 시간적·공간적·내용적 범위로 구분하여 다음과 같이 설정하였다. 시간적 범위는 강도회맹이 체결된 1627년부터 현재까지로 하고, 공간적 범위는 현재 중국과 러시아 영토로 편입되어 있는 북방영토로 한다. 내용적 범위는 북방영토문제의 기초이론을 토대로 하여 북방영토의 범위, 소유권, 가치, 관리 실태 조사·분석을 통한 문제점 도출 및 효율적 해결방향을 제시하는 것으로 한정하였다.

한편, 구체적인 관리방향을 효율적으로 제시하기 위해 필자는 다음의 연구방법을 동원하고자 한다. 먼저, 연구의 접근방법은 본 연구의 목적을 효율적으로 달성하기 위해 생태적·법률적·경제적·행정적 접근방법을 채택한다. 즉, 북방영토문제를 해결하기 위해 북방영토의 범위·소유권·가치·관리 등의 정확한 현황을 파악하게 된다. 조사방법은 문헌·인터넷·사례조사법을 병행한다. 특히, '인터넷조사법'을 적극 활용하여 데이터 및 정보조사의 접근성 문제점을 해소하였다.

끝으로, 분석방법은 기술적記述的분석방법을 사용하고자 한다. 연구의 대상이 되는 북방영토문제가 현재 비교의 대상이 되지 못하여, 일정한 통계적 분석을 실시할 수 없는 한계가 있다. 그러므로 주변국 학자들의 선행 연구를 기술적으로 전개하였다.

마지막으로 이 책의 구성은 다음과 같다. 서론과 1부, 2부, 3부, 4부, 결론으로 되어 있다. 서론은 중국의 동북공정과 우리의 대응에 대하여 설명한다. 중국의 동북공정의 배경과 목적, 그 결과로 나타난 우리 역사의 왜곡을 살펴본다. 그리고 우리 학계와 주변국의 연구동향을 분석하고, 중국과 북한의 북방영토 인식에 대하여 검토한다. 이 책을 이해하는데 도움을 주고자 이 책의 서술방향을 제시하고 설명한다.

제1부에서는 북방영토문제에 대한 연구의 시각과 방법에 대하여 설명한다. 먼저, 북방영토문제에 대한 이론적 고찰을 실시한다. 이론적 고찰은 연구의 전제가 되는 기초이론이다. 북방영토문제의 이론적 고찰에서는 북방영토문제의 분류, 특성, 문제제기의 필요성을 살펴본다. 북방영토문제의 연구방법에서는 지적학의 접근방법의 일반적인 이론과 북방영토문제에 적합한 접근방법을 검토한다. 북방영토문제의 유형을 고찰함으로써 북방영토문제 연구에 대한 전반적인 이론을 정립하고자 한다. 그리고 이 책이 궁극

적으로 제시하고자 하는 북방영토의 범위를 확정하기 위한 분석의 틀에 대하여 설명하고, 분석모형을 설계한다.

제2부에서는 북방영토의 형성과정과 관리실태에 대하여 설명하고, 문제점을 도출한다. 먼저, 기존자료와 연구 내용을 종합하여 북방영토의 지리적 범위에 대하여 살펴본다. 그리고 북방영토의 소유권과 지적활동에 대하여 정리한다. 또한, 북방영토의 가치를 분석함에 있어 가장 중요한 인적·물적 자원에 대한 가치에 대하여 살펴본다. 마지막으로 북방영토를 언제, 누가 어떻게 관리했는지 관지주체에 대하여 살펴보고 한국정부의 관리실태를 점검한다.

제3부는 이 책의 본론으로서 우리 땅 북방영토를 지적학적으로 풀어낼 것이다. 앞에서 제시한 분석의 틀을 활용하여 북방영토의 지리적 위치와 크기, 모양을 확정하여 북방영토문제에 대한 해결책을 뒷받침 한다. 그리고 북방영토의 소유권 확보방안, 가치의 재인식, 관리방향에 대한 구체적이고, 실천 가능한 방안을 제시하게 된다. 이와 아울러 통일한국 정부의 북방영토 귀속에 대하여 분석한다.

국가 영역의 변경과, 국가의 승계, 영토분쟁에 있어서 지도의 증거력과 해결사례, 통일한국의 북방영토 귀속과 그기에 필요한 선결과제에 대하여 살펴본다.

제4부에서는 필자가 지금까지 북방영토를 답사하면서 작성한 글들을 실었다. 압록강 단동에서 백두산 천지, 두만강 하구 토자비까지 북방영토에 남아있는 흔적을 되세겨 봄으로써 영토의 소중함을 인식하고자 하였다. 그리고 백두산지구 측량과 백두산정계비 위치를 확인하였으며, 우리나라 역사상 가장 위대한 외교관

으로 손색없는 토문감계사 의인 이중하 묘소참배와 함께 최근 필자의 활동사항을 정리하였다.

마지막 결론에서는 전체 연구내용의 요약을 통해 궁극적으로 북방영토문제가 효율적으로 해결될 수 있는 구체적 방향을 집약하는 한편, 전반적적인 평가와 향후 관리방향에 관한 미래를 전망한다.

참고로 재삼 밝히고 싶은 것은 이 책의 연구목적이 북방영토에 대하여 지적학의 접근방법으로 위치나 크기·모양을 확정하는 것이다. 최신 측량기법인 인공위성 영상을 이용하여 북방토의 범위와 관리방향을 제시하였지만 북방영토문제 해결 전반을 포괄하는 것은 아니다. 북방영토를 연구하는 데는 이밖에도 많은 주제와 연구방법이 있을 수 있다. 다만, 이 책은 지적학의 접근방법과 관련해서만 고찰 대상이 될 것임을 밝혀둔다.

이 책은 우리 땅 북방영토의 지리적 범위를 확정하는데 지적학을 분석의 틀로서 사용하고 있다. 제1부는 북방영토문제 연구의 시각과 방법을 다루고 있다.

제1부는 세 개의 장으로 이뤄져 있다. 제1장은 북방영토의 이론적 고찰, 제2장은 북방영토문제의 연구방법, 제3장은 북방영토문제를 지적학의 시각에서 풀어내기 위한 분석모형에 대하여 설명할 것이다.

제1부 북방영토 연구의 시각과 방법

제1장 북방영토의 이론적 고찰 58

제2장 북방영토문제의 연구방법 75

제3장 분석틀 – 위성영상 분석 기법 도입 90

제1장 북방영토의 이론적 고찰

이 장은 북방영토의 이론적 고찰에 대하여 다루고 있다. 북방영토의 이론을 고찰함에 있어서 필자는 북방영토에 대한 개념이 아직 정립되어 있지 않기 때문에 먼저, 북방영토와 북방영토문제의 개념을 정립하고자 한다. 그리고 북방영토문제의 분류와 특성, 북방영토문제를 제기해야할 필요성에 대하여 살펴볼 것이다.

1. 북방영토문제의 개념

여기에서는 북방영토문제의 개념에 대하여 살펴보기로 한다. 구체적으로 영토의 개념에 대하여 분석하고, 기존자료에 의거 영토의 취득과 상실에 대하여 정리한다. 그리고 북방영토문제의 개념에 대하여 구체적으로 설명하고 있다.

영토의 개념

북방영토문제의 개념을 정립하기 위해서는 먼저 영토의 정의를 토대로 북방영토가 무엇인지 명확히 설명할 필요가 있다. 영토란 국가가 그 고유한 임무를 수행하기 위하여 배타적 권력을 타국의 간섭없이 유효하게 행사할 수 있는 공간을 지칭한다.[1)]

영토는 영역국의 주권 하에 놓인다. 영토에 대한 국가의 주권을 영역권·영유권·영토권 등 여러 가지 표현으로 부르고 있다. 그 성질에 대해서는 종래 소유권설과 권한설의 대립이 있다. 전자는 영역권의 본질을 국가가 그 영역을 임의로 사용·수익·처분하는 권리로 파악하는 것임에 반하여, 후자는 영역이라는 일정한 공간적 범위 내에서 행해지는 국가의 통치권이라고 보는 입장이다. 그러나 국가는 영역을 하나의 객체로서 처분할 수 있는 권리를 가질 뿐만 아니라 영역 내에 있는 모든 사람과 물건을 지배할 수 있는 권리도 아울러 가지기 때문에 어느 한쪽만을 영역권의 본질이라고 보는 것은 잘못이다.

영토는 국제법상 매매·교환·증여의 대상이 될 수 있다. 영토는 영역국의 주권하에 놓이는 것이지만 이러한 주권은 관계국간의 합의에 의하여 제한되는 경우가 있다. 국제지역國際地役과 조차租借의 경우가 그 대표적 사례이다. 이 중 국제지역은 국가 간의 합의에 의하여 영토의 특정부분에 대한 영역국의 주권이 제한되는 것을 말한다. 영토의 일부에 대한 비무장의 의무, 영토의 일정부분에 대해서는 제3국에 권리를 두지 않을 의무, 외국군의 통과 및 주류駐留를 인정하는 것 등이 그 것이다.

한편, 국제법은 영토보전의 원칙(principle of territorial intergrity)을 기본 원칙으로 삼고 있다. 영토보전의 원칙이란 특정 국가의 영토를 무력 등 비평화적, 비인도적 방법으로 변경할 수 없다는 것으로 유엔헌장 제2조 제4항 등 많은 국제협약에서 규정하고 있다.[2)]

---

1) Nguten Quodic Dinh et al., *Droit International Public*, Paris, 1992, pp.398~399. 지구상의 평면을 국제법상으로 분류하면 국가영역과 그 밖의 부분으로 나뉘는데, 이 중 국가영역은 영토·영해·영공으로 구성된다.
2) 유병화, 1983, 국제법상 영토의 개념 및 그 권한, 영토문제연구 창간호, 고

영토의 취득과 상실

여기에서는 영토의 취득과 상실에 대하여 살펴보자. 국가의 영토는 반드시 고정적인 것이 아니다. 여러 원인에 의하여 취득 또는 상실하게 된다. 영토의 변경에 따라 영해와 영공은 자동적으로 변경된다. 영토의 취득(acquisition of territory)은 결국 국가영역의 취득을 의미하며, 당해 영역에 대한 주권의 취득을 가져다준다. 국가가 영토를 취득하기 위한 법적 근거를 권원(title)이라고 하는데, 국제법은 선점, 시효, 첨부, 할양, 정복 등 5가지 권원을 인정하여 왔다.[3)]

국제법상 선점(occupation)은 국가가 무주지를 대상으로 점유의 의사를 가지고 실효적으로 지배함으로써 성립된다. 선점이론을 국경분쟁에 구체적으로 적용할 경우 여러 가지 문제점이 발생할 수 있다. 첫째, 무주지의 개념과 관련하여 원주민이 거주하는 지역을 무주지로 볼 수 있는지 여부와 특정지역에서 권원의 포기가 성립되었는지 여부가 불투명한 경우 시효와 구별이 어렵다. 둘째, 실효적 지배와 관련하여 실효성에 대한 객관적 기준이 존재하지 않는다. 셋째, 선점과 관련하여 첨예한 분쟁의 대상이 되는 것은 점유의 효력이 미치는 장소적 범위에 관한 문제이다.

시효(prescription)는 일반적으로 '어떤 사실 상태가 일정한 기간 동안 계속되는 일'을 의미하며, 국제법상 시효는 크게 취득시효와 소멸시효로 구분된다. 영역취득 방법은 취득시효와 관련이 있다. 취득시효는 첫째, 권원이 분명하지 않지만 적법한 것으로 추정되는 상황에서 오랜 기간에 걸친 점유에 의하여 성립되는 초가역적 점유. 둘째, 권원에 흠

려대학교 민족문제연구소, pp.73~74.

3) 김현수 · 이민호, 2005, 현대국제법, 서울, 연경문화사, p.80.

결이 있는 상황에서 오랜 기간에 걸쳐 중단되지 않는 선의의 점유에 의하여 성립되는 선의의 역적점유逆的占有. 셋째, 국제법에서는 점유에 선의가 필요 없다는 점에서 악의의 역적점유로 구분된다. 반면 일부 학자들은 국제법상 시효제도의 존재를 부인하기도 한다.[4)]

영토분쟁에 관한 시효제도를 인정한다하더라도 다음과 같은 문제점이 있다. 첫째, 중재 또는 국제재판에서 시효에 근거한 판결이 전혀 발견되지 않는다는 사실이다. 둘째, 대부분의 영유권분쟁에서와 같이 분쟁당사국의 청구가 상호 경합하는 상황에서는 선점과 시효의 구별이 쉽지 않다는 점이다. 셋째, 시효제도의 가장 큰 취약점이라고 할 수 있는 시효기간에 관한 국가 간의 합의가 없다는 것이다.

첨부(accretion)는 영토취득의 권원 중 가장 오래된 형태로서 자연현상(하구의 델타 형성, 해안의 융기물 생성, 분화에 의한 새로운 도서의 출현, 해저의 융기 등)이나 인공(해안매립, 인공도)에 의한 연안국 영토의 증대를 말한다

할양(cession)은 국가간의 합의에 의한 영토 일부의 이전을 말한다. 영토의 할양은 전쟁의 종료에 따른 평화조약에서 행하여지는 경우가 많으나, 평시에 있어서도 매매・교환에 의한 경우도 있다. 할양지 주민의 국적은 각각의 조약에 의하여 결정되나, 대개는 양국의 국적을 취득한다. 할양 후에도 양도국은 여전히 국가로서 존속하므로, 양도국의 국제법상 권리의무는 승계되지 않는 것이 원칙이다.

---

4) 시효제도 부인론은 국제법상 시효에 관한 기간을 정할 규범의 부존재, 국제사회의 분권적 구조로 인하여 분쟁의 강제적 해결을 기대할 수 없다는 점, 영토주권은 실효적 행위와 독립하여 존재할 수 없으므로, 시효의 대상이 되는 추상적 권리로 전화될 수 없다는데 근거한다. E. Audinet, "De la prescription acquisitive", 3 R.G.D.I.P. (1896), p.314.

정복(subjugation)은 교전국의 일방이 상대국의 영역을 완전히 점령하여 병합하는 것을 말한다. 이는 상대국의 영역을 실효적·확정적으로 점거하고, 그의 국제법 주체로서의 지위를 상실하는 것이다. 이러한 정복이 유효하기 위해서는 정복국에 의한 피정복국의 완전한 복종, 정복국에 의한 병합의사의 표시가 있어야 한다.

영토의 시효취득은 장기간에 걸쳐 평온하게 타국 영토를 점유·지배함으로써 그 영토를 취득하게 되는 제도를 말한다. 시효의 요건을 갖추어 시효가 완성되면 그 영토는 현실적으로 지배하고 있는 국가의 영유로 된다.[5]

북방영토문제의 개념

앞에서 살펴본 바와 같이 영토의 개념에 비추어 볼 때, 북방영토는 단순히 북쪽에 위치한 영토라고 정의할 수도 있겠으나, 본 연구에서 연구대상으로서 구체적으로 검토할 북방영토의 개념은 그리 간단한 해석에 의존할 부분이 아니다.

현재 우리 학계에서 북방영토의 정의 또는 개념을 명확히 제시하고 있는 문헌을 찾아보기 어렵다.[6] 다만 논문이나 단행본에 별도의 설명 없이 막연히 사용하기도 한다. 이런 내용을 종합해 보면 북방영토 용어는 간도나 만주로 불리는 지역의 일부 또는 전부를 지칭하거나, 우리의 고토나 찾아야 할 땅 등으로 해석 할 수 있다.[7]

5) 김현수·이민호, 2005, pp.78~84.

6) 유정갑의 『북방영토론』은 우리 민족의 영토변천사와 우리나라 고토 회복의 방법론을 제시하고 있으나, 북방영토의 개념이나 용어정의 확립에는 접근하지 못하였다. 그리고 백산학회편 『한국의 북방영토』는

이에 반해, 일본은 자국의 영토문제와 관련하여 북방영토라는 용어에 대한 사전적 정의가 명확히 제시되고 있다. 즉, 일본 국어사전에는 북방영토를 '제2차 세계대전 후 소련의 통치하에 된 러시아연방과 일본 사이에서 그 귀속이 문제가 되고 있는 지역으로 하보마이제도歯舞群島, 시코탄섬色丹島, 쿠나시리섬国後島 및 에도로후섬択捉島을 가리킨다.' 또는 '제2차 대전 후 일본과 소련과의 사이에서 그 귀속을 둘러싼 논쟁이 되고 있는 남부 찌시마(쿠나시리도, 에도로후도)와 하보마이도, 시코탄을 가리킨다.'고 정의[8]하고 있다.[9] 이러한 북방영토에 대한 일본의 정의와 마찬가지로 북한도 백과사전에 북방령토문제라 하여 '로씨아의 꾸릴렬도 일부 섬들에 대한 일본의 령유권문제'라고 정의[10]하고 있다.

그렇다면, 위와 같은 일본과 북한의 북방영토에 대한 의미와는 별개로, 우리나라와 중국 간에 대두되는 북방영토 내지 북방영토문제는 어떻게 정의되어야 하는지가 문제다.

일반적으로 북방영토(the northern territory)라 함은 지리적으로

---

7) 간도라는 용어를 공식적으로 사용한 사람은 1902년 간도시찰사 이범윤으로 알려져 있다. 이범윤은 당시 돈화현 지사에게 보낸 편지에서 '간도'라는 표현을 썼다.

8) 일본 국어사전 소학관대사전편집부, 1998, 大辭泉, 東京, 小學館出版社; 일본 국어사전 三省堂編修所, 2006, 大辭林, 東京, 三省堂出版社.

9) 일본이 4개 도서에 대해 '북방영토'라고 호칭하는 것은 일본이 주권을 향유하고 있음을 국제적으로 인정받기 위해 의도적으로 사용하는 표현이라 할 수 있다. 국제적으로는 '북방영토'보다 러시아의 지명인 '남쿠릴열도'로 통용되고 있다. 문제의 도서들은 총면적 4,996㎢로 오키나와보다 약간 크며 홋카이도와 러시아의 캄차카반도 사이에 징검다리 모양으로 늘어선 22개의 쿠릴열도 가운데 최남단에 위치하고 있다.

10) 백과사전출판사, 1999, 조선대백과사전, 평양, 백과사전출판사, 주체88, p.509. 쿠릴열도는 "로씨아의 깜챠뜨까반도와 일본의 홋카이도 사이의 30여 개의 크고 작은 섬들로 이루어졌으며, 길이는 1,200키로메터, 총면적은 약 1만 3,600평방키로메터로 나타나 있다"고 설명되어 있다.

북쪽 또는 북쪽지방을 의미하는 북방과 한 나라의 주권을 행사할 수 있는 지역인 영토의 합성어로서 '북방에 위치한 영토'로 해석할 수 있다.

여태까지의 논의를 종합하여 필자는 우리나라의 북방영토의 개념을 좀 더 구체적인 개념으로 '지리적으로 압록강과 두만강 북방에 위치한 일정지역으로서 우리가 되찾아야하는 고유 영토'라고 정의하고자 한다. 따라서 이 책에서는 우리가 찾아야 할 땅 일정지역 전체를 지칭할 때 북방영토라 하고, 일정 지역 중에서 중국이 관리하고 있는 지역은 '간도지역', 러시아가 관리하고 있는 지역은 '연해주지역'으로 구분하여 지칭한다.

한편, 북방영토문제는 이러한 '북방영토를 되찾지 못한 상태에서 중국의 동북공정에 의해 왜곡되고 있는 북방영토에 관련된 제문제 또는 그에 따른 분쟁'이라고 정의하고자 한다. 북방영토문제는 우리가 알고 있는 백두산정계비의 해석, 청·일간도협약 및 청·러북경조약의 효력, 조·중변계조약의 승계 문제 등으로 귀결된다.

2. 북방영토문제의 분류와 특징

여기에서는 북방영토문제의 분류와 특징에 대하여 살펴보기로 한다. 구체적으로 지리적 요인에 의한 북방영토의 영유권 문제와 국경문제, 성격에 의한 북방영토의 법률문제와 정치적 문제를 검토하고 북방영토문제의 특성에 대하여 구체적으로 설명하고 있다.

북방영토의 영유권 문제와 국경문제

우리는 위에서 북방영토를 되찾지 못한 상태에서 중국의 동북공정에 의해 왜곡되고 있는 북방영토에 관련된 제문제 또는 그에 따른 분쟁을 북방영토문제로 정의하였다. 여기에서는 북방영토문제를 영유권문제와 국경문제로 구분하여 설명하고 있다.

일반적으로 국경은 영토의 배분, 국경획정, 국경표지의 3단계의 과정을 거쳐 형성된다. 영토의 배분에 관한 정치적 결정과 관련된 분쟁을 영유권분쟁이라 하며, 이미 정치적 결정이 이루어진 국경지역을 획선하고 지상에 표시하는 단계인 국경획정 · 국경표지와 관련된 분쟁은 국경분쟁이라 한다. 국경은 일국의 영토주권과 관할권의 한계를 표시하는 선이고, 영토는 그러한 권리가 행사되는 지역이므로 국경은 영토의 부분이라고 할 수 있다.

따라서 북방영토의 국경분쟁은 인접국간에 영토의 외연을 결정하는 국경의 정확한 위치와 관련된 분쟁인 반면, 영유권분쟁은 독자적 동일성을 가지는 지역에 대한 권원權原의 정당성을 다투는 분쟁이라는 점에서 차이점이 있다. 그 외에 북방영토 영유권문제와 북방영토 국경문제의 차이점을 기술하면 다음과 같다.[11]

첫째, 북방영토 영유권문제는 권원의 귀속과 관련된 분쟁인 만큼 영토의 취득방법에 관한 국제법원칙이 적용된다. 북방영토 국경문제의 경우에는 영토취득 방법에 관한 국제법 규범은 거의 적용되지 않고

11) 배진수, 1997, 세계의 도서분쟁과 독도시나리오, 성남, 한국군사문제연구원, p.25. 일반적으로 영토분쟁을 분류함에 있어서는 영유권분쟁과 국경분쟁으로 표현되고 있으며, 본 연구는 북방영토문제에 분쟁의 범주를 포함하고 있기 때문에 북방영토문제의 분류를 동일 맥락에서 해석하고자 하였다.

국경획정과 국경표지에 관한 국제법 원칙만이 적용될 뿐이다.

둘째, 북방영토 영유권문제는 일정한 지역에 대한 영유권의 대세적 효력을 다투는 분쟁이므로 분쟁 당사국뿐만 아니라 모든 국가에 대해 영유권의 효력을 입증해야 한다. 반면, 북방영토 국경문제는 인접하는 국가간의 영토주권을 배분하는 문제와 관련되기 때문에 인접 국간에만 발생한다는 점에서 큰 차이가 있다.

셋째, 북방영토 영유권문제에 있어서는 영토의 지위 자체가 문제되므로 분쟁 당사국의 관할권행사 사실이 영유권을 주장하는 권원의 구성요소로서 원용될 수 있다. 북방영토 국경문제에서는 일단 국경의 최종성과 안정성의 원칙이 우세하게 적용되어 국경의 계속성에 관한 추정이 있게 된다. 또한, 북방영토 영유권문제는 영토에 대한 권원과 관련되므로 사적인 점유는 고려대상이 되지 않고 국가의 직접적인 주권행위만이 관련성을 가진다. 북방영토 국경문제에 있어서는 사실의 검증에 의한 합의의 가능성이 있기 때문에, 비정부적 차원의 점유도 국경의 지위에 관한 증거로서 채택될 수 있다.

넷째, 북방영토 영유권문제는 법적 고려 외에도, 정치적, 경제적, 문화적, 지리적, 인종적 요소의 복합적 고려가 요구된다. 북방영토 국경문제는 영유권분쟁과는 달리 중재 또는 국제재판에 의한 법적 해결이 쉽게 해결될 수도 있는 부분이다.

이와 같은 양자 간의 차이에도 불구하고, 영유권문제와 국경문제의 명확한 구분은 쉽지 않다. 실제적으로 북방영토문제가 어느 범주에 속하는지를 판단하기가 매우 어려운 점이 있다. 따라서 양자의 구별은 단순히 정도의 차이에서 기인하는 것이라고 이해할 수 있다. 이러한 현상은 영토취득방법에 있어서, 핵심개념인 실효성의 정도에 대하여 명확한 기준이 존재하지 않기 때문에 동일한 분쟁이 관점에 따라 영유권분쟁이나 국경분쟁으로 취급될 수 있기 때문이다. 국제사법재판소(International Court of Justice)에서도 분쟁의 성격규정이 분쟁해결의 본질에 영향을 미치는 것은 아니라는 점을 적시하고 있다. 예를 들어, 국경분쟁에 있어서 분쟁 당사국이 주장하는 상반된 두 개의 국경선사이에 상당부분의 영토가 존재한다는 점에서 영유권분쟁의 성격을 가지는 경우가 있게 되는 것이다.[12)]

북방영토의 법률문제와 정치적 문제

여기서는 북방영토의 법률적 문제와 정치적 문제에 대하여 살펴보자. 일반적으로 국내법에서는 모든 분쟁이 재판에 회부될 수 있다. 국제법에서는 분쟁당사국이 재판소에 관할권을 부여하고 그 판결을 구속력 있는 것으로 인정하는 합의가 성립되지 않는 한 모든 분쟁이 재판에 회부될 수 있는 것은 아니다.[13)] 여기서, 특정 영토문제가 분쟁화되어 재판에 회부되는 과정에서 재판의 가능성이 인정되는 경우를 가리켜 법률적 분쟁이라고 한다. 이와 반대되는 경우를 정치적 분쟁이라고 한다. 따라서 북방영토문제가 분쟁화 되어 재판에 회부

12) 국경분쟁과 영유권분쟁은 어느 정도에 있어서는 상호의존적 관계라 할 수 있을 것이다. 국경분쟁에서 각 당사국이 주장하는 국경선 사이에는 관할권의 경합이 있는 지역이 존재하며, 특정지역에 대한 영유권주장의 내용은 국경획정을 나타내 보여주고 있기 때문이다. 물론 이러한 현상이 기본적으로 국경분쟁의 성격을 가지는 분쟁을 영유권분쟁으로 하거나, 역으로 영유권분쟁을 국경분쟁으로 전환시키는 것이 아니라는 점은 염두에 두어야 할 것이다. 崔泰鉉, 2003, 國境問題에 대한 國際法的 考察 -領土紛爭事例 整理 및 向後 展望-, 국사편찬위원회 한국사학회편, pp.4~9

13) 이한기, 1996, 한국의 영토, 서울, 서울대학교출판부, pp.16~18.

될 수 있으면 법률분쟁이 되고, 재판에 회부될 수 없다면 정치적 분쟁이 되는 것이다.

국제법에 따라 국경분쟁은 사실적 증거에 입각하여 권원, 즉 영유권의 유무를 다투는 국경분쟁은 법률적 분쟁의 특성을 갖게 되며, 분쟁지역의 영유가 문제가 아니라 법을 초월하는 정치적 고려에 따라 분쟁지역이 자국의 영토가 되도록 허용되어야 한다고 주장하는 국경분쟁은 정치적 분쟁의 특성을 갖게 된다.[14] 이와 같이, 국경분쟁의 성격은 국경분쟁의 해결방법을 결정하는 기준이 된다. 국제법상 통상적으로 정치적 분쟁은 외교적 해결방법으로 접근하며, 법률적 분쟁은 사법적 해결방법으로 접근하는데, 국경분쟁도 이와 같은 경로를 통하여 해결이 모색된다.

이러한 차이에도 불구하고 법률적 분쟁과 정치적 분쟁을 정확하게 구분하기가 어렵다. 그 이유는 국가가 필요에 따라 어느 때에는 분쟁이 법적 권리에 관한 것으로서, 또 다른 때에는 이익의 충돌에 관한 것으로서 각각 선언할 권리를 보유하고 있다. 그 뿐 아니라 어떤 분쟁이 법률적 분쟁인가 또는 정치적 분쟁인가를 밝힐 의무도 없기 때문이다. 법으로 해결을 원치 않을 경우에는 언제든지 그 분쟁을 비법률적 또는 정치적 분쟁이라고 주장함으로써 재판을 회피하고 있는 것이 오늘날의 실정이다.

북방영토문제의 특성

여기에서는 북방영토문제의 특성에 대하여 살펴보자. 한국과

14) N. Hill, *supra* note 6, p.26.

중국 간의 북방영토문제는 다른 국가 간에 대립되는 영토문제에서 보이는 일반적 특성과 부합되기도 하지만, 그와는 확연히 구별되는 몇 가지 두드러진 성격을 지니고 있다.

통상적으로 영토문제는 그 특성상 인접한 국가 간에 발생하는 경우가 대부분이기 때문에, 다음과 같은 일반적인 패턴을 가지게 된다.[15]

첫째, 다른 이슈에 비하여 영토이슈와 관련된 문제일수록 무력사용과 무력충돌을 수반하는 경향이 강하다. 역사상 전쟁 사례의 많은 부분은 영토분쟁으로부터 기인하였다.

둘째, 영토분쟁은 국력 차이가 큰 국가들보다는 적거나 비슷한 국가 일수록 발생할 가능성이 더 크다. 국력 차이가 크면 클수록 상대적으로 약한 국가는 무모한 도발을 회피하게 되고, 국력이 우세한 국가는 무력을 사용하지 않고서도 자신의 목적을 관철시킬 가능성이 크다. 국력차이가 적어 국력이 서로 비슷할 경우에는 서로 자신이 승리할 수 있다는 오판으로 무력도발을 야기할 가능성이 크기 때문이다.

셋째, 영토분쟁은 자원과 관련된 경우보다 민족·종족과 관련될 때 그 정도는 더 심각한 것으로 나타난다. 자원문제는 민족·종족문제 보다는 상대적으로 물질과 관련된 구체성을 띄고 있어 어느 정도 타협의 가능성이 있다. 반면, 민족·종족문제는 인간에 관련된 본질적인 것으로 타협의 가능성이 그만큼 적기 때문이다.

넷째, 영토분쟁은 3개국의 공통 국경지대 경우보다 2개국만의

15) 배진수, 1997, 前揭書, pp.28~30.

단일 국경지대에서 발생할 때 그 정도는 더 심각한 경향이 있다. 3개국이 관련되어 있을 경우에는 상호 적절한 견제와 균형을 통해 분쟁이 심화되는 것을 억제할 수 있다. 반면, 2개국만이 관련되어 있을 경우에는 상호 대립・경쟁의 관계가 보다 직접적이고 절대적이기 때문이다. 이러한 논리는 국제질서의 유형과 체제의 안정성에 관한 이론과 같은 맥락이다.

다섯째, 영토분쟁은 같은 블록에 속하는 국가들 보다는 서로 다른 블록에 속하는 국가들간에 발생할 때 그 확산범위는 더 큰 경향이 있다. 서로 다른 블록에 속하는 국가 간 분쟁은 지역체제 및 세계 질서의 근본 구도에 영향을 미칠 가능성이 상대적으로 높다. 그로인해 제3자의 개입 가능성이 더 크기 때문이다.

여섯째, 영토분쟁은 선진국 보다 후진국에서 더 많이 발생한다. 선진 개발국들의 경우 영토문제는 식민시대와 1,2차 세계대전을 통하여 대부분이 이미 해결된 상태이다. 후진 개발도상국들의 경우 아직 부족한 자원 및 위상강화를 위해 영토 확보가 더욱 절실하기 때문이다.

이상과 같은 일반적 영토분쟁의 특성에 기초해 볼 때, 북방영토문제의 특성은 다음과 같이 요약된다. 첫째, 북방영토문제는 자원과 관련된 경우가 아닌 민족의 역사적 실체 규명과 관련이 있다. 둘째, 한・중 2개국만의 이해관계가 아닌 러시아, 일본 등이 관련된 첨예한 정치성을 지닌다. 셋째, 북방영토문제는 분명 영유권적 분쟁의 성격을 가지고 있다. 넷째, 현 상태에서 영토이슈와 관련하여 무력충돌의 가능성은 적다.[16]

16) 만약 북방영토문제가 분쟁화되드라도 1992년 한・중간의 국교수립이 성

3. 북방영토문제 제기의 필요성

그러면 여기에서 북방영토문제 제기의 필요성에 대하여 구체적으로 살펴보기로 한다. 먼저, 북방영토는 역사적으로 우리 땅이다. 중국의 동북공정으로 북방영토에 대한 관심이 높아지기는 했지만 우리 국민 대다수는 왜 북방영토가 왜 우리 땅인지? 국경선이 어딘지? 잘 모른다.[17] 우리 민족에 있어서 북방영토는 민족 건국의 발상지며, 홍익인간의 건국이념을 실현시킨 곳이다. 일제의 식민지 지배는 우리 영토를 압록강과 두만강 이남으로 축소시켰고, 남북 분단은 우리 영토를 다시 휴전선 이남으로 가뒀다. 그러나 압록강과 두만강 넘어 북방영토는 우리의 민족혼이 스며있는 곳이다. 북방영토를 잃어버리는 것은 우리의 혼을 잃어버리는 것이다. 우리가 북방영토문제를 제기해야 되는 이유가 여기에 있다.

앞에서 살펴 본 바와 같이 북방영토문제는 이 지역에 대한 영유권 분쟁인 동시에 정치적 분쟁이다. 우리는 일제강점기와 남·

사된 상태에서 당사국간의 직접적인 무력충돌보다는 '국제사법재판소(ICJ: International Court of Justice)' 등의 법률적 해결이나 정치적 해결을 통해 합의 도출이 용이할 것으로 판단된다.

17) 한국연구재단 지원으로 계명대 국경연구소(소장 이성환 교수)가 여론조사 전문기관인 한국리서치에 의뢰해 제주도를 제외한 전국 19세 이상 성인남녀 1천19명을 대상으로 한 면접조사 결과를 발표하였다.(표본오차 95%, 신뢰수준 ±3.1%포인트) 한국의 북쪽 경계선이 어디냐는 질문에는 '압록강과 두만강' (45.7%), '휴전선'(38.5%), '압록강과 간도'(10.5%), '압록강과 송화강' (3.5%), '모름'(1.9%) 순으로 답했다. 2011년 5월 21일 매일신문이 보도하였다.

북한 분단, 산업화와 민주화를 거치면서 백두산정계비 설치와 두 차례 국경회담 등 역사적 사실을 우리는 모르고 살았다. 찬란했던 동북아의 문화를 꽃피웠던 선조에게 부끄럽지 않는 후손이 되기 위해서 우리 역사를 제대로 알고 잃어버린 우리 땅을 반드시 되찾아야 한다.

청과 조선이 맺은 강도회맹에 의해 봉금된 이 지역은 무주지로서 양국이 공동관리 하였다. 1712년 백두산정계비 건립 이후에도 봉금지역은 계속 유지되었다. 무주지는 국제법적으로 먼저 선점하여 개간하는 쪽이 영유권을 가지게 된다. 이 지역에 대한 우리의 개간은 무주지 선점이론에 의한 영토획득의 의미가 있다. 그리고 이 지역은 대한제국 시기까지 우리가 관리한 땅이다. 1897년 서상무를 변계관리사로 임명하였으며, 평북관찰사 이도재는 압록강 대안지역을 각 군에 배속시키고 충의사를 조직하였다. 1900년과 1903년에 서간도 및 동간도를 행정적으로 평안북도 및 함경도에 편입시키고, 주민에게 세금을 징수하여 행정과 군인훈련비로 충당하였다. 또한 이 지역에 대한 치안 및 경비를 수행했고, 조선 관병들이 중국의 유민 침투를 저지하기도 했다. 1902년 5월 21일 간도시찰사로 임명받고 이범윤이 사포대를 조직하고 간도대장을 작성하여 세금을 받아 그 비용에 충당하였다. 이는 명백히 국가의 행정단위로써 기능을 했다는 증거이다.

그러나 이러한 사실을 우리는 잘 모른다. 그것은 잘못된 교육에 기인하는 바가 크다. 일제는 한일 합방 직후인 1910년 11월부터 1911년 12월까지 고서, 고문서, 고지도 등 총 51종 20만권을 압수하여 남산에서 불태웠다. 또, 1937년까지 27년간 총 4,950종을 차입하여 우리역사의 대부분을 은폐하였다. 일총독의 "조선인은 조선사를 모르게 하라"는 지시에 따라 우리의 고대사를 말살하여 무능한 조상으로 조작한 것이다.[18] 이러한 과정을 거쳐 조선사편수회에서 조선사 35권 다시 기술 것을 근간으로 오늘까지 교육하고 있다. 이것을 가지고 배웠기 때문에 모를 수 밖에 없다.

마지막으로 이 지역은 우리 민족의 장래에 있어서 지정학적으로 매우 중요하다. 통일 이후 한반도, 간도지역, 연해주지역을 잇는 한민족공동체를 형성할 수 있다. 현재 약 300만명에 가까운 재중동포가 살고 있으며, 연해주 지역에는 1937년 중앙아시아로 강제 이주해간 동포들이 약 5만명이 돌아와서 정착하고 있다. 학자들은 다가오는 지구촌시대를 준비하기 위하여 이 일대의 '한민족공동체'의 형성이 매우 중요함을 역설하고 있다. 한반도, 간도지역, 연해주지역을 연결하면 한민족문화경제공동체 형성으로 우리 민족이 21세기 세계중심국가로 발 돋음 할 수 있다는 것이다.[19] 이것은 그동안 단절되어 이질화된 한민족의 정체성 회복을 의미하기도 한다.

---

18) 2005년 9월 미국 상원의원 토마스는 국사편찬위원회 상고사 토론회 자유토론에서 다음과 같이 증언하였다. "1915년 4월 15일 일제가 한국을 점령한 후에 전국을 샅샅이 뒤져 역사와 문화 관계서적을 강제로 수집해서 불태워 버렸다. 한국 후손들이 자기역사를 모르게끔 하기 위해서이다." 또한 조선일보는 1986년 8월 15일부터 말까지 11회에 걸쳐서 광복 41주년 특별기획 「국사 교과서 새로 써야 한다」는 기사를 연재하였다.

19) 특히, 선진통일연합은 '21세기 대한민국의 비전 선진과 통일 자료집'에서 "통일에 성공하면 남북통합의 시대는 물론이고 더 나아가 동북 3성과 연해주 등을 포함한 동북아 시대를 열어 평화와 번영의 동북아를 만들어 21세기 아시아 시대에 우리 민족이 세계중심국가로 우뚝 설 수 있다."고 강조 하였다.

위에서 이미 강조한 것이지만 북방영토에 대한 영유권 주장은 우리민족의 생존공간과 역사 및 문화영역의 확보라는 관점에서 대단히 중요하다. 이러한 제반적 측면에서 북방영토문제 제기의 필요성은 아무리 강조해도 지나치지 않는다고 본다.

제2장 북방영토문제의 연구방법

이 장은 북방영토문제의 연구방법을 다루고 있다. 필자는 북방영토문제를 접근함에 있어 가장 적합한 방법을 엄선하였다. 지적학의 접근방법이 무엇인지에 대한 기초 이론을 고찰한 후, 가장 적합한 접근방법으로 채택된 내용에 대하여 근거를 살펴볼 것이다.

1. 지적학의 접근방법

여기에서는 지적학의 접근방법에 대하여 구체적으로 살펴보기로 한다. 지적학은 인간과 토지와의 관계에서 발생하는 각종 지적현상에 대한 체계화된 원리를 탐구하는 학문분야이다.[20] 지적학의 주요 내용은 인간과 일 필지[21]간에 발생하는 지적활동의 결과인 지적현상이 어떠한 원리와 원칙을 가지고 발생·변경·소멸하는가에 대한 이론 정립에서부터 시작된다. 또한, 일 필지에 대한 실체적 관계로서 일 필지의 구성요소와 구성요소들 간의 변동에 대한 인과관계, 그리고 일 필지의 정보가 인간에게 가장 효율적으로 전달되기까지의 관련된 절차적 내용 등

20) 이범관, 2007, 前揭書, p.15.
21) 하나의 지번을 부여하는 토지의 등록단위이며, 지번부여지역 안의 토지로서 소유자와 용도가 동일하고 지반이 연속된 토지는 일 필지로 할 수 있다. 측량·수로조사 및 지적에 관한 법률 제66조.

도 연구의 내용에 포함한다.

이러한 지적학의 이론 탐구와 실증과정을 위해서는 무엇보다도 지적학 연구의 접근방법론이 필요하게 된다. 이와 관련하여 박순표・최용규・강태석은 역사적 접근방법, 경제적 접근방법, 법률적 접근방법, 행태론적 접근방법, 비교론적 접근방법, 체계론적 접근방법을 제시하였다.[22] 이범관은 지적학 연구의 접근방법으로 법률적 접근방법, 행정적 접근방법, 기술적 접근방법, 경제적 접근방법, 역사적 접근방법, 생태적 접근방법을 주장하였다.[23] 지적학의 접근방법에 관한 지금까지의 설명을 그림으로 나타내면 〈표 3〉과 같다.

표 3 지적학의 접근방법

접근방법의 유형	내 용
법률적 접근방법	일 필지와 관련된 법적인 활동에 대한 지적현상을 다루고자 할 때 사용될 수 있는 접근방법
행정적 접근방법	일 필지와 관련된 관리 활동에 관련된 지적현상을 다루고자 할 때 사용될 수 있는 접근방법
기술적 접근방법	일 필지와 관련된 기술적인 활동에 관련된 지적현상을 다루고자 할 때 사용될 수 있는 접근방법
경제적 접근방법	일 필지와 관련된 가치적인 활동에 관련된 지적현상을 다루고자 할 때 사용될 수 있는 접근방법
역사적 접근방법	일 필지와 관련된 역사적인 활동에 관련된 현상을 다루고자 할 때 사용될 수 있는 접근방법
생태적 접근방법	일 필지의 생성・분할・합병 등 토지이동과 관련된 현상을 다루고자 할 때 사용될 수 있는 접근방법

자료 : 이범관, 『지적학원론』(대구 : 삼지출판사, 2007), p.23.

22) 박순표・최용규・강태석, 1993, 지적학개론, 서울, 형설출판사, p.23.
23) 이범관, 前揭書, p.23.

그런데 여기서 강조하고 싶은 것은 지적학의 접근방법은 사회과학적인 연구방법을 토대로 지적활동의 결과인 지적현상을 효율적으로 규명하기 위한 접근방법이 적합하다는 것이다. 이런 측면에서 볼 때 이범관의 주장이 더 설득력을 가진다. 따라서 본 연구에서는 이범관의 주장과 같이 법률적·행정적·기술적·경제적·역사적·생태적 접근방법을 채택하기로 한다.

2. 북방영토문제에 적합한 접근방법

여기에서는 북방영토문제에 적합한 접근방법에 대하여 구체적으로 살펴보기로 한다. 위에서 이미 제시한 여섯 가지의 접근방법 중에서 북방영토문제에 적합한 방법으로 생태적·법률적·경제적·행정적 접근방법을 채택하였다. 구체적으로 접근방법별로 내용을 살펴보고 그에 대한 근거를 각각 분석하고 설명하고 있다.

생태적 접근방법

일 필지의 생성·분할·합병 등 토지이동과 관련된 현상을 다루고자 할 때 사용하는 생태적 접근방법은 북방영토의 범위 확정과 매우 밀접한 관계에 있다.

인간의 몸이 약 60조에 달하는 세포로 구성되어 있듯이, 거대한 지구도 미세한 필지로 구성되어 있다. 지구에 있어서 필지는 인간의 미세한 세포와 같다. 인간이 성장과 더불어 세포분열을 하듯이, 지구 또한 필지의 분필과 합필을 반복하고 있다. 즉, 생태학적 측면에서 세포가 생성・분열・소멸하듯이, 하나의 필지가 생성되어 신규등록, 분할 또는 합병, 말소되는 일련의 과정에 대하여 생태적 측면에서 접근하는 방법론을 적용할 수 있다.

북방영토를 하나의 필지로 간주할 때, 그에 대한 물리적 현황 즉, 북방영토의 위치, 크기, 모양과 관련된 내용은 지적학의 기초이론 분야로서 경계론과 면적론, 필지론의 제이론에 바탕을 두고 구체적인 접근이 가능하다.

그 중, 북방영토의 위치와 모양은 지적학 영역에서 필지의 경계확정과 직결된다. 경계boundary란 일반적으로 '사물이 맞닿는 자리'라 할 수 있지만, 지적학에서는 '자연물인 지구를 인간의 필요에 의해 인위적으로 구획한 산물인 필지의 외곽선으로 소유권의 한계를 나타내는 곳'으로 정의된다. 이러한 필지의 경계가 확정되게 되면 필지모양도 자연적으로 드러나게 된다. 토지의 효율적인 관리 수단으로 지상의 경계선을 지도상에 옮겨서 관리하면서부터 경계의 설정내용, 관련법, 경계표지의 대상, 조사여부에 따라 다양한 경계가 존재하게 되었다.[24] 이런 관계로 인하여 지적학 분야에서 위치와 경계를 확정하고 감정하는 활동은 지적활동에서 가장 중요하게 다루어지는 활동이 되었다.

한편, 북방영토의 크기는 확정된 경계에 따라 정해지는 일 필지의 면적과 관계된다. 이러한 북방영토의 크기는 경계에 따라 표시된 선과

24) 토지경계의 분류는 설정내용에 따라 지상경계, 도상경계, 법정경계, 현실경계, 점유경계, 사실경계 등으로 구분하고, 관련법에 의하여 사법경계, 공법경계, 형법경계로 분류되며, 경계표지물의 대상에 따라 자연경계와 인공경계로 분류된다. 그리고 사정査定여부에 따라 사정경계와 분할경계가 있다. 이범관, 前揭書, pp.66~72.

좌표에 의해 산출된다. 면적이란 일반적으로 한정된 평면이나, 구면의 크기 또는 넓이를 의미한다. 그러나 측량·수로조사 및 지적에 관한 법률에서 면적이란 '지적공부에 등록한 필지의 수평면상의 넓이'를 뜻한다. 따라서 일반적으로 토지면적은 지적공부에 등록한 일 필지에 대한 한정된 수평면상의 넓이로 볼 수 있다.[25)]

결국, 지적학의 접근방법에 의한 북방영토문제를 조명함에 있어 생태적 접근방법을 사용한다는 것은 북방영토의 실체적 형상과 모양을 규명하는 것으로서, 북방영토에 대한 위치·크기·모양을 확정하는 것이다.

법률적 접근방법

일 필지의 법적인 활동과 관련된 지적현상을 다루고자 할 때 법률적 접근방법을 사용한다. 법률적 접근방법은 북방영토문제에 관한 법적 분쟁 즉, 영토영유권 문제에 적용할 수 있다.

북방영토에 대한 영유권 문제는 지적학 측면에서 보면 북방영토라는 거대한 필지의 소유권에 대한 논쟁이다. 북방영토의 소유권과 관련된 내용은 지적학의 기초이론 분야로서 토지권리론의 제이론을 적용하면 구체적으로 영유권 주장에 대한 논리 확보가 가능하다.

지적학은 토지에 대한 소유권, 즉 권리관계를 탐구하는 것이다. 실제 토지의 소유권은 여러 가지 요인에 의거 변경된다. 토지권리의 변경 절차는 법으로 엄격하게 규제하고 있다. 국가는 영토에 대한 통치권을

---

25) 지적공부상 면적은 지적공부에 등록한 필지의 수평면상의 넓이를 의미하고 있어 지상의 실제 면적과 차이가 있다. 이러한 면적의 단위는 ㎡를 사용하고, 1㎡는 0.3025평이며, 1평은 3.3058㎡이다.

유일하게 가지고 있어 지적국정주의 이념에 따라 토지의 등록 및 기록사항은 국가에서 결정한다. 즉, 지적의 등록사항인 지번, 지목, 지적地積은 소유자의 의사에 구애됨이 없이 국가가 자기의 권한으로 결정하는 것이다.[26)]

국가는 국제법 주체로서의 자격을 상실하여 소멸하거나 법적 지위를 승계하기도 한다. 현대의 국가승계이론은 승계의 형태와 대상에 따른 국가승계의 법적 효과를 규명하는 방향으로 발전하여 왔다. 승계형태별로 신생독립국과 국가통합·국가분리로 구분한다.

여기서 말하는 국가소멸은 국가가 국제법 주체로서의 자격을 상실하는 것을 말한다. 국가가 소멸하게 되면 국제관계의 급격한 변동을 피하고, 국제분쟁을 방지하기 위하여 권리의무를 승계국 또는 타국에 이전하게 된다.[27)]

국가승계는 일정지역을 통치하는 국가가 변경되면 선행국predecessor

---

26) 필자는 이를 '지적주권'이라 부른다. 지적주권은 지적분야에서 독립적 자주권을 말한다. 이런 차원에서 우리나라 지적은 일제가 세금과 토지 수탈을 목적으로 일제강점기에 실시된 토지조사사업에 의거 확립된 것을 기본으로 사용하고 있으며, 우리 기술과 자본으로 토지조사사업을 한번도 실시한 적이 없기 때문에 아직까지 지적주권을 회복하지 못한 것으로 생각하고 있다.

27) 국가소멸은 병합과 합병, 분할과 할양, 분열과 분리로 이루어지는데, 병합은 일국이 타국을 자국의 일부로 흡수하여 보다 커지는 것을 말하며, 합병이란 두 개 이상의 국가가 결합하여 보다 큰 하나의 새로운 국가를 이루는 것을 말한다. 분할이란 일국의 영역이 두 개 이상의 국가에 의해 탈취되어 소멸하는 것을 말하며, 할양이란 국가간의 합의에 의해 지역적 영토권이 타국에 이전되는 것을 말한다. 분열은 일국이 두 개 이상의 국가로 완전히 분리 독립하고 기존국은 국가로서의 존립을 상실하는 경우를 말하며, 분리란 일국의 일부가 탈퇴하여 새로운 국가를 이루되 기존국이 국가로서의 존립을 유지하는 경우를 말한다. 김현수·이민호, 2005, 前揭書, pp.52~53.

state이 승계국의 법적 지위를 승계하는 것을 말한다. 국경조약, 중립협정 등과 같이 객관적 상황을 설정하는 권리이전적 조약은 승계된다.

국가통합은 기존의 2개 또는 그 이상의 국가가 통합하여 1개의 승계국으로 되는 것을 말한다. 이 1개의 승계국을 구성하는 통합에는 합병과 병합이 모두 포함된다.

그리고 국가승계시 이미 발효된 선행국의 조약에 대해서는 학설이 다르다. 선행국의 국가 법인격이 소멸되는 포괄적 승계와 소멸되지 아니하는 부분적 승계로 나눈다. 또 정치적 행위의 권리·의무에 관한 조약인 인적조약과 영토에 종속된 권리·의무에 관한 조약인 물적조약으로 구분한다.[28]

이상과 같이, 북방영토의 소유권 부분은 북방영토의 권리 주체인 국가의 소멸과 승계에 따른 영유권의 변화를 지적학의 접근방법 가운데 법률적 접근방법을 적용하여 연구될 수 있다. 즉, 북방영토를 둘러싼 조선과 청의 국경조약과 회담, 일본과 청의 간도협약, 북한과 러시아·중국의 국경조약과 회담 등의 효력을 규명하는 것이다. 결국, 지적학의 접근방법에 의한 북방영토문제를 조명함에 있어 법률적 접근방법을 사용한다는 것은 북방영토의 지적주권 회복방안을 도출하는 것이다.

경제적 접근방법

일 필지의 가치적인 활동과 관련된 지적현상을 다룰 경우 기본적으로 사용되는 것이 경제적 접근방법이다. 이는 북방영토문제를 지적학적

---

28) 김현수·이민호, 2005, 前揭書, pp.52~54. 법률적 접근방법에 있어서 가장 중요한 권리 주체로서의 국가의 소멸과 승계는 제12장 국경획정과 국가영역의 변경에서 자세히 다루기로 한다.

시각에서 접근함에 있어서 당연히 적용될 연구접근방법이 된다. 북방영토의 가치와 관련된 내용은 지적학의 기초이론 분야로서 토지가치론의 제이론을 적용하면 구체적으로 새로운 영토관 확립에 대한 논리 확보가 가능하다.

지적제도의 본질이 일 필지에 대한 물리적·권리적·가치적·토지이용규제적 내용을 지적공부에 조사·등록·공시·관리하는 것이다. 따라서 일 필지의 가치를 평가하고 등록·공시하는 것은 지적제도의 기본적 기능이 된다. 우리의 지적제도는 필지의 가치를 공시함에 있어 일 필지별로 당해 토지에 대한 경제적 가치를 화폐액으로 표시한 부동산가격[29] 중 공시지가 부문만을 다루고 있다. 종합적인 필지의 가치 공시가 제대로 이루어지지 못하는 것이 사실이다. 즉, 현재 필지의 가격결정을 위한 토지평가는 필지별로 지적공부에 등록된 지목, 품위 또는 정황에 따라 토지등급을 설정하여 일정한 기준으로 산정한다. 이와 같이 산정한 지가는 토지대장과 임야대장에 등록한다.[30]

분명한 것은 지적학적 측면에서 엄연한 필지의 가치는 금전적 가치

29) 부동산가격이란 부동산이 물리적·기능적·경제적으로 소멸할 때까지 전 기간에 걸쳐 부동산을 사용·수익한다는 것을 전제로 하여 그 효용성, 상대적 희소성, 유효수요의 상관결합에 의하여 나타나는 부동산의 경제적 가치를 화폐액으로 표시한 것이다. 송근필·이범관·허종구·이현준, 2006, 우리나라 지적조사사제도의 신설방향 연구, 한국지적학회지, 제22권 제2호, 사단법인 한국지적학회, p.159.

30) 토지평가제도는 모든 토지를 먼저 지적공부에 등록한 후 그 등록사항을 토대로 평가하는 제도를 채택하여 시행하고 있기 때문에 지적공부에 등록되지 아니한 토지의 정확한 평가는 사실상 불가능하다. 이 때문에 모든 토지는 지적공부에 등록된 필지를 단위로 기준지가를 결정하고 토지등급과 기준수확량등급 등을 설정하여 토지에 대한 평가, 과세, 수확량 추이, 토지거래, 손실보상 등의 기초자료로 활용하고 있다.

즉, 필지의 가격부분에만 한정된 것이 아니다. 일 필지에 대한 모든 유·무형적 가치까지를 포함하는 개념으로 이해되어야 한다는 점이다.

가치란 장래 기대되는 편익을 현재가치로 환원한 값으로 정의된다. 일반적으로 경제학에서는 가치와 가격을 관념상 차이일 뿐 거의 일치한다고 보고 있다. 그러나 지적학에서는 필지의 가치와 필지의 가격은 엄격히 구별된다. 필지의 가격은 특정 시점에서 이루어졌기 때문에 그것이 하나밖에 없다. 반면, 필지의 가치는 현재의 시점에서 보는 관점에 따라 다양하게 존재하게 된다.

지적학의 관점에서 경제적 접근방법을 통해 북방영토의 경제적 가치평가 방법으로 대상 지역의 지가를 평가하는 것은 큰 의미를 지닌다. 그러나 북방영토에 대한 지가평가 과정이 매우 중요하지만 정치·사회적으로 사실상 불가능한 여러 장애 요인이 있다.

따라서 필자는 필지의 가격 산정을 통한 가치평가적 측면이 아닌 북방영토 자체가 지니는 무형적 측면의 인적·물적 가치에 초점을 맞추어 진행하기로 한다. 결국, 지적학의 접근방법으로 북방영토문제를 조명함에 있어 경제적 접근방법을 사용한다는 것은 북방영토에 대한 새로운 인식과 미래가치를 평가하는 것이다.

행정적 접근방법

일 필지의 관리활동과 관련된 지적현상을 다루고자 할 때 행정적 접근방법을 사용한다. 이 방법은 북방영토의 관리 실태를 조사·분석함에 매우 유용한 연구접근방법이다. 북방영토의 관리와 관련된 내용은 지적학의 기초이론 분야로서 지적행정론과 지적기술론의 제이론을 적용하면 구체적으로 지적주권 회복방안에 대한 논리 확보가 가능하다.

일반적으로 지적제도는 토지를 인위적으로 구획한 필지의 조사·등록·공시·관리한다는 측면에서, '지적활동을 위해 법과 행정조직을 바탕으로 행하는 지적관리의 체계'[31] 또는 '토지의 각 필지에 대한 위치, 형질, 용도, 면적, 법적 소유관계, 환경 등 토지 관련정보를 등록·공시하고 이의 변동사항을 영속적으로 유지·관리하는 국가사무'[32]로 정의한다.

그 중 일 필지의 등록은 '국가 토지행정의 기초로서 국토의 현황을 파악하고 토지의 필지에 관한 크기와 특성·이용상태·법률관계 등을 상세히 기록하여 별개의 재산권으로 행사할 수 있도록 지적공부와 등기부에 표시하여 체계적으로 정리함으로써 국가행정의 근거로 사용하는 것'으로 정의한다.[33] 따라서 일 필지에 대한 조사·등록·공시·관리라는 일련의 체계는 토지를 효율적으로 이용·관리하기 위해서 요구되는 실질적인 지적행정을 통해 구체화될 수밖에 없다.

지적학의 관점에서 행정적 접근방법을 통하여 북방영토문제를 연구한다는 것은 북방영토에 대한 행정체제 또는 관리체제 전반을 대상으로 진행될 수 있는 부분이다. 결국, 지적학의 접근방법으로 북방영토문제를 조명함에 있어 행정적 접근방법을 사용한다는 것은 북방영토에 대한 행정구역 편입, 측량 및 지적공부 작성, 토지개혁 등 행정적 관리상황을 파악하여 영유권 주장 논리를 확보하는 것이다. 북방영토문제에 대

31) 이범관, 1996, 한국의 지적제도에 관한 연구, 박사학위논문, 단국대학교 대학원, p.14.
32) 류병찬, 1991, 다목적지적제도의 모형개발에 관한 연구, 지적, 대한지적공사, p.52.
33) 류해웅, 2005, 토지법제론, 서울, 부연사, p.766.

한 지적학의 접근방법 및 분석이론에 대한 지금까지의 설명을 그림으로 나타내면 〈표 4〉와 같다.

표 4 북방영토문제에 대한 지적학의 연구방법

지적학의 연구방법	생태적접근방법 (물리적측면)	법률적접근방법 (권리적측면)	경제적접근방법 (가치적측면)	행정적접근방법 (관리적측면)
이 론	경계론, 면적론, 필지론	토지권리론	토지가치론	지적행정론 지적기술론
범 위	국경의 형성	권리주체의 승계	지정학적 가치	영토취득과 상실
내 용	유조변책설 등에 의한 국경선 위치 분석	조약·협약에 의한 영유권 분석	북방영토의 인식, 재중한인 문제, 미래가치 분석	측량과 지적공부 작성, 토지개혁 등 관리상황 분석
결 과	위치, 크기, 모양 확정	지적주권 회복 방안 도출	새로운 영토관 확립	영유권 주장 논리 확보

3. 지적학으로 본 북방영토문제의 유형

여기에서는 지적학으로 본 북방영토문제의 유형에 대하여 살펴보기로 한다. 지적학의 접근방법은 곧 지적학적 시각에서 북방영토문제를 조명하는 것을 의미한다. 따라서 북방영토의 여러 가지 문제를 지적학적 연구방법론에 의해 해결방향을 제시하기 위해서는 각각의 방법론별로 북방영토문제가 다시금 유형화되어야 한다.

북방영토문제는 지적학의 생태적·법률적·경제적·행정적 연구접근방법론을 적용한다. 구체적으로 북방영토의 범위문제, 소유권문제, 가치문제, 관리문제에 대하여 각각 분석하고 설명하고 있다.

북방영토의 범위문제

서론에서 이미 살펴본 것이지만 북방영토의 최대 범위를 1712년 청국과 조선이 실제로 국경을 함께 답사해 결정한 백두산정계비에 의한 범위로 보는 견해도 있다. 백두산정계비의 서쪽은 압록강, 동쪽은 송화강의 상류인 토문강을 경계로 한다는 내용에 따라 압록강–백두산정계비–토문강–송화강–흑룡강–동해를 잇는 경계선으로 보는 것이다.

그런데 이러한 견해들은 북방영토의 범위를 경계선의 좌표나 면적도 제시하지 않고 막연히 압록강부터 동해까지로 설정하는 것은 문제가 있어 보인다. 보다 구체적으로 위치, 크기, 모양이 제시되어야 하지만, 아직까지 실질적 범위에 대한 논의조차 시도되지 않고 있다. 즉, 막연한 지리적 관점에서가 아닌 구체화된 북방영토의 경계·면적·모양 등이 측정될 수 있는 방법론이 제시되어야 한다.

필자는 이러한 문제를 지적학적 사고로 풀어내고자 한다. 결국, 지적학의 경계확정 또는 면적산출에 관한 제이론을 기초로 북방영토의 위치·크기·모양이 결정됨으로써 그에 따른 물리적 현황을 파악하여야 한다. 그래야 이후에 논의되는 북방영토의 소유권문제나 북방영토의 가치문제에 관한 근거가 명확해 질 수 있기 때문이다.

북방영토의 소유권문제

소유권은 물건을 자유로이 사용·수익·처분할 수 있는 물권이다.

소유권 이외의 물권은 일정한 목적으로 일정한 범위 내에서만 물건을 지배할 수 있는 권리임에 반하여 소유권은 물건을 전면적으로 지배하는 권리이다.

이러한 맥락에서 본다면, 영유권dominium은 영토를 자유로이 사용·수익·처분하는 영토 자체에 대한 소유권적 개념으로 볼 수 있다.[34] 따라서 필자는 북방영토 영유권문제는 결국 북방영토 소유권 문제와 동일하게 다루고자 한다.

북방영토의 소유권 문제는 북방영토를 사용·수익·처분할 수 있는 권원이 우리에게 있으며, 중국측의 소유권 주장은 어떠한 법적 효력도 인정될 수 없다는 점을 전제로 한다. 따라서 북방영토의 소유권 회복에 따른 문제점과 중국 측의 귀속에 대한 불합리성 등이 법적 측면에서 조명되어야 한다. 구체적으로는 한인에 의해 개간·관리되었음에도, 일본의 강압적 조치에 의해 소유권이 청으로 넘어가게 된 문제를 다루고자 한다.

북방영토의 가치문제

일반적으로 가치는 값 또는 값어치를 뜻하는 말이다. 경제학적으로는 인간의 욕망을 충족시키는 재화의 중요 정도를 가리킨다.

이를 일반적인 토지 가치권과 관련시켜 볼 때, 토지소유권자는 소유토지를 사용·수익함으로써 용익가치를 형성하게 되고, 그것을 처분함으로써 처분가치를 형성하게 된다. 여기서의 용익가치와 처분가치를 교환가치라고 한다.[35] 따라서 통상적인 토지가치는 주로 경제학적 측면

34) 이한기, 1992, 국제법강의, 서울, 박영사, p.624.

에서의 금전적 가치로 표현되는 것이 대부분이다.

그러나 북방영토의 가치문제를 지적학의 경제적 접근방법에 의하면 사실상 현물적·유형적 가치를 측정할 수 없는 문제가 있다. 현실적으로 북방영토가 중국에 위치하고 있는 관계로 그에 대한 평가 및 공시지가 조사 등의 구체적 가치측정이 불가능하기 때문이다. 이런 이유로 기존 연구에서는 북방영토의 지형학적 가치를 주로 다루었다.

북방영토의 가치가 반드시 유형적인 측면에 국한되는 것은 아니다. 즉, 북방영토의 지정학적 가치 또는 북방영토 지역에서 생활하고 있는 재중동포의 인적 가치 등은 철학적 의미에서 북방영토가 지니는 의의 또는 객관적 당위성과 결부되어 중요한 가치로 취급될 수 있다. 따라서 필자는 북방영토의 가치문제는 북방영토 자체가 지니는 무형적 측면의 인적·물적 가치문제로 국한하여 다루고자 한다.

북방영토의 관리문제

일반적으로 특정 목적을 효과적으로 실현하기 위하여 여러 인적·물적 요소를 적절히 결합하여 운영하는 것을 관리라 한다. 북방영토의 관리는 결국 북방영토의 원상회복이라는 목표달성을 위한 조직적 집단의 합동 노력과정이라고 볼 수 있다. 구체적으로 북방영토의 실태를 파악하여 보호·개량·정리하고, 그 경제적인 이용대책을 세워 감독·통제하는 과정이 북방영토의 관리라 할 수 있다.

사실상, 북방영토의 관리 문제는 북방영토 자체가 우리나라의 통치권을 벗어나 있는 현 상태에서 그에 대한 직접적·구체적인 평가를 내릴

35) 이선영, 2006, 토지가치권론, 서울, 법원사, p.7.

수 없다. 즉, 북방영토에 대한 관리의 주체·객체 또는 매체별 내용을 감안하여 관리의 능률성을 측정하는 것 자체가 곤란하다는 것이다.

따라서 필자는 북방영토 관리 문제는 북방영토의 원상회복을 위해 행하는 우리 정부와 관련 기관들의 대내·외적 활동과정에서 구조적·내용적 문제를 다루고자 한다.

제3장 분석틀-위성영상 분석 기법 도입

이 책은 이론적 접근으로서 지적학과 위성영상 분석 기법을 결합하여 분석의 틀로서 사용하고 있다. 우리는 이 책의 제2장에서 북방영토문제의 이론과 특성, 지적학의 접근방법 등을 분석하였다. 이와 함께 북방영토문제 해결이 시대적으로 절실히 요구되는 이유에 대하여 검토하였다. 이 장은 북방영토문제를 실제적으로 해결할 수 있는 분석틀로서 위성영상 분석 기법을 다루고 있다. 구체적으로 분석모델model의 구성과 분류에 대하여 살펴볼 것이다.

1. 분석모형의 구성

여기에서는 북방영토에 대한 지리적 범위를 분석하는 모형에 대하여 살펴보기로 한다. 일반적으로 대규모 지역의 지리적 범위는 항공사진측량과 지상측량으로 지도를 제작하여 분석을 실시한다. 그러나 접근이 어려운 지역의 측량과 지도제작에는 상당한 제약이 있었다. 최근에는 위성영상과 전자통신 기술의 발달로 현지 확인이 곤란한 지역에 대해 정밀한 지도제작과 분석이 가능해 졌다. 위성영상은 접근이 불가능한 지역의 실세계를 측량하는 최신 기술로 여러 분야에 다양하게 활용되고 있다. 따라서 북방영토에 대한 직접 측량이 불가능하다는 현실을 감안하여 간접 측량 방법인 위성영상을 활용하여 국경선을 획정하는 모형을 설계하였다.

위성영상을 활용하여 북방영토의 범위를 분석하기 위한 구성 요소는 위성영상과 지도, 데이타 처리용 소프트웨어가 필수적이다. 위성영상은 상용 영상을 사용하고, 지도는 만주지역 지형도를, 데이터 처리 소프트웨어는 지적공사에서 자체 개발한 좌표변환 소프트웨어를 사용한 인공위성영상은 전 세계 위성영상 서비스 업체인 구글어스Google Earth에서 제공하는 공간해상도 1m급 정도 위성영상을 활용하면 된다. 홈페이지에서 위성영상을 내려 받아 우리가 보는 색과 비슷한 컬러로 편집하는 작업이 필요하다.

지형도는 지금까지 알려진 지도 중에서 가장 정확한 것을 사용하면 된다. 일본 육지측량부에서 1932년부터 1933년에 걸쳐 제작한 10만분의 1 지형도는 가장 축척이 큰 지도로 경계선 추적에 활용할 수 있다. 이 지형도에는 당시 국경선이었던 고려문과 고려고성, 봉황성 남문 등이 나타나 있다.[36)]

한편, 영상처리 소프트웨어는 ERDAS Imagine 8.4, 벡터라이징은 ArcView 3.2를 사용하면 된다. 지도와 위성영상 및 처리 소프트웨어 등 분석모형의 구성요소에 관한 지금까지의 설명을 그림으로 나타내면 〈표 5〉와 같다.

---

36) 이 지도는 오늘날의 지도 못지않게 등고선과 도로는 물론, 지형지물, 창고, 화약고, 병원, 비석까지도 부호로서 정확하게 표기하고 있다. 그 당시의 정황으로 보아 세밀하게 제작되었음을 알 수 있다. 이 지도는 '간도되찾기운동본부'의 육낙현 대표가 일본 교토대학교 도서관에서 복사한 것이다. 고려문과 봉황문, 고려고성이 나타나 있는 지도는 요양9호 봉황성 지도이다. 도면 좌측모서리에 경위도좌표가 기재되어 있다.

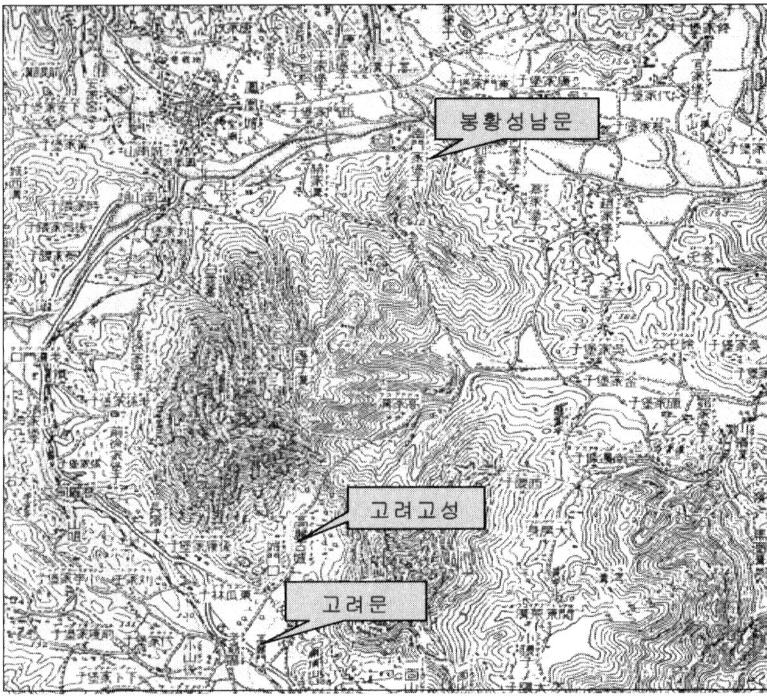

▲ 만주 10만분의1 지도(육락현 제공)

표 5 위성영상 및 처리 소프트웨어 개요

분 야	구분	내 용	비 고
위성영상	라이센스	free	
	해 상 도	1m	1m 크기 판별 가능
	제 공 처	구글어스(Google Earth)	상용버전
시용지도	지 형 도	만주 10만분의 1	일본 육지측량부
소프트웨어	운영체계	Microsoft Windows XP(SP2)	
	버 전	4.1.7 (2007. 5.24)	
	서 버	kh.gogle.com	
좌표변환 소프트웨어	명 칭	CarBack시스템	대한지적공사 개발

자료 : 구글어스 홈페이지, 대한지적공사 내부자료 등 참고 작성

2. 북방영토문제 분석모형 분류

여기서는 북방영토에 대한 지리적 범위를 분석하는 모형의 분류에 대하여 살펴보기로 한다. 최신 측량방법인 위성영상 기술을 활용하면 북방영토문제를 역동적으로 그려낼 수 있다. 북방영토문제의 분석모형은 북방영토의 위치, 북방영토의 크기, 북방영토의 모양으로 분류할 수 있다.

일반적으로 분석모형에 의한 북방영토의 위치, 크기, 모양의 확정은 지형도상의 경계선 결정, 좌표독취 및 변환, 위성영상에 좌표 전개, 경계 및 좌표 확정, 지역구획 및 면적 산출, 분석 및 평가 등의 순으로 이루어진다.

지형도상의 경계선 결정은 지금까지 검토한 자료에 근거하여 가장 합리적인 방법으로 결정한다. 경계선의 좌표독취는 지형도상의 성문 지점를 기준으로 취득한다. 성문과 성문 사이 지점은 강·하천·도로·산맥 등 자연 경계를 기준으로 좌표를 취득한다.

이와 같은 방법으로 취득한 좌표는 위성영상에서 경계선을 따라 가면서 복원한다. 주변 상황에 맞도록 위치를 조정해 가면서 굴곡점마다 경도, 위도 및 고도를 독취하여 경위도좌표를 산출한다. 조·중변계조약에 나와 있는 좌표와 대조한다.[37)]

---

37) 지도마다 채택하고 있는 좌표계와 표현방법에 따라 좌표가 다르게 표현된다. 좌표계가 다르면 같은 지점이라도 좌표가 일치하지 않는다. 그러나 필자가 사용한 지형도의 좌표는 의정서에 나타나 있는 좌표와 일치한다. 중국과 북한이 국경을 확정 할 당시 북한에서는 1942년 좌표계를 사용하고 있었지만, 만주지역에서는 이 지도를 사용하였기 때문에 중국

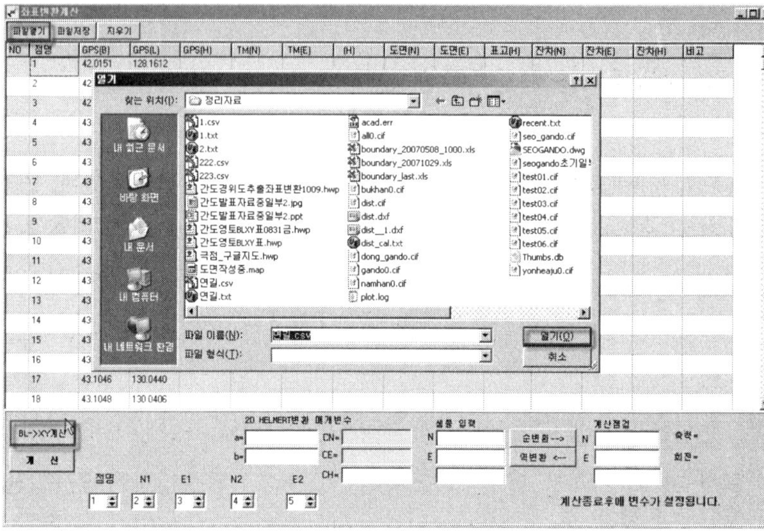

▲ 좌표변환 작업 초기화면

외곽선의 경계를 모두 측정하여 다각형을 완성한다. 구글에서 해당 위치로 이동하여 포인트의 경위도좌표를 노트패드 또는 엑셀에 키인한다. 데이터를 편집하여 CarBack시스템38)에서 불러들일 수 있는 파일로 저장한다. 위성영상좌표는 UTM좌표체계로 되어 있어 CarBack시스템을 사용하여 경위도좌표를 직각좌표로 변환하여 경계점의 좌표를 확정한다.

의 좌표를 채용한 것으로 판단하고 있다.

38) Carback시스템은 측량장비인 GPS와 토탈스테이션을 차량 후미에 탑재하여 이동하면서 측량할 수 있도록 대한지적공사에서 고안한 장치이다. 본 소프트웨어에 포함하는 좌표변환은 GPS성과를 평면좌표로 변환시키는 기능을 갖추고 있을 뿐만 아니라, 평면과 평면간의 이동과 회전 및 축척 요소로 다른 좌표계간의 변환도 가능하다. 본 시스템에 대한 운영은 차득기 박사의 도움이 있었다.

이와 같은 방법으로 변환된 좌표 값을 텍스트파일(txt)로 저장한다.[39] 'Autodesk Map 2007'에서 평면직각좌표를 불러들여 폴리라인으로 만들어 면적 및 거리를 산출한다. 지역별로 산출된 면적의 합과 전체 면적을 비교한다. 남한과 북한의 면적을 동시에 산출하여 검증한 후 면적산출의 신뢰도를 제고한다. 이와 같이 작업을 거쳐 산출한 데이터는 경계점과 4극점, 경계선의 총 연장 길이, 중심점을 산출한다. 이에 따른 도면의 출력물과 파일 등으로 D/B를 구축하여 필지중심토지정보관리시스템(PBLIS)에 저장한다. 정중앙점의 좌표산출은 종횡선좌표를 Gothic에 탑재하여 DB에서 제공하는 툴을 이용한다.[40] 분석모형에 대한 지금까지의 설명을 그림으로 나타내면 〈그림 3〉과 같다.

39) Carback시스템의 내부 프로그램은 다양한 측지학적 수학 프로그램 모듈과 도형처리 모듈이 결합되어 처리된다. 즉, 변환을 적용시킬 경우 현재의 평면직각좌표(x, y)에 대하여 6개의 변환변수를 적용시켜 새로운 좌표를 환산하게 되는데 기존의 3차원측지좌표와 평면좌표계의 성과를 3차원으로 변환하여 상호 이동과 회전 및 축척의 요소로 맞추는 방법으로 시행되며, 높이는 별도의 체계에 의하여 보간하여 계산하는 방법이다.
40) Gothic은 영국 LaserScan社에서 개발한 도형데이타베이스로서 대한지적공사와 행정자치부에서 운영하고 있는 필지중심토지정보관리시스템(PBLIS)에서 채택하였다.

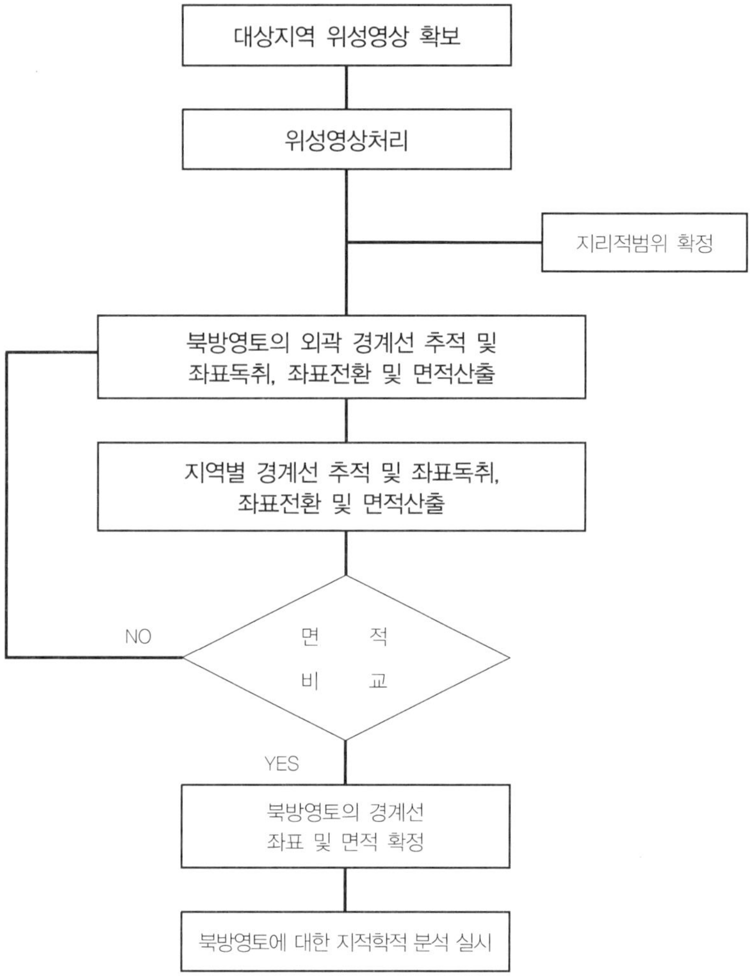

▲ 북방영토문제 분석 모형도

제2부 북방영토의 형성과정과 관리실태 분석

제4장 북방영토의 지리적 범위 99
제5장 북방영토의 소유권 변천 146
제6장 북방영토의 가치 분석 164
제7장 북방영토의 관리실태 분석 173

제2부는 우리 땅 북방영토의 형성과정과 관리실태 분석을 다루고 있다. 기존의 연구와 자료를 분석하여 북방영토 영유권 주장에 가장 중요한 권리적 측면을 중심으로 지적학의 연구방법에 초점이 맞춰져 있다.

제2부는 네 개의 장으로 구성되어 있다. 제4장은 북방영토의 지리적 범위 검토를, 제5장은 북방영토의 소유권 변천을, 제6장은 북방영토의 가치 분석을, 제7장은 북방영토의 관리 실태를 각각 분석하고 설명할 것이다. 그리고 각 장마다 분석한 내용을 토대로 문제점을 도출하여 소결로 제시하겠다.

제4장 북방영토의 지리적 범위

이 장은 북방영토의 지리적 범위를 다루고 있다. 북방영토의 지리적 범위는 기존 연구와 자료에 나타난 북방영토에 대한 물리적 현황을 분석하는 과정이다. 이 장에서는 북방영토의 위치, 북방영토의 크기, 북방영토의 모양을 살펴보고, 북방영토의 지리적 범위에 대한 문제점을 제시하겠다.

1. 북방영토의 위치

여기에서는 북방영토의 위치에 대하여 살펴보기로 한다. 북방영토의 위치는 외곽 경계선에 의하여 결정된다. 그런데 우리나라 북방영토의 경계선은 정부에서 확정한 사실이 없기 때문에 명확하게 나타나 있지 않다. 따라서 본 연구에서는 북방영토의 위치를 서쪽 및 북쪽지역, 백두산지구, 압록강·두만강 지역으로 세분하여 살펴보기로 한다.

중국과 접하는 서쪽 및 북쪽지역의 위치는 유조변책과 백두산정계비에 의한 경계선을 분석한다. 그리고 백두산지구와 압록강·두만강 지역의 위치는 북한이 중국, 러시아와 체결한 국경조약에 의거 구체적으로 설명하고 있다.

서 · 북쪽의 경계선

여기에서는 북방영토의 서 · 북쪽의 경계선을 살펴보자. 서 · 북쪽의 경계선은 압록강 · 두만강 이북지역의 경계선으로 고지도와 자료에 다양하게 나타나고 있다. 조선과 청은 국경조약에 의하여 공식적으로 국경을 획정하거나 표지를 설치한 일이 없기 때문이다. 그런데 여기에서 주목할 만한 것은 유조변책과 백두산정계비의 존재이다. 지적학적으로 볼 때 유조변책과 백두산정계비는 국경으로 인정할 수 있는 최소한의 요건을 갖추었다는 것이다.

먼저, 유조변책은 1627년 3월 3일 정묘호란의 강화조약인 강도회맹에 의하여 설치되었다.[1] 강도회맹에 의하면 "조선 국왕은 금국과 더불어 맹약을 한다. 우리 두 나라가 이미 화친을 결정하였으니, 이후로는 서로 맹약을 준수하여 각각 자기 나라를 지키도록 한다.(朝鮮國與金國立誓 我兩國已講和好 今後兩國 各遵誓約 各守封疆)"[2]는 내용이 있다. 이 내용으로 볼 때 양국 간에 국경을 최초로 정했음을 알 수 있다.

청 호부의 기록에는 태종이 1638년에 압록강 하류지점 남반에서 봉황성을 거쳐 감양변문京興을 지나 성창문城廠門과 왕청변문旺晴邊門, 산해관에 이르는 150리 내지 200리 가량의 노변 방압공사防壓工事를 실시하

---

1) 김득황, 1987, 백두산과 북방관계, 서울, 사사연, pp.39~44. 강도회맹의 내용은 첫째, 후금군은 평산에서 일보도 진격하지 않기로 맹세하고 다음날부터 철병할 것 둘째, 지금부터 후금과 조선은 형제의 나라로 칭할 것 셋째, 철병 후에 후금군은 압록강을 넘어오지 않을 것 넷째, 조선에서 호군의 물품 약간을 보낼 것 다섯째, 조선왕족을 후금에 볼모로 보낼 것 등이다. 양태진, 2007, 조약으로 본 우리땅 이야기, 서울, 예나루, p.89.

2) 인조실록 15권, 인조 5년(1627년 정묘, 명 천계天啓 7년) 3월 3일 경오, 「조선왕조실록 영인본」, 34책, p.181; 조선왕조실록 홈페이지(http://sillok.history.go.kr/main/main.jsp) 2011년 11월 9일 검색.

였다. 그리고 1670년부터 1681년까지 개원開原 위원보威遠堡에서 시작하여 북쪽으로 전장 343.1㎞의 신변을 설치한 것으로 나타나 있다.

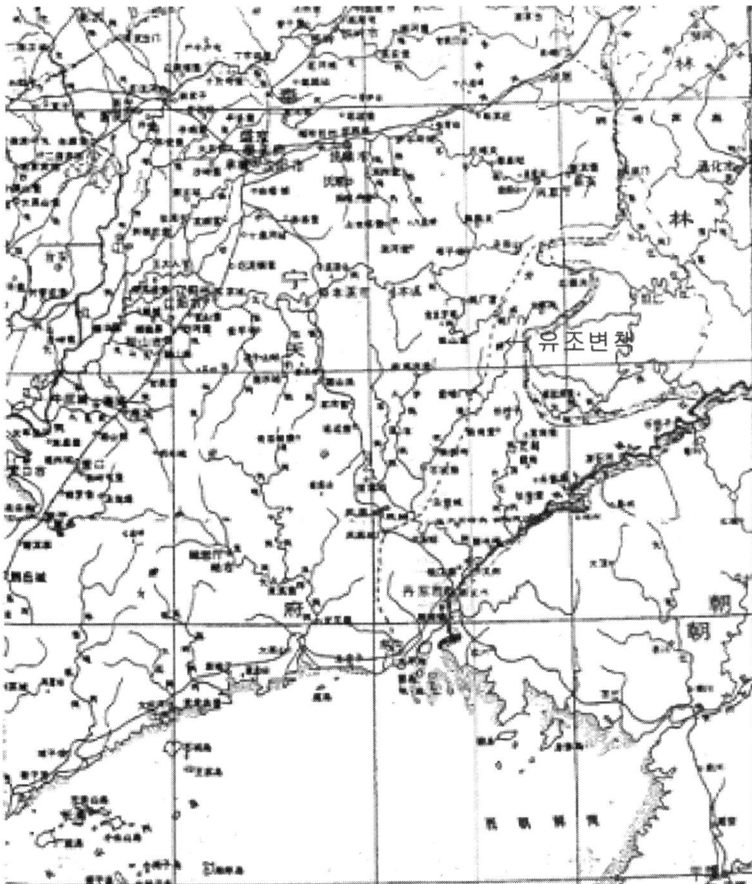

▲ 『중국역사 지도집』의 유조변책
자료 : 朴東基,『統一韓國에 있어서 北方領土에 관한 硏究』 석사학위 논문, p.24 참조 재작성

그 당시 국경선이 어디인지는 정확하게 알 수 없다. 사평四平에서 이수梨樹, 공주령公主嶺, 이통伊通, 장춘長春, 구태九台를 거쳐 서란舒蘭까지 구불구불 이어진 유조변책의 유적이 아직도 부분적으로 남아 있다. 사평시四平市 산문향山門鄉에는 포이도고소파이한변문아문布爾圖庫蘇巴爾汗邊門衙門의 병사兵舍가 남아 있다.[3)]

그리고 강희제는 봉금지대를 대신해 선 개념의 국경선을 채택하기로 결정하고 실측으로 지도를 제작하였다. 1708년(강희 47년) 프랑스인 선교사 레지(Regis), 부베(Bouvet), 자르트(Jartoux)에게 명하여 7년간에 걸쳐 중국 땅 모두를 삼각측량법에 의하여 실측하여 지도를 제작하였다. 자르뚜 감독 아래 지역별로 지도책을 만들어 1718년에 강희제에게 헌상하였다. 강희제는 이를 '황여전람도'라 명하였다.[4)] 지리학자 당빌(D' Anvillle)은 이 지도를 근거로 42장의 '새 중국지도(Nouvel Atlas de la Chine)'를 만들었다.

이 지도에 의하면, 조선과 청의 동북의 경계선은 두만강 하구의 약 6㎞ 동쪽 지점에서 시작되어 두만강 북쪽에서는 흑산산맥을 따라 서남쪽으로 비스듬히 이어진다. 백두산을 가로질러 압록강 상류의 모든 수

---

3) 북한토지연구소 홈페이지(http://www.nkland.org/NOS-Board/bbs3.php?articlenum=16&idx=survey&page=3&retype=view&uid=36), 2011년 9월 8일 검색.

4) 나이또 박사의 『청조사통론』에 의하면, 그가 심양에서 만주어로 된 도본을 촬영한 것이 있었고, 또 오가와 교수가 촬영한 도본 사진이 있어서 1915년 8월에 교토 대학에서 이것을 전시한 일이 있다고 하는데, 70여년이 지난 현재 이 사진의 행방을 알 길이 없다. 행여나 이 만주어 도면이 중국 대륙의 어느 곳인가에 아직까지 남아 있어서 이것을 찾을 수 있다면, 당빌의 '새 중국지도'에서와 마찬가지로 두 나라가 경계선을 획정하게 된 경위와 레지선의 존재를 보다 확실하게 살펴볼 수 있다. 김득황, 1987, 前揭書, pp.48~57.

계를 포함하는 동서산맥에 선을 긋고, 혼강의 약간 북쪽을 따라 내려 간다. 봉황성의 남쪽을 지나 압록강 하구의 서쪽 대동구에 이르는 선이다.[5)]

▲ 당빌의 새중국지도(이돈수박사 제공)

5) 김득황, 1987, 前揭書, p.50; 김득항은 이 선을 레지선이라 부른다. 김득항은 레지선이 몇 년 몇 월에 획정되었는지를 밝혀주는 문헌이 남아 있지 않으나, 추측하건대 이것을 획정한 시기는 청의 태종년간의 정묘호란 때가 아닐까 한다. 압록강 이북의 땅을 PING NGAN(평안)이라 표기하고, 두만강 이북의 땅을 HIEK KING(함경)이라 표기하여 레지선 남이 쪽을 조선 영토로 명시하였다.

그리고 1712년(강희 51년) 오라烏喇총관 목극등 일행은 이만지 사건[6]을 계기로 백두산을 답사하였다. 목극등은 조선 측의 접반사와 관찰사, 군관, 역관, 안내인 등과 함께 백두산에 오르면서 경유하는 산천의 지명과 도리道理를 하나하나 지적하며 자세히 물었다. 또 측량기사가 동행하여 도면을 그렸다. 이날 또 치계馳啓하기를 총관이 압록강 상류에 이르러 길이 험하여 갈 수가 없게 되자 강을 건너 그들의 지경地境을 따라 갔다. 화수는 천리경千里鏡을 가지고 산천을 보았다. 또한, 새로운 측량 도구인 양천척量天尺으로 측량하여 지도를 작성하였다.[7]

역관이 백산白山 지도 1건을 얻을려고 부탁하였다. 총관이 말하기를 "대국大國의 산천은 그려 줄 수 없지만, 장백산은 곧 그대의 나라이니 어찌 그려 주기 어려우랴." 하였다.[8]

목극등 일행은 조선과 청의 국경이라고 인정되는 압록강과 토문강의 분수령에 올랐다. 호랑이가 앉아 있는 모양의 암석이 노출되어 있는 곳을 주춧돌로 삼아 82자로 된 백두산정계비를 세웠다.[9] 백두산정계비의 크기는 높이 2尺 5寸 5分, 폭 1尺 8寸 3分(높이 72㎝, 아랫부분 넓이 55.5㎝, 윗부분 넓이 25㎝)이다. 백두산정계비 내용은 "대청국 오라

---

6) 1710년(숙종 36년)에 압록강변 위원의 백성 이만지 등이 밤에 압록강을 건너 청인들이 삼을 캐기 위해 설치한 장막으로 들어가 5명을 죽인 사건을 말한다.

7) 양전척은 하나의 목판木板으로 길이는 1자 남짓, 넓이는 몇 치였다. 등에 상아象牙를 씌워 푼과 치를 새겼는데, 치가 12금이고 푼이 10금이며, 위에 윤도輪圖를 설치하고 한가운데에 조그만 널이 세워져 있는 측량기구이다.

8) 숙종실록 51권, 숙종38년(1712 임진, 청 강희康熙 51년) 5월 15일 정유, 접반사 박권 등이 중국과의 국경선을 정하는 일에 대해 치계하다. 「조선왕조실록 영인본」, 40책, p.439.

9) 원문은 "烏喇總管穆克登奉旨查邊至此審視西爲鴨綠東爲土門故於分水嶺上勒石爲記康熙五十一年五月十五日筆帖式蘇爾昌通官二哥朝鮮軍官李義復趙台相差使官許梁朴道常通官金應憲金慶門"로 82자이다.

총관 목극등이 황제의 명을 받들어 변방의 경계를 직접 조사하고자 이곳에 이르러 자세히 살펴보니, 서쪽으로는 압록이고, 동쪽으로는 토문이다. 그러므로 물이 나누어지는 고개 위 돌에 새겨 기록하노라, 강희 51년 5월 15일, 조사에 참가한 양국 관원과 통역들의 성명을 세긴 비석을 세우고 양국간의 국경선을 결정하는 경계비로 삼는다."고 하였다.

▲ 백두산정계비 모습

자료 : 유정갑, 『북방영토론락』(서울 : 법경출판사, 1991), p.54.

5월 15일 정계비를 세우고 조선과 청은 토문강의 강원이 비석으로부터 25리나 떨어져 있어 석퇴(돌무더기) · 토퇴(흙두렁)을 쌓기로 합의하고 공문을 교환하였다. 백두산정계비에서 토문강의 발원지까지 185개의 흙두렁과 돌무더기를 쌓아 양국의 경계표시를 분명히 하였다.

석퇴・토퇴 경계선을 지나 5리 정도 물이 흐르다가 그 다음 70여리는 물이 지표 밑으로 사라져 물줄기가 보이지 않는 건천이다. 그 후 다시 물줄기가 시작된다. 물줄기가 사라지는 처음 약 30여리는 산이 높고 골짜기가 깊어서 굳이 표식을 할 필요가 없었다. 골짜기가 끝나고 물줄기가 다시 시작되는 곳까지의 약 40여리는 목책을 세워 강의 흐름을 표현했다.

▲ 토퇴・석퇴 경계선

자료 : 뉴스메이커 615호

1712년 백두산정계비 건립 이후 조선과 청의 국경을 표시했던 경계선은 대동여지도, 요계관방지도 등에 자세히 나타나 있다.

그 당시 경계선의 모습을 찾아보자. 석퇴의 모습은 정계석이라고 이름 붙여진 흑백사진에 나타나 있다. 완만한 경사의 초원 위에 10여개의 자연석으로 만든 돌무더기가 선명하다. 5m정도 떨어져 또 다른 석퇴가 연결되어 있다. 석퇴 양쪽에 일본인으로 추정되는 탐험대원 4명이 서 있다. 이 사진은 1942년에 촬영한 것으로 짧은 시도 실려 있다.[10] 1943년 조선총독부에서 간행한 백두산 등행登行이라는 사진집에 있는 것으로 시노다 지사쿠 박사의 저서 백두산정계비에 실려 있다. 백두산정계비 좌표는 북위 42도 06분 동경 128도 09분이다.

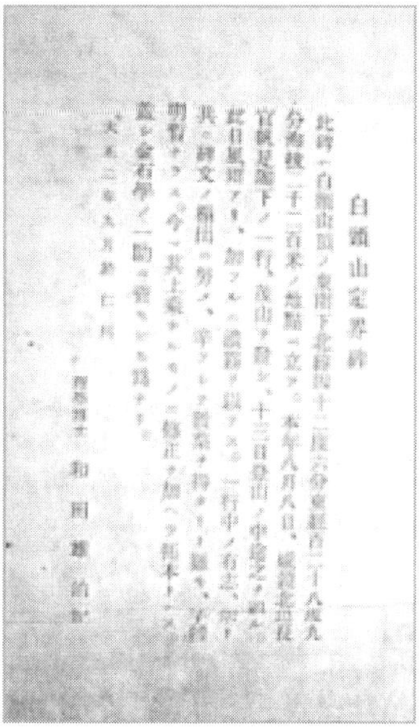
白頭山定界碑

▲ 백두산정계비 좌표

자료 : 뉴스메이커 623호

1970년에 간행된 '비경 백두산 천지'라는 일본의 사진집에는 1943년과 1944년 2차례에 걸쳐 백두산에 오른 성산정삼城山正三의 사진이 실려 있다. 시노다의 저서에 나타난 사진보다는 뚜렷한 석퇴 사진이다. 1943년 사진처럼 석퇴가 연결된 것이 보인다. 정계비의 고원이라는 제목이 붙은 이 사진에는 자세한 설명이 붙어 있다. 백두산정계비를 따라 북동–남서의 선에 50~100m의 불규칙한 간격으로 석퇴가 있다는 것이다. '이 선이 조선과 청의 경계라는 주장이 있다.' 는 내용과 '정

10) '역사가 오랜 국경에 쌓여 있는 돌에서 미풍과 개양귀비 꽃이 작은 소리로 예쁘게 이야기 한다.'는 내용이다.

계석 오른쪽은 조선이고 왼쪽은 청국령' 이라는 설명도 담겨져 있다.[11)]

조선과 청의 국경을 나타내는 석퇴-토퇴-목책의 흔적은 최근 위성영상으로도 확인됐다. 위성영상 전문 기업에서 분석한 결과, 압록강과 송화강의 상류를 연결하는 토퇴와 석퇴 등 인공물의 윤곽이 1.5㎞ 이상 연결되어 있다. 인공울타리 흔적은 백두산 장군봉에서 내려오는 길을 따라 남쪽으로 향하다 꺾여 진다. 토문강의 마른 하천을 끼면서 동쪽으로 800m 가량 이어진다. 이후 600m 정도 불분명해진 선은 다시 300m 가량 나타나 송화강으로 흘러들어 가는 것을 확인하였다.[12)]

필자는 위에서 사진과 함께 설명한 것처럼 강도회맹에 의한 유조변책과 백두산정계비의 석퇴·토퇴의 흔적은 지적학의 시각으로 보아도 북방영토의 경계선으로 손색이 없다고 본다. 그러나 여기서 주목해야 할 것은 유조변책과 백두산정계비를 기준으로 할 때 경계선의 위치가 다르게 나타난다는 것이다. 유조변책에 의할 경우 봉황성에서 유조변책을 거쳐 흑룡강, 동해를 잇는 경계선이 되며,[13)] 백두산정계비에 의할 경우는 압록강에서 백두산정계비를 거쳐 토문강, 흑룡강, 동해를 잇는 경계선이 된다.

---

11) 1934년과 1939년 2회에 걸쳐 이곳을 직접 답사한 김득황 박사는 "사진 속에서처럼 석퇴가 다음 석퇴와 4~5m떨어져 연결됐다."면서 "끊긴 부분도 있는데 50~100m는 아니고, 40~50m였다."고 말했다. 김득황 박사는 "석퇴 외에도 석퇴 사이를 연결한 흙무더기도 일부 있었다."고 덧붙였다.

12) 경향신문 뉴스메이커 간도특별기획 취재팀이 1m급 위성영상을 입수, 고지도 등을 참고해 양국간 경계를 추적하였다

13) 앞에서 설명한 바와 같이 유조변책은 노변과 신변으로 구분된다. 여기에서 노변을 경계선으로 채택하지 않은 것은 그 당시 명나라가 엄연히 존재하였기 때문에 실제 국경선은 봉황성-개원 위원보-신변으로 보았기 때문이다.

백두산지구의 경계선

북방영토의 범위를 분석하기 위해서는 중국, 러시아와 접하는 서·북쪽 경계선에 이어 남쪽지역의 백두산지구 경계선 분석이 필요하다. 백두산지구의 경계는 1962년 10월 13일 체결한 조·중변계조약에 나타나 있다.[14] 그러면 여기에서는 백두산지구의 경계선에 대한 기존 연구와 자료를 중심으로 보다 구체적으로 살펴보기로 한다.

백두산 천지의 국경선은 조·중변계조약에 의하면 서남단의 2,520m와 2,664m 산등성이 사이의 안부鞍部에서 천지를 가로질러 맞은편 산등성이의 2,628m와 2,680m 사이 안부로 이어진다. 이 선을 기준으로 서북부는 중국에 속하고 동남부는 북한에 속한다.

천지 남쪽의 국경선은 동남방향을 따라 산등성이의 최남단 한 점에 이른다. 산등성이에서 동쪽의 압록강 상류와 이 고지에서 가장 가까운 소지류상의 한 점에 이른다. 그로부터 국경선이 그 소지류의 물 흐름선의 중심선을 따라 내려와 그 소지류가 압록강에 흘러드는 곳에 이른다. 압록강하구는 북한의 소다사도 최남단에서 신도 북단을 거쳐 중국 대동구 이남의 돌출부 최남단까지 이어주는 직선으로서 이를 압록강과 황해의 경계선으로 한다.

천지 동쪽의 국경선은 2,628m와 2,680m 사이 안부의 중심점에서 시작하여 동쪽을 향해 직선으로 여러 개의 봉우리를 경유하여 두만강

14) 1964년 3월 20일에 조·중 국경에 관한 의정서를 작성한 뒤 베이징에서 조인식을 가졌다. 조약은 5개조로 구성되어 있으며, '백두산지구'의 경계확정, 경계하천의 도서와 사주의 경계획정, 압록강 하구 강과 분계선 밖의 해역의 항해, 양국 국경연합위원회의 설립, 경계점 표지의 설치 및 지도작성, 비준서 교환 등의 내용으로 구성되어 있다.

상류의 지류인 홍토수와 한 지류가 합쳐지는 곳(1,283m 이북)에 이른다. 이로부터 국경선은 홍토수의 물 흐름 중심선을 따라 내려와 홍토수와 약류하가 합쳐지는 곳에 이른다. 이곳으로부터 중국과 북한의 국경 동쪽 끝점에 이르기까지 두만강을 경계로 한다.

경계표지 설치는 조・중 국경에 관한 의정서에 의거 설치되었다. 국경표지는 국경선을 따라 조사측량을 실시하고, 압록강 상류 2,071m의 작은 지류(시령하)와 압록강이 만나는 지점에서 시작하여 천지를 지나 두만강의 원류인 홍토수가 약류하와 합쳐지는 곳까지 경계표지를 설치했다.[15)]

경계표지는 대형과 소형으로 나누어 철근과 콘크리트로 만들었다. 매설 후 지면에 노출되는 부분의 높이는 각각 155㎝, 129㎝로 하였다. 경계표지 설치는 하나를 세우는 것과 동일한 번호를 두 개, 세 개 세우는 것으로 나누었다. 경계표지에는 중국을 향한 면에는 '중국'을, 조선을 향한 면에는 '조선'이라 새기고, 나라 이름 아래에 설치 연도와 경계표지 양쪽에 표지번호를 넣었다.

경계표지의 위치를 정확하게 관리하기 위해 좌표와 경계표지끼리 떨어진 거리, 주변 지형 등을 기록한 지도를 첨부하였다. 경계표지 사이의 거리는 실지에서 측량한 것을 기록하였고, 부득이 측량을 생략한 것은 지도에서 계산한 거리를 표시하였다. 측량거리는 모두 수평거리로서 경계표지를 연결한 경계선의 총 길이는 45,092.8m이다. 경도・위도는 측량한 평면 직각좌표에서 역계산한 좌표이다. 지도의 축척은 5만분의

15) 국경표지 21호와 20호가 홍토수와 관련이 있다. 중국 학자들은 "국경선을 홍토수로 정한 것도 문제인데 자연적인 흐름을 따라 분할하지 않고 직선으로 국경을 정한 것은 중국의 양보라고 주장한다. 또한 중국측의 양보주장은 백두산정계비에 의하면 백두산과 천지가 중국에 속하지만 이번 조약으로 백두산과 천지 일부를 북한에 양보하였다는 것이다.

1이며, 제32호 지도의 1~2호 경계표지 구간은 2만 5천분의 1의 상세 지도가 첨부되어 있고, 제33호 지도에 20~21호 경계표지 구간은 2만 5천분의 1의 상세지도를 작성하였다.

백두산지구는 21개의 지점에 경계표지를 설치하였고, 그 수는 28개이다. 그 중 하나의 번호로 된 경계표지는 17개이고, 하나의 번호에 양립된 경계표지는 2개이며, 하나의 번호에 3개 설치된 경계표지는 9개이다. 28개의 경계표지는 대형 경계표지가 20개이고, 소형 경계표지가 8개이다. 대형 경계표지 13개의 위치는 모두 조사했고, 경도와 위도를 측량하였다.[16)]

지금까지 설명한 백두산지구의 경계표지의 방향과 국경표지의 위치를 그림으로 나타내면 〈표 6〉과 같다.

표 6 백두산지구의 국경선 경계표지 위치

번 호	국경선 방향	표지 위치	비 고
1호 (대형3개)	압록강 상류의 2,071m (신측 2,152m)에서 동쪽으로 제일 가까운 작은 한지류와 압록강이 합쳐진 곳	1(1)호: 중국경내. 동경 128도 05분 49.9초 북위 41도 56분 44.3초 자방위각 74도 01.2분 거리 86.0m 1(2)호: 조선경내. 자방위각 162도 49.9분 거리 85.0m 1(3)호: 조선경내. 자방위각 298도 36.2분 거리 82.7m. 뾰족한 암석에서 자방위각 187도 39.4분 거리 332.2m	경계선 기점은 압록강이 합쳐진 곳으로부터 2,071m를 거슬러 올라가 동쪽으로 가장 가까운 작은 한지류의 물 중심선으로부터 서북쪽으로 올라가 2호인 두 개의 대형 경계팻말 사이의 직선 교차점 점간길이 : 3,050m

16) 중화인민공화국과 조선민주주의인민공화국 간의 국경조약(1962.10.2)을 요약 정리하였다.

2호 (대형2개)	자방위각 322도 57.1분 방향으로 직선으로 2,469m(신측 2,457.4m)를 지나 동남의 언덕과 벼랑을 지나 2,469m 정점	2(1)호: 중국경내. 동경 128도 04분 21.6초 북위 41도 57분 54.0초 자방위각 66도 41.7분 거리55.9m 2(2)호: 조선경내. 자방위각 246도 41.7분 거리 50.0m	2호는 양립 대형 경계팻말 간의 교차점으로부터 시작 2(1)과 2(2) 사이 직선과 작은 지류 중심의 교차점 자방위각 66도 41.7분, 거리 55.9m 점간길이 : 472.3m
3호 (대형)	2,469m(신측 2457.4m)의 서북 언덕과 마른 골짜기 두개와 벼랑을 하나 지나 백두산 천지를 에워싼 산등성이 최남단 안부 서쪽에서 가장 가까운 2,525.8m 정점	2,469m(신측 2,457.4m) 정상에서 동경 128도 04분 0.1초 북위 41도 58분 05.7초	3호에서 4호까지는 진방위각 314도 40분 20.8초 점간거리 : 1,691.1m
4호 (대형)	2,520m(신측 2,543m)를 지나 2,520m와 2,664m 간의 안부 중심	2,525.8m 정상 동경 128도 03분 16.9초 북위 41도 58분 44.2초	4호에서 5호까지는 진방위각 311도 16분 48.6초 점간거리 : 3,100m
5호 (대형)	자방위각 67도 58.3분 방향으로 백두산 천지를 지나 백두산 천지의 산등성이 2,628m와 2,680m 간 안부	2,520m(신측 2,534m)와 2,664m지(청석봉)의 안부중심점 동경 128도 01분 40.9초 북위 41도 59분 47.1초	5호에서 6호까지는 자방위각 67도 58.3분 점간거리 : 5,305.6m
6호 (대형)	진방위각 93도 10분 41.6초 방향으로 나가 우열과 내두하의 서쪽 지류를 지나 2,114.0m	2,628m와 2,680m 간 안부 중심의 돌출부 동경 128도 05분 01.5초 북위 42도 01분 11.8초	6호에서 7호까지는 진방위각 93도 10분 41.6초 점간거리 : 3,226.3m
7호 (대형)	자방위각 82도 57.9분 방향을 따라 2,114m 동북 산기슭으로 내려와 1,992m	2,114m 동경 128도 07분 21.5초 북위 42도 01분 06.0초	7호에서 8호까지는 자방위각 82도 57.9분 점간거리 : 1,646.8m
8호 (대형)	자방위각 96도 07.1분 방향으로 800m거리에 있는 1,992m와 1,956m (신측 1951.8m)위의 내두하에서 1,956m(신측 1951.8m)의 9호 경계팻말	2,114m 동쪽 산언덕의 1,992m 동경 128도 08분 30.6초 북위 42도 01분 19.4초	8호에서 9호까지 자방위각 96도 07.1분 점간거리 : 1,646.7m
9호	극좌표 방위각 96도	대각봉 북쪽 산언덕의	9호부터 직선으로 10,

(대형)	45.5분 방향으로 이 직선상의 10호, 11호, 12호, 13호 네 개 소형 경계팻말을 지나 10,040.8m	1,956m(신측 1,951.8m) 동경 128도 09분 44.4초 북위 42도 01분 20.9초	11, 12, 13호 소형 경계팻말을 지나 14호 대형팻말의 자방위각 96도 45.5분
10호 소형	9호 대형 경계팻말부터 흑석구를 지나 10호 소형팻말까지	9호부터 동쪽으로 1,229m 떨어진 곳, 서쪽 언덕을 따라 80m되는 곳이 흑석구	9호부터 직선으로 10, 11, 12, 13호 소형 경계팻말을 지나 14호 대형팻말의 자방위각 96도 45.5분
11호	10호에서 내려가 우열을 지나 11호 소형팻말까지	10호부터 2,218m떨어진 곳. 서쪽 비탈로 80m가면 큰 우열이 하나 있음	
12호	11호에서 직선으로 내려가 우열을 지나 12호 소형팻말까지	11호부터 3,182.8m 떨어진 곳. 동쪽으로 80m되는 큰 우열 지점	〃
13호	12호에서 내려가 우열하나를 지나 안도에서 신무성으로 통하는 길을 지나 13호 소형팻말까지	12호부터 2,135m떨어진 곳, 서쪽으로 15m떨어진 곳에 안도에서 신무성으로 통하는 도로 약 15m 지점	
14호	13호에서 작은 시내를 하나 지나 쌍목봉의 서북 기슭을 따라 올라가 쌍목봉(쌍두봉)의 북쪽 봉우리, 즉 1,562m(신측 1,532.1m) 14호 대형팻말까지	13호부터 1,276m떨어진 쌍목봉(쌍두봉)북쪽 봉우리, 즉, 1,562m(신측 1,532.1m)상에 있음 동경 128도 17분 0.8초 북위 42도 01분 25.7초 서남쪽으로 500m에 한 산봉우리	
15호	14호 대형팻말부터 직선으로 자방위각 102도 58.5분 방향으로 직선으로 15호, 16호, 17호 소형팻말까지	14호에서 2,002m	14호부터 직선으로 15, 16, 17호 소형팻말을 지나 18호 대형팻말의 자방위각 102도 58.5분
16호		15호에서 3,602.9m, 동쪽으로 도로 약 10m	
17호		16호에서 2,361m. 서쪽에 신무성에서 적봉까지 도로 약30m	
18호	14호부터 동남쪽으로 가파른 산비탈을 따라 내려가 평탄한 15호 소형경	17호에서 1,609m 떨어진 1,332m(신측 1,300.8m), 동경 128도 23분 55.4초	18호 대형팻말에서 19호 소형팻말까지 자방위각 91도 11.5분

	계팻말, 이 경계팻말에서 내려가 16호 소형경계팻말, 평탄한 산지를 따라 17호 소형 경계팻말, 또 산지를 따라 1,332m(신측 1,300.8m)위의 18호 대형 경계팻말	북위 42도 00분 58.6초	
19호	18호 대형경계팻말부터 직선으로 자방위각 91도 11.5분 방향으로 완만한 언덕을 따라 내려가 작은 골짜기를 하나 지나고 그 후에 완만한 산비탈을 따라 올라가 19호 소형경계팻말	직선으로 18호 경계팻말과 홍토수와 북쪽에 있는 작은 지류가 합쳐지는 곳을 연결해 주는 곳 홍토수와 북쪽에 있는 작은 지루(모수림하)가 합쳐지는 곳까지 1,054.6m이고 18호 경계팻말까지 거리는 1,658.7m	18호 대형팻말에서 19호 소형팻말까지 자방위각 91도 11.5분 점간거리 : 2,713m
20호	19호부터 직선으로 완만한 산비탈을 따라 내려가 20호 대형 3개 경계팻말이 있는 홍토수와 북면에 있는 지류(모수림하)가 합쳐지는 곳까지	20(1)호: 조선경내 동경 128도 25분 51.8초 북위 42도 01분 08.7초 자방위각 11도 269.0분 거리 103.02m 20(2)호: 중국경내 자방위각은 239도 54.2분 거리 126.89m 20(3)호: 중국경내. 자방위각은 103도 21.0분 거리 135.45m	
21호	20호부터 홍토수의 물줄기 중심을 따라 내려가다가 적봉 남쪽 기슭을 돌아 먼저 동남쪽으로 굽어 내려가다가 조선경내에서 흘러나오는 소시령하와 홍토수가 합쳐지는 곳을 거쳐 다시 동북으로 내려가 2,575m 떨어진 홍토수와 약류하가 합쳐진 곳	21(1)호: 조선경내 동경 128도 27분 19.1초 북위 42도 01분 06.9초 자방위각 25도 28.8분 거리 71.40m 21(2)호: 중국경내 자방위각은 263도 54.4분 거리 90.77m 21(3)호: 중국경내 자방위각 142도 42분 거리 74.74m	

자료 : 한신대학교출판부, 『중국의 변강 인식과 갈등』, pp.391~395, 참고 작성.

압록강 · 두만강의 경계선

압록강 · 두만강 지역의 경계선은 대개의 구간이 중국과 접하고, 두만강 하류 일부 구간만이 러시아와 접한다. 압록강과 두만강 지역의 국경선은 1964년 3월 20일 체결한 의정서에 나타나 있다. 그러면 압록강과 두만강 지역에 대한 기존연구와 자료를 중심으로 보다 구체적으로 살펴보기로 한다.

의정서에 의하면 압록강과 두만강 경계하천을 따라 측량하여 섬과 사주의 귀속을 확정하였다. 압록강과 두만강의 국경은 하천 수면의 너비를 기준으로 하였다.

압록강과 두만강의 국경은 모두 지도에 표시하였다. 국경하천의 섬과 사주는 면적이 2,500㎡ 이상의 것과 2,500㎡가 되지 않더라도 쌍방이 고정적이고 이용가치가 있다고 인정하는 것은 실지 측량을 거쳐 국경조약에 따라 귀속을 결정하였다. 도서와 사주의 귀속은 양국 사이의 계하界河는 공유를 원칙으로 했다. 그러나 강상江上의 도서와 사주는 양국의 엄밀한 조사를 통해 나누어 소속을 결정하였다.

압록강과 두만강 가운데는 측량을 거친 섬과 사주는 모두 451개이며, 중국에 귀속된 것은 187개, 조선에 귀속된 것은 264개이다.

압록강 하구 강 · 바다의 분계선에서부터 시작하여 압록강 상류와 2,071m 동쪽의 가장 가까운 작은 지류의 회합지점까지 측량을 거친 섬과 사주는 모두 205개이다. 그 중 중국에 귀속된 것은 78개, 조선에 귀속된 것은 127개이다. 홍토수와 약류하의 합류지점으로부터 국경의 동단 최종점까지 두만강을 경계로 하는 이 구간의 강 가운데 측량을 거친 섬과 사주는 모두 246개이다. 그 중 중국에 귀속된 것은 109개, 조선에 귀속된 것은 137개이다.

의정서에는 이 같은 사실과 함께 도서 및 사주의 면적과 위치 등을 상세히 적은 도표를 첨부했다. 압록강 입구의 강과 바다의 분계선에서부터 두만강 하류까지 순서대로 번호를 부여하였다.

도표에 의하면 363번이 간도에 해당된다. 간도에 붙은 363번은 압록강에서부터 363번째 섬이라는 뜻이다. 간도 좌표는 동경 129도 46분 39초에서 129도 46분 49초, 북위 42도 45분 40초에서 42도 45분 49초로 나타나 있다. 경지면적은 10,000㎡에 사람은 살지 않으며, 중국 소속으로 되어 있다. 그리고 9호와 10호 경계표지 사이에서 토문강이 표기되어 있다.[17)]

그리고 홍수, 물 흐름의 변동과 기타 원인으로 섬, 사주의 위치와 형태에 변화가 발생한 경우에도 귀속은 변함이 없도록 하였다. 압록강・두만강 강안의 토지가 섬으로 충적되거나 상대방의 육지와 인접되게 되었을 때도 마찬가지다.

압록강의 국경선은 압록강 하구와 바다의 분계선을 감정하여 국경표지 3개를 세웠다. 조선의 소다사도 최남단의 1호 강・바다의 분계 표지에서 시작하여 직선으로 신도 북단의 강・바다의 분계 표지에 이른다. 강・바다의 분계선은 길이가 22,249.2m이다.

1호 표지 강・바다의 분계표지는 조선 경내의 소다사도 최남단, 북

17) 현장을 확인한 포항공대 박선영 교수는 "지금 이 섬은 중국 쪽으로 육지에 연결되어 이제는 섬이 아닌 모습"이라고 말했다. 박 교수는 "북한은 중국에게서 얻은 경제적・군사적・외교적 지지 때문에 간도를 양보하기로 태도를 정했으며, 대신 중국은 천지를 양분하고, 두만강 원류 두 곳 중 더 북쪽에 있는 홍토수로 국경을 정하고, 토문강이 두만강과 다르다는 역사적인 사실을 인정하는 쪽을 협상했을 가능성이 있다."고 말했다.

위 39도 48분 22.64초, 동경 124도 24분 31.25초에 위치하고 있다. 극방향 방위각은 145도 38분 18초, 거리는 1,290m되는 곳을 조선경내 대다사도 삼각점으로 한다.

2호 표지 강·바다의 분계표지는 조선 경내 신도 북단, 북위 39도 49분 21.30초, 동경 124도 13분 43.59초에 위치하고 있다. 남극 방향 방위각 95도 51분 47.2초, 거리는 15,512.9m되는 곳을 1호 강과 바다의 분계표지로 한다.

3호 표지 강·바다의 분계표지는 중국 경내 대동구 이남의 돌출부 최남단. 북위 39도 49분 46.49초, 동경 124도 09분 02.25초에 위치하고 있다. 남극방향 95도 51분 47.2초 거리는 6,736.3되는 곳을 2호 강과 바다의 분계표지로 한다.

경계점표지의 위치는 부속지도에 모두 명확하게 표시하였다. 압록강 하구의 하천과 바다 경계표지는 철근과 콘크리트로 만들고 서면에 강해분계江海分界 글자를 새겼다. 두만강 가운데 있는 중국의 왕가자도와 조선 매기도의 분계선을 명확히 하기 위하여 소형 경계표지 두 개를 세웠다.

그리고 분계표지의 유지보호와 관리를 강화하고 필요한 조치를 취하도록 하여 경계표지와 분계표지가 이동되거나 파손·훼멸되는 것을 방지하였다. 어떠한 일방도 새로운 경계표지와 강·바다의 분계 표지를 세우지 못하도록 하였다.[18]

압록강 하구의 국경선 위치 표시에 관한 지금까지의 설명을 그림으로 나타내면 〈표 7〉과 같다.

표 7 압록강 하구의 국경선 경계표지 위치

18) 양태진, 2007, 前揭書, pp.337~355.

표지	표지위치	좌표 및 방위각	거 리
1호	조선 경내의 소다사도 최남단	동경 124도 24분 31.25초 북위 39도 48분 22.64초 자방위각은 145도 38분 18초	거리 1,290.0m되는 곳은 조선 경내 대다사도 삼각점
2호	조선 경내 신도 북단	동경 124도 13분 43.59초 북위 39도 49분 21.30초 진방위각 95도 51분 47.2초	거리 15,512.9m 되는 곳에 1호 강과 바다의 분계표지
3호	중국 경내 대동구 이남의 돌출부 최남단	동경 124도 09분 02.25초 북위 39도 49분 46.29초 진방위각 95도 51분 47.2초	거리 6,736.3m되는 곳에 2호 강과 바다의 분계표지

자료 : 한신대학교, 『중국의 변강 인식과 갈등』, pp.391~395, 참고 작성.

이제, 북한・중국・러시아 3국이 접하는 두만강 하구의 경계선에 대하여 살펴보자. 두만강 하구의 경계선은 청과 러시아의 북경조약에 의하여 확정되었다.[19] 북경조약에 의거 그동안 청・러 공동관리 지역으로 두었던 헤이룽강 남쪽과 우수리강 동쪽의 연해주 지방을 러시아령으로 확정되었다. 역사상 최초로 조선과 러시아가 국경을 접하게 된 것이다. 청과 러시아는 흥개호계약興凱湖界約을 체결하여 우수리강 합류점에서 두만강에 이르는 경계에는 도상에 붉은 선으로 표시하고, 러시아와 중국 글자로 경계표지 양면에 각각 붉게 새겨 넣은 목재 비문 8개를 설치하였다.[20] 이 경계표지 설치작업은 3개월간에 걸쳐 이루어졌다. 1861년(철종 12년) 9월 5일 두만강 대안에 토자비土字碑를 세움으로써 끝났다.

19) 1860년 11월 러시아와 체결한 조약을 말한다. 주요내용은 1858년 '아이훈(愛琿)조약'으로 국경이 확정될 때까지 청・러 양국이 공유한 우수리강 이동의 연해지방을 러시아 영토로 정한다는 것이다.
20) 양태진, 1996, 한국의 영토관리 정책에 관한 연구, 한국행정연구원 연구과제, p.109.

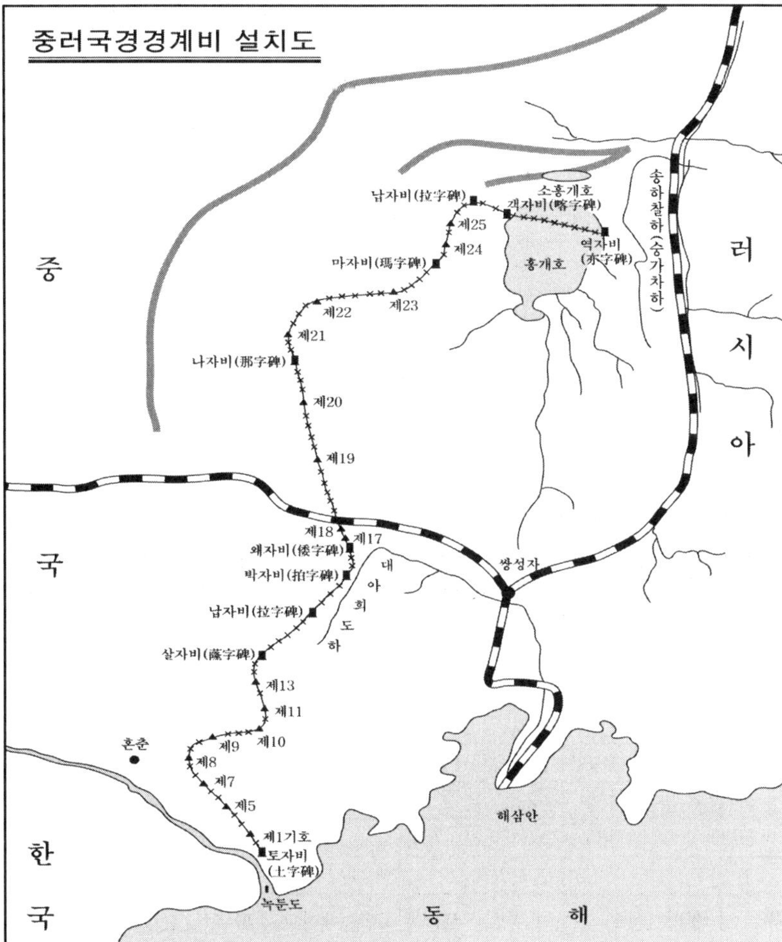

▲ 중·러 국경 경계비 설치도

자료 : 「자유공론」, 1994년 4월, p.106.

이로 인해 러시아는 동해로 흘러들어가는 두만강을 경계로 한반도와 접경할 수 있게 되었다. 반면, 청은 우수리강 이동지역과 뽀시에트만을 잃어 바다로 향하는 출구를 완전히 봉쇄당해 내륙에 고립되었다.

조선은 두만강 하구 부분에서 러시아와 16.5㎞에 이르는 국경선을 접하게 됨으로써 연해주와 간도 일대의 영유권 설득력이 약화되었다. 반면, 청나라는 러시아와 국경관계를 명확히 했기 때문에 조선이 주장하는 백두산정계비와 간도문제에 대한 해석에 있어서 러시아의 동조를 얻게 되는 부수이익을 챙기게 되었다. 중·러의 국경선 설치에 관한 지금까지의 설명을 그림으로 나타내면 〈표 8〉과 같다.

표 8 중 · 러 국경비 설치 현황

비(碑)	설 치 일 자	위 치
K(喀)字	1861. 5. 20	송아찰하松阿察河 좌안의 토양이하구
И(亦)字	1861. 6. 12	우수리강구
E(耶)字	1861. 6. 6(양 7. 13)	송아찰하서안
Л(拉)字	1861. 7. 4(양 8. 9)	밀봉산 남쪽 소만수산
H(那)字	1861. 7. 4(양 8.9)	횡산橫山이 만나는 곳
O(倭)字	1861. 7. 22(양 8. 27)	호포도하구湖布圖河口
П(帕)字	1861. 7. 22(양 8. 27)	호포도하구 산정
T(土)字	1861. 8. 1(양 9. 5)	두만강 좌안 거해距海 46리

자료 : 노계현, 1997, 조선의 영토, 서울, 한국방송대학교 출판부, p.100. 참고 작성.

북한과 러시아간의 국경관계는 북경조약 당시 설정한 국경이 계속 유지되어 왔다. 광복 이후 북한정권이 탄생하면서 자연히 북한·러시아간의 국경문제가 현안이 되었다. 북한과 러시아는 그 동안 모두 5개의 국경관련 조약을 체결하였다.[21] 그러면 여기에서 북한과 러시아가 체결한 1985년 국경선조약을 중심으로 두만강 하류의 국경선에 대하여 보다 구체적으로 살펴보기로 한다.

현재 북한과 러시아간의 두만강 하천경계를 구체적으로 획정한 것은 1985년 국경선조약이다. 국경선조약은 전문 4개의 조문으로 간략하게 구성되어 있다. 설명서와 국경선을 표시한 1:50,000 축척의 지도가 부속되어있는데, 국경선조약 제1조는 국경선설명서와 지도는 동 조약의 일부라고 규정하고 있다.

국경선조약 제1조에서 북한과 러시아 하천경계는 그 시작점을 북한, 러시아, 중국 3국의 교차점에서 두만강 하구까지 강의 중간선을 따르도록 하였다. 북한, 중국, 러시아는 3국의 교차점을 명확히 하기 위하여 1998년과 2002년에 조약을 체결하였다.[22)]

1998년 '3국분계선확정협정'에서는 3국 국제수역 분계선과 3국 국경

21) 1957년 국경문제조정절차에 관한 소비에트사회주의공화국연방정부와 조선민주주의인민공화국정부간의 협약, 1985년 소련-조선간 국경선에 관한 소비에트사회주의공화국연방정부와 조선민주주의인민공화국정부간의 협약(이하 '1985년 국경선조약'이라 한다), 경제수역과 대륙붕의 경계획정에 관한 소비에트사회주의공화국연방정부와 조선민주주의인민공화국정부간의 협약, 1990년 소련-조선 국경체제에 관한 소비에트사회주의공화국연방정부와 조선민주주의인민공화국정부간의 협약(이하 '국경체제조약'이라한다), 2004년 소련-조선 국경의 획정에 관한 소비에트사회주의공화국연방정부와 조선민주주의인민공화국정부간의 의정서에 관한 러시아연방정부와 조선민주주의인민공화국정부간의 보충의정서를 말한다. 노영돈, 이현미, 2010, "북한과 러시아의 국경체제에 관한 연구", 백산학보 제87호, 백산학회, p.290.

22) 1998년의 두만강 3국 국경수역 분계선 확정에 관한 중화인민공화국정부, 조선민주주의인민공화국정부와 러시아연방정부간의 협정(이하 '3국분계선확정협정'이라한다), 2002년 두만강 국계 교계점에 관한 중화인민공화국정부, 조선민주주의인민공화국정부와 러시아연방정부간 서술의정서를 말한다. 노영돈・이현미, 2010, 前揭書, p.292.

교차점을 표시하기 위하여 두만강 양안에 3국 국계수역 분계선의 연장선상에 3개의 지점을 확정하고 각각 1호, 2호, 3호의 표지물을 설치하기로 하였다. 그 중 1호 및 2호 표지물에 대한 지리좌표만 명시하였고, 3호 표지물의 지리좌표는 차후에 측량을 실시하기로 하였다.

'3국분계선확정협정' 제1조 제1항에서 "두만강상 3국 국계수역 분계선은 중・러 국계 제423호 계표점으로부터 시작하여 두만강 주류 중심선에 수직으로하여 강 양안 사이의 직선에 위치한다. 이 분계선은 두만강상의 북중 공동국계수역의 끝선이다"고 하고, 동조 제2항에서 "두만강상의 3국 국경 교차점은 3국 국계수역 분계선과 두만강 주류 중심선이 서로 교차하는 지점에 위치한다. 이 지점은 또한 북한과 러시아간 국경의 시작점이다"라고 하고 있다. 그리고 제3조에서는 "3국 국경 교차점(분계점)을 표시하기 위하여 두만강 양안에 3국 국계수역 분계선의 연장선상에 3개의 표지물을 설치한다"고 하면서, "1호 표지물은 두만강 좌안(즉, 북쪽 강안)에 위치한 중・러 국계 제423호 표지를 사용하였다. 제1호 표지물의 지리좌표는 북위 42도 25분 10.2초, 동경 130도 38분 17.7초"이다. "2호 표지물은 두만강 우안(즉, 남쪽 강안)의 북한 영역 내에 설치하는데, 제2호 표지물의 지리좌표는 북위 42도 24분 59.5초, 동경 130도 38분 06.5초"이다. "3호 표지물은 두만강 좌안의 러시아 영역 내에 설치하되, 그 지리좌표는 차후 실지측량한다."고 하였다. 그리고 1호, 2호 및 3호 표지물의 좌표는 '평양좌표계'를 채택[23]"하며, 3국

23) 좌표계는 삼각점의 좌표와 밀접한 관련이 있다. 북한은 러시아와 공동으로 두차례에 걸쳐 삼각점을 정비하였다. 1958년부터 1966년 사이에 국가삼각망을 정비하였으며, 1976년부터 1989년에 항공측량과 실측을 통하여 5만분의 1지형도를 제작하기 위하여 삼각점을 정비하였다. 이러한 과정을 거치면서 북한은 남한과 다른 좌표계를 사용하고 있다. 북한의 좌

국경 교차점(분계점)은 두만강 수면상에 위치하므로 교차점 지점에는 계표를 설치하지 않는다"고 하였다.

그러다가 현지측량이 끝나고 난 후 2002년 '3국분계점서술의정서' 제1조에서 "두만강상의 3국 분계점은 3국 국계수역 분계선과 하류의 중심선이 교차하는 곳에 위치하며, 하류의 중심선과 3국 분계점은 2001년 8월 수위 1.14m일 때 확정된 것이다" 고 하였다. 분계점의 지리좌표를 "북위 42도 25분 04.7초, 동경 130도 38분 11.9초", 직각좌표를 "X=4,699,214.0, Y=112,080.6"이다. 이로써 두만강상의 3국 분계점이자 북한과 러시아 하천경계의 시작점의 좌표가 명확해 졌다. 그리고 제2조에서는 추가로 제3호 표지물의 지리좌표도 "북위 42도 25분 13.2초, 동경 130도 38분 20.9초"로 명시하였다. '3국분계점서술의정서'는 3개 표지물의 지리좌표만이 아니라 직각좌표와 고도, 교차점까지의 거리도 함께 명시하고 있다. '3국분계점서술의정서'에 관한 지금까지의 설명을 그림으로 나타내면 〈표 9〉와 같다.

표계는 "1984년탐사자리표체계"를 사용하고 있으며, 준거타원체는 러시아의 Krasovsky(1944)를 채택하고 있다. 따라서 필자의 판단으로는 평양좌표계는 "1984년탐사자리표체계"를 지칭하는 것으로 추측된다. 조병현, 2002, 統一 以後 北韓地域의 地籍制度 改編 方案 硏究, 석사 학위논문, 연세대학교 행정대학원, pp.46~47.

표 9 3국분계점 표지 설치현황

표지	표지위치	좌표 및 거리	직각좌표
1호	두만강 좌안 (즉, 북쪽 강안)에 위치한 중-러 국계	북위 42도 25분 10.2초 동경 130도 38분 17.7초 3국 분계점까지 거리 215.7m	X=4,699,214.0m Y=112,080.6m H=6.0m
2호	두만강 우안 (즉, 남쪽 강안)의 북한 영역 내	북위 42도 24분 59.5초 동경 130도 38분 06.5초 3국 분계점까지 거리 200.0m	X=4,698,890.5m Y=112,341.5m H=6.7m
3호	두만강좌안의 러시아 영역내	북위 42도 25분 13.2초 동경 130도 38분 20.9초 3국 분계점까지 거리 334.7m	X=4,699,306.6m Y=112,005.9m H=10.6m

자료 : 노영돈, 2010, 북한과 러시아의 국경체제에 관한 연구, 백산학보 제87호, pp.294~296, 참고 작성.

북한과 러시아간의 국경선 총길이는 39.13㎞인데, 그 중 두만강 하천경계는 16.93㎞, 동해경계는 22.20㎞이다. 국경선은 북한, 소련, 중국 3국 국경의 분계점을 시작점으로 하여 두만강 하구를 향하여 전개된다.

3국 분계점인 두만강 주류의 중간선에 위치한 지점 A로부터 강의 중간지점을 남동쪽으로 통과하여 지점 A로부터 대략 1.1㎞에서 정남쪽으로 방향을 변경하여 강 주류의 중심을 따라 지점 Б에 도달한다. 지점 Б는 철교의 서단에서 남동쪽으로 대략 1.4㎞, 철교의 동단에서 정남쪽으로 대략 1.5㎞인 지점의 강 주류의 중심에 위치하고 있다. 이어서 지점 Б로부터 국경선은 동남쪽으로 방향을 변경하여 지점 Б에서 대략 3.5㎞ 지점에서 남쪽으로 방향을 변경하여 지점 B에 도달한다. 지점 B은 북한측 89.9m 고지에서 남동쪽으로 대략 2.5㎞인 지점의 강 주류의 중심에 위치하고 있다. 지점 B(3)으로부터 국경선은 강 주류를 따라 남서쪽으로 지나 지점 Γ에 도달한다. 지점 Γ는 북한측

120.1m 고지에서 남동쪽으로 1.2㎞, 북한측 148m 고지에서 정동쪽으로 1.5㎞인 지점의 강 주류의 중심에 위치하고 있다. 지점 Г로부터 국경선은 강 주류를 따라 남서쪽으로 지나 소련측에 위치한 1개의 섬, 북한측에 위치한 1개의 섬을 각각 가로질러 지점 Д에 도달한다. 지점 Д는 북한측 154m 고지에서 남동쪽으로 1.5㎞, 북한측 185m 고지에서 북동쪽으로 1.0㎞인 지점의 강 주류의 중심에 위치하고 있다. 지점 Д로부터 국경선은 트호리섬, 대풍년도 및 소풍년도를 북한측 방면에 두고, 강의 중심을 따라 남쪽으로 이어져 두만강 하구 중심의 지점 Е에 도달한다. 하천국경선의 최종점인 지점 Д은 두만강 하구의 소련 연안최남단과 동해의 북한 연안최북단 사이의 중간점에 위치하고 있다.

이와 같이 국경선조약과 국경선설명서에는 6개 지점의 대체적인 지형지리적 특징은 묘사되었으나 구체적인 좌표는 명시되지 않았다. 그러던 것이 1990년 6월 20일 체결된 국경체제조약에서 하천경계의 최종점인 지점 Д의 좌표가 명시되었다. 국경체제조약 제1조 제1항은 "1985년 4월 17일 서명된 국경선조약에 따라, 소련과 북한간의 국경선은 두만강 중간에 위치한 소련, 북한 및 중국의 국경 교차점에서 시작하여 두만강의 주류 중간을 통과하여 두만강 하류에 위치한 아래 경위도 원점까지이다"라고 설명하면서 그 좌표를 "북위 42도 17분 34.34초, 동경 130도 41분 49.16초"로 명시하고 있다. 지점 Д은 북한과 러시아의 하천경계의 끝점이기도 하지만 영해와 경제수역 및 대륙붕 등 해양경계의 시작점이기도 하다.

한편, 1990년 국경체제조약 제2조 제5항에서는 "두만강상의 국제하천지역에서의 섬의 수와 국가귀속은 국경획정의정서로 정하였으며, 1개의 섬은 소련에 귀속되고, 16개의 섬은 북한에 귀속된다"고 하였다.[24]

2. 북방영토의 크기

여기서는 북방영토의 크기에 대하여 살펴보기로 한다. 북방영토의 크기는 기존 연구에서 나타난 북방영토의 면적을 분석하는 과정이다. 구체적으로 북방영토의 크기는 중국이 관리하고 있는 간도지역과 러시아가 관리하고 있는 연해주지역에 대하여 구체적으로 설명하고 있다.

간도지역의 크기

여기에서는 중국이 관리하고 있는 간도지역의 크기에 대하여 살펴보자. 청·일 간의 논의에 의하면 동간도의 면적은 백두산을 기점으로 서북으로는 노령산맥과 노야령산맥을 거쳐 태평령 서쪽의 훈춘을 포함한 약 41,000㎢로 보고 있다. 이것은 주로 동간도에 해당하는 것으로 위도상으로는 북위 41도 55분~43도 50분, 동경 128도 08분~131도 05분 이내의 지역이다.[25)]

유정갑은 그의 저서 북방영토론에서 만주의 범위를 요녕성·길림성·흑룡강성의 동3성으로 규정하여 설명한다. 구체적으로 간도의 범위는 동삼성 아래 12지구와 1자치주, 19성 직할시가 있고, 그 아래에 17지구 직할시와 14현과 5자치현으로 구성되어 있다. 지구와 성 직할시는 동급의 제3급 행정청으로 관하에 시, 현을 두고 있다. 만주의 위치는 동으로 우수리 강을 사이에 두고 러시아의 연해주와 접한다. 서

24) 노영돈·이현미, 2010, 前揭書, pp.296~299.
25) 심상용, 2004, 간도는 우리 영토다, 서울, 도서출판 의성당, pp.32~34.

로는 눈강과 흥안령을 사이에 두고 내몽고와 접하며, 남으로는 두만강·압록강을 경계로 한반도와 마주 대하고 있다. 북으로는 흑룡강을 사이에 두고 러시아의 시베리아와 대하고 있다. 서남쪽은 황해와 발해만에 임한다. 만주의 총 면적은 802,100㎢로서 요녕성 145,700㎢, 길림성 187,400㎢, 흑룡강성 469,000㎢이다. 한반도 총면적 221,000㎢에 비하면 약 3.6배에 해당된다. 이는 프랑스 국토의 약 1.5배, 이탈리아 국토의 약 3배에 해당된다.[26)]

북방영토는 현재 연변조선족자치주를 말하기도 한다. 연변조선족자치주는 1952년 9월 3일 자치구로 설립되어 1955년 12월에 연변조선족자치주로 승격되었다. 연길延吉·도문圖們·돈화敦化·화룡和龍·용정龍井·훈춘琿春 등 6개시와 왕청汪淸·안도安圖 2개현으로 구성되어 있다. 11개 민족이 거주하고 있다, 그 중 재중동포가 41%를 차지하며, 나머지는 한족漢族·만주족滿州族·후이족回族의 순이다. 지리적 위치는 지린성 동부에 자리잡고 있으며, 흑룡강성과 접한다. 장백산맥과 노아령 경내로 뻗어 있고, 그 사이에 연변분지가 펼쳐진다. 면적은 43,547㎢이다.[27)]

김득항은 백두산과 북방강계에서 레지선(Regis Line)을 우리나라 북방경계로 설명한다. 레지선이 포함하고 있는 영토의 면적은 백두산 동쪽 두만강 연안이 7,000㎢이고, 백두산 서쪽 압록강북이 19,000㎢로서 합계 26,000㎢이다. 이 면적은 한국의 경기도와 충청도를 합친 면적에 해당된다.[28)]

26) 유정갑, 1991, 前揭書, p.115.
27) http://k.daum.net/qna/view.html, 참조작성.
28) 김득황, 1987, 前揭書, p.52. 두만강 연안 면적 7,000㎢과 백두산 서쪽 압록강 북 면적이 19,020㎢을 합하면 26,020㎢이 된다. 자료에는 25,800

필자와 이범관은 2007년 5월 22일 한국지적학회 춘계학술세미나에서 발표한 우리나라 북방영토의 경계획정에 관한 연구 논문을 통하여 북방영토의 지리적 범위를 인공위성영상을 통해 획정하여 발표하였다. 우리나라 북방영토 경계는 기존자료를 참고하여 요하-송화강-아무르강-동해를 포함하는 경계선으로 보았다. 북방영토의 지리적 위치는 압록강과 토문강 이남지역이 된다. 중국의 요녕·길림·흑룡강성에 걸쳐 있어 심양, 장춘, 하얼빈 일부와 러시아의 연해주 전체가 포함된다. 백두산정계비상의 토문강을 기준으로 한 영역에 심요지역 일부를 포함한 결과가 된다. 북방영토의 면적은 간도지역이 390,483㎢, 연해주지역이 306,346㎢로서 전체 696,829㎢로서 한반도의 3배 크기이며, 남한의 7배 정도이다.

또한 필자는 2009년 8월 25일 한국간도학회 주최로 서울역사박물관에서 개최한 간도협약 체결 100년 재조명 역대 정부의 대 간도정책 분석 학술대회에서 간도면적을 발표하였다. 면적산출은 북방민족나눔협의회[29]에서 제시한 지도를 사용하였다.[30] 백두산정계비를 기준으로 서간도와 심요지역을 서간도지역, 동간도와 북간도를 동간도지역으로 구분하였다. 간도지역의 면적은 777,748㎢로 산출

㎢로 되어 있어 필자는 26,000㎢으로 수정하여 사용하였다.

29) 간도 및 북방영토의 영유권 확보를 위하여 자료를 수집하고, 논리와 전략 연구개발, 대국민 홍보활동을 목적으로 '간도되찾기운동본부'로 2004년 7월 24일 창립되었으나, 외교통상부에는 '북방민족나눔협의회'로 등록하였다(외교통상부 제65호)

30) '간도되찾기운동본부'와 '간도학회'에서 제시하고 있는 북방영토의 모양은 북방고토지역(만주)과 심·요지역의 포함 등에 관하여 논의가 진행 중에 있어 아직까지 공식적으로 발표하거나, 논문에 게재하지 않았지만, 많은 연구자가 많이 인용하고 있다. 한국우리민족사연구회, 2006, 동북공정, 알아야 대응한다, 서울, 도사출판 백암, p.318.

되었다. 이 면적은 한반도의 3.5배에 해당된다. 지역별로는 서간도지역은 220,431㎢, 동간도지역은 243,744㎢이다. 서간도지역과 동간도지역의 면적은 한반도와 크기가 비슷하다. 간도지역의 면적은 유정갑이 북방영토론에서 제기한 만주지역 면적보다는 작지만 동간도지역의 약 20배 정도이다. 필자가 지적학의 접근방법에 의한 북방영토문제에 관한 연구에서 발표한 북방영토 면적 보다 다소 큰 것은 심·요지역의 일부가 추가되었기 때문이다.[31]

여태까지의 설명을 종합해 보면 북방영토의 지리적 범위는 최대 한반도의 3.6배 크기에 해당하는 802,100㎢에서, 최소 경기도와 충청도를 합한 면적에 해당하는 26,000㎢까지 다양하게 나타났다.

중국 관리지역에 있어서 북방영토의 지리적 범위에 관한 지금까지의 설명을 그림으로 나타내면 〈표 10〉과 같다.

표 10 중국 관리지역에 있어서 북방영토의 지리적 범위

구 분	지 리 적 범 위	면 적
동간도지역	백두산을 기점으로 서북쪽 노령산맥과 노아령산맥을 거쳐 서쪽 훈춘 이내 지역	41,000㎢ (남한의 1/2)
만주지역	동쪽의 우수리강, 서쪽의 눈강과 홍안령, 남쪽의 두만강·압록강, 북쪽의 흑룡강 이내 지역	802,100㎢ (한반도 3.6배)
레지선	동북쪽의 두만강 하구 동쪽 지점에서 북쪽의 흑산산맥, 백두산을 포함한 압록강 상류, 봉황성 남쪽의 압록강 하구 이내 지역	26,000㎢ (경기도+충청도)
연변조선족자치주	두만강 북쪽, 길림성 동쪽, 흑룡강성 남쪽에 위치. 장백산맥과 노아령이 경내로 뻗어 있고, 그 사이에 연변분지에 위치	43,547㎢, (남한의 1/2)

31) '한국간도학회'·'간도되찾기운동본부', 2009, 간도협약 체결 재조명을 위한 『역대 정부의 대 간도정책 분석』, pp.96~98.

북방영토	서쪽의 요하강에서 북쪽의 송화강, 핑딩산 이남을 지나 흑룡강, 동쪽의 동해, 남쪽의 두만강·압록당 이내 지역	696,829㎢ (한반도 3배)
간도지역	백두산정계비를 기준으로 서간도와 심요지역을 서간도지역, 동간도와 북간도를 동간도지역, 러시아가 차지하고 있는 연해주 지역	777,748㎢ (한반도 3.5배)

연해주지역의 크기

여기에서는 러시아가 관리하고 있는 연해주지역의 크기에 대하여 살펴보자. 박명용은 연해주를 둘러싼 한국과 러시아 영토문제 : 1650년에서 1900년까지 연구논문에 보면 연해주를 조선의 영토로 보았다. 그는 조선영토를 아무르강에서 시작하여 해안가를 따라 한반도 끝까지로 설명하고 있다. 러시아 외교관인 스빠파리가 1670년대 중국을 견문하며 쓴 시베리아와 중국과 시베리아 출신 지도제작자인 레메조프의 지도를 근거로 삼았다. 조선 영토가 바로 아무르강 남쪽에서 시작된다는 것은 당시 외국인들 사이에 공통된 인식이었다. 이러한 인식은 심양 북쪽에 거점을 둔 누르하치가 1644년 북경으로 이주하여 압록강에서 아무르강에 이르는 지역이 주인 없는 땅으로 남아 있었고, 조선의 힘이 연해주에 마치고 있어 연해주를 중국 땅이 아닌 조선 땅으로 보았다.

러시아 기록에는 1860년 이후 조선인들이 이주한 것으로 나타나 있다. 그 이전에 조선 상인들이 아무르강 인근에 위치한 네르친스크까지 진출해 러시아와 중국 사이에서 중계무역을 한 것으로 알고 있다. 연해주의 면적은 165,900㎢로서 남·북한 면적에 버금가는 것으로 알려져 있다.

필자와 이범관은 2007년 "우리나라 북방영토의 경계획정에 관한 연구"에서 연해주 면적을 306,346㎢로 발표하였다. 이는 한반도의 1.5배 크기에 해당된다.

앞에서 살펴 본 바와 같이 필자가 간도협약 체결 100년 재조명을 위한 "역대 정부의 대 간도정책 분석" 학술대회에서 연해주지역 면적을 313,573㎢로 발표하였다. 필자가 2007년에 발표한 면적과는 7,200㎢ 정도 차이가 난다.[32] 이는 '북방민족나눔협의회'에서 제시한 지도를 사용하였기 때문이다. 이 지도는 정식으로 제작된 지도가 아니고, 소축척으로 되어 있어 정밀도가 낮다. 또 축척과 좌표가 표시되어 있지 않아 수학적인 방법으로 면적을 산출할 수 없다.[33] 따라서 보조도면을 사용하여 면적을 산출하였기 때문에 차이가 날 수 밖에 없다. 북방영토의

32) '북방민족나눔협의'에서 제공한 간도지역의 범위는 정식으로 제작된 지도가 아니고 소축척으로 작성되어 있어 정밀도가 낮으며, 축척과 좌표가 표시되어 있지 않아 정확하게 면적을 산출할 수 없는 한계 때문에 불가피하게 차이가 발생한다.

33) 지도의 표시법은 축척과, 방위, 지표의 기복상태, 지도투영법 등으로 구성된다. 축척은 지구 표면상태를 평면의 종이 위에 표시하기 위해서는 실제 크기보다 축소하지 않으면 안 된다. 축척은 실제 지상地上의 길이를 어느 정도 축소하는가 하는 것을 말하는데, 보통은 분수 또는 비의 형태로 축척을 나타낸다. 지도의 방위는 지도의 위쪽이 북쪽, 오른쪽이 동쪽을 가리키게 하는 것이 일반적이다. 지표의 기복상태를 나타내는 데는 등고선식・운선식暈渲式・우모식羽毛式:暈式, 등고선 별로 색을 구분한 채색 구분식, 릴리프식 등이 쓰인다. 그리고 지구 표면상의 각 구점球點을 평면상에 표시하는 방법, 실제문제로서는 지구상의 경위선을 평면상에 좌표로 표시하는 방법을 지도투영법이라고 한다. 지도의 정밀도는 분모의 숫자가 적을수록 정밀도가 높다. 지형도는 5만분의 1이나 2만 5000분의 1 가량의 축척이 필요하고, 더 세부적으로 자세한 지도가 필요할 때에는 5,000분의 1의 지도가 많이 쓰인다. 지적도는 1200분의 1의 축척을 많이 사용하고 있다.

지리적 범위와 면적에 관한 지금까지의 설명을 그림으로 나타내면 〈표 11〉과 같다.

표 11 북방영토의 지리적 범위와 면적 현황

구 분	지 리 적 범 위	면 적
연해주지역	남쪽의 두만강 하구에서 서북쪽의 우수리강·흑룡강, 동쪽의 해안가를 따라 한반도와 이어지는 이내 지역	165,000㎢ (한반도와 비슷)
북방영토 (연해주지역)	흑룡강, 동쪽의 동해, 남쪽의 두만강 이내 지역	306,346㎢ (한반도 약1.5배)
간도지역 (연해주지역)	토자비, 우수리강과 흑룡강, 동해로 이어지는 지역	313,573㎢ (한반도 약1.5배)

3. 북방영토의 모양

여기서는 북방영토의 모양에 대하여 살펴보기로 한다. 북방영토의 모양은 기존 연구에서 나타난 북방영토의 형태를 분석하는 과정이다. 북방영토의 외곽 경계선이 확정되어 있지 않기 때문에 모양도 확정된 것이 없다. 구체적으로 북변간도관리도 및 간도되찾기운동본부의 모양과 외국지도에 나타난 모양을 보다 구체적으로 살펴보기로 한다.

북변간도관리도의 모양

여기에서는 북변간도관리도와 간도되찾기운동본부에서 주장하고 있는 지도의 모양에 대하여 살펴보자. 북방영토의 모양은 국가가 행정구역을 획정하는 등 명확한 조치가 없었기 때문에 다양하게 나타난다. 기존연구에 의하면 간도 모양과 명칭도 밀접한 관련이 있다. 간도는 압록강과 두만강의 북쪽에 있는 일정한 지역을 의미하는 것으로 압록강 건너편을 서간도, 두만강 건너편을 동간도라 한다.[34]

모양은 압록강과 두만강은 명확하지만, 북쪽과 동쪽의 경계선은 명확하지 않다. 동간도는 다시 동서를 나누어 동간도 서부와 동간도 동부로 나누어지기도 하며, 동간도 동부는 북간도로 불리기도 한다.

간도의 모양은 지형 및 위치에 따라 분류한다. 지형상으로는 백두산을 주봉으로 하는 장백산맥과 서북으로 노령산맥蘆嶺山脈, 노야령산맥, 태평령太平嶺 등에 둘러싸여 있는 무산간도, 회령간도, 종성간도, 온성간도 등이 있다. 위치상으로는 압록강 상류지방인 장백산 일대를 서간도라고 부르고, 동간도는 백두산에서부터 서쪽으로는 노령산맥과 북쪽의 노야령산맥을 거쳐 태평령 동쪽의 훈춘지방과 남쪽은 두만강 사이에 포함된 곳을 말한다. 북간도는 동간도 동부지역을 말하는데 우리가 간도라 할 때는 북간도를 지칭한다.

1899년의 북변간도관리도에도 백두산정계비의 설치과정과 영토회담, 간도 관리 등에 대한 설명과 함께 북방영토의 모양을 동간도, 서간도, 북간도, 연해주의 4개 부분으로 구분하고 있다.[35]

---

34) 오늘날 중국의 행정구획에 의할 때, 서간도는 요녕성과 길림성으로 나누어져 있으며, 동간도는 가까이는 길림성에 포함되어 있고, 멀리는 흑룡강성에 포함되어 있다. 그리고 길림성 연변조선족자치주가 대체로 동간도에 해당된다.

35) 육낙현, 2007, 간도에 대한 인식 제고를 위한 국민공감대 형성방안, 독도론 개설 1주년 기념 독도·간도에 대한 국민공감대 형성을 위한 세미나 및 경일대학교 독도·간도교육센터 개설 기념 자료집, 경일대학교 사회과학연구소, 독도간도교육센터, p.21.

▲ 북변간도관리도의 북방영토 모양

자료 : 교학사 발행 고등중학교 역사부도

그리고 2001년 교육인적자원부의 검증을 받은 고등학교편, 『역사부도』에는 간도의 모양을 4개 부분으로 나타내고 있다.[36]

이와는 달리 '간도되찾기운동본부'에서는 북방영토의 모양을 4-5개 부분으로 제시하고 있다. 이 지도는 간도신문 표지와 인터넷 홈페이지에 게재되어 많이 인용되고 있다.

36) 고등학교편, 2001, 역사부도, 서울, 교학사, p.41, 참고 작성.

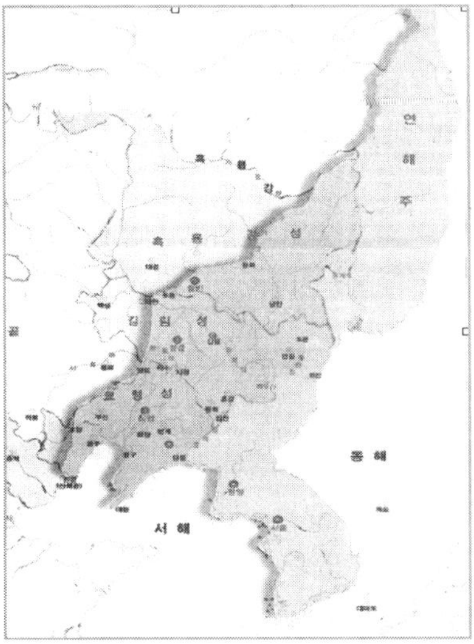

간도신문 표지 지도

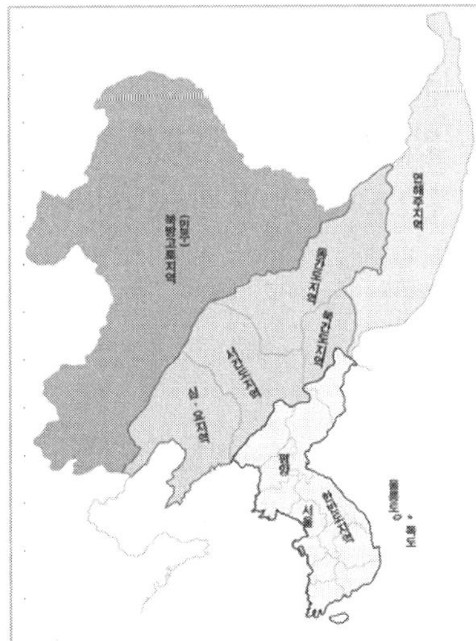

홈페이지 지도

▲ '북방민족나눔협의회' 의 북방영토 모양

지역별로 살펴보면, 두만강 건너의 구역은 동간도와 북간도로서 현재의 연변인 동간도와 그 윗부분인 북간도가 해당된다. 이 경계는 백두산정계비의 토문강을 기준으로 그렸을 때 백두산에서 북쪽으로 올라가는 경계에서 흑룡강으로 이어지는 모양이다

압록강 북쪽지역은 서간도로서 조선말부터 대한제국시기까지도 평안도로 행정구역이 되어 있던 지역이다. 백두산정계비를 세운 이후에도 이 지역은 우리의 영토였다. 대한제국 시기인 1904년에는 우리나라 행정단위인 면으로 편성되어 있었다.

심·요지역과 북방고토지역은 산해관 이동과 요동반도 지역으로 청나라에서 유조변책을 세워서 한족들의 출입을 엄금한 지역이다.[37] 이 지역은 청의 수도인 심양이 포함된 지역으로 한족들은 출입을 엄금하였으므로 당연히 조선인들만 들어가게 되었던 것이다. 따라서 서간도에서부터 연해주까지도 사실상 우리의 영토였던 것이다. 연해주지역은 조선인들만 사는 지역이었는데 러시아에게 압력을 받은 청나라가 1860년 북경조약으로 러시아에 넘겨준 지역이다.

외국지도에 나타난 북방영토 모양

여기에서는 외국지도에 나타난 북방영토 모양에 대하여 살펴보자. 우리의 북방영토가 표시된 외국의 지도는 많이 있다. 1735년부터 유럽에서 우리나라에 대한 전체적인 지도를 제작하였다. 특히, 영국과 프랑스에서 실제 측량을 통하여 많이 제작되었다. 이들 국가는 북방영토와 관련하여 이해당사자가 아니며, 군사적인 목적도 없었기 때문에 객관성과 공정성을 지녔다고 볼 수 있다.

18세기 서양 고지도의 조·청 국경선은 여러 가지 모양이 있지만 모두가 압록강, 두만강 이북 지역을 우리 땅으로 표시하고 있다. 이 시기를 대표할 수 있는 모양은 세 가지로 압축된다. 제작된 시기와 범위에 따라서 레지(Regis)선, 당빌(D'Anville)선, 본느(Bonne)선이다.[38] 18세기

37) 필자는 앞에서 살펴본 북방영토의 위치에서 심요지역을 제외하였으나, 간도되찾기운동본부에서는 봉금이 실시된 지역이므로 우리 영토에 포함시키고 있다.

38) 박선영은 레지선과 당빌선의 모양을 '간도라인'으로 명명하였다. 일본 방위성 연구 사료실 문서번호 "滿洲, 朝鮮 372-2 『日韓併合始末』에 부록으로 첨부되어 있는 지도와 당빌의 '조선전도', 1882년 일본의 조선전도를 비교하면서 모양이 같은데 착안하였다. 박선영은 간도라인의 모양을 압록강, 두만강 건너편에 천산산맥과 대장백산맥 이하로 보았다. 박선영, "일본 방위성 사료실에서 새롭게 발굴한 '간도' 관련 자료에 대하여", 『中國近現代史硏究』제33집, pp.178~184.

초반부터 1910년까지 제작된 100여점의 지도 중 당빌선이 63점으로 과반수 이상을 차지하고 있다.[39] 북방영토의 모양별 지도에 관한 지금까지의 설명을 그림으로 나타내면 〈표 12〉와 같다.

표 12 북방영토 모양별 지도 현황

모양구분	계	레지선	당빌선	본느선
수 량	108	13	63	32

자료 : 2007년 11월 20일자 건설교통부(현 국토해양부) 보도자료 참고작성

그러면 여기에서 외국의 지도에 나타난 북방영토의 모양을 보다 구체적으로 살펴보기로 한다. 레지선은 1735년 출판된 뒤 알드의 중국통사와 이 책에 수록된 지도를 편집해 만든 당빌의 신중국지도첩에 수록되어 있는 조선전도에 나타나 있다. 레지는 10명의 선교사와 함께 강희제의 권고를 받아 1708년에 중국 전역에 대한 측량사업을 시작했다. 천문측량과 삼각측량을 바탕으로 실측했다. 만주지방과 몽고지방을 먼저 측량한 뒤 점차 중국 내부지역으로 확대했다. 1710년 레지가 만주지방을 측량하고 있을 때 측량사가 포함된 사신이 조선에 파견되었다. 이들은 조선조정에 보관되어 있는 지도를 가져와 청의 지도와 비교하였다. 조선지도와 청의 지도가 일치하여 봉황선 서쪽 지역만 측량하였다. 이를 근거로 레지도 봉황성 서쪽을 청나라 영역으로 국경선을 지도에 넣었다.

39) 2007년 11월 20일자 건설교통부 보도자료, 세계사와 함께한 우리나라 지도역사를 한눈에…. 자세히 나와 있다.

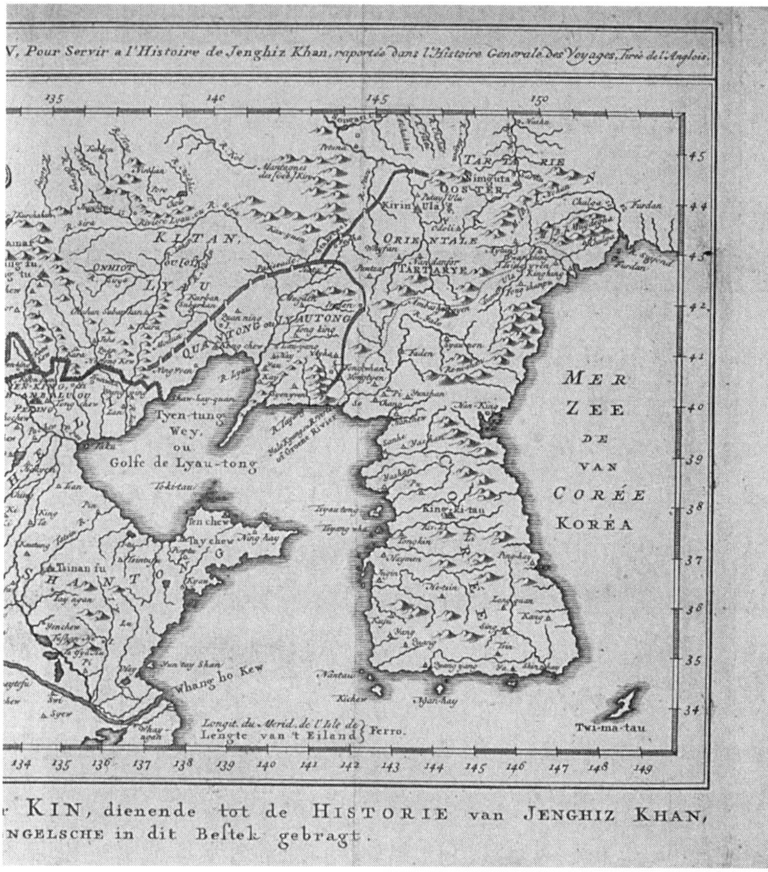

▲ 1750년 프랑스에서 제작된 벨렝의 카타이 지도(이돈수박사 제공)

레지선의 모양은 동북쪽에서는 두만강 하구 약6㎢ 동쪽지점에서 시작된다. 녹둔도를 포함하는 흑산령 산맥에서 보타산에 이른다. 이어서 압록강 상류로 들어가는 두도구에서 십이도구에 이르는 모든 하천-송화강 서대원 제수와 분수령인 장백산-혼강 본류와 조금 서방-대소고하의 수원에서 압록강과 봉황성 중간에 이르는 선으로 이어지는 1개의 모양을 하고 있다.

레지선의 모양을 잘 보여 주는 지도는 1750년경 프랑스에서 제작된 벨렝(Bellin)의 '카타이지도'가 있다. 이외에도 뒤 알드의 조선전도(1735년), 로벨의 동서 타타르지도(1730년), 바붓의 한국지도(1740) 등이 있다.[40]

당빌선은 레지선과 모양이 비슷하다. 그러나 레지선보다 서쪽 방향으로 범위가 확정되어 나타나고 있다. 당빌선 모양은 봉황성과 목책을 중심으로 국경선을 표시하고 있다. 이 지도는 레지선에서 포함하지 않은 봉금지역을 포함하고 있다. 당빌은 프랑스의 대표적인 지리학자이며 지도제작자이다. 그는 자신이 알지 못하는 지역은 대충 그리기 보다는 공란으로 비워 둘 정도로 지도제작의 정확도를 중요시 여겼다.[41]

당빌선의 모양을 잘 보여 주는 지도는 1749년 당빌의 타타르지도와 1749년 호만의 지도가 있다.

본느선은 가장 넓은 모양을 하고 있다. 18세기 후반에는 당빌선에서 나타난 모양보다 더 넓은 지역을 우리 북방영토로 그린 지도가 많이 제작되었다. 본느선의 모양은 목책으로 표시된 고구려 장성을 따라 국경선을 표시하였다. 봉금지역인 요동지역을 둘러싼 목책을 포함하여 장춘지역에서 지금의 블라디보스톡 상위 지역까지 이어지는 모양이다. 즉, 서간도와 북간도를 우리의 북방영토로 표시하였다.[42]

---

40) 건설교통부 국토지리정보원, 2007, 외국고지도에 표현된 우리나라 지도 변천과정 연구, pp.157~163.
41) 건설교통부 국토지리정보원, 2007, 前揭書 pp.164~167.
42) 건설교통부 국토지리정보원, 2007, 前揭書, pp.168~170.

▲ 1749년 독일에서 제작된 호만의 지도(이돈수박사 제공)

본느선의 모양을 잘 보여주는 대표적인 지도는 1771년 본느가 제작한 타타르 중국지도를 들 수 있다.

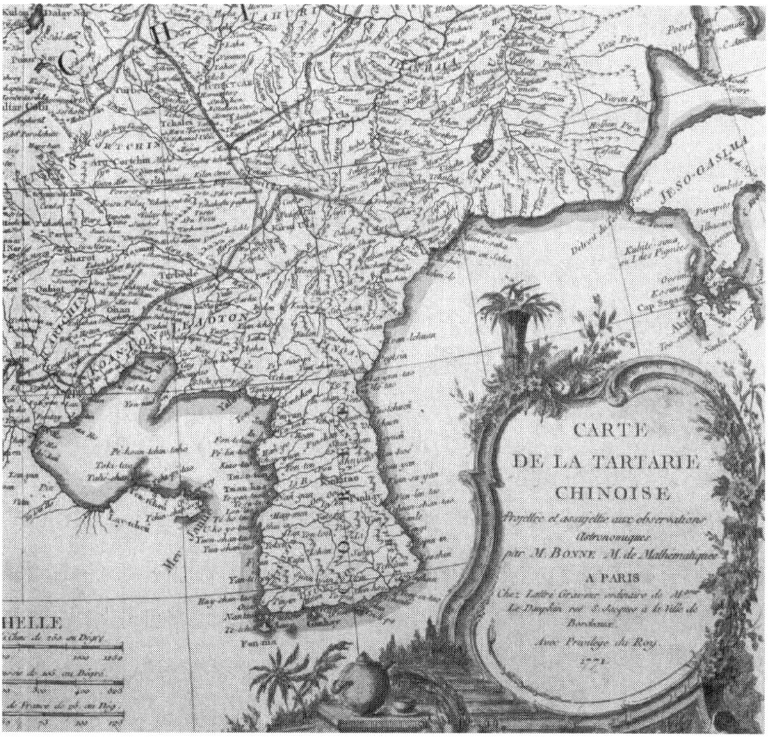

▲ 1771년 프랑스에서 제작된 타타르 중국 지도(이돈수박사 제공)

4. 소결-북방영토의 지리적 범위 미확정

우리는 위에서 여러 가지 자료를 동원하여 북방영토의 지리적 범위에 대하여 검토했다. 북방영토의 지리적 범위는 지적학의 시각으로 볼 때 많은 문제점을 내포하고 있는 것으로 나타났다. 많은 문제점 중에 가장 심각한 문제는 북방영토의 위치, 크기, 모양이 확정되어 있지 않아 다양하게 나타나고 있다는 점이다.

1880년대 감계회담이 결렬된 이후 국경을 확정하지 못했기 때문이다. 그 이후 간도협약 체결, 일제강점기로 이어져 오늘에 이르고 있다. 일제의 식민지배는 우리의 국경을 압록강과 두만강으로 축소시켰다. 해방 후 반도사관43)을 극복하고 북방영토의 범위 확정과 국경회담에 즉각 나서야 했지만, 지리적 분단과 한국전쟁, 남·북한간 체제와 이데올로기의 대립으로 여기까지는 관심이 미치지 못하였다. 더욱이 중국·러시아와 국경을 맞대고 있지 않아 국경 관련 문제를 거론할 수도 없었다. 중국과 수교 당시에도 이 문제를 언급조차 하지 않았다. 아직까지 정부는 미온적인 태도를 견지하면서 북방영토 범위확정에 나서지 않고 있다.

필자의 판단에도 실제 북방영토의 범위에 대하여 관심을 가졌더라도 어떻게 범위를 확정하거나 면적을 산출 할 방법이 없었다. 모든 고지도에 나타나 있는 경계선이 불명확하고, 소축척으로 작성되어 있기 때문이다. 정밀도가 낮고, 접근이 용이하지 않아 현지 확인도 불가능하였다. 특히, 접근할 수 없는 지역에 대한 지리적 범위를 결정할 방법이나 기술이 부족하여 시도조차 어려웠던 것이 사실이다. 여기에서는 북방영

43) 반도사관은 일제가 한반도의 식민지배를 용이하게 하기 위해 '국가의 운명이 반도라는 지정학적 위치에 따라 결정되어 한반도를 중심으로 자리잡은 한민족은 항상 수동적인 위치에 놓일 수 밖에 없음'을 강조한 역사관이다. 이에 대응하는 개념을 대륙사관大陸史觀이라 한다. 대륙사관은 고구려 등 한국 역사상의 국가가 한반도·만주뿐만 아니라 현 중국 대륙에 위치해 있었다는 역사관의 총칭이다. 주류 역사학계에서는 대륙사관에 실질적 근거가 없다고 보고 학문적으로 인정하지 않고 있다.

토의 지리적 범위에 대한 문제점을 간단히 요약하여 제시하겠다.

위치의 미확정

앞에서 살펴본 바와 같이 가장 큰 문제점으로 북방영토 위치의 미확정이 지적되었다. 북방영토의 위치는 서 · 북쪽과 백두산지구, 압록강·두만강 지역 경계로 확정된다. 백두산지구와 압록강 · 두만강 지역 경계는 북방영토의 남쪽 경계로 우리 북방영토의 내부 경계선이 된다. 따라서 북한과 중국, 러시아가 국경조약에 의하여 확정한 국경선의 현재 위치는 논의에서 제외하고 서 · 북쪽의 위치에 대하여 문제점을 제시하고자 한다.

서 · 북쪽의 경계선은 유조변책과 백두산정계비의 토퇴와 석퇴 흔적을 지적학적으로 검토하였다. 그러나 이들은 국경선과 국경표지로서 그 역할을 다 하지 못한 측면이 있다. 유조변책의 인식과 백두산정계비의 법적 성격에 대한 해석이 달라 고지도나 외국에서 발생한 지도에 북방영토의 위치가 다르게 나타나고 있다. 백두산정계비 설치 당시 토문강의 발원지까지 185개의 흙두렁과 돌무더기를 쌓고 목책을 세워 양국의 경계를 분명히 설정하였다. 이에 따라 토문강 이동지역을 조선의 영토로 인식하였지만 중국의 입장은 달랐다. 백두산정계비의 동위토문의 해석 차이로 국경회담을 2차례 실시하였으나 결렬되었다. 결국 북방영토의 위치는 일본과 중국의 간도협약에 의하여 결정되었다. 정확하게 말하면 간도협약에 의하여 결정된 경계선은 우리 북방영토의 서 · 북쪽 경계선이 아니라 백두산지구의 경계선 확정으로 보아야 한다. 이런 맥락에서 볼 때 북방영토의 서 · 북쪽 경계선은 다시 협상하여야 하며, 간도협약이 국제법상으로 무효이므로 백두산지구의 경계선도 아직까지 미확정 상태로 남아 있다고 보아야 할 것이다.

크기의 미확정

그리고 북방영토 크기의 미확정이 지적되었다. 북방영토의 크기는 경계가 결정되어 있지 않아 연구자에 따라 다양하게 제시되고 있다. 간도지역의 크기는 동간도지역이 41,000㎢, 연변조선족자치주가 43,547㎢, 레지선에 의한 면적이 25,800㎢, 만주지역이 802,100㎢, 북방영토가 696,829㎢로 나타나고 있다. 연해주지역은 165,000㎢와 306,346㎢로 차이가 많이 발생하였다. 동일한 지역에 대한 면적이 아니고, 측량이나 수학적인 방법에 의거 정확하게 산출한 면적이 아니기 때문에 단적으로 비교 할 수는 없는 한계가 있다. 이와 같이 북방영토의 크기는 최소 경기도와 충청도를 합한 면적에 해당하는 25,800㎢에서 최대 한반도의 3.6배 크기에 해당하는 802,100㎢로 큰 차이를 보이고 있다.

모양의 미확정

또한 북방영토 모양의 미확정이 지적되었다. 북방영토의 모양은 경계선의 위치와 크기에 따라 달라진다. 대부분의 고지도는 정확하게 모양을 구획할 수 없었기 때문에 외곽 경계선만 표시하여 모양이 1개로 나타난다. 외국 고지도의 경우도 모양은 다소 차이가 있지만 1개의 모양을 가지고 있다. 2001년 교육인적자원부의 검증을 받은 고등학교편 역사부도에서는 지역에 따라 동간도, 서간도, 북간도, 연해주 4개 부분으로 나타나 있다. 그리고 간도되찾기운동본부에서는 연해주지역, 동간도지역, 서간도지역, 북간도지역, 심·요지역과 북방고토지역(만주) 등 5개 부분으로 제시하고 있다. 작성 시기나 작성자가 다른 관계로 모양이나 구역 수에 차이가 발생하고 있다.

제5장 북방영토의 소유권 변천

이 장은 북방영토의 소유권 변천에 대해 다루고 있다. 지적학 측면에서 소유권 관계는 북방영토에 대한 영유권문제를 제기하거나 분쟁이 발생하였을 경우 법적 권원이 어느 국가에 있는지를 분석하는 작업이다. 이 장은 국가의 선점의사 표시인 동시에 지배권확립과 주권행사의 증거인 지적부와 변계호적안의 작성, 일본의 토지조사사업, 중국의 토지개혁과 지적조사사업에 대하여 구체적으로 설명하고 문제점에 대하여 살펴볼 것이다.

1. 지적부와 변계호적안 작성

여기에서는 땅의 호적인 지적부와 사람의 호적인 변계호적안邊界戶籍案에 대하여 구체적으로 살펴보기로 한다. 먼저, 소유권 확보를 위한 조선의 토지개간과 간도대장 작성에 대하여 살펴본다. 1785년(정조 9년)부터 봉금지역 경계선 일대에 병력을 배치하여 철저히 월경을 금지하였지만 1860년 경에 생활처를 찾아 들어가는 유민과 1869년(고종 6년) 대흉년으로 많은 사람들이 월경하여 개간이 급증하였다. 정부에서는 이들을 막을 길이 없어 묵인하였다가 뒤에 함경도 관찰사의 소관하에 두기로 결정하였다. 그래서 간도내에서 경작하는 한국인에게 토지경작권을 인정하는 지권을 발부하고 지적부도 작성하였

다.[44)]

홍남주洪南周는 1870년 회령부사로 부임하여 민생고가 극도에 달하여 있는 것을 목격하였다. 이들을 구제하기 위해 민생고 해결과 국토확충을 위해서 개간을 서둘렀다.[45)] 당시 면장 임병하林秉河도 많은 농민을 동원하였다. 부사에게 인수개간원서引水開墾願書를 제출하면 즉시 허간향사許墾向事라는 허가를 내 주었다.

이와 같은 홍남주 부사의 조처에 대해서 당시 회령좌수 이후섭李厚燮은 부사에게 "국법으로 금한 지역을 조정에 문의도 없이 허가한다는 것은 부당하다"고 지적하였다. 홍남주는 "백성 수만이 곤궁에 헤매고 있는 처지에 이를 구할 수 있으면 임금이 죽음을 준들 무슨 한이 있으랴."하면서 강력히 개간을 밀고 나갔다. 농민들이 개간에 착수한지 불과 수일간에 1백여 정보를 개간하였다.

1880년 진행된 경진개척庚辰開拓은 조선인의 북간도 이주와 개척에 획기적인 것이었다. 이것은 북부지방의 민생고를 해결하기 위한 조치로서 봉금 이래 지방관의 보호 아래 진행된 집단 개간이었다. 또한, 경진개척은 초기 회령 대안의 백여 정보의 평야개척이 목적이었지만, 1881년부터 두만강 북안의 길이 500리, 넓이 40~50리에 달하는 광활한 지역으로 확장되었다.[46)]

---

44) 국토통일원, 1969, 백두산 및 간도지역의 영유권 문제, p.53, 함경도 관찰사인 이윤중은 강을 몰래 건너간 개간민들에게 토지소유권을 증명하는 지권을 발부하여 법정주민이 되게 하였다. 현규환, 1976, 한국유이민사, 서울, 삼화인쇄출판부, p.137.

45) 때마침 러시아의 수도 모스크바에서 돌아온 조중응趙重應과 이야기를 주고받고 하던 끝에 두만강과 압록강 대안對岸에 있어서의 사간私墾에 관해서 의견이 서로 상통되어 지방유지有志인 이인회李寅會들과 상의하여 추진하였다.

46) 신형식 외, 2004, 고구려는 중국사인가, 서울, 백산자료원, p.56 참조.

그러나 1883년에 이르러 러시아와 청나라 양국이 조선농민의 증가에 불안을 느껴 점차 경계와 제한을 서둘게 되었다. 청나라와 관계에 있어서는 간도 귀속문제가 이때부터 조선과 청나라 양국 간의 계쟁係爭문제로 대두되었다. 조정에서는 양전관量田官을 간도로 파견하여 전정田政[47]을 두고 토지대장과 야초(野草, 地稅銘記帳)를 작성하였다. 이를 '간도지방대장'이라 하는데 아직까지 전해지는 것은 없다.[48]

1901년 간도 시찰사로 임명된 이범윤은 거주자들은 청국 관헌의 방해에도 불구하고, 호구와 부동산은 세밀하게 조사하였다. 1903년 5월까지 호적부 52책을 편제했으며, 한인 부동산 364만 7천 496원 34전을 등록시켰다.[49]

---

47) 토지에 세를 부과하여 수취하는 일련의 행정체제를 말한다. 전정은 크게 양전제量田制와 수세제收稅制가 있다. 양전제는 결부법結負法으로 양전을 하되, 토지를 6등급로 구분하고 20년마다 한 번씩 개량하여 양안量案을 작성, 중앙의 호조와 본도·본읍에 보관하도록 하였다. 수세제는 조정에서 징수하는 전세·대동미大同米·삼수미三手米·결작結作 등 법정 정규세와 각종 부가세를 징수하였다.

48) 노계현 교수는 이범윤이 간도관리사로 있으면서 간도의 호적부와 지적부를 만들었다는 기록을 보고, 이 기록을 증명하는 증언을 듣기 위해 김홍일 장군을 찾아 가서 "이범윤 선생이 만들었다는 호적부나 지적부를 본 적이 있느냐?"고 질문하였다. 김 장군은 "나는 본 적이 없으나 이범윤 선생은 항상 등에 큰 보따리를 짊어지고 다녔는데, 무거우니 젊은 사람에게 대신 지게 하라고 아무리 권해도 귀한 것이라며 절대 내려놓지 않았다. 혹시 그것이 호적부나 지적부가 아니었을까 생각한다."라는 증언을 들었다고 한다. 만약, 이범윤이 작성했다는 지적부가 발견된다면 그것은 간도가 우리 땅이라는 아주 구체적인 자료가 되는 것이다. 김 교수가 김홍일 장군에게 들은 이범윤 선생에 관한 증언은 역사적 논거로서 가치가 있는 것으로 판단된다. 노계현교수는 2009년 11월 18일 서울역사관에서 열린 '간도 및 재중국 조선족 문제에 대한 학술대회' 종합 토론 때 이범윤 간도관리사가 지적부를 청산리전투가 벌어진 지역의 바위 밑에 숨겨 놓았다는 이야기를 유족에 들었다고 필자에게 알려 주었다.

49) 최장근, 2007, 간도영유권의 현안적 고찰, 간도는 우리땅 힘모아 되찾자, 간

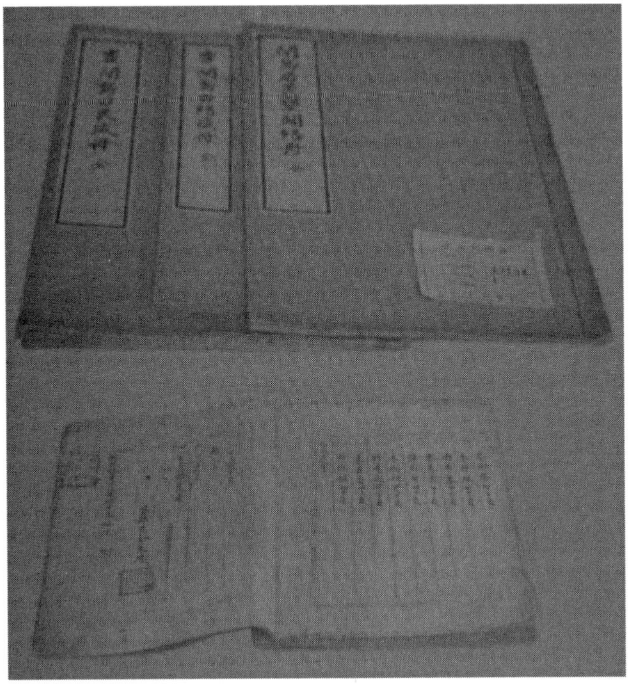

▲ 종성 고간도, 무산 각사 토지개간 성책(육락현 제공)

〈그림〉과 같이 규장각에 소장된 자료에 의하면 1901년 함경북도 무산군에서 작성한 무산간도 거민 호수는 1,162호이고 간토 결수는 267결結 39부負를, 종성군의 대안인 종성간도에 들어가 토지를 경작한 사람은 386인 결부수는 53결 65부를, 회령군의 대안인 고간도의 결부수는 118결 11부로 나타나 있다. 그리고 은성간도에는 354호가 110결 81부를, 경원간도에는 280호가 127결 10부를 경작하고 지적부에 등록이 되었다.[50]

도되찾기운동본부 기본교육과정 자료집, p.26.

1903년에는 정부가 다시 이범윤을 간도관리사로 임명하여 간도의 지적을 정리하고 세금을 징수하도록 하여 주권행사를 실질적으로 행하였다.[51]

1903년 5월 시찰단으로 압록강 대안지역을 조사한 양지달과 김상흡 등이 남긴 호적조사 기록을 보면, 서간도 일대의 자세한 상황을 알 수 있다. 이 기록에 따르면, 서간도 지역에는 모두 32개의 면이 편제돼 있는 것으로 나타나고 있다. 이 가운데 집안현 일대에는 대황면·구룡면·신상면 등 모두 7개의 면이 자리하고 있다.

1902년 조사된 변계호적안邊界戶籍案을 보면 실제 우리가 이 지역을

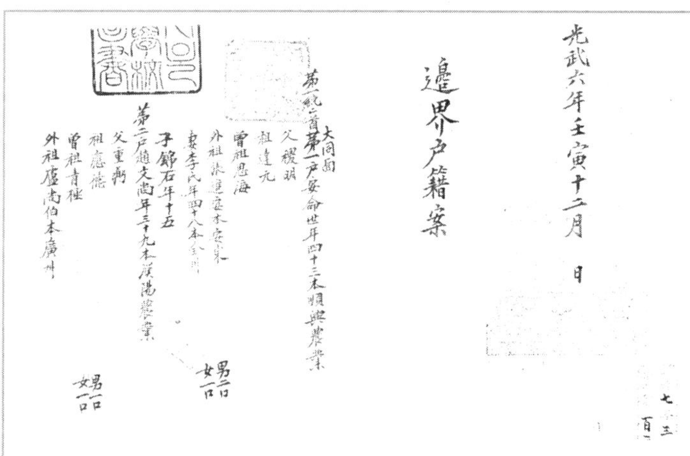

▲ 1903년에 작성된 변계호적안
자료 : 梁泰鎭, 『一九○二年 邊界戶籍案』(서울 : 법경출판사, 1992), pp.454~455.

50) 규장각에 보관되어 있는 무산군각사대안간도거민호수간토결수성책茂山郡各社對岸間島居民戶數墾土結數成冊, 함경북도종성군대안고간도전금춘입종민명성책咸鏡北道鐘城郡對岸古間島田今春入種民名成冊, 회령군대안고간도전결총수성책會寧郡對岸古間島田結摠數成冊, 국토통일원, 1969, 前揭書, p.54. 참고 작성.

51) 국토통일원, 1969, 前揭書 참前揭書, p.54.

통치한 것을 알 수 있으며, 중앙 정부의 힘이 어떻게 서간도에 미치고 있었는지 명확하게 알 수 있다.

변계호적안이 작성된 지역은 모아산면, 간도면, 신별면 등의 8개면으로 당시 이 지역에 정착한 이주민의 본래 고향과 연령분포가 상세하게 기록돼 있다. 변계호적안의 작성자는 1897년 서변계西邊界관리사로 임명돼 서간도 일대에서 호적안을 조사한 관리변민사무 서상무徐相懋이다. 변계호적안이 궁내부의 관할로 작성된 것으로 미루어 볼 때, 정부가 간도 소유권 확보에 적극 개입하고 있음을 알 수 있다.

1902년 서간도에 주민을 직접 관장하기 위해 향약을 설치하여 의정부 참찬 이용태를 향약장에 임명하고, 1903년에는 참정대신 김규홍의 의견에 따라 토지측량을 실시하여 조세를 받으려고 하였으나, 시급히 실행하기 어려워 이범윤을 간도 관리사로 임명하여 사무를 관장하게 하였다.

그러나 청의 관헌은 간도가 한국의 영토가 될 것을 염려하여 이범윤을 쫓아내기 위해 군사를 동원해 한국인을 체포하거나 폭력행사를 가하고, 심지어는 몸에 낙인을 찍는 등 갖은 행패를 부리며 금품을 요구하였다.[52] 이에 이범윤은 한국인의 피해를 막기 위해 병력 파견을 요청하였으나, 한국 정부는 청의 군대와 충돌하는 것이 두려워 출병을 허가하지 않았다.

그렇지만 한국 정부 내에는 토문강 이동을 한국의 영토로 확정하고, 관서를 설치하여 세금을 징수해야 한다는 주장이 있었다. 신중론자들은 수백년 동안 내려온 봉금지역에 갑자기 경계선을 결정하여 우리 영토로

52) 그 악형을 견디지 못하여 빈사 상태에 빠진 사람들도 많았으며, 도적떼들이 출몰하여 그 참화는 이루 말할 수 없이 컸다.

확정한다는 것은 쉬운 일이 아니다. 우선 간도에 보호관을 파견하여 한국민의 생명과 재산을 보호하여 정부에서도 간도의 거민을 잊지 않고 있음을 표시하는 것이 좋겠다는 의견을 내놓았다.

이범윤은 사포대를 편성하고 비용 충당을 위해 세금을 징수하였다. 자율적인 행정을 위하여 10호를 1통, 10통을 1촌으로 하여 통장, 촌장을 두어 지방자치 행정 단위를 두었다. 이로 인해 청과는 작은 충돌이 계속되었으나, 이범윤은 소신 있게 토지대장과 호구조사를 실시하는 등 간도의 소유권 확보를 위한 행정사무를 수행해 나갔다.

2. 일본의 대규모 측량사업 추진

여기에서는 일본의 대규모 측량사업에 대하여 구체적으로 설명하고 있다. 대한제국을 보호국으로 만든 일본은 처음에는 간도를 우리 영토로 여겼다. 1906년 용정촌에 조선통감부파출소를 설치하고 일본은 관리들을 파견하여 간도의 행정을 맡아 보게 하였다. 1909년 간도협약 체결로 길림으로부터 조선 회령에 이르는 철도부설권 얻고 국자가, 백초구, 두도구, 용정 등을 개방하여 상업도시로 정하였다. 연변에서 영사재판권을 행사하고 용정에 설치하였던 조선통감부파출소를 간도일본총령사관으로 개칭하고 외교권을 대리하였다.

일본은 간도협약으로 이 지역을 영원히 청나라에 양도하는 것이 아니라 남만주 철도부설을 빌미로 군사력을 투입하여 만주를 장악하려 하였다. 만주를 장악하면 간도도 당연히 차지할 수 있기 때문이다.

실제로 일본은 1931년 이 지역에 만주국을 세워 땅의 소유권을 분명히 하기 위해 대대적인 측량사업을 실시하고 토지소유권을 증명하는 토지집조를 발급하였다.

그러면 여기에서 만주지역의 대규모 측량과 지형도 작성에 대하여 구체적으로 살펴보자. 일본은 1932년 3월 만주국의 독립과 함께 일본전권대사관을 설치하고 만주국정부로부터 측량업무를 수탁 받았다. 1933년 참모본부임참밀 제169호에 근거하여 측량대를 만주국에 파견하였다. 측량대는 경위도원점과 수준원점의 신설 및 관측, 요동만의 호노도에 험조장 측량을 담당하였다.

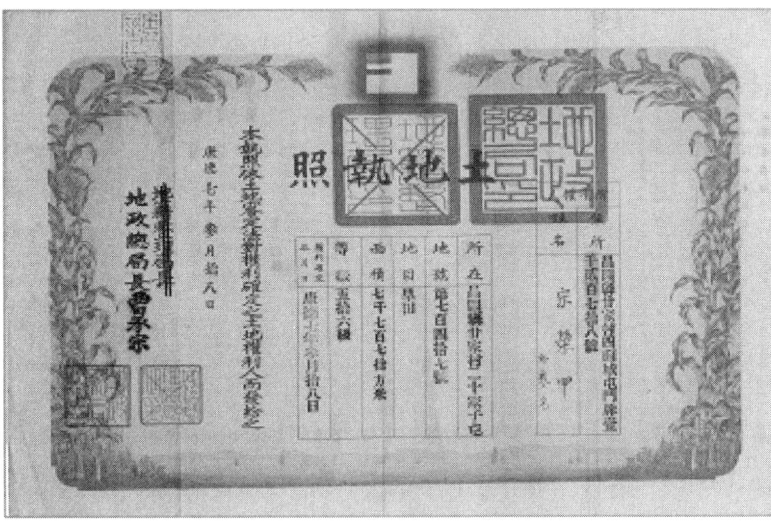

▲ 1940년에 발급한 토지집조[53](신동현박사 제공)

만주의 경위도원점은 신경공원(장춘 신경교외의 환희령)에 설치하고, 동경천문대와 육지측량사가 관측을 실시하였다. 경위도원점에 대한 좌

53) 昌圖縣 甘家村 二十家子屯 747번지, 소유자 宋榮甲의 토지집조이다. 발급기관이 지적정리국장에서 지정총국장으로 수정되어 있어 당초의 관할관청이 지적정리국에서 지정총국으로 변경되었음을 알 수 있다.

표는 〈표 13〉과 같다

표 13 만주 경위도원점 좌표

구 분	좌 표	비 고
북 위	B° = 43-36-22	
동 경	L° = 125-18-15.424	
방위각	A° = 204-46-54.497	대묵산 삼각점

만주에 있어서 일등기선측량은 1945년까지 20개소에 실시하였다. 1등삼각측량은 삼각쇄를 250km 전·후로 연결하여 대륙 전토에 기준점을 배치했다. 일등삼각쇄 24개소, 일등기선측량 20개소, 일등삼각점 520점을 설치하였다. 삼각점은 조선반도에 설치된 삼각점 8점도 포함하고 있다. 아래 그림에서 알 수 있듯이 만주의 삼각쇄와 조선의 대삼각은 안동·조안·휘춘 부근의 3개소에서 연결하였다.

조선의 대삼각점은 조선해협을 건너서 일본의 일등삼각점에 연결하고, 일본 경위도원점을 기준으로 좌표를 계산하였다. 이렇게 해서 만주와 조선의 삼각점은 휘춘 부근에서 7점, 조안부근에서 4점, 신의주에서 1점, 도합 12점이 연결되었다. 이들 12점에 대해서 동경원점계에 의한 경위도와 신경원점계에 의한 경위도를 만주-동경의 형식으로 산출하여 비교한 결과 위도와 경도의 상대적 연직편차는 평균 dBm=+9.″ 36±0.″ 04, dLm= −16.″ 96±0.″ 07로 나타났다.

만주에 있어서 이등삼각측량은 관동군측량대가 창설되기 전에 이미 육지측량부에 의해서 실시되었다. 그 방식은 삼각쇄 방식을 채택하고 독립된 길이 약 2km의 기선장을 측량해서 1회의 증대로 약 6~8km의 변장을 삼각쇄의 출발변으로 하였다. 1삼각쇄는 약 100㎞로 별도의 기선에 폐합하는 것을 원칙으로 하고, 필요에 따라 기선삼각쇄를 설치해서 지형측량의 편의를 도모했다. 이등삼각측량은 이상의 방식으로 연차적으로 실시되었기 때문에 1945년까지 1만점 이상 설치하였다.

만주의 수준원점은 신경시가의 대동광장(신경공원)에 설치되었다. 대련만의 중등해수면에 근거해서 측정하고 그 높이를 218.170m로 정했다. 이 원점의 높이를 결정하기 위해 대련으로부터 신경에 약 700㎞의 일등수준측량을 실시했다. 기선망의 삼각점은 한반도와 연결하였다.

이제, 만주의 측도와 지도 작성에 대하여 살펴보자. 제3장의 분석의 틀에서 설명한 바와 같이 지리적 범위를 확정하는 데는 지도가 필요하게 된다. 본 연구에서는 여기에서 다루는 지도를 활용하여 북방영토의 지리적 범위를 분석하게 되므로 제작방법과 절차 등에 대하여 자세히 살펴보기로 한다. 만주의 측도와 지도 작성은 1931년 임시측도부에서 남만주를 시작으로 점차 확대하였으며, 중국주둔군사령부의 측량반과 토지조사반에서 만주·몽고지구, 북만주의 측량업무를 이어받아 수행하였다. 8만4천분의 1 러시아 지도와 다양한 축척의 청나라 지도를 입수해서 축사하고 미측량된 부분은 보완하여 만주·북지방 방면의 10만분의 1 지도를 만들었다.[54)]

54) 1931년 9월 18일 봉천북대영 부근에서 일본 광동군의 충돌에 의해 만주사변이 일어나고 만주의 지도가 긴급하게 필요하게 되었다. 이때까지 중국대륙의 지도는 대정원년에 육지측량부 직원이 행상인, 사진사 등으로 변장하여 대륙의 주요도시, 주요교통로, 주요하천 등에 대하여 천문관측과 보측, 목측, 거마의 정도에 의해 작성하였다.

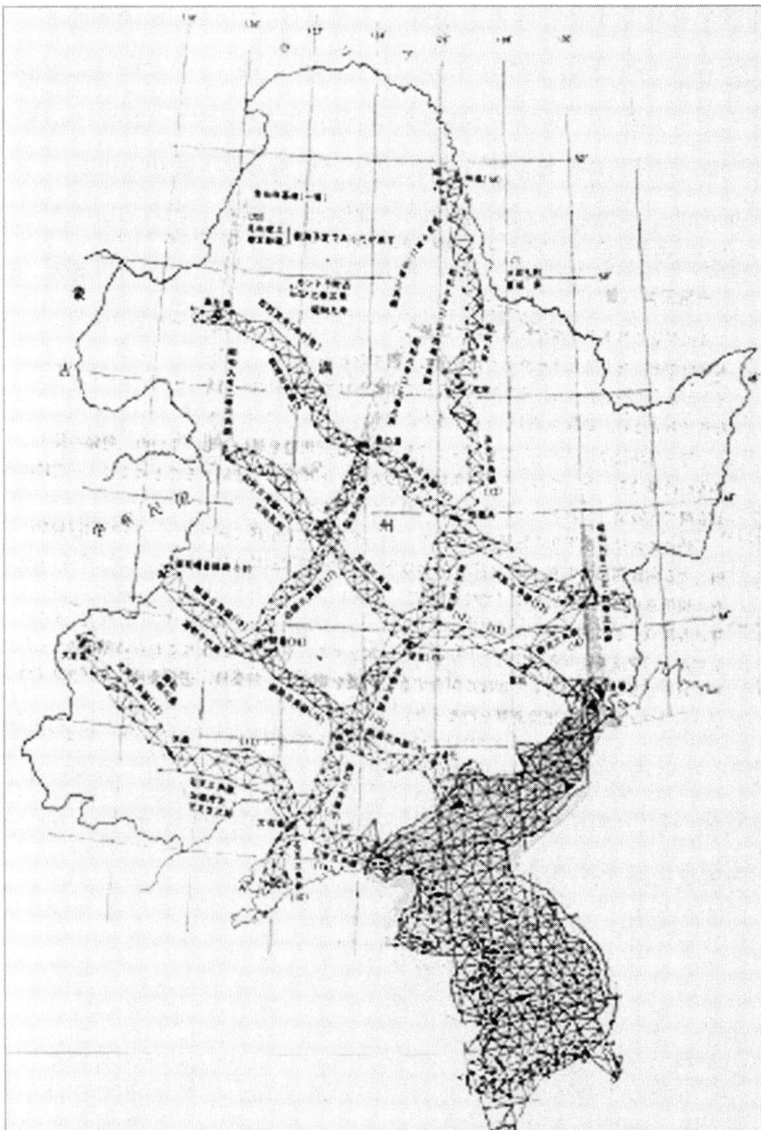

▲ 한국과 만주지역을 연결한 삼각측량망도

1932년 만주국이 성립되자 육지측량부로부터 다수의 측량관을 지원받아 관동군측량대을 편성하고, 만주국의 측량국과 협력해서 공동측량을 실시하였다. 측도작업은 지형반 · 수정반 · 공중사진반의 3반으로 나뉘어 도근점 958점, 도곽부측량 약 37,600㎢, 수정측도 약 19,000㎢, 공중사진촬영 약 22,000㎢를 실시했다. 이후 1933년에 만주의 기본도가 되는 축척 10만분의 1 지형도를 완성하였다.[55] 그리고 국경부근은 25,000분의 1, 그 외 중요지구는 50,000분의 1 지형도를 만들었다. 측량은 평판측량 혹은 사진측량을, 때에 따라서는 그 병용법에 의해 실시하였다. 사진측량은 만주항공측량회사에서 촬영하였으며, 사진의 축척은 약 3만분의 1이었다.[56]

관동주토지조사국의 지적측량은 우리나라의 토지조사사업과 같은 형태로 삼각측량을 실시하고 지적측량을 실시하였다. 관동주의 토지조사국의 지적측량은 유일한 평전에 그 당시 측량목적을 엿볼 수 있다. '유기연은 땅의 경계를 표시해 두는 좋은 방법을 생각해냈다. 경계를 따라 버드나무를 심기로 하고, 말라죽을 수도 있고 누가 뽑아 갈 수도 있으니 나무 밑에 버들 '柳'자를 새긴 사기그릇을 묻어두기로 하였다. 그러면 나무가 없어져도 그 사기그릇은 없어지지 않아, 경계를 분명히 할 수 있어 일본이 소유권을 분명히 한다는 명목으로 지적측량을 하고자 나타 날 때 땅에 묻힌 사기그릇을 제시하여 경계로 삼기 위해서였다. 1931년 만주사변 이후 일본은 만주를 점령하고 땅의 소유권을 분명히 하기 위해 대대적인 측량사업을 벌여 토지의 경계가 불분명해 소유권에 문제가 있는 것들은 쉽게 차지 할 수 있었다. 유기연의 대평원

55) 이 지형도를 활용하여 제8장에서 북방영토의 지리적 범위를 확정하였다.
56) 대한측량협회, 측량40년사 참고 작성.

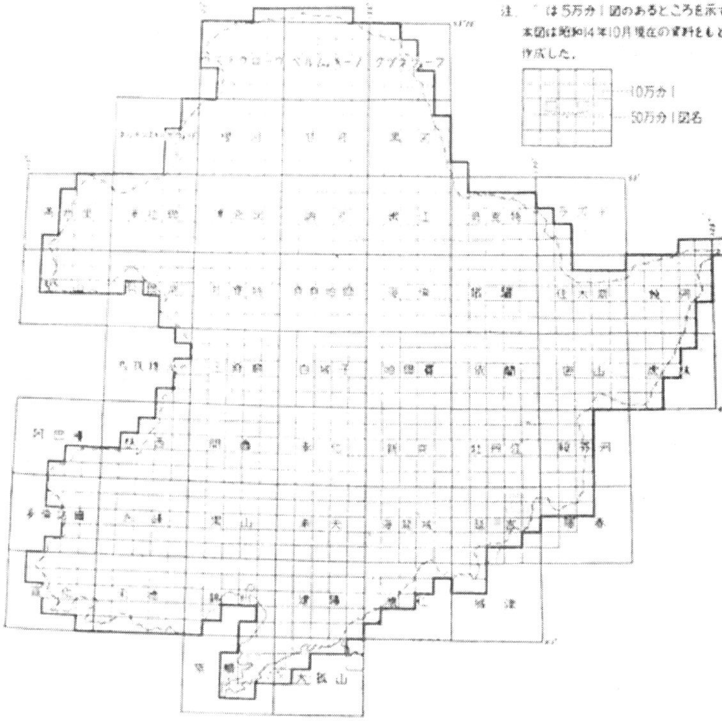

역시 측량을 받았으나 땅의 경계를 표시하기 위해 심어놓은 버드나무들은 베어지고 강풍에 꺾이고 해서 경계가 애매했으나 버드나무 흔적이 있던 곳 밑에는 고스란히 '류柳'가 새겨진 사기그릇들이 있어 결국 땅은 한 평도 빼기지 않고 남김없이 소유권 등기했다.' 는 것이다.

참고로 동북만주 지역의 토지개혁은 항일투쟁시기 김일성에 의하여 시도되기도 하였다. 김일성은 동북만주 지방의 유격대 근거지에서 자신들의 경제적 토대와 정치적 지원을 보다 안정적으로 확보하기 위해 1933년부터 1935년까지 토지개혁사업을 실시하였다. 그러나 일제의

군사·정치적 방해공작으로 1935년에 이르러서는 토지개혁조직 자체가 와해되었다.57)

3. 중국의 토지개혁과 지적조사사업 완료

여기에서는 중국의 토지개혁과 지적조사사업에 대하여 구체적으로 설명하고 있다. 이 지역에서의 본격적인 토지개혁은 제2차 세계대전의 종료와 함께 중국공산당에 의해 실시되었다. 1946년 5월 4일 '청산, 감조 및 토지문제에 관한 지시'를 시점으로 1948년 4월까지 실시되었다. 토지개혁은 낡은 장부와 토지문서를 압수하고 지주들의 토지와 숨겨 둔 재산들을 확인하여 몰수하였다.

▲ 경계점 표시 설치 모습

출처 : 박창선, 『천리두만강』(연변 : 인민출판사, 2005), p.159

57) 유임하, 1999, 해방기 남북한소설의 토지개혁 형상화 문제, 동악어문논집, 35집, 동악어문학회, p.2.

1947년 10월 10일 토지법대강을 공포하여 토지회의를 소집하여 성분을 구분하고, 1948년 3월부터 각지에서 토지평균분배위원회를 성립하여 인구에 따라 분배하였다. 이와 같은 토지분배를 통해 연변지구 94,000여 세대의 443,000여명의 재중동포 농민들이 127,000ha의 토지를 분배받았다. 흑룡강성 송강지역 40,548세대의 재중동포 농민들이 53,928ha의 논을 분배 받았으며, 오상현 민락조선족향만은 687세대의 재중동포 농민들이 땅 1,264ha를 분배받았다.[58)]

그리고 1978년 제11기 3중전회에서 등소평은 '농가책임제' 정책을 실시하였다. '농가책임제'는 자유시장, 자유지自留地, 농가에게 할당된 생산량에 대한 계약을 통해 자신의 토지를 관리하는 제도이다. 농촌지역에서 책임제의 성공으로 한걸음 더 나아가 촌이 집단적으로 소유하고 있는 토지를 계약를 계약을 통해 임대할 수 있는 '제2의 토지개혁'을 실시하여 탈집단농장화를 가능하게 하였다.[59)]

그 이후 중국은 1984년부터 1996년까지 제1차 전국 토지조사사업을 실시하여 사회주의적 지적을 확립하였다.[60)] 1982년부터 전국의 범위에서 토지조사를 준비하여 토지대장, 도면 등을 작성하였다. 사회주의 지적은 사회주의 토지 공유제의 기초에서 설립되었다. 토지개혁 시기에 전국에서 보편적으로 토지조사를 진행하여 토지구획 기준을 평가하고 확정하였으며, 토지개혁과 결합하여 토지를 배분하고 토지측량, 경계구획, 등기, 토지증서발급 등 작업을 진행하였다. 사회주의 건설의 발

58) 박청산, 2005, 前揭書, p.159.

59) 제임스 왕 지음, 금희연 옮김, 2000, 현대중국정치, 서울, 도서출판 그린, pp.346~348.

60) 사회주의 지적이란 사회주의 토지 공유제를 기초로 토지개혁시기에 전국에서 토지조사를 진행하여 확립된 다목적지적을 말한다. 대한지적공사, 2006, 남·북한 학술 심포지움 참가보고서, p.32.

전과 더불어 토지조사사업은 점차 경제건설 중에서 주요한 위치를 나타내기 시작했다. 사회주의 현대화 건설의 수요에 적응하기 위해 다목적 지적을 추구하고 있다.[61)]

중국은 2007년 7월 1일부터 2009년 6월까지 제2차 전국 토지조사사업을 실시하였다.[62)] 중국은 '중화인민공화국 토지관리법규'에 의거 국무원 영도팀에서 토지조사사업을 주관하고 국가발전개혁위원회, 건설부, 재정부 등 11개 부처와 위원회가 공동 시행하였다.

이 사업의 목적은 '전국의 토지조사를 통해 혼란한 지적을 바로 잡고, 통일된 토지조사제도를 구축하여 인터넷 토지 데이터베이스에 의한 국가의 행정망과 상호교환' 에 두고 있다. 조사대상은 농촌과 도시, 농경지의 모든 토지에 대해 토지의 종류, 위치, 범위, 면적, 소유권 및 사용권의 권한을 조사하며, 도시지역은 100%, 농촌지역은 95%를 목표로 하였다.

조사방법은 국가통일조직에 의하여 기준을 통일하고 지방에서 세분화하여 조사하는 방식을 채택하고 있다. 주무부인 국토자원부 지적관리국 국장 판즈췐은 "이번 제2차 토지조사의 목적은 토지자원의 기반을 확실히 파악하고 경제사회의 구현, 지속 가능한 발전을 촉진시키기 위해 자원관리를 엄격하게 하고 기초 근거자료를 제공하는 것"이라고

---

61) 대한지적공사, 2006, 前揭書, pp.30～60.

62) 이번 제2차 토지조사는 2006년 8월 14일 '토지관리 11차 5개년 발전계획'이 국무원 심사를 통과하여 '향후 5년간 토지관리 발전기획요강'에 의해 2007년 6월 12일 '제2차 전국 토지조사 총체방안'을 발표하여 시행하게 된 것이다. 중국의 경작지면적은 1억 2,100만 헥타르(ha)로써 인구 당 경작지면적은 세계 평균 이하지만, 토지조사를 통해 토지관리 제도를 실행하여 13억 인민의 식량기준을 일정한 정도로 유지해 나갈 수 있을 것으로 기대하고 있다. 주 중국 대한민국 대사관에서 자료를 제공받아 작성하였다. 북한토지연구소 홈페이지 (http://nkland.org) 참고.

사업에 대한 배경을 설명하고 있다.

4. 소결-실제적 지적주권의 상실

우리는 위에서 여러 가지 자료를 동원하여 북방영토의 소유권에 대하여 검토했다. 북방영토의 소유권은 지적학의 시각으로 볼 때 많은 문제점을 내포하고 있다. 가장 심각한 것은 이 지역에 대한 지적주권을 상실했다는 것이다. 이 지역을 우리가 개간하고 측량하여 지권을 발주하고 지적공부에 등록하였지만 우리 손으로 완성하지 못하였다. 그 이후 일본의 대규모 측량사업과 중국의 토지개혁, 사회주의 지적제도가 확립되면서 간도지방대장과 같은 과거의 토지문서가 새로운 지적공부로 대체되었다. 아직까지 '간도지방대장'과 같은 자료들의 흔적은 찾을 수 없어 우리의 소유권을 주장할 수 있는 근거가 없어지게 되었다. 따라서 여기에서는 북방영토의 소유권에 대한 문제점을 구체적으로 제시하겠다.

지적주권 주장 근거 부족

앞에서 살펴본 바와 같이 가장 큰 문제점으로 북방영토에 대한 지적주권의 미확립이 지적되었다. 북방영토는 오랜 동안 일방적으로 영유권을 주장할 수 없는 변경지대로 존재했다. 이 지역은 우리가 개간하여 성책을 작성하고 변계호적안을 작성하였다. 특히, 이 지역에 대한 지적주권 확립은 우리의 손에 의해 시도되었다. 간도지역에 대해 1903년 토지측량을 실시하고 '간도지방대장'을 만들었으며, 1908년 일본이 조선의 지적조사를 위한 산림법 반포와 함께 간도지역에서도 구국운동과 토지수호 차원에서 측량학교와 강습소를 설치하여 지적측량 교육을 실시하였다. 김일성은 항일투쟁시기 동북만주 지역에 토지개혁을 시도하였다. 유격대 근거지에서 자신들의 근거지에서 경제적 토대와 정치적 지원을 보다 안정적으로 확보하기 위한 조치였다. 그러나 일제의 군사·정치적 방해공작으로 1935년 토지개혁조직이 와해되었다.

그러나 이 당시 작성한 성책과 변계호적안은 전해지고 있으나 간도 지방대장에 대한 자료는 발견되지 않고 있다.

중국의 지적조사 완료

그리고 지적주권이 중국으로 완전히 넘어간 것이 지적되었다. 일본의 만주지역 점령으로 일본에 의해 지적원점 설치와 지도제작, 토지조사가 일부 이루어 졌으나 중국이 토지개혁과 지적조사사업을 완성하였다. 이로써 이 지역에서 우리의 지적주권은 완전히 상실하게 되었다. 중국은 1984년부터 1996년까지 제1차 전국 토지조사사업을 실시하여 '사회주의적 지적'을 확립하고 있다. 최근에는 2007년 7월 1일부터 혼란한 지적을 바로 잡고, 통일된 토지조사제도를 구축하여 인터넷 토지 데이터베이스에 의한 국가의 행정망과 상호교환하기 위해 제2차 전국 토지조사사업을 실시하고 있다. '중화인민공화국 토지관리법규'에 의거 국무원 영도팀에서 토지조사사업을 주관하고 국가발전개혁위원회, 건설부, 재정부 등 11개 부처와 위원회가 공동으로 추진하고 있다. 조사대상은 농촌과 도시, 농경지의 모든 토지에 대해 토지의 종류, 위치, 범위, 면적, 소유권 및 사용권의 권한을 조사하였다. 도시지역은 100%, 농촌지역은 95%를 목표로 하고 있다.

제6장 북방영토의 가치 분석

이 장에서는 북방영토의 가치 분석에 대하여 다루고 있다. 지적학 측면에서 가치는 기존 연구에서 나타난 북방영토에 대한 화폐가치를 분석하는 작업이다. 그러나 현실적으로 직접적인 가치평가가 불가능하기 때문에 인적·물적 가치를 분석한다. 필자의 판단으로는 화폐적 가치평가도 중요하지만 실제 북방영토에 살고 있는 재중동포와 지형적 가치도 매우 중요하기 때문이다. 그리고 북방영토 가치의 문제점에 대하여 살펴볼 것이다.

1. 인적자원의 가치

여기에서는 북방영토에 거주하고 있는 인적가치에 대하여 구체적으로 살펴보기로 한다. 국가의 구성 요소는 국민, 영토, 주권을 말하며 국가는 인간의 사회적 조직체를 의미하므로 국가의 형성에 있어 국민은 매우 중요한 요소다. 따라서 국민이 하나도 없는 국가란 있을 수 없다. 국민이 다 떠나버리면 국가는 자연히 소멸하게 된다. 역사적으로 유태민족이 사방으로 흩어진 예는 유명하다. 이와 같이 국가가 성립하려면 인적 요소가 필요하다. 국가의 인적 요소는 보통 국민이라고 부르는 데 그 구성원들은 국가와 국적이라는 연결을 통해 지속적으로 결합되어 있다. 국적은 국가의 인적 요소를 이루는 개인과 국가간의 연결 내지 결속인 동시에 국가 인적 관할권의 기초가 된다.

이 지역은 우리 조상들이 개척하였다. 우리 조상들의 얼이 깃들여 있는 이 땅에 연변조선족자치주를 탄생시켰다. 이 지역은 고조선이 건국되어 고구려와 발해가 이어 받았다. 반만년 역사 중 우리 민족이 이 지역을 통치한 시기가 3,300년을 넘는다. 반면, 한족漢族은 500년 밖에 되지 않기 때문에 역사적으로 중국과는 별개의 지역으로 보는 것이 당연하다.

이러한 역사적 연고보다는 이 지역에서 실제 중국인 보다 더 많은 우리 동포가 거주하여야 영토의 주인이 될 수 있다. 중국의 재중동포 유화정책과 중국의 개혁개방에 따른 재중동포의 대도시 이주와 취업 등으로 현재 조선족자치주의 재중동포 비율이 40% 이하로 떨어지는 심각한 현상이 발생되고 있다.

그리고 중국은 향후 발생할 수 있는 소수민족의 분리요구를 미연에 방지하기 위해 소수 민족 거주 지역으로 한인의 이주를 장려하고 있다.[63] 이러한 정책은 연변조선족자치주와 여러 곳의 조선족자치마을에도 실시되어 재중동포의 비중이 줄어들고 있다. 현재 자치주 토지 가운데 재중동포 소유가 36%가량으로 한・중 수교가 이루어진 10년 전 60%에 비해 절반 가까이 줄어들었다.

---

63) 중국 공산당이 정치적으로 가장 중요하게 생각하는 것은 영토주권의 유지이다. 중국이 대만의 독립을 무력을 사용해서라도 저지하고 나오는 것도 이 때문이다. 신장 위구르지역의 독립운동도 국제여론을 의식하지 않고 무자비하게 진압하고, 티베트 역시 마찬가지이다. 티베트자치구와 신강위구르자치구는 1955년과 1957년에 한족의 영토에 실질적으로 편입되어 오늘날까지 예속의 길을 걷고 있지만, 티베트는 끈질긴 독립운동을 전개하고 있다. 신강의 경우에도 심심찮게 민족적 분규가 반발하고 있다. 내몽고인들도 한족의 민족융합정책에 반발하여 언젠가는 통일된 몽고 민족국가를 세우겠다는 의지를 잃지 않고 있다.

이러한 재중동포 비율의 감소는 자치정부의 존립에 지대한 영향을 미칠 수 있으며, 더 나아가 우리 민족이 역사적으로 지속되어 온 소유권 발현의 단절을 가져올 수 있다.

간도지역은 국제법상 무효 조약인 1909년의 간도협약에 의거 일본이 중국에 불법적으로 할양한 지역이다. 할양은 할양지 주민의 투표를 조건으로 하는 예도 있다. 주민의 희망이 곧 그 지역의 귀속을 정하는 것도 아니고, 주민의 일반투표가 국제법상 확립된 일반 원칙도 아니지만, 주민 의사를 존중한다는 민주적 배려 때문이다. 프랑스 헌법(제27조)처럼 "영토의 여하한 양도, 교환도 관계 인민의 동의가 없으면 유효치 않다."고 명시한 예도 있다. 전술한 바와 같이 재중동포는 대부분 1948년 이전에 중국 국적을 강제로 취득케 하여 우리 국적을 상실한 상태이다.

중국 정부의 조선족자치주에 대한 재중동포 수를 낮추기 위해 실시하는 비한인 유입정책과 재중동포의 이주정책은 국제법상 소수민족 보호 정책에 위배된다.[64] 소수민족이 보호받는 권리는 매우 광범위하며 국적의 권리, 모국어 사용권, 종교의 자유, 모국어 교육의 권리, 다수 민족과 동등한 대우를 받을 권리 즉, 차별을 받지 말아야 할 권리

64) 국제법상으로 1국 안에서 인종·종교·언어·풍습을 달리하는 소수민족의 권리를 보호하는 것을 소수자보호의 원칙으로써 중시하고 있다. 제1차 세계대전 후 동유럽을 주축으로 유럽 13개국과 터키가 소수민족보호조약을 체결하였고, 제2차 세계대전 이후는 국제연합의 보장하에 있다. 소수민족의 보호는 일반국민과 평등한 대우를 한다는 데 그치지 않고, 그 소수민족이 전통적으로 유지하고 있는 종교나 언어·풍습 등의 존중을 포함한다. 나라에 따라서는 정치상으로도 일정한 자치권·대표권을 인정하거나 연방제를 택하기도 한다. 네이버 백과사전(http://100.naver.com/100.nhn?docid=94208) 참고 작성, 2011년 5월 15일 검색.

등이 있다.

이와 같이 소수민족이 국제법상 마땅히 보호되어야 함에도 중국에서 재중동포가 받고 있는 차별대우와 동화정책에 대해 우리는 지금까지 간과하고 있었다. 중국은 이들 재중동포를 중국인으로 만들기 위해 동북공정을 추진하는 것이다. 정부는 재중동포 정책을 이러한 관점에서 장기적이고 국가 안보 차원에서 정책을 수립·시행하여야 한다. 남북이 통일되면 중국과의 관계가 지금처럼 우호 관계를 유지할 수는 있겠으나, 영토분쟁에 대비하여 인적자원이 중요성을 간과해서는 안 된다.

2. 물적자원의 가치

여기에서는 북방영토의 물적자원의 가치에 대하여 구체적으로 살펴보기로 한다. 이미 제2장에서 살펴 본 바와 같이 북방영토는 지가평가를 통한 경제적 가치평가가 현실적으로 불가능하다. 이 지역은 토지 면적이 광활하고, 각종 광물자원과 천연자원 등이 풍부하여 중국의 중요한 변방지역이다. 이 지역은 러시아, 북한, 한국, 몽골, 일본, 미국과 상호 연관되어 있다. 최근 들어서는 동북아의 정치·경제적 지위가 날로 향상되어 세계적으로 주목받는 지역일 뿐만 아니라, 동북아의 중심에 위치하여 전략적으로도 매우 가치 있는 지역으로 평가되고 있다.

옛날 기자조선箕子朝鮮의 땅이고, 부여의 남쪽 경계였다. 고구려의 옛 도읍지였던 국내성國內城과 환도성丸都城이 모두 그 안에 있었고, 나중에는 발해에 속했다. 고려 때까지는 여진과 더불어 할거割據하다가, 조선에 이르러 강의 북쪽에 봉금지역이 설정 되었다.

역사적으로 볼 때 이 지역을 장악한 국가는 아시아의 강국이었고 이 지역을 상실한 국가는 쇠락의 길을 걸었다. 따라서 동북이 전장화될 때 동아시아 지역은 전운에 휩싸일 수밖에 없었다. 일본이 아시아를 제패하기 위해 도발했을 때나 러시아가 아시아 지역으로 세력을 팽창하던 시기에도 같은 양상을 보여주었다. 그 이유는 간도 지역이 갖는 전략적인 위상 때문이다.

북방영토는 장래 우리 민족의 생존공간으로서 절대적으로 필요한 지역이다. 앞으로 한반도 통일이 실현되면 한반도와 연변조선족자치주, 연해주 고려인을 연결하여 그동안 단절되었던 우리 민족의 정체성을 회복하고, 우리 민족의 생존공간과 역사, 문화영역의 확보라는 관점에서 대단히 중요한 의미를 갖는다.

이 지역의 중요성은 1906년 조사한 일본의 보고서에서도 잘 나타나 있다. 그 주요 내용을 살펴보자. "간도는 함북에서 길림에 이르는 도로의 요충지이며, 물자가 풍부하여 길림지방으로 진출하려면 먼저 간도를 점령하지 않으면 안 된다. 이 지역이 한・청 어느 나라의 영토에 속할 것인가는 한국의 국토방어에 등한히 할 문제가 아니다"라면서 이 지역에 대한 중요성을 특히 강조하였다. 이와 같이 이 지역은 중요한 군사적 요충지임과 동시에 만주와 시베리아 진출의 교두보 역할을 하였던 것이다.

이 지역에는 부동항인 여순과 대련이 위치하고 있어 거대한 소비시장으로 판단되었기에 교역증진을 위해 유럽인들이 청국과 조선의 내륙지방으로 진출을 시도하였다.

또한, 이 지역은 동아시아의 심장부지역(Heartland)에 해당된다. 지난날 일본이 이 지역을 장악하여 만주국을 세워 일시 지배하였다. 뿐만 아니라, 우리 민족도 백두산을 중심으로 건국하여 동아시아의 강자로 군림하였다. 우리 민족은 이 지역을 상실한 후부터 약소국가로 전락하였으므로, 장래 통일 한국의 입장으로 볼 때 이 지역은 국가안보상 매우 중요하며 또한, 전략적 가치가 매우 높은 지역이다.[65)]

통일 과정에 한국 주민, 북한 주민, 재중동포가 이 지역에서 어울리게 될 경우 중국 동북지역과 한반도의 국경선은 모호해지게 될 것이다. 이렇게 되면 한국의 재중동포에 대한 증가되고 중국 정부의 통제력은 약해질 수밖에 없다.

현재도 중국은 티베트와 신장 위그루에서 동투르키스탄(중국에 병합된지역)의 부활을 위한 분쟁이 일어나고 있다. 중국의 입장에서 보면 티베트를 열어 주면 신장과 동북지역도 빗장을 풀어줘야하고 베트남 국경지역의 장족으로 확산되기 때문에 유혈진압으로 일관하고 있다.

중국은 이러한 소수민족의 상황이 다른 소수민족과 재중동포 사회에도 영향을 미쳐 중국사회의 안정을 해치지 않을까 걱정하고 있다. 원자바오溫家寶 총리를 중심으로 하는 중국 정부가 21세기 초 중국 경제개발의 거대한 청사진을 공개했다. 삼극론三極論으로 불리는 이 청사진은 동부 연해沿海 지역과 서부·동북부 등 3개 지역을 집중적으로 개발한다는 전략이다. 이를 위해 원 총리는 길림성 창춘長春에서 공업기지 부흥 회의를 주재하면서 동북

65) 네이버 오픈사전(http://kin.naver.com) '간도 소개' 참고작성, 2011년 5월 15일 검색.

지역 부흥계획을 국가정책으로 공식 채택했다. 이러한 중국의 동북부지역의 개발은 북한지역의 개발과 궤를 함께하고 있다.

이와 같이 이 지역은 한국과 중국에게 모두 중요한 지역으로 인식되고 있다. 간도지역의 지정학적 가치는 앞으로 국가이익에 매우 중요하게 작용할 것이다. 우리나라에 있어서 북방영토의 지정학적 가치를 구체적으로 살펴보면 다음과 같다. 첫째, 당해 지역이 민족 건국의 발상지이며 건국이념을 실현시켰던 곳으로서의 가치 둘째, 지정학적으로 국토방위상 중요한 요충지로서의 가치 셋째, 중국 조선족의 위상확립과 민족 정체성 회복을 위한 가치 넷째, 한민족의 역사・문화 및 동질성의 회복을 위한 가치 다섯째, 생존공간으로서 지역적 가치 여섯째, 북방영토에 대한 중국의 취득시효의 인정을 불식시키기는 과정에서의 지리적 가치 등을 들고 있다.[66]

최근에는 해외 지정학자들도 이 지역에 주목하고 있다. 미국의 국제전략가인 조지 프리드먼은 인터뷰에서 "난 늘 한국이 통일됐을 때 만주가 어떻게 될지 궁금하다. 중국은 내부를 통제하기에 급급할 것이다."라고 밝혔다.[67]

이상에서 살펴본 바와 같이 이 지역은 지정학적으로 가치가 매우 높지만 현재는 중국과 러시아가 관리하고 있다. 중국의 소수민족 정책으로 재중동포의 위상이 흔들리고 있으며, 동북공정을 통하여 이 지역의 영유권 분쟁을 사전에 차단하고 있다.

66) 이일걸, 2002, 한말 이후의 북방영토문제, 한국사의 전개과정과 영토, 경기, 국사편찬위원회, pp.344~345.

67) 2011년 06월 30일 조선일보(http://news.chosun.com/site/data/html_dir) 보도.

3. 소결-인적·물적 가치의 약화

우리는 위에서 여러 가지 자료를 동원하여 북방영토의 가치에 대하여 검토했다. 북방영토의 가치는 지적학의 시각으로 볼 때 많은 문제점을 내포하고 있다. 가장 심각한 것은 인적·물적 가치의 약화이다. 북방영토에 거주하는 재중동포는 한반도의 통일과 민족의 정체성 확립에 매우 중요하며, 이 지역은 지정학적으로 가치가 매우 높아 국가에 크게 이익이 있는 것으로 나타났다. 그러나 현재는 중국과 러시아가 관리하고 있다. 중국의 소수민족 정책으로 재중동포의 위상이 흔들리고 있으며, 동북공정을 통하여 이 지역의 영유권 분쟁을 사전에 차단하고 있다. 따라서 여기에서는 북방영토의 가치에 대한 문제점을 구체적으로 제시하겠다.

직접 가치평가의 불가능

그리고 북방영토를 방문하여 가치평가를 할 수 없는 것이 지적되었다. 장래 통일한국의 입장에서 볼 때, 이 지역은 국가안보상 매우 중요하고, 전략적 가치가 매우 높지만 현재로서는 직접적인 가치 측정이 불가능하다. 북방영토의 물적 자원 가치로는 토지가 광활하고 자원이 풍부한 지역이며 러시아, 북한, 한국, 몽골, 일본, 미국과 모두 연관되어 있다. 최근 동북아의 정치적·경제적 지위가 날로 향상되어 세계적으로 주목받는 지역일 뿐만 아니라, 동북아의 중심에 위치하여 우리나라 국가이익에도 매우 중요한 의미를 지니고 있다.

또한, 이 지역은 동아시아의 심장부지역(Heartland)으로 지난날 일본이 이 지역을 장악하여 만주국을 세워 일시 지배하였을 뿐만 아니라, 우리 민족도 백두산을 중심으로 건국하여 동아시아의 강자로서 군림하였다. 그러나 중국과 러시아가 관리하고 있어 토지평가 등을 통한 평가가 불가능하다.

재중동포의 위상 약화

앞에서 살펴본 바와 같이 가장 큰 문제점으로 북방영토에 거주하는 재중동포의 위상 약화가 지적되었다. 현재 연변조선족자치주가 설치되어 있지만, 재중동포의 사회가 점차 붕괴되고 있다. 이에 따라 재중동포의 위상이 크게 약화되었다. 간도지역과 연해주지역은 장래 우리 후손들이 세계 각국으로 이주할 경우 가장 쉽게 이주할 지역이다. 재중동포에 대해 특별히 관심을 기울여야 한다. 영토분쟁이나 민족분쟁 지역에 주민의 투표에 의해 귀속 여부를 결정하는 경우가 있기 때문이다.

이 지역에서 중국인 보다 더 많은 우리 재중동포가 거주하여 잘 살고 있어야 실질적인 영토의 주인이 될 수 있다. 중국의 재중동포 유화정책과 중국의 개혁개방에 따른 재중동포의 대도시 이주와 취업 등으로 현재 조선족자치구의 재중동포 비율이 40% 이하로 떨어지고, 토지 가운데 재중동포가 소유한 토지는 36%가량으로 한·중 수교가 이루어진 10년 전의 60%에 비해 절반 가까이 줄어들었다.

제7장 북방영토의 관리실태 분석

이 장에서는 북방영토의 관리 분석에 대하여 다루고 있다. 북방영토의 관리는 기존 연구에서 나타난 북방영토의 실제적 관리 실태를 분석하는 과정이다. 이 장에서는 조선 후기와 대한제국 시기의 관리, 중국과 러시아의 관리, 한국정부의 관리에 대하여 설명하고 문제점에 대하여 살펴볼 것이다.

1. 조선과 대한제국 시기의 관리

여기서는 조선과 대한제국 시기의 북방영토 관리에 대하여 살펴보기로 한다. 앞에서 이미 여러 번 인용했지만 유조변책에 의한 봉금지역은 250년 이상 유지되어 왔다. 청은 1882년에 봉금지대를 개방하기로 결정하고 조선 정부에 알렸다. 훈춘에 초간국招墾局을 설치하여 개간사무를 처리하게 하고, 조사위원을 파견하여 개간이 가능한 땅을 조사하게 하였다.[68] 청국은 "조선인으로서 토문강을 넘어와 농사를 짓는 자는 이미 중국 땅에 씨를 심은 자이므로 중국의 백성이다. 호적을 조사하여 훈춘과 돈화현의 관할 하에 속하게 하여 소송사건은 길림에서

68) 중국이 훈춘부근에 토지를 조사하려할 때 관찰사로부터 지권을 발급 받아 관보에 등기되어 있음을 보고 논란 적이 있다. 이것으로 보아도 강북 일대가 옛날부터 개척되지 않은 상태로 있었고 중국 주권하에 있지 않았음이 명백하다. 통일교육원, 1969, 前揭書, p.61.

와 마찬가지로 처리한다. 금후에는 월경하여 경작하는 일이 없도록 하라"고 조선 국왕에게 보냈다. 이때에 "조선에서는 백두산정계비를 들어 토문강이 두 나라의 국경이 틀림없으니 이의가 있으면 서로 입회 조사하여 국경을 분명히 하자"고 공문을 보내는 등 적극 대응하였다. 이러한 상황에서 조선과 대한제국의 관리, 간도협약 체결과 간도지역의 상실에 대하여 여기에서 구체적으로 설명하고 있다.

조선 후기의 관리

여기에서는 군신관계를 이용한 청의 강압적인 조치에 대하여 조선은 어떻게 대응하고 관리하였는지 살펴보자. 청은 1883년(고종 20년) 돈화현을 통하여 "토문강 이북과 이서의 지역에서 농사를 짓고 있던 조선 빈민을 돌려 보내겠다"는 뜻의 공문을 종성, 회령에 보냈다.

이때에 이미 수많은 조선인이 간도에 들어와 황무지를 개간하고 있었고, 이들은 함경도 관찰사로부터 소유권 문서를 발급받고 지적부에 등록까지 하고 있었다.[69]

청국으로부터 토문강 이북, 이서 지방에 거주하는 조선인을 몰아내겠다는 통첩을 받고 주민들은 크게 분노하였다. 간도에 거주하던 조선인들은 백두산정계비를 답사하였다. 종성, 온성, 회령, 무산의 주민들과 합동하여 청국의 고시가 부당하므로 올바른 경계를 정해 주도록 요구하였다. 조정에서 파견된 서북경략사 어윤중은 돈화현에 공한을 보내어 "토문강이 두 나라의 국경이 틀림없으니 이의가 있으면 서로 입회 조사하여 국경을 분명히 하자"고 요청하는 공문을 보냈다.[70] 백두산정계비

69) 김득황, 1987, 前揭書, p.84.

를 증거로 토문강과 두만강은 다른 강임을 분명히 하였고, 청국이 두만강을 국경이라고 우기는데 대한 공식적인 항의였다.

이에 대하여 청국에서는 위원을 파견하여 경계를 확정하기로 하였다. 경계를 조사하여 두만강의 북쪽 지방을 중국 영토로 하고, 조선 사람을 추방하면 두 나라의 분쟁을 피할 수 있다고 생각하였다. 조선 조정에서도 양국의 위원을 파견하여 국경을 조사하기로 하고, 청국에 공문을 전달하였다. 이에 양국은 위원을 파견하여 현지를 조사하고 국경을 획정하자는 의견이 일치되었다. 이렇게 하여 1885년(고종 22년)에 을유감계담판이 이루어지게 되었다.[71)]

---

70) 종성부사의 공한 요지는 "조선 사람이 경작하는 땅은 토문강 이남이다. 토문강을 경계로 하고 더 남쪽에 있는 두만강을 지키는 것과 또 토문강과 두만강 사이를 황지로 남겨 두고 백성들을 그 곳에 들어가지 못하게 한 것은 국경에 분쟁이 있을 것을 염려하였기 때문이다. (중략) 귀현貴顯은 설치된 지 얼마 되지 않아 모든 사정을 잘 알지 못하니 마땅히 사람을 파견하여 공동으로 현장을 답사하여 강희제 때에 작정해 놓은 경계를 분명히 함이 타당하다. 여기에 도문강과 분계강의 구도 사본 1장, 신도 1장, 백두산정계비 탁본 2장을 보내니 잘 알아보고 처리해 주기를 바란다."라는 내용이었다. 김득황, 1987, 前揭書, p.85.

71) 고종이 청국 조정에 보낸 공문내용은 "우리나라는 서북 지방의 국경을 본래 토문강으로서 경계를 삼고 있다. 강희 51년 오라총관 묵등이 황제의 뜻을 받들어 변경을 조사한 뒤 비석에 글을 새겨 분수령 위에 세워 토문강 이동과 이서를 정하여 귀국과 조선과의 경계로 하였다. 본국은 혹시 변민들이 소란을 일으켜 귀국에 누를 끼칠 것을 염려하여 토문강 이남의 땅을 비워 놓고 그 곳에 백성들이 들어가 사는 것을 금하여 왔다. 근년에 이르러 우리 백성들이 집을 세우고 농사를 짓는 것은 우리 땅에서 일어난 일이다. 본국의 백성이 본국의 땅에서 사는 것은 조금도 부당할 것이 없다. 돈화현 지사가 두만강을 경계로 알고 계미년 간에 본국의 지방관에게 조회하여 농민을 돌려보낸 것은 경계가 분명치 않기 때문이며, 그로 인하여 후일에 양국 국민의 다툼이 끊이지 않을 것이다. 따라서 귀국은 사람을 보내어 현지를 상세히 답사하여 지난날에 결정된 바를 분명히 함으로서 국경의 분쟁을 막도록 하자"고 하였다. 김득황, 前揭書, pp.84~88.

앞에서 이미 살펴 본 바와 같이 안변부사 이중하를 감계사로 파견하여 현지를 조사토록 하였다. 두 나라 위원은 9월 30일 증녕부曾寧府에서 처음으로 국경조사에 관한 담판을 시작하였다. 담판에 임하는 양측의 의견이 전혀 달랐다. 조선의 위원은 토문강 경계조사를 명령받았으므로 이를 결정적으로 입증할 수 있는 정계비를 답사하고자 하였다. 반면, 청국의 위원은 도문강 경계조사를 위임받았으므로 도문강의 조사에만 열중하였다.

결국, 백두산정계비를 현장 조사하기로 하고, 백두산에 올랐다. 조사한 결과 청국이 주장하는 도문강 줄기는 모두다 이 지점과는 아무런 관계가 없었다. 정계비에서 발원하여 동으로 흘러들어가는 것은 토문강이고, 이 토문강이 다시 송화강으로 합류하는 것을 목격하였다. 토문강이 바로 도문강이라고 잘못 판단했던 청국 위원들은 "정계비가 조작되었으며, 조선인이 정계비를 옮겨 놓았다."고 주장하였다. 결국에는 "이번에는 변계를 해결 지으려고 한 것이 아니다."라고 하면서 국경선 결정을 주저하였다. 이렇게 하여 을유감계담판에서 아무런 결정을 짓지 못하였다.

청국은 4월에 국경조사를 다시 실시하자고 조선에 통지하였다. 이에 대하여 조선에서는 여러 차례 서면으로써 토문강 경계설을 주장하였지만 받아들여지지 않아 결국 이중하를 다시 파견하였다. 청국 위원들은 은밀히 홍토수를 조사하고 10여일 만에 장파로 돌아왔다. 청국은 "정계비를 옮겨 놓았다. 흙무더기와 돌무더기는 장백산에 기도하러 다니는 사람들의 도로 표식이다." 또는, 자기네가 귀중하게 여기는 "『일통여지도』까지도 믿을 수 없다."고 주장하였다. 이중하가 청국의 요구를 받아들이지 않고 "홍토수는 우리 구계"라고 하였다. 청국 위원들은 정계비와 접하지 않은 홍토수로 경계를 삼는다는 것은 잘못이다. 홍토수가 경계선이 아닌 것은 분명하므로 하산하자고 협박하였다. 이때에 이중하는 "내 목을 자를지언정 국경은 줄일 수 없다.(此頭斷 國土不可縮) 어찌하여 당신들이 이런 협박을 가하느냐."라고 하면서 목숨을 걸고 청국 대표들에게 그 무례함을 책망하였다. 청국위원들은 5월 2일 회령에서 회담을 열어 석을수로 경계를 삼자고 다시 요청하였다. 이중하는 조금도 양보하지 않아 1887년 국경회담은 합의를 보지 못하고 결렬되었다.[72] '정해감계담판' 역시 성공을 거두지 못하였다.

그 후 이홍장이 요청한 제3차 회담도 성립되지 않았다. 조선과 청국은 국경획정을 미해결 문제로 남겨둔 채, 각각 자국에 유리한 행동을 취하였다.

청국측은 체발역복 귀화입적剃髮易服 歸化入籍의 동화정책을 토지소유권과 연계시켰다. 1889년 간도에 거주하는 조선인에게 머리를 땋고 청국 옷을 입도록 명령하였다. 이에 따르지 않는 자는 소유지를 몰수하고 두만강 남쪽으로 추방하였다. 이리하여 많은 조선인이 쫓겨나거나 다시 살길을 찾아 연해주 방면으로 이주하였다. 잔류하는 조선인은 한 집에서 한 사람이라도 변장하여 청국에 귀화한 것처럼 가장할 수밖에 없었다. 또한, 귀화를 가장하고 남아 있다 하더라도 세금을 과하게 징수하거나 사소한 일에도 폭력을 가하는 등 심한 압박을 가하였다.[73]

---

72) 김득황, 1987, 前揭書, pp.89~94. 필자가 이중하의 회담 과정과 일생을 정리하여 2010년 현충일에 묘소를 참배하여 강연하였다. 주요내용을 제4부에 실었다. 강연자료를 이중하 선생 후손이 종중회보에 실은바 있다.

73) 연길변무보고延吉邊務報告의 기록에 의하면 "토지를 정리하고, 호구를 등기하여 반드시 체발역복한 자에게만 밭을 줄 수 있다"고 규정하였으며, 또 토지문서를 발급할 때 "한민으로서 돌아가기 원하는 자는 보내고 남기를 원하는 자는 반드시 체발역복하여야 하고 화인華人과 같이 일률로 호적에 등기하며 개간한

청은 종래 훈춘에 설치하였던 초간국을 국자가局子街로 이전하고, 1894년 간도지방의 행정력을 강화할 목적으로 행정구역을 세분하여 4대보大堡 39사社를 설치하였다. 사는 여러 촌락을 합친 것으로, 각 사에는 향약사장鄕約社長을 두고 그 아래 촌에 촌장을 두었다. 1900년에는 국자가에 연길청延吉廳을 신설하고, 1902년에는 지타소芝他所에 무민독리사부撫民督理事府를 두었다.74)

대한제국 시기의 관리

여기에서는 대한제국 시기의 관리에 대하여 살펴보자.75) 조선은 1894년에서 1895년의 청·일 전쟁으로 청국의 세력이 약화되자 간도문제를 다시 거론할 수 있는 기회로 판단하였다. 1897년 함경북도 관찰사 조존우는 간도지방을 실지 조사하여 정밀한 지도를 만들어 간도문제 처리에 관한 의견을 상서하였다.76)

주요내용은 "한국민 이주자의 수는 이미 수만호에 이르는데 이들은 청국인의 압제를 받고 있다. 청국의 의복으로 바꾸어 입은 자는 100분의 1에 불과하다. 이들은 처음에는 우리 땅인 줄로 알고 개간하였는데 청국 땅이라고 하니 이제는 하는 수 없이 일시적인 생활을 하고 있다. 이들 중에는 선조의 분묘가 조선에 있고, 부자형제가 두 나라에 갈려

토지는 해마다 조세를 납부하여야 한다"고 강조하였다.

74) 양태진, 2007, 前揭書, p.216.

75) 고종이 1897년 2월 칭제건원稱帝建元을 추진하여 8월에 연호를 광무光武로 고치고 9월에 원구단圜丘壇을 세운 후 10월 12일 황제즉위식을 올림으로써 대한제국이 성립되었다.

76) 상서문의 내용은 다음과 같다. 백두산 분수령 형편, 분계계, 두만강 형편, 거민정형편, 1, 2차 감계내용 등이다.

사는 사람들이 많은데 속히 두 나라의 경계가 획정되기를 갈망하고 있다."고 하였다.[77]

1898년(광무 2년) 종성 유지 오삼갑 등이 간도 문제에 관하여 상소하여 함경북도 관찰사에게 훈령을 내려 간도일대를 조사하게 하였다. 이 때에 조사위원은 간도 일대의 지세와 백두산정계비를 답사하여 보고하였다. 이에 의하여 "토문강의 상류에서 바다에 이르기까지의 강줄기가 두 나라의 경계선인 것은 분명하다. 그런데 조선은 변경에서 자칫 일이 일어날 것을 염려하여 우리나라 사람의 거류를 금지하여 왔기 때문에 그 지역이 황폐화되었다.

청국은 이 기회를 이용하여 이 땅을 자기네 영토로 간주하고 그 넓은 1,000 여리의 땅을 러시아에게 할양하여 주었다. 이러한 일은 당초 청국과 협정한 국경선에 위배될 뿐만 아니라, 지금까지 변민邊民이 피해를 입을 때마다 일이 복잡하였다. 이번에는 각국에서 행하고 있는 국제조례에 따라 공평하게 국경선을 획정하는 것이 옳을 것이다."라고 하여 송화강 이남의 땅이 본래 한국의 영토라는 것을 주장하였다.

1901년에는 이 지역에 대한 관리가 더욱 강화되었다. 조정에서는 1901년 3월 간민을 보호하기 위해 회령에 변계경무서邊界警務署를 설치하고 무산과 종성에 분서를 두었다. 경무대신 이종건李鍾建은 경무관리를 파견하여 경무서의 지휘를 받도록 고시했다. 무산과 종성에 분서를 두어 간도에 거주하는 조선인을 보호하고 소송 사건을 처결하게 하였다. 1901년 이범윤을 간도시찰사로 임명하여 간도에 파견했다. 이범윤은 간도를 관리하는 대명을 받고, 1902년 6월 하순 간도로 들어가자 오랫동안 청국 관헌의 학대에 시달려 오던 거주자들이 크게 환영하였다.

77) 이한기, 1996, 한국의 영토, 서울, 서울대학교출판부, pp.330~331.

그리고 행정구역을 중국의 현縣으로 표기하지 않고 우리나라 고유의 행정구역인 면面을 사용하였다. 행정구역을 면으로 표기한 것은 이 지역을 우리나라의 행정구역으로 편입하여 관리했다는 것을 보여주는 중요한 증거 자료가 된다.

한편, 두 나라는 1904년 7월 20일에 한·청 변계선후장정韓·清邊界善後章程 12개조를 체결하였다. 주요내용은 "두 나라의 경계가 백두산정계비의 기록으로 증거될 만하나 후일에 양국 정부가 위원을 파견하여 감계 담판을 열기로 한다. 경계가 확정되기까지는 종래의 도문강을 경계로 하여 분규를 막자는 것"이다.

두 나라는 선후장정의 법적성격을 달리 해석하였다. 대한제국은 선후장정이 정부에 보고 없이 변계관리들이 임의로 약정한 것으로 보아 효력을 의심하였다. 그러나 청의 변계관리들은 선후장정 회담 시에 이미 외무부에 보고하였으므로 법적 효력을 인정하였다. 따라서 대한제국과의 간도분쟁은 이 선후장정으로 해결되었다는 것이 중국의 입장이다.

그러나 이 선후장정은 비교적 중요하지 않은 합의에 사용하는 약정의 형식이다. 조약 형성요건의 결여로 국제법상 효력에 문제가 있다. 전형적인 조약의 체결절차는 협의·서명·비준·교환 및 기탁·등록 및 공표 등으로 분류된다. 선후장정의 체결과정을 보면 위에 열거한 절차 중 상당부분이 결여되었음을 알 수 있다. 즉, 조약체결권에 관한 국내법규의 위반이라는 문제점을 안고 있다.[78]

78) 첫째, 1904년의 국가체제는 군주제였기 때문에, 조약체결의 권한은 국가원수인 왕이 가지고 있었다. 따라서 왕에 의해 임명된 대표자는 전권위임장을 휴대하여야 하는데도 변계관의 고종의 위임장이 없었다. 둘째, 조약이 발효되기 위해서는 비준이라는 절차가 필요하다. 이것은 전권위원이 작성서명한 조약내용에 대하여 헌법상의 조약체결권을 가진 자가 이를 재심의하고 국가로

선후장정의 법적효력과 상관없이 실제 이 지역은 대한제국에서 행정구역으로 편입하여 지적공부를 작성하고, 세금을 징수하였다. 또한 변계경무서에서 소송업무를 담당하는 등 대한제국이 관리하였다.

간도협약 체결과 간도지역 상실

여기에서는 일본이 만주경영 일환으로 청과 체결한 '간도협약' 이후의 관리에 대해 살펴보자. 청·일간의 회담은 1907년 8월부터 시작하여 간도협약이 체결된 1909년 9월까지 2년여에 걸쳐 북경에서 진행되었다. 일본은 간도가 대한제국의 영토임을 주장하면서 상당히 근거 있는 자료를 제시하였다.[79] 일본이 간도가 대한제국의 영토라고 주장한 데는 그것이 사실이어서 주장한 것 외에도 다른 이유가 있었다. 간도가 대한제국의 영토로 확정될 경우 일본은 대한제국의 병합으로 간도 역시 자동적으로 차지하게 된다는 판단 때문이다.[80]

그런데 청·일간의 회담이 대립만을 거듭할 뿐 성과를 보이지 못하

서의 동의의사를 최종적으로 확정하는 국가주권의 고유한 행위를 말한다. 그러나 선후장정은 비준의 절차가 없었다. 셋째, 조약의 해석이 다르다. 선후장정 제1조는 양국의 계지가 백두산 상 비기의 증할 것이 있다고 말하는 동시에 두만강이 양국의 확정경계로 인정할 것이 아니라는 것을 명시하였다고 하여 우동방 경계선이 미확정 상태임을 밝혔다. 이에 반해, 청은 단연코 비석을 기점으로 한 동방일대가 경계미결정이라고 말할 수 없다고 하고, 선후장정에서 경계가 이미 명백한 것은 두만강 하류지방으로 상류지방에 이르러서는 양국정부위원을 파견하여 회감을 실시해야 하지만, 국경을 넘어서는 안 된다고 주장하였다. 김정호, 2001, 국제법상 간도영유권에 관한 연구, 박사학위논문, 명지대학교대학원, pp.97~98.

79) 이에 대한 자세한 내용은 노계현, 1984, 한국외교사론, 서울, 대왕사, pp.94~99. 국토통일원, 1969, 백두산 및 간도지역의 영유권 문제, pp.58~62. 참고.

80) 심여추, 1987, 간도조사실록, 연길, 연변대학출판사, pp.4~5.

자 일본은 간도영유권 문제만을 가지고 청과 논의하는 것은 실익이 없다고 판단하였다. 그들의 대륙침략정책의 차원에서 만주 전역에 관한 다른 현안들을 성취하기 위해 1909년 2월 6일 동삼성육안東三省六案을 내놓았다.[81] '동삼성육안'은 내용상 전 5안과 후 1안으로 구성되어 있다. 전 5안은 청이 만주의 철도, 탄광 등에 대한 다섯 가지의 이권을 일본에 부여하는 것이고, 후 1안은 그 대가로 일본이 간도영유권을 청에게 넘겨주는 것이다. 이 '동삼성육안'의 의미는 전 5안에 의하여 일본이 만주 전역에서의 이권을 가지게 되면 그에 필요한 인원과 장비뿐만 아니라, 그들의 보호에 필요한 병력을 투입할 수 있게 된다. 그러면 일본은 대륙침략을 위한 군사적 거점을 합법적으로 확보할 수 있기 때문에 간도를 청에 귀속시켜도 장기적으로는 그들의 대륙침략 정책을 위해 유익하다는 것이다.[82]

양측의 대립이 계속되는 가운데 간도문제를 동삼성육안에 포함되어 외교 교섭사안으로 타결을 시도하였다. 청측은 간도문제를 중요의제로 다루고자 한데 반해, 일본은 대륙침략정책과 연관하여 회담을 타결하고자 하였다. 일본의 가쓰라 총리대신는 "청국이 5개안을 수용한다면 간도영유권을 포기해도 좋다"는 훈령을 내렸다.

1909년 2월 17일 제2차 회담에서 일본은 청이 '동삼성오안'에 대해 적절히 대처한다면 간도에 대한 청측의 영토권을 승인할 수도 있다고

81) '동삼성육안'은 만주라 불리는 흑룡강성, 길림성, 봉천성에 관한 6개 안으로 ①만주철도의 병행선인 신민둔新民屯과 법고문法庫門의 신법철도新法鐵道에 대한 부지권문제 ②대석교大石橋와 영구營口간의 지선문제 ③경봉철도京奉鐵道를 봉천성奉天城 밑까지 연장하는 문제 ④무순撫順 및 연대煙臺 탄광의 채굴권문제 ⑤안봉선安奉線 연안의 광무문제, 그리고 ⑥간도귀속문제의 6가지를 말한다. 이한기, 1996, 前揭書, p.337.

82) 고영일, 1982, 조선족력사연구, 중국 심양, 료녕인민출판사 , p.153.

양보하였다. 3월 1일 제3차 회담에서 일본은 간도문제에 대해 재판권과 경찰권을 요구하고 나섰다. 왜냐하면, 일본의 간도관할 주목적이 한민 보호에 있으므로 재판권은 당연히 일본에 귀속되어야 한다는 것이었다. 일본은 최후의 양보조건으로 특정지역을 정하여 일본영사 재판에 두는 방안을 제시하였다. 만약 받아들여지지 않으면 영토권문제를 철회하기로 하였다.

3월 18일 제4차 회담에서도 이전의 영토권 양보를 철회한다고 하면서 조선인에 대한 재판권을 계속 주장하였다. 청은 재판권문제는 청국안을 승낙하고 상업지대 내에 있는 자만 일본 영사재판 관할에 두고자 하였다. 이후 교섭이 지지부진하자 청은 3월 22일 간도문제를 비롯한 만주현안 문제를 헤이그 중재재판소에 의탁하기로 결정하였음을 일본정부에 공식 통보했다. 청은 1899년 12월 27일에 헤이그에서 체결된 국제분쟁의 평화적 해결에 관한 국제공약에 공식하였기 때문에 간도문제를 국제이슈화 할 충분한 명분은 확보하고 있었다. 일본은 즉각적으로 이 조치에 항의하는 한편 영국과 미국에 부당성을 설명하고 설득하는 외교적 노력을 병행하였다. 일본은 청의 조치가 실행불가능한 것으로 예우에도 어긋나는 것이며, 재차 교섭에 임할 것을 청에 요구하였다.[83]

이후 몇 차례에 걸쳐 논의가 있었지만, 진전이 없자 일본은 안봉선 개축문제에 대하여 최후통첩을 보냈다. 8월 17일 청은 영사관과 경찰서의 설치를 인정하고 한인의 재판입회와 복심요구권을 인정하였다.

---

83) 이 같은 청의 헤이그 중재재판 회부 조치는 청일 양국민의 비공개 사항이 아니었고 언론을 통해서도 국제이슈화된 공개된 사안이었다. 1909년 31일자 뉴욕타임즈에 동경과 런던발 기사로 개제되었다. 김원수, 2010, 외교혁명과 간도협약의 국제관계, 백산학보 제86호, 백산학회, pp.260~263.

8월 19일 안봉선철도 개축공사에 관한 일청각서가 조인되고, 1909년 9월 4일 일·청간에 간도협약이 체결되었다. 이처럼 2년간이나 줄다리기를 해오던 간도문제가 끝을 맺음으로써 일본 정책결정권자들은 일본의 대륙진출을 위해 그들의 의도대로 간도문제를 충분히 이용하게 되었다.[84)]

청은 동삼성육안에 대하여 처음에는 거부하였으나, 일본의 제안대로 받아들여 1909년 9월 4일 청·일 간도협약清-日 間島協約과 '청·일 만주협약清-日 滿洲協約'을 체결하였다. 이 중 간도협약은 동삼성육안 중에서 후 1안을 조약화한 것이고, 만주협약은 전 5안을 조약화한 것으로 간도협약과의 상호교환의 성질을 가지고 있다.[85)]

간도협약은 청의 흠명외무부상서欽命外務部尙書 회판대신會辦大臣 양돈언梁敦彦과 일본의 특명전권공사 이집원안길伊集院彦吉이 북경에서 조인하였다. 협약은 중국어와 일본어로 각각 작성되었다. 중국어 명칭은 일중도문강만한계무조관日中圖們江滿韓界務條款이고, 일본어 명칭은 간도에 관한 일청협약間島に關する日清協約이다. 협약 내용 중에서 간도 관련 주요내용을 살펴보자.

협약은 전문과 7개조로 구성되어 있으며 한인잡거구역도韓人雜居區域圖가 첨부되어 있다. 전문에는 협약의 체결취지와 목적을 명시하였다. 전문은 "일·청 양 정부는 선린의 호의에 비추어 도문강이 청·한 양국의 국경임을 서로 확인한다. 아울러 타협의 정신으로 일절의 변법을 상정함으로써 청·한 양국의 변민으로 하여금 영원히 치안의 경복을 향수하게 함을 욕망하고 이에 좌의 조관을 정립한다."고 하였다.

그러나 간도협약에 대한 이러한 해석은 과도하게 미화되어 있는 것

84) 양태진, 2007, 前揭書, pp.231~234.
85) 篠田治策 著·신영길 譯, 2005, 前揭書, p.278.

으로 생각된다. 결론적으로 간도협약으로 우리는 간도지역을 상실하는 결과를 가져왔다. '간도협약'으로 조선인의 거주·이동 및 토지소유가 합법화되었으나 조선인을 둘러싼 청·일의 각축은 계속되었다. 일본은 조선인에 대한 통치에 개입하고자 하였으며, 청국은 조선인의 거주를 잡거구역으로 제한하고 귀화를 적극 추진함으로써 일본의 영향력을 차단하고자 했다.

일본은 만몽조약[86]의 체결로 조선인의 토지상조권(土地商租權: 계약에 의하여 토지를 사용할 수 있는 권리)과 영사재판권을 요구하였다. 조선병합으로 조선인은 모두 일본인이 되었기 때문에 토지상조권과 영사재판권은 일본인뿐만 아니라 조선인에게도 당연히 적용되어야 한다고 주장하였다. 반면, 중국은 간도협약이 특정지역과 특정인에 대한 조약이기 때문에 여전히 유효하다고 주장을 굽히지 않았다.[87] 이에 따라 일본은 학교·병원·금융기관을 설립하여 조선인 회유에 나섰고, 중국은 귀화하지 않은 조선인의 토지소유를 단속하는 한편 귀화를 강화하는 방식으로 대응해 나갔다.

---

86) 1915년 일본과 중국이 맺은 '남만주 및 동부내몽고에 관한 조약'을 말한다. 남만주와 동부 내몽고 지역에서 일본인의 토지 소유에 관한 특권과 영사재판권 등을 규정하였는데, 일본은 조선인에게도 이 조약을 적용해야 한다고 주장했다.

87) 재간도 총영사 스즈키가 외무대신 마츠이 케이시로松井慶四郎 앞으로 보낸 '기밀 제25호'(1924년 1월 23일)를 다룬 문서인 '간도 및 남만주에서의 조약 실시 상황에 대한 조선총독의 의견에 관한 건'에서 "1915년 5월 남만주 및 동부내몽고에 관한 '만몽조약' 체결에 의거, 기존의 간도조약 중 제3조 내지 제5조의 대부분이 소멸된 것을 결정해 간도영사에 훈령하는 동시에 조선총독에 통첩할 것을 요청한다"는 내용이다. 즉 1920년대 일본 정부가 인정할 정도로 간도협약이 소멸된 상황을 잘 드러내고 있다. 주간경향, 2004년 01월 15일 "간도협약 무효상황 있었다" 참조.

이러한 상황에서도 이 지역으로 이민은 더욱 활성화 되었다. 이민이 늘어난 것은 1910년대에 일본이 식민지 정책으로 실시한 조선토지조사사업[88]으로 동양척식주식회사에 토지를 빼앗긴 사람이 이주하였기 때문이다. 일제의 조선토지조사사업은 일본 자본의 토지 투자를 비롯한 토지집중을 초래하여 농민계급의 몰락을 가져와 이주를 촉진시키는 원인이 되었다.[89] 또 다른 이유는 개간할 땅이 많고 토지가격도 저렴하여 열심히 노력하면 토지를 소유할 가능성을 믿었기 때문이다.

그러나 1932년 만주 괴뢰국이 설립됨으로 대한제국과는 정치적 관계가 완전히 단절되었다. 일본은 안동성, 봉천성, 금주성, 통화성, 간도성, 길림성, 빈강성, 목단강성, 동안성, 삼강성, 북안성, 흑하성, 흥안동・서・남・북성, 사평성, 신경특별시로 구분하여 관리하였다.

---

88) 일제시대 토지조사사업은 조선총독부의 식민지정책 일환으로 추진되었다. 일본은 을사조약을 맺고, 통감부가 설치되자 1910년 3월 '임시토지조사국'을 설치하여 토지조사사업을 착수하였다. 1910년 12월부터 본격적으로 시작하여 토지는 1918년, 임야는 1924년에 완료하였다. 우리나라의 근대적 지적제도는 이 때 창설되어 현재까지 유지되고 있다. 조병현, 2001, 통일이후 북한지역의 지적제도 개편방안 연구, 석사학위논문, 연세대학교대학원, pp.12~13.

89) 토지조사사업이 완료된 1918년 말의 사유농경지 면적은 4,428,966정보, 사유림의 면적은 6,610,684정보, 합계 11,039,650정보로써 당시 국토 총면적 22,246,523정보의 약 49.6%에 해당된다. 이에 비하여 일제가 조선총독부 소유로 국유지화한 면적은 대지를 포함한 농경지가 272,076정보, 국유림이 9,557,586정보, 기타 국유지가 1,377,211정보, 합계 11,206,873정보로써 당시 국토 총 면적의 약 50.4%에 해당하는 것으로 전국 농경지의 5.8%, 전국 임야의 약 59.1%를 무력과 권력에 의거 무상으로 약탈하였다. 신용하, 1997, 식민지 근대화론 재정립 시도에 대한 비판, 창작과 비판 겨울호, pp.10~11.

2. 중국 · 러시아의 관리

여기에서는 현재의 북방영토의 관리에 대하여 살펴보기로 한다. 일본의 패망으로 중국에 반환된 간도지역은 만주국 시기의 행정구분을 없애고 동북 3성을 설치하여 관리하고 있다. 그리고 고려인이 거주하는 연해주 지역은 러시아가 관리하고 있다. 따라서 여기에서는 현재 중국과 러시아가 관리하는 북방영토에 대해 행정구역을 중심으로 설명하고 있다.

중국의 관리

그러면 여기에서 현재 이 지역에 대한 중국의 관리 현황을 살펴보자. 중국이 관리하고 있는 지역의 행정구역 체계는 동북 3성 아래 12지구와 1자치주, 19성 직할시가 있고, 그 아래 17지구 직할시와 140현과 5자치현으로 구성되어 있다. 지구와 성 직할시는 동급의 제3급 행정청으로 관하에 시, 현을 두고 있다.

동북 3성에 거주하는 재중동포는 1982년 현재 길림성에 110만명, 흑룡강성에 46만명, 요녕성에 18만명으로 55개 소수민족 중 인구의 크기로 8번째, 해외 한인동포 가운데에서 최대 규모이다.

이 지역의 지명은 대부분 우리식으로 붙여져 있다. 화룡和龍, 청산리青山里, 연길延吉, 백사白舍, 명동明東, 도화동桃花洞, 신흥新興 등이 대표적이다. 중국식 이름으로 마가자馬家子, 두도구頭道溝, 오도구五道溝, 백수구百首溝 등이 일부 있지만, 오늘날 이 지역의 지명, 강명, 산명 등을 모두 우리나라 발음으로 부른다. 예를 들면, 젠다오를 간도로, 허룽을 화룡으로, 옌지를 연길로 부르고 있는 것이다.

흑룡강성은 북방영토의 가장 동북쪽에 위치하고 있으며, 대체로 서북부와 북부, 남부가 비교적 높고, 동북부, 서남부가 낮은 지형으로 되어 있다. 북부에는 해발고도 1,000m 내외의 소흥안령小興安嶺산맥이 가로놓여 있고, 남쪽 끝에는 북동쪽에서 남서쪽으로 달리는 완달산完達山·장광재령張廣才嶺 등의 산맥이 600~1,200m의 해발고도를 이루고 있다. 동북부의 삼강평원三江平原, 서부의 송눈평원松嫩平原은 중국의 가장 큰 평원의 일부분으로 흑룡강성 면적의 37%를 점유하고 있다.

흑룡강성에는 강, 호수, 하천 등이 많다. 흑룡강, 우수리강, 송화강, 눈강嫩江과 수분하绥芬河가 다섯 개의 큰 물줄기를 이루고 있다. 호수와 저수지는 6,000여개가 있다.

그리고 60개의 철도 간선과 지선, 연락선이 있으며, 이들 철도들의 총 연장길이는 5,300㎞이다. 또한, 도로의 총길이는 5만㎞로서 국도 8개, 성 도로 26개, 현 도로는 216개가 있으며, 고속도로와 1급도로는 671㎞에 달하고, 2급 이상 도로는 5,313㎞이다.

길림성은 북한과 접하며, 지형은 동서로 산지가 있고, 중앙부가 평원이다. 동부는 백두산 산지로서 해발고도 1,000m를 넘으며, 주봉 백두산의 천지에서 송화강이 흘러나온다. 서부에는 대흥안령이 있고 성내의 최고봉은 노두산이다. 중앙부는 둥베이 평원의 일부이며, 북부의 송화강 유역의 송눈평원과 남부의 요하 유역의 랴오허 평원 사이에 완만한 구릉이 있어 분수계를 이룬다. 이 구릉에 이어 평원과 창바이 산지 사이에 구릉이 있다. 송화강은 길림성 제1의 하천으로 눈강과 합류하며, 상류에는 평만댐이 있고 인조호인 송화호가 있다. 남동부 국경에는 두만강과 압록강이 흐른다.

요녕성은 1954년 요서성과 요동성 일부가 합병되어 성립되었다. 1956년에 열하성의 동부를 병합하였다. 남동쪽으로 압록강을 끼고 북한과 국경을 접하고, 북동쪽으로 길림성, 북서쪽으로 내몽고자치구 및 하북성, 남서쪽으로는 발해 및 황해에 접한다. 지형은 남동부의 산지와 북서부의 구릉·고원 및 그 중간의 요하평원 등 3지역으로 구성된다. 요하평원은 요하강이 형성한 해발고도 50m 미만의 충적평야로, 요하강 하구부의 요동만 연안 일대는 해발고도 2~5m에 불과하여 개척이 이루어지기 전에는 저습지를 이루었다. 평원 동쪽은 백산산지이고, 그 지맥인 천산산맥이 남서주南西走하여 요동반도를 형성한다. 요동반도는 침강지괴沈降地塊로 리아스식 해안을 이루어, 남동쪽의 장산군도를 비롯하여 연안에 많은 섬들이 분포한다. 평원 북서부는 내몽고 고원으로 이어지는 구릉·고원지대인데, 그 남서쪽의 해안평야는 화북지방과의 주요 교통로가 되고 있다. 중국에서 철도망이 가장 발달하여 심산(瀋山 : 瀋陽山-海關)·장대(長大 : 長春-大連)·심단(瀋丹 : 瀋陽-丹東) 등 간선철도와 많은 지선이 각지를 잇는다. 해운은 대련을 비롯하여 영구營口·호로도葫蘆島·단동丹東 등 항구가 널리 이용되고, 항공로는 선양을 중심으로 장춘·합이빈·북경·평양 등지와 노선이 연결되어 있다. 지금까지의 설명을 그림으로 나타내면 〈표 14〉와 같다.

표 14 동북3성의 관리 현황

구분	행정구역	관할기관
흑룡강	지구	목단강지구, 송화강지구, 수화지구, 눈강지구, 흑하지구, 합강지구, 대흥안령지구
	성 직할시	하얼삔시, 치치하얼시, 대경시, 이춘시, 구서시, 쌍압산시

성	자치현	두이백특기 몽고족 자치현
	현	62현
	지구 직할시	7시
길림성	자치주	연변 조선족 자치구
	지구	통화지구, 사평지구, 백성지구
	성 직할시	장춘시, 길림시
	자치현	장백 조선족 자치현, 전곽이라사 몽고족 자치현
	현	35현
	지구 직할시	7시
요녕성	지구	철령지구, 조양지구,
	성 직할시	심양시, 대련시, 안산시, 무순시, 본계시, 단동시, 금주시, 영구시, 부신시, 요양시
	자치현	객기심좌기 몽고족 자치현, 부신 몽고족 자치현
	현	43현
	지구 직할시	3시

자료 : 유정갑, 『북방영토론』 (서울 : 법경출판사, 1991), pp.114~115, 참고작성.

러시아의 관리

여기에서는 러시아의 관리에 대해 살펴보자. 연해주(프리모르스키 크라이)[90]는 러시아의 남동부에 위치하고 있으며, 북서쪽은 중국 동북 지방, 남서쪽은 북한, 남동쪽은 동해에 접해 있다. 북한과 두만강을 사이에 두고 19.2㎞를 접하고 있고, 철도가 연결되어 있다. 면적은 16.6만㎢로서 극동에서는 사할린주 다음으로 작은 주이다. 국경의 길이는 3,000㎞ 정도이며, 해상국경은 1,350㎞이다. 서쪽 국경을 따라 우수

90) 연해주를 러시아어로 '프리모르스키 크라이, Primorye Territory'라고 한다. 러시아어에서 '프리'는 '연안'이라는 뜻이며, '모르스키'는 '바다의'라는 뜻이다. '크라이'는 '지역'이다. 플로트니코바 마리나, 2006, 前揭書, p.2.

리강과 흥개호 연안에 평야가 있다. 1938년 하바롭스크주로부터 분리되어 주가 되었다. 주 수도는 블라디보스토크이며, 주요도시는 나호드카, 우수리스크, 아르촘 등이다. 지형은 대체로 산악지형으로 80%가 산림지대이다. 시호테알린 산맥이 남쪽에서 북쪽으로 동해안을 달려가는 러시아 연해주 일대는 전형적인 동고서저東高西低 지형으로 백두대간과 낙동정맥이 남북으로 뻗어 있는 한반도 동해안과 매우 유사한 지형구조를 갖고 있다. 2006년 1월 1일 현재 인구는 약 202만명으로 주민은 대부분이 러시아인이지만 우크라이나인, 벨라루스인, 한국인(고려인, 재중동포, 북한 출신) 등 여러 소수민족들이 거주한다. 1859년부터 1882년 사이에 95개의 정착지가 건설되었으며, 블라디보스토크와 우수리스크도 이 시기에 건설되었다. 1905년에는 시베리아 횡단 철도가 블라디보스토크에서 우랄산맥 아래의 첼랴빈스크까지 개통되었다. 러시아 내전이 끝난 1922년부터 이 지역의 발전은 러시아를 새로 차지하게 된 볼셰비키의 계획에 따라 이루어졌다.

연해주를 관통하는 우수리강은 북쪽으로 흘러 아무르강으로 합류, 사할린 인근에서 동해로 흘러든다. 백두산 동쪽에서 발원한 스위푼강은 남쪽으로 흘러 블라디보스토크에서 바다와 만난다. 이 두 강의 분수령이 바로 시호테알린산맥이 백두산으로 이어지는 주능선이다.[91] 남・북한에 동해안을 따라 달려가는 백두대간이 있다면, 연해주에는 시호테알린산맥이 있다. 산줄기 높이도 600m에서 1,900m 정도로 비슷하다.

---

91) 18세기 조선에서 만든 서북피아양계만리일람지도西北彼我兩界萬里一覽地圖 (서울대학교 규장각)는 연해주 동쪽 뼈대를 이루는 시호테알린산맥이 항카호 남쪽에서 백두산으로 이어진다는 사실을 분명하게 보여준다.

러시아의 행정조직은 공화국, 크라이, 주, 연방시(모스크바 상트페테르부르크) 자치주(유대인 자치주), 자치구(네네츠 등 6개) 체제로 되어 있으며, 연해주의 행정조직은 25개 군에 9개 도시로 구성되어 있다. 현재 러시아의 북방영토 관리에 관한 지금까지의 설명을 그림으로 나타내면 〈표 15〉와 같다.

표 15 연해주 지역의 관리 현황

구분	행정구역	관 할 기 관
연해주	트라이	아누친스키, 달네레첸스키, 카발레롭스키, 키롭스키, 크라스노르메이스키, 라좁스키, 레소자보츠키, 미하일롭스키, 나데즈딘스키, 옥탸브리스키, 올긴스키, 파르티잔스키, 포그라니치니, 포자르스키, 스파스키, 테르네이스키, 우수리스키, 한카이스키, 하산스키, 호롤스키, 체르니곱스키, 추구옙스키, 시코톱스키, 야코블렙스키
	도시	블라디보스토크, 나홋카, 우수리스크, 아르톰, 아르센예프, 볼쇼이카멘, 달네고르스크, 달네레첸스크, 포키노, 파르티잔스크, 스파스크달니, 레소자봇스크

자료 : 유정갑, 『북방영토론』 (서울 : 법경출판사, 1991), pp.114~115, 참고작성.

3. 한국정부의 관리

여기에서는 한국정부의 관리에 대하여 살펴보기로 한다. 1909년 간도협약 이후 일본의 한국병합과 남북분단으로 간도문제를 제가할 수 없는 상황에 놓여있었다. 이러한 사유로 간도문제는 국민적 관심도가 낮았으며 우리 정부도 영유권 회복에 대한 정치적 여력도 없었다. 우리 정부는 북방영토가 북한과 국경을 접하고 있기 때문에 사실 북한의 문제로 치부하였던 부분도 있었다. 실제 북한은 중국·

러시아와 국경회담을 체결하였고, 우리 정부는 수교를 맺었다. 중국은 2002년부터 2005년 까지 동북공정을 추진하고 있다. 이러한 일련의 과정 속에서 우리 정부가 취한 조치와 북방영토에 대한 정책은 어떠했는지 동북공정 이전, 이후로 구분하여 설명하고 있다.[92]

동북공정 이전의 관리

상해임시정부에서는 북방영토의 범위에 대한 논의가 활발히 이루어졌다. 1919년 4월 각 지방의 대표자가 임시의정원을 구성하고, 국호를 대한민국으로 정하여 공화제를 표명하는 상해임시정부를 구성하였다.[93] 1919년 4월 11일 제정한 임시헌장에는 영토에 관한 규정이 없었으나, 1944년 2월 22일 개정한 대한민국 임시헌장에는 제2조에 "대한민국의 강토는 대한의 고유한 판도版圖로 함"[94]으로 영토에 관한 규정을 두었다.

1948년 5월 10일 실시된 총선거에 의거 구성된 제헌국회 헌법기초위원회에서 헌법과 정부조직법을 제정하여 1948년 7월 7일 제1공화국 헌법을 공포하였다. 유진오俞鎭午 전문위원이 제출한 초안에는 조선의 영토로 되어 있었는데 논의 끝에 사법부법전편찬위원회에 제출할 때는 조선민주공화국의 영토로 하였고, 국회헌법기초위원회에 제출 때는 '한국의 영토는 조선반도와'로 다시 변경되었다. 최종적으로 "대한민국의 영

92) 동북공정 이전, 이후의 구분은 편의상 동북공정의 추진시기와 맞물려 있는 역대 정부를 기준으로 하였다. 동북공정 이전 시기는 제1공화국에서 문민정부까지 동북공정 이후 시기는 국민의 정부부터 실용정부로 구분하였다.
93) 웅진출판사, 1977, 브리테니카 세계대백과사전, 서울, 웅진출판사, pp.574~576.
94) 국가보훈처, 1999, 대한민국임시정부 법령집, 서울, 샤인코리아, p.67.

토는 한반도와 그 부속도서로 한다."로 확정되었다.[95)]

이후 북방영토에 대한 한국정부의 정책은 조용한 외교로 일관하였다. 이승만정부는 아무런 정책을 추진하지 못한 반면 박정희 정부는 간도문제를 국책사업으로 추진하였다. 7・4남북공동성명 이후 통일한국에 있어서 간도문제가 국제분쟁으로 대두될 수 있다는 절박한 인식으로 예비비를 긴급히 편성하여 자료집 발간 팀을 구성하였다.[96)] 2년 정도의 준비 끝에 1975년 '일본 외무성 및 육해군성 문서'라는 부제로 「간도영유권관계문서발췌」자료집을 발간하였다. 이 자료집은 1867년부터 1945년 사이에 작성된 일제의 기밀문서 가운데 간도영유권과 관련되는 문서들을 번역본과 원문 영인본을 함께 수록하고 있다.[97)]

그리고 한일협정 때에도 간도가 한국영토라는 사실을 일본에 주장했다. 최근에 공개된 자료에 의하면 "간도가 우리 영토이며 청일간 간도협약이 무효라는 입장을 내세운 사실은 향후 대중국 관계에도 적지 않은 영향을 미칠 것이다." 라고 지적하고 있다.[98)] 또한 한·일협정 관

---

95) 당시 장시간의 토의 끝에 이구수 의원 외 11인이 서명제출한 수정제의안 "대한민국의 영토는 고유한 판도로서 한다."는 안건은 재적의원 171인, 가(可) 13인, 부(否) 106인으로 부결되었으며, 강욱중, 서순영 의원 외 22명이 제출한 제4조(영토) 삭제안은 재적의원 170인 중에서 가(可)에 8인, 부(否)에 142인으로 부결되었다. 최종적으로 원안 "대한민국의 영토는 한반도와 그 부속도서로 한다."는 안건은 재적의원 170인 중에서 가(可)에 137인, 부(否)에 6인으로 의결되어 오늘에 이르고 있는 것이다.

96) weekly 경향 2004년 4월 23일자, 간도와 박정희, 〈간도를 되찾자〉 30년전 국회서 간도문제 다뤘다. 참조작성.

97) 당시 통일원 기획관리실장이었던 노계현 교수의 증언에 의하면 "국회도서관에 입수된 분량이 마이크로필름 51책으로 상당히 많았으나 예산관계로 전체를 발간하지 못하고 한정된 수량만 발간했다"는 것이다.

98) 간도되찾기운동부가 외교통상부에 질의(한국간도05114)한 내용에 대하여 외교통상부에서 동북아2과8680(2005.08.30.)호로 회신한 "간도문제 관련 회신" 에 나타나 있다. 한국간도학회, 2009, 간도협약 체결 100년의 재조명, 『

련 문서에도 간도가 우리 땅임을 명시하였다. 1950년 10월 한·일 국교수립전 대일외교의 전초기지였던 주일대표부가 작성한 대일강화조약에 관한 기본태도와 그 법적근거에 일제가 외교권을 강탈해간 을사보호조약 이후 청나라와 맺은 간도협약이 무효라는 공식입장을 정리하였다. 문서는 간도의 영토권에 대한 한·청간 분쟁이 오래 계속됐지만 1712년 백두산정계비에 "도문강 상류의 토문강이 국경인 것을 명시했고, 다시 토문강의 형상을 기록했다"면서 이후 분쟁이 해소됐음을 지적했다. 그러나 1909년 9월 4일 일본과 청나라 관리들이 베이징에서 이른바 '간도에 관한 협약'을 맺고 석을수를 국경으로 한다는 성명을 발표했다면서 이것이 무효임을 분명히 했다. 문서는 특히 "유사이래 타국의 영토를 자기 마음대로 획정한 예가 없다"면서 같은 협약에서는 만주철도부설권을 대가로 "우리 영토를 매각한 도취盜取행위"라고 규정했다. 끝으로 "우리는 대일강화조약에서 이 실지를 회복하여 불법조약의 무효를 선언한다"고 적고 있다.[99]

전두환정부는 군부 출신이라는 약점과 우리 고토에 대한 관심이 없었다. 또한 간도문제에 대한 정보와 지식을 접할 기회가 없었다. 결국 역사의식과 영토의식이 결여되어 대간도 정책을 수립하지 않았다. 노태우정부는 북방정책을 내세워 중국, 소련과 직접 수교를 맺었지만 간도 및 연해주 문제를 제기하지 않았다. 특히, 구소련과의 수교협상 과정에서 연해주 한인들의 중앙아시아 강제이주 사건을 거론하지 않았다. 결국 재중동포와 재소고려인 문제를 해결할 수 있는 절호의 기회를 놓치고 말았다.[100]

역대 정부의 대 간도정책 분석』, pp.20~22.

99) 경향신문 2005년 8월23일자 1 · 3면 보도.

100) 한국간도학회, 2009, 前揭書. p.31.

김영삼정부도 역대 정부가 취한 정책의 기조를 벗어나지 않았으며, 적극적으로 간도문제를 해결하려고 하지 않았다. 다만 재외동포정책에 있어서 다소 진전이 있었다. 해외동포들의 현지 정착과 모국과의 교류를 돕기 위해 재외동포 정책위원회를 발족시켰으나 실질적인 문제를 해결하지 못했다. 중국은 90년대 초부터 동북공정을 본격적으로 추진하기 위하여 동북지역에 관심을 가지고 있었지만 우리 정부는 간도지역과 재중동포 문제에 대하여 관심을 기울이지 않았다. 1990년대 초부터 탈북자들이 중국과 러시아지역으로 진입이 증가하게 되자 중국은 중조관계 자료의 수집과 정리 및 중조변경지구의 조사를 시작하였다. 이러한 중국 정부의 동태에도 불구하고 김영삼정부는 간도지역과 재중동포문제에 전혀 관심을 기울이지 않았다. 특히, 1994년 3월과 6월에 중국과 러시아를 방문하였지만 양국간에 내재된 간도문제와 탈북자 및 구소련 문제를 협의조차 하지 않았다.

동북공정 이후의 관리

1998년 당시 김대중 대통령은 중국을 방문하여 한국과 중국간 '21세기 협력적 관계' 를 수립하였다. 양국 정부는 "유엔헌장의 원칙들과 주권 및 영토보존의 상호존중, 내정불간섭, 평화공존의 원칙에 입각하여 항구적인 협력관계를 발전시켜 나갈 것에 합의 한다" 고 명시하면서 간도문제를 언급하지 않았다. 한편, 김대중 정부에서는 간도에 대한 연구가 진행되었음이 2004년 외교부 국정감사에서 밝혀졌다. 1998년부터 외교부는 간도를 다루는 테스크포스팀을 만들어 운영해 왔고, 간도의 법률효력은 무효라는 입장을 정리하였다. 특히 조약국을 중심으로 별도의 대응팀을 만들었다. 관련학자들의 자문을 받아 북방영토에 대해 체계적인 연구와 대응전략을 마련하였다. 반기문 외교통상부 장관은 ‘북방영토에 관한 연구업적 정리’ 등 내부보고서를 만들었으나 여러 현실을 고려하여 대외적으로 언급하기는 적절치 못하다고 말하였다.[101] 김대중 대통령은 퇴임 이후에도 중국의 북한 진출에 대해 우려를 표시하면서 이러한 상황을 잘 살펴야 한다고 강조하였다.

노무현정부도 역대 정부와 마찬가지로 정부차원에서 간도문제에 대비하지 않았다. 2002년부터 시작된 중국의 동북공정은 고구려사의 왜곡과 간도 및 북한 문제까지 연관되어 있어 우리 사회에 엄청남 충격을 주었다. 그렇지만 2004년 8월 한·중간 5개항 구두 양해사항도 고구려사 왜곡문제 해결에 주안점을 두었다.

김원웅의원의 대표발의로 2004년 2월 7일 ‘간도협약의 원천적 무효 확인에 관한 결의안’이 제안(의안번호 375호)되었고, 9월 3일 상임위원회에서 논의하였지만 본회의에 상정되지 못하고 폐기되었다. 2004년 10월 22일 반기문 장관은 외교부 국정감사에서 “간도협약에 대해서는 법리적으로는 무효라고 생각할 수 있다. 간도협약이 무효라고 해서 간도문제가 해결되는 것이 아니라고 보며, 간도협약 문제와 간도영유권 문제는 분리해서 접근하는 것이 정부의 판단이다.” 라고 답변하였다. 그리고 “국제정치의 현실은 우리가 이 문제를 외교적으로 제기하는데 여러 가지 어려움이 있다. 이 문제는 앞으로 통일이라는 우리의 민족적 과제를 어떻게 달성할 수 있는지도 종합적으로 고려해서 접근해 나갈 필요가 있다.”고 설명하였다.[102] 간도

101) 한국간도학회, 2009, pp.62~63.
102) 2004년도 국감 통일외교통상 회의록 pp.40~41. 참조작성.

협약이 국제법적으로 무효라고 천명하였지만 간도협약이 무효임을 정부차원에서 중국에 통보하지 않았다. 이러한 정부의 입장은 간도협약이 무효라는 법리적 판단에만 머물겠다는 것이다.

이명박정부는 임기 중반을 넘어서고 있지만 역대 정부의 정책기조와 특별히 다른 정책은 없어 보인다. 2010년 8월 15일 광복절 경축사에서 주어진 분단상황의 관리를 넘어 평화통일을 목표로 3대 공동체 통일구상을 제시했다. 3대 공동체 통일구상은 평화공동체, 경제공동체, 민족공동체로 기존의 민족공동체 통일방안을 계승하고 있다. 비핵 · 개방 · 3000 구상, 한반도 新평화구상 등 이명박 정부의 대북정책 기조에 대한 일관성을 유지하면서 남북간 공동체 형성을 통해 단계적이고 안정적인 평화통일을 추진하는 전략으로 평가받고 있다.[103)]

그리고 자유선진당 이명수 의원(충남 아산시)이 2009년 8월 28일 '간도협약의 원천적 무효 확인에 관한 결의안'을 국회 외통위에 제출하였다.[104)]

103) 통일부 홈페이지 (http://www.unikorea.go.kr/CmsWeb/viewPage.req?idx=PG0000000466). 2011년 5월 15일 검색.

104) 이명수의원과 필자를 포함한 '한국간도학회' 이사, '간도되찾기국민운동본부' 관계자들이 함께 결의안을 제출하고, 오전 11시에 국회 정론관에서 기자회견을 가졌다.

▲ 청일간도협약 100년에 대한 국회 정론관 기자회견 모습(독립신문 제공)

주요내용은 '일제는 대한제국의 외교권을 강탈한 을사늑약에 근거하여 간도협약을 체결 하였다. 시대적 상황에 따라 을사늑약은 강박으로 체결된 조약이었으며, 고종의 서명조차 위조한 조약으로 원천적 무효임이 오래 전부터 확인 됐다. 일제가 권원이 없는 3국의 영토인 간도를 임의로 청에 넘겨 준 것은 국제법상으로도 효력이 없는 것이다. 또한 1952년 중 · 일간에 체결된 평화조약에서도 중 · 일 양국은 1941년 12월 9일 이전에 체결한 모든 조약, 협약 및 협정을 무효로 한다고 명시하여 간도협약은 무효가 되었다. 따라서 간도협약 체결 100주년을 맞이하여 간도협약이 원천적으로 무효임을 확인하고 선언하는 차원에서 이 결의안을 제안하게 되었다.'고 밝히고 있다.

또한, 2011년 국정감사에서 국토해양위원회에 제출한 자료에서 간도협약의 국제법적 지위에 대한 공식적 입장을 밝혔다. 정부는 '1909년 청·일간 체결된 간도협약은 간도지역이 청에 귀속된다고 규정하고 있으나, 우리의 외교권을 박탈한 을사조약(1905년)이 강박에 의해 체결된 조약으로 무효이며, 따라서 동 연장선 상에서 일본이 우리 의사와 무관하게 청과 체결한 간도협약도 무효라고 할 수 있다.' 그리고 '간도문제는 다양한 국제법 이슈와 관련된 복잡하고 민감한 사안으로 앞으로 좀 더 정확한 고증을 위한 역사적, 지리적, 국제법적 자료 수집 및 전문가들의 연구 결과를 바탕으로 신중히 다루어 나가야 할 문제이다.[105] 이러한 답변은 2004년과 큰 차이는 없으나 서면에 의하여 공식적으로 입장을 밝혔기 때문에 다소 진전이 있은 것으로 볼 수 있다.

이명박 대통령은 기업인과 서울특별시장 재임 때 간도에 대한 자신의 생각을 자주 피력하였다. 2004년에 언론과 인터뷰를 가졌다. 인터뷰에서 "영토는 타협할 사안이 아니다. 간도 되찾기 캠페인에 적극 협력하겠다"고 하였다. "만일 고구려가 중국의 역사에 편입되면 간도는 말할 것도 없고 서울도 중국의 영토가 되는

105) 이러한 답변과 함께 '조약법에 관한 비엔나협약(Vienna Convention on the Law of Treaties) 제34조, 즉 "조약은 제3국에 대하여 그 동의 없이는 의무 또는 권리를 창설하지 아니한다" 는 조항은 관습법이 성문화된 조항이며, 특히 제3국에게 의무를 부과하는 조약의 경우 의무를 지게 될 국가의 서면에 의한 명시적 승낙이 있어야 제3국 구속이 가능하다. 한편, 북 · 중은 1962년 체결한 변계조약을 통해 간도의 중국 귀속을 규정하고 있는 것으로 파악하고 있다. 북 · 중 변계조약은 북 · 중 양국의 합의하에 동 조약의 상세 내용을 미공표하였다' 는 내용도 포함하고 있다. 김충환 의원실에서 2011년 10월 7일 요청하여 영토해양과 2100-0142호로 답변한 자료에 의거 작성하였음.

것이다. 서울을 지켜야 한다. 한반도 문제와 관련 중국의 영향력과 역할이 너무 커지고 있는 상황에서 정부는 정면대결을 피하고 싶겠죠. 그러나 역사와 영토는 타협할 사안이 아니다. 역사와 영토는 국가적 중요이슈로 주권에 관한 문제이다. 역사학계에서는 중국의 주장에 반박할 수 있는 논리와 근거를 찾아야 한다. 이를 위해선 관련 연구자를 집결시키고 자료를 체계적으로 수집할 수 있는 시스템이 있어야 한다. 북한과 공조해 함께 연구하면 우리가 유리할 것이다"고 강조하였다.[106] 이처럼 이명박 대통령은 역사와 간도문제에 관심이 많았고, 간도에 대한 자신의 견해를 적극적으로 언론에 피력하였다. 그러나 이와는 달리 남은 임기 동안에도 간도에 관한 정책이 입안되고 실행될 가능성은 거의 없어 보인다.

4. 소결-한국 정부의 관리정책 부재

우리는 위에서 여러 가지 자료를 동원하여 북방영토의 관리 실태에 대하여 검토했다. 북방영토의 관리 실태는 지적학의 시각으로 볼 때 많은 문제점을 내포하고 있다. 많은 문제점 중에 가장 심각한 것은 한국 정부는 관리정책이 없다는 것이다. 조선과 대한제국 시기에는 우리의 행정력이 직접 미쳤지만 간도협약을 기점으로 일본에 관리권이 넘어갔다. 일본의 만주국에 이어 현재는 중국과 러시아에 의해 관리되고 있다. 정부에서는 공식적으로 소유권제기를 하지 않는 등 소극적으로

106) 경향신문사, 2004년 1월 22일자, 뉴스메이커 제13권 제4호 통권558호, pp.58~59.

관리하고 있다. 따라서 여기에서는 북방영토에 대한 관리 실태의 문제점을 간단히 요약하여 제시하겠다.

중국과 러시아에 의한 관리

앞에서 살펴 본 바와 같이 가장 큰 문제점으로 중국과 러시아에 의한 북방영토의 관리가 지적되었다. 조선시기에 이 지역을 집중 개간하였다. 대한제국 시기에는 조정에서 양전관量田官을 파견하여 전정田政을 두고 토지대장과 야초野草(地稅銘記帳)를 작성하였다. 1901년(광무 5년) 함경북도 무산군과 종성군, 회령군의 대안 지역의 간토 결부수가 약 430결에 달하였다. 행정구역을 우리나라 고유의 행정구역인 '면面'을 사용하여 서간도 지역에 32개의 면을 편제하였다. 그리고 1902년(광무 6년, 고종 39년) 8개 면을 조사하여 변계호적안邊界戶籍案을 작성하였으며, 사포대를 편성하고 비용 충당을 위해 세금을 징수하였다. 또한, 자율적인 행정을 위해 10호를 1통, 10통을 1村으로 하여 통장, 촌장을 두어 지방자치 행정 단위를 두었다. 그러나 현재는 일본의 만주국 관리를 거쳐 중국과 러시아가 관리하고 있는 상황이다. 중국의 동북 3성 아래 12지구와 1자치주, 19성 직할시가 있고, 그 아래 17지구 직할시와 140현과 5자치현으로 구성되어 있으며, 러시아의 경우 25군에 9도시로 되어 있다.

한국 정부의 소극적 관리

그리고 한국 정부의 소극적인 관리가 문제점으로 지적되었다. 현행 우리나라의 헌법에 북방영토에 대한 언급이 없다. 영토의 취득과 관련된 조항에 영토에 대해서 변경이나 취득 또는 여타의 가능성이 배제되어 있다. 상해임시정부의 임시헌법 제3조에는 '대한민국의 강토는 구한국의 판도'로 규정하여 압록강과 두만강 이북의 북방영토에 관한 수복을 염두에 두고 있었다. 그러나 국제적 마찰을 우려하여 '대한민국의 영토는 한반도와 그 부속도서로 한다.'로 하였다.

그리고 역대 정부에서는 간도문제에 대해 정부의 공식적이고 분명한 입장을 표명한 사실이 없다. 중국의 동북공정과 국교수립 때에도 아무런 조치를 취하지 않았다. 박정희정부와 김대중정부 때 전담팀을 구성하여 간도영유권관계문서발췌 보고서와 '북방영토에 관한 연구업적 정리 보고서'를 작성한 정도이다. 반기문 외교통상부장관은 국정감사에서 간도협약은 법리적으로는 무효라고 답변하였지만 중국에 정식으로 통보하지 않았다.

제3부는 이 책에서 가장 중요한 부분이다. 지적학으로 풀어낸 우리 땅 북방영토의 지리적 범위를 다루고 있다. 여기에서는 제3장에서 제시한 분석의 틀을 적용하여 북방영토의 경계선을 확정하고 위치 · 크기 · 모양을 제시할 것이다.

제3부는 다섯 개의 장으로 이뤄져 있다. 제8장은 위성영상에 의한 북방영토의 범위 확정을, 제9장은 북방영토의 소유권 확보를, 제10장은 북방영토의 가치 재인식을, 제11장은 북방영토의 관리방향을, 제12장은 통일한국 정부의 북방영토 귀속 전망을 설명할 것이다.

제3부 지적학으로 풀어 낸 우리 땅 북방영토

제8장 위성영상에 의한 북방영토의 범위 확정 206

제9장 북방영토의 소유권 확보 방안 230

제10장 북방영토 가치의 재인식 243

제11장 북방영토의 관리 방향 250

제12장 통일한국 정부의 북방영토 귀속 전망 259

제8장 위성영상에 의한 북방영토의 범위 확정

이 장은 위성영상에 의한 북방영토의 지리적 범위 확정을 다루고 있다. 북방영토의 지리적 범위 확정은 앞으로 제시하게 될 북방영토 관리방향의 기반이 된다. 필자는 북방영토문제 연구에 있어 가장 중요한 부분으로 판단하고 있다. 지리적 범위를 확정하는 최선의 방법은 중국과 협상을 통하여 국경을 획정하는 방법이 있을 수 있으나 이는 현실적으로 불가능하다. 따라서 최신 측량방법인 위성영상을 이용하여 북방영토의 위치, 크기, 모양을 구체적으로 확정할 것이다.

1. 북방영토의 위치 확정

여기에서는 북방영토의 위치를 확정하기로 한다. 지적학의 접근방법에 의해 판단할 경우 북방영토의 경계선으로 인정하거나 확정할 수 있는 명확한 경계선은 존재하지 않는다. 그렇지만 강도회맹 이후 청과 조선이 합의하여 설치한 유조변책과 백두산정계비에 의해 설치한 토퇴와 석퇴, 목책은 경계선이 현장에 설치되었다는 점에서 일종의 경계선으로 인정할 수 있다.

그러나 실태분석에서 살펴본 바와 같이 유조변책과 백두산정계비 설치 당시의 토퇴 · 석퇴가 대축적 지도에 나타나 있지 않다. 일부 흔적은 남아 있는 것으로 분석되었지만 현장 확인이 불가능한 상황이다. 또한, 간도협약, 조 · 중변계조약에 의한 경계도 인정하기 어려운 실정이다.

이런 이유로 필자는 아직까지 북방영토의 경계가 미확정 상태에 있다고 본다. 따라서 북방영토의 범위를 확정함에 있어 경계를 1가지로 확정하지 않고, 범위 산출이 가능한 3가지 경우로 상정하였다. 이를 구체적으로 살펴보면 첫째, 유조변책을 따라 송하강과 흑룡강, 동해로 이어지는 범위를 유조변책설이라 지칭하였다. 둘째, 백두산정계비 상의 토문강을 적극적으로 해석하여 토문강이 송화강으로 이어져 흑룡강, 동해로 이어지는 범위를 토문-송화-흑룡강설이라 지칭하였다. 셋째, 백두산정계비상의 토문강을 소극적으로 해석하여 경계선이 토문강까지 이어진 것으로 간주하여 토문강 동쪽지역에 해당하는 범위를 토문강설로 구분하였다. 북방영토의 위치에 관한 지금까지의 설명을 그림으로 나타내면 〈표 16〉과 같다.

표 16 북방영토의 위치 구분

구 분	근 거	판단기준	북방영토 범위
유조변책설	청호부 기록	유조변책 동쪽을 조선의 영토로 인정	노변-신변-송화강-흑룡강-동해-두만강-백두산정계비-압록강-노변(서간도)
토문-송화-흑룡강설	백두산 정계비	토문강에 대한 적극적 해석	토문강-송화강-흑룡강-동해-두만강-백두산정계비-토문강(북간도)
토문강설	〃	토문강에 대한 소극적 해석	토문강 동쪽, 두만강 이북지역(동간도)

유조변책설에 의한 위치

여기에서는 유조변책설에 의한 북방영토의 위치를 확정하기로 한다. 필자의 판단은 한·중 간의 국경은 1627년 체결한 강도회맹에 의거 설치한 유조변책이 가장 합당하다고 본다. 그 때 까지만 해도 국경이 오늘날과 같은 선의 개념이 아니어서 구체적이지 못하였다. 전쟁에서 승리한 나라가 자기 땅을 내놓고 "여기에 들어오지 마라" 이렇게 하지는 않을 것이다. 이로 미루어 볼 때 유조변책 이동의 봉금지역은 조선 땅이 틀림없다. 그리고 앞에서 살펴본 바와 같이 압록강·두만강 이북의 광활한 지역이 조선의 영토였다는 것은 여러 가지 자료를 통하여 확인하였다. 서양의 여러 국가들에서 발행한 지도에도 우리 땅으로 표시하고 있다.[1)]

강도회맹에 의한 국경선은 유조변책의 노변에서 신변을 거쳐 송화강과 만나는 지점에 이른다. 북쪽으로 송화강을 따라 계속 이어져 가다가 흑룡강과 만나 동해에 이르는 경계선 이남지역이 된다. 강도회맹 이후 한족의 왕래를 금지하기 위해 1667년부터 산해관 희봉구 등 9곳에 변문을 설치하고 산해관-북위원보-흥경-봉황성을 연결하는 유조변책을 설치하였다. 봉황성에서 위원보까지 450㎞의 노변을 설치하고, 1670년부터 1681년 사이에 위원보威遠堡에서 길림시의 북법특北法特의 동량자산東亮子山까지 345㎞의 신변을 신축하였다. 당시의 국경선은 『해동지도』[2)] 3책에 수록된 『조선여진분계도』 등 고지도에 나타나 있다.[3)]

---

1) 곽주용, 2004, 통일이후 북방영토 분쟁에 관한 연구, 석사학위논문, 영남대학교대학원, p.2.

2) 1750년(영조26년) 초에 관에서 발간하였으며 6책 128장 2축 2장으로 구성되어 있다. 이 지도집에는 조선전도, 도별도, 군현지도 뿐만 아니라 세계지도(천하도), 외국지도(중국도, 황성도, 북경궁궐도, 왜국지도, 유구지도), 관방지도(요계관

▲ 유조변책이 표시된 조선여진분계도(이상태박사 제공)

방도) 등이 망라되어 있다. 2008년 12년 22일 보물 제1591호로 지정되었다. 규장각 한국학연구소 홈페이지(http://e-kyujanggak.snu.ac.kr).

3) 이 지도집에 대한 규장각 측의 총설에 의하면 민간에서 제작된 지도집이 아니라 국가적 차원에서 정책을 결정하는데 활용된 관찬 군현지도집으로 조선의 북방영토를 확인할 수 있는 아주 중요한 지도로 평가하고 있다. 오래된 지도라고 모든 지도가 학술적 연구와 사료적 가치를 지니는 것은 아니다. 특히, 서양고지도에서는 지도의 제작자의 명성과 제작기관에 따라 지도가 가지는 자료적 가치는 다르다고 할 수 있다. 신각수, 1981, 영토분쟁에 있어서 지도의 증거력, 국제법학회논총, 제26권 제1호, 대한국제법학회, p.110.

『조선여진분계도』[4]에 의하면, 서쪽 변장 너머는 청의 영역이고, 북쪽의 목책과 책성을 경계로 하여 북쪽이 여진, 책성 이남이 조선의 영토임을 나타내고 있다. 즉, 흑룡강 하구에서서부터 서쪽으로 흑룡강에서 갈라지는 송화강을 따라 북쪽 책성을 경계로 하여 개원에 이르러 남쪽으로 내려 온 장성과 맞닿고, 이 장성이 조・청간의 경계가 되며 그 동쪽이 모두 조선의 영토가 된다. 그리고 『천하지도조선총도오라지방도天下地圖朝鮮摠圖烏喇地方圖』에도 나타나 있다. 이 지도에는 압록강 하구의 봉황성 부근에서부터 북쪽으로 상당한 길이의 울타리가 있고, 계속해서 그 위로는 성이 쌓여 있으며, 엽혁참葉赫站의 서쪽의 한 지점에서 동쪽으로 혼동강混同江이 역둔하易屯河와 낙니강諾泥江과 만나는 부근까지 울타리가 설치되어 있다.[5]

4) 조선과 청 사이의 국경지대를 그린 지도이다. 북으로 흑룡강, 동쪽으로 연해주 일대, 남으로는 조선 국경, 서로는 장성까지를 그렸다. 의주의 건너편으로 조선 사신들이 출입하던 책문이 보인다. 지도를 그린 대부분의 자료들은 성경지의 지도, 요계관방도의 지도 등 중국측의 자료들이 활용된 것으로 보인다. 조선의 평안도의 군현은 적색 사각형 안에, 함경도는 황색 사각형 안에 그려 넣었다. 국경밖에 있는 高麗境, 先春嶺의 위치는 고토의식의 심화를 부분적으로 반영하고 있다. 규장각 한국학연구원 홈페이지(http://e-kyujanggak.snu.ac.kr). 2011년 5월 15일 검색.

5) 『天下地圖朝鮮摠圖烏喇地方圖』는 규장각에 소장되어 있다. 이 지도 좌하측에 "西南極朝鮮平安道界(서남쪽으로는 조선 평안도의 경계에 이른다)"고 하였고, 그 바로 위에는 "自審陽西北至北京一千七百里 東至鴨綠江二百六十里(심양으로부터 북경까지는 서북쪽으로 1,700리요, 압록강까지는 동쪽으로 260리 이다)"라고 하였다. 또한, 지도의 상단에는 좌측으로부터 "西北極蒙古(서북쪽으로는 몽고에 이른다)", "北極大荒(북쪽에는 넓은 황무지가 있다)", "東北極大荒(동북쪽에는 넓은 황무지가 있다)"고 기록하고 있다. 그리고 우측 중단과 우하측에는 흑룡강이 바다로 흘러 들어가는 것과 동해가 그려져 있으며 특히, 두만강구에는 '녹둔도鹿屯島'가 표시되어 있으며, 그 우측인 두만강의 북쪽에는 "東南極朝鮮咸鏡道界(동남쪽으로는 조선 함경도의 경계에 이른다)"고 기록하고 있다. 규장각 한국학연구원 홈페이지(http://e-kyujanggak.snu.ac.kr). 2011년 5월 15일 검색.

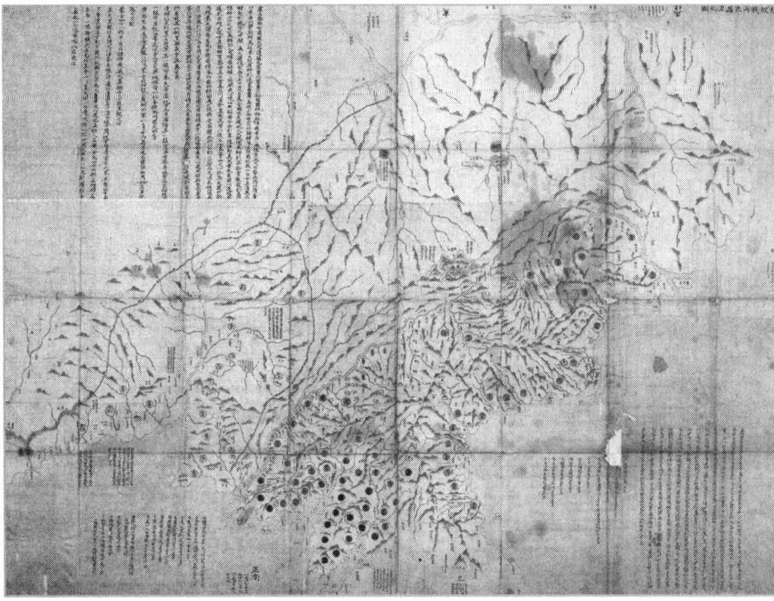

▲ 서북피아양계도(이상태박사 제공)

1780년 토마스 키친(Thomas Kitchin)이 런던에서 발행한 지도(A map of Quan- tong, or Lea-tonge province; and the kingdom of Kau-li, or Corea)가 있다. 이 지도는 현 동북3성 일부지역과 한반도를 그리고 있는데 컬러로 국계, 도계, 유조변책이 명확하게 나타나 있다. 그리고 만주지역을 “MANCHEWS”로 표기하고 있다. 이 경계선은 서북피아양계도의 경계선과 매우 유사 하다.

그리고 레지의 비망록 조선왕국에 관한 지리적 고찰에 ‘봉황성 동방에는 조선국의 서방 국경이 있다. 만주는 명을 침공하기에 앞서 조선과 싸워 이를 정복하였는데, 그 때에 장책과 조선국과의 국경사이에 무인지대를 설치할 것을 의정하였다.’ 는 내용이 나와 있다.[6]

1980년 중국사회과학원에서 발행한 중국역사 지도집에 유조변책이 점선으로 자세히 나타나 있다. 이 지도는 경위도와 함께 지명, 수계까지 그려진 지도이다. 요녕성 지역의 장성도에는 유조변책과 요遼와 명明이 축조한 장성이 나타나 있다.[7)]

이와 같은 근거와 자료에 의할 경우 우리나라 북방영토의 서쪽의 경계선은 당시 국경의 개념인 유조변책의 노변에서 신변을 거쳐 송화강과 만나는 지점을 경계선으로 확정하는 것이 타당하다. 지금까지 유조변책이 설치된 이후 한번도 국경선을 최종적으로 합의한 적이 없기 때문이다.

이와 같은 역사적 사실과 백두산정계비를 국경조약으로 볼 수 없다면 백두산정계비 설치 이전의 상태로 되돌아가야 한다. 따라서 유조변책설에 의한 북방영토의 위치가 상당한 타당성을 가진다고 볼 수 있다.

이러한 판단 아래 유조변책설에 의한 경계점의 독취는 앞에서 살펴본 지형도상에서 유조변책의 주요지점과 지형・지물의 좌표를 독취하였다. 서쪽의 경계선은 압록강 하류 람반(欖盤, 요녕성 동구현)을 시점으로 봉황성(봉성)－평정산平頂山－개원현 위원보開原縣 威遠堡－사평四平에서 이수梨樹－공주령公主嶺－이통伊通－장춘長春－구태九台를 거쳐 서란舒蘭과 송화강이 만나는 지점에서 송화강을 따라 내려가다가 송원으로 이어지는 지점이 된다. 북쪽의 경계선은 송원에서 하얼빈을 지나 흑룡강과 만나 동해로 이어지는 선이다. 동쪽은 동해의 연해주 연안을 따라 두만강 하류로 이어지며, 남쪽의 경계선은 두만강 하류에서 북한과 러시아 국경

6) 김경춘, 1997, 압록・두만강 국경문제에 관한 연구, 박사학위논문, 국민대학교대학원, pp.23～24.

7) 요・명대 장성도 관련 중문 사이트(http://www.bjkp.gov.cn). 2007년 11월 5일 검색.

선 16.5㎞ 지점의 토자비 주변의 두만강을 따라 국경표지 28번과 백두산 천지를 가로 질러 1번 국경표지를 지나 압록강에 도달한다. 압록강하류를 거쳐 서북쪽 경계 시작점을 다시 잇는 경계선을 독취하였다. 유조변책설에 의한 4극점의 위치는 다음과 같다.

동쪽 끝은 북위 52도 09분 13초, 동경 141도 32분 41초로 라자브 동남쪽 약 7㎞ 지점이다. 서쪽 끝은 북위 42도 34분 46초, 동경 124도 00분 31초로 개원시 북쪽 하천과 고속도로 교점 지점이다. 남쪽 끝은 북위 39도 47분 26초, 동경 124도 13분 32초로 서해 무인도 제방 끝 지점이다. 북쪽 끝은 북위 53도 20분 56초, 동경 119도 50분 59초로 오렐호수 하류 지점이다. 지금까지 북방영토의 위치는 북위 41도 55분~43도 50분, 동경 128도 08분~131도 05분으로 나타나 있었다. 유조변책설에 의한 북방영토의 4극점에 관한 지금까지의 설명을 그림으로 나타내면 〈표 17〉과 같다.

표 17 유조변책설에 의한 북방영토의 4극점

극점	B	L	위 치
동	52도 09분 13초	141도 32분 41초	연해주 라자브 동남쪽 약 7㎞
서	42도 34분 46초	124도 00분 31초	개원시 북쪽 하천과 고속도로 교점
남	39도 47분 26초	124도 13분 32초	서해 무인도까지 제발 끝 지점
북	53도 20분 56초	139도 50분 59초	오렐호수 하류지점

자료 : Google Earth의 위성영상자료 참고작성.

토문-송화-흑룡강설에 의한 위치

여기에서는 토문-송화-흑룡강설에 의한 북방영토의 위치를 확정하기로 한다. 토문-송화-흑룡강설은 토문강설과 마찬가지로 백두산정계비에 근거한다. 백두산정계비상의 토문의 해석에 따라 구분된다. 결국 토문강이 어디까지이고, 강줄기가 어디로 가는가의 문제이다.

앞에서 이미 살펴본 바와 같이 백두산에서는 3개의 큰 강이 발원하고 있는데, 압록강과 두만강, 송화강이 천지 주변에서 시작해 압록강은 서쪽으로, 두만강은 동쪽으로 흐르고 송화강은 북쪽으로 향한다. 1909년 일본과 청이 체결한 간도협약에서는 한국과 중국의 국경선은 압록강-두만강 선으로 결정하였다. 두만강의 강원江源은 백두산정계비를 기점으로 석을수로 양국의 경계로 삼았다. 백두산으로 뻗어 있는 두만강의 지류는 4개인데 가장 북쪽에 위치한 지류가 홍토수紅土水, 그 다음이 석을수-홍단수-서두수이다. 석을수는 두 번째에 위치하고 있는 지류이다.

두 나라의 국경회담에 있어서 가장 문제가 되었던 것은 토문강의 위치이다. 청은 정계비가 놓여 있는 곳은 그 동쪽이 토문강원이 되는 토문건구이고, 그 서쪽이 압록강원인데도 불구하고 토문강이 두만강이라고 고집하였다. 두만강원은 백두산 봉우리에서 가장 가까운 곳이 동남으로 70리로서 여러 등성이를 지나서 발원하므로 그 방향도 틀린다.

앞에서 살펴본 바와 같이 백두산정계비의 법적 성격은 토문강이 원래의 발음대로 표기된 실제의 강이라고 보는 한국측 입장과 토문강이 두만강의 토문강이라는 중국측 입장이 대립된다. 즉, 백두산정계비의 해석은 국경조약상의 지명의 착오에 의해 조약당사국의 의도와 다른 지명으로 표기되었는지 여부의 문제로 귀착된다. 착오의 존재에 관한 입증책임은 이를 주장하는 중국측에 있다.

백두산정계비를 국경조약으로 인정하는 경우 조선과 청이 맺은 국경조약으로 양국간 국경협약의 출발점이 된다. 백두산정계비에 의한 범위를 적극적으로 해석하면, 경계는 서쪽의 경우 압록강, 동쪽은 토문강 이북 지역으로 동간도지역과 연해주지역이 포함되지만, 백두산 천지는 청에 포함된다.[8)]

이와 비슷한 지도는 조선말의 한국지도가 있다. 이 지도는 로마교황청이 1920년과 2004년에 프랑스 파리의 외방정교회가 발행한 한국의 카톨릭(Catholicism en Coree)에 실려 있는데 '주후(主後, 서기) 1824년 9월 9일(순조 24년)… 로마교황 그레고리오 16세 조선교구 제정'이란 부제가 붙어있다. 지도 오른쪽에 해설과 자료출처가 기록되어 있다.[9)] 국경선의 위치는 백두산정계비에 근거한 백두산-토문강-송화강-흑룡강-동해로 유입되는 지도에서 연해주를 뺀 지도와 흡사하다. 이 지도는 조선교구로 대구교구, 서울교구, 원산교구, 간도 길림 등으로 나누며 원산교구는 연길 목단강북단, 하바로브스크 접경까지, 동계는 우스리강까지 서북계는 승그리강으로 표시하고 있어 만주뿐 아니라 연해주까지 조선의 땅이었다는 사실을 증명하고 있다.

이 지도는 국제사법재판소에 증빙력있는 1차적 지도로 제출이 가능하다고 본다. 한국의 천주교 교구를 설명하기 위해 만든 지도이지만 원산교구 선교사가 한반도 이북의 땅을 관할하고 있다는 내용을 지도에 표시한 것을 보면 한국의 영토안에서 선교사업의 지도로 볼 수 있다.

---

8) 그러나 목극동이 정계시 그린 지도에 서북쪽 강줄기의 머리에 鴨綠江原 4자를 기재한 것과 김지남이 『북정론』에 기록한 내용으로 볼 때, 백두산 천지가 조선 땅이라는 주장이 최근 제기되었다. 김지남 외 저·이상태 외 역, 1998, 백두산답사기, 서울, 혜안, pp.92~135.

9) 한반도 괴지도의 비밀, 주간조선 2003년 08월 07일자 1765호 참고.

▲ 1924년 파리 외방선교회에서 발행한 한국지도

이러한 판단 아래 토문-송화-흑룡강설에 의한 경계점의 독취는 지형도상에서 백두산정계비와 토문강에 이르는 주요지점과 송화강에서 흑룡강의 중간 경계선의 좌표를 독취하였다. 백두산정계비에서 토문강까지의 경계선은 토퇴·석퇴의 흔적으로 추정되는 지점과 경계지점으로 적합한 지형·지물에 대한 지점의 좌표를 독취하였다. 그 다음부터는 토문강과 송화강을 만나게 되고 계속 강줄기를 따라 가다가 유조변책설의 서란舒蘭과 만나는 지점이 된다. 이어지는 북쪽의 경계선과 동해-두만강-백두산정계비에 이르는 지점은 유조변책설과 동일한 지점의 좌표를 사용하였다. 토문-송화-흑룡강설에 의한 4극점의 위치는 다음과 같다.

동쪽 끝은 북위 43도 09분 13초, 동경 141도 32분 41초이며, 서쪽은 북위 45도 11분 55초, 동경 124도 43분 25초이다. 남쪽 끝은 북위 42도 01분 25초, 동경 128도 16분 11초로 서해 무인도 제방 끝 지점이다. 북쪽은 북위 53도 20분 56초, 동경 139도 50분 59초이다. 토문-송화-흑룡강설에 의한 북방영토의 4극점에 관한 지금까지의 설명을 그림으로 나타내면 〈표 18〉과 같다.

표 18 토문-송화-흑룡강설에 의한 북방영토의 4극점

구분	B	L	X	Y
동	52도 09분 13초	141도 32분 41초	2,173,196.319	1,692,621.059
서	45도 11분 55초	124도 43분 25초	1,301,953.028	521,157.020
남	42도 01분 25초	128도 16분 11초	947,493.053	805,146.794
북	53도 20분 56초	139도 50분 59초	2,283,100.090	1,553,5111.142

자료 : Google Earth의 위성영상자료 참고작성.

토문강설에 의한 위치

여기에서는 토문강설에 의한 북방영토의 위치를 확정하기로 한다. 앞에서 살펴본 바와 같이 토문강설은 백두산정계비상의 토문의 해석이 중요하다. 백두산정계비상의 토문은 국경조약의 해석방법에 따라 정계비의 설립 과정과 당사국의 의도를 검토하여 결정하여야 한다.

조약의 해석에 있어서 가장 중요한 것은 조약문 자체의 엄격한 해석이다. 중국은 백두산정계비의 해석과 관련하여 한국이 주장하는 토문강은 송화강의 지류인 황화송화구자黃花松花溝子로서 북류하므로 동류하고 있는 두만강이 정계비상의 토문강이 되어야 한다고 주장한다. 이러한 중국측 주장은 서위압록이라는 표현과 함께 해석할 경우, 동위토문은 국경을 구성하는 강의 방향을 정하는 것이 아니라, 백두산의 동쪽에서는 '토문강을 국경으로 한다.'는 의미로 해석해야 한다. 따라서 백두산 정계비상의 동위토문을 엄격하게 해석하면 토문강은 실제로 존재하는 토문강이 되어야 한다. 이렇게 해석할 경우 동간도 일원이 우리 땅이 되는데 이와 비슷한 지도는 대한신지지부지도大韓新地志附地圖를 포함하여 여러 종류가 있다. 이 지도는 1907년도에 제작된 축척 350만분의1 지도로 동간도 일부가 함경북도에 포함되어 있다. 그리고 1908년 11월 17일 현공겸玄公兼이 발행한 1000만분의1 지도 대한제국지도에 의하면, 간도지역 중 해란하 이남이 한국령으로 나와 있다.

이 지도는 세로 37㎝, 가로 26.5㎝ 칼라판으로 지리부도에 수록되어 있었는데 조선총독부가 금서처분을 내린바 있다.[10]

이와 거의 동일하게 해란하 이남이 대한제국 시기까지 우리 영토이었음을 보여주는 지도로는 압록강연혁약도鴨綠江沿革略圖가 있다. 1909년 4월 15일 제작된 이 지도는 간도협약이 체결되기 전에 작성된 것으로 재청국 특명전권공사 이집원언길伊集院彦吉이 외부대신 소촌수태랑小村壽太郎에게 보내는 보고서 말미에 있었던 지도이다.[11]

10) 신영기, 1993, 간도는 우리 땅이었다, 헌정, 제139호.

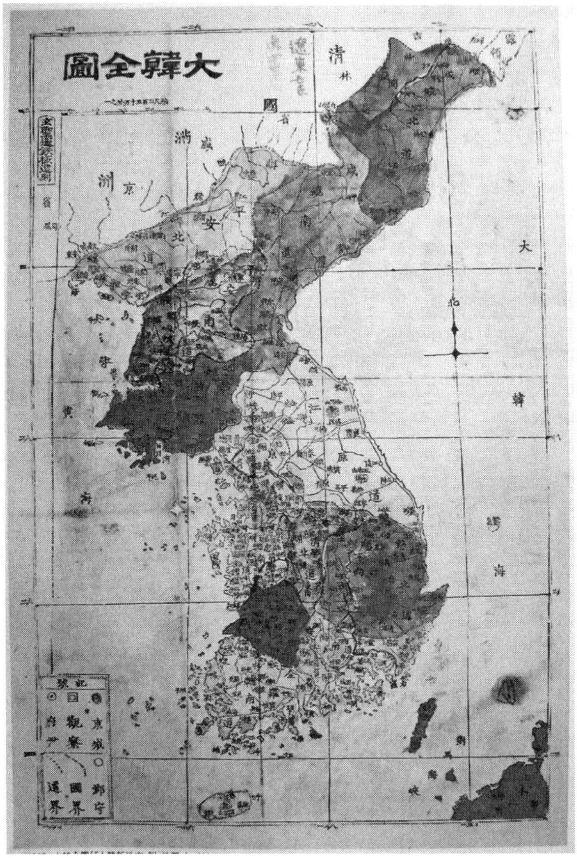

▲ 1907년 대한제국 지도(영남대학교 소장)

이러한 판단 아래 토문강설에 의한 경계점의 독취는 지형도상에서 백두산정계비와 토문강에 이르는 주요지점과 동간도의 외곽 경계선의 좌표를 독취하였다. 백두산정계비에서 토문강까지의 경계선은 토문-

11) 한국출판문화원 편, 1989, 한국침략사료논총, 제20권, p.211.

송화-흑룡강설과 마찬가지로 토퇴·석퇴의 흔적으로 추정되는 지점과 경계지점으로 적합한 지형 · 지물에 대한 지점이 된다. 그 다음부터는 송화강-안도현 경계지점-연길시 경계지점-도문시 경계지점-두만강을 연결하는 지점이 된다. 토문강설에 의한 4극점의 위치는 다음과 같다.

동쪽 끝은 북위 43도 10분 36초, 동경 130도 09분 51초이며, 서쪽 끝은 북위 42도 43분 38초, 동경 127도 50분 28초이다. 남쪽 끝은 북위 42도 01분 25초, 동경 128도 16분 11초이며, 북쪽 끝은 북위 43도 25분 11초, 동경 128도 56분 15초이다. 토문강설에 의한 북방영토의 4극점에 관한 지금까지의 설명을 그림으로 나타내면 〈표 19〉와 같다.

표 19 토문강설에 의한 북방영토의 4극점

구분	B	L	X	Y
동	43도 10분 36초	130도 09분 51초	1,079,649.034	957,246.237
서	42도 43분 38초	127도 50분 28초	1,025,205.070	268,879.518
남	42도 01분 25초	128도 16분 11초	947,493.053	805,146.794
북	43도 25분 11초	128도 56분 15초	1,103,609.897	856,888.775

자료 : Google Earth의 위성영상자료 참고 작성.

2. 북방영토 크기 확정

여기에서는 북방영토의 크기를 확정한다. 북방영토의 크기는 유조변책설에 의한 크기와 토문-송화-흑룡강설에 의한 크기, 토문강설에 의 한 크기를 산출하였다. 유형별 크기는 위치와 모양에 따라 다르게 나타난다. 유형에 따라 위치와 경계점의 좌표가 결정되면 면적을 수학적인 방법에 의하여 좌표계산으로 산출할 수 있는데 크기가 동일하더라도 모양이 다르면 토지에 대한 가치와 권리의 범위도 상당한 차이를 보이게 된다. 북방영토의 크기는 모양에 따라 동간도, 서간도, 북간도, 연해주지역으로 구분하여 면적을 산출하기로 한다.

유조변책설에 의한 크기

여기에서는 유조변책설에 의한 북방영토의 크기를 확정하기로 한다. 유조변책설에 의한 면적은 639,952.7㎢로 산출되었다. 지역별로는 연해주 지역은 313,573.3㎢, 북간도지역은 228,456.5㎢, 동간도지역은 15,287.0㎢, 서간지역은 82,635.9㎢이다. 이 면적은 유정갑이 북방영토론에서 제기한 만주지역 면적 802,100㎢보다는 적지만, 김득항이 백두산과 북방강계에서 제기한 레지선 면적 25,800㎢에 비하면 24.7배 정도 크다. 필자가 "우리나라 북방영토의 경계획정에 관한 연구"에서 발표한 북방영토 면적 696,829㎢ 보다 다소 적다. 이는 심·요지역의 유조변책 서쪽지역 면적을 제외하였기 때문이다.

북방영토를 포함한 우리나라 전체의 면적은 845,899.2㎢가 된다. 한반도의 3.8배 정도 크기이며, 남한의 8.6배 크기이다. 우리가 알고 있는 간도지역 면적 41,000㎢의 20.6배에 해당된다.[12] 유조변책설에 의한 북방영토의 면적에 관한 지금까지의 설명을 그림으로 나타내면 〈표 20〉과 같다.

---

12) 북방영토의 면적은 한반도의 면적이 제주도와 도서지방을 제외하고, 221,301㎢로 산출되어 실제 면적 221,336㎢의 99.98% 일치하는 것으로 보아 매우 정확하게 산출된 것으로 평가할 수 있다.

표 20 유조변책설에 의한 북방영토의 면적

지 역	면적 및 경계선 둘레	
	면 적(㎢)	경계선 둘레(㎞)
합 계	639,952.7	7,603.1
연 해 주	313,573.3	4,008.1
서 간 도	82,635.9	2,160.2
북 간 도	228,456.5	3,151.1
동 간 도	15,287.0	802.3
북 한	122,794.4	2,435.1
남한(도서 제외)	98,438.7	1,791.2

자료 : Carback시스템 활용 작성.

토문-송화-흑룡강설에 의한 크기

여기에서는 토문–송화–흑룡강설에 의한 북방영토의 크기를 확정하기로 한다. 토문–송화–흑룡강설에 의한 면적은 557,316.8㎢로 산출되었다. 연해주 지역은 313,573.3㎢, 북간도지역은 228,456.5㎢, 동간도지역은 15,287.0㎢이다. 이 면적은 유정갑이 북방영토론에서 제기한 만주지역 면적 802,100㎢보다는 적지만, 김득항이 『백두산과 북방강계』에서 제기한 레지선 면적 25,800㎢에 비하면 약 21.6배 정도 크다. 조병현·이범관이 발표한 북방영토 면적 696,829㎢ 보다는 다소 적다.

북방영토를 포함한 우리나라 전체의 면적은 763,263.3㎢가 된다. 한반도의 3.5배 크기이며, 남한의 7.8배 이다. 우리가 알고 있는 간도지역 면적 41,000㎢의 18.6배에 해당된다. 토문–송화–흑룡강설에 의한 북방영토의 면적에 관한 지금까지의 설명을 그림으로 나타내면 〈표 21〉과 같다.

표 21 토문-송화-흑룡강설에 의한 북방영토 면적

지 역	면 적 및 경계선 둘레	
	면 적(㎢)	변 장(㎞)
전 체	557,316.8	8,118.1
연 해 주	313,573.3	4,008.1
북 간 도	228,456.5	3,151.1
동 간 도	15,287.0	802.3
북 한	122,794.4	2,435.1
남한(도서 제외)	98,438.7	1,791.2

자료 : Carback시스템 활용 작성.

토문강설에 의한 크기

여기에서는 토문강설에 의한 북방영토의 크기를 확정하기로 한다. 토문강설에 대한 면적은 15,287.0㎢로 산출되었다. 이 면적은 김득항이 백두산과 북방강계에서 제기한 레지선 면적 25,800㎢의 59.3% 정도에 해당된다. 우리가 알고 있는 간도지역 면적의 41,000㎢의 37%에 해당된다. 토문강설에 의한 북방영토의 면적에 관한 지금까지의 설명을 그림으로 나타내면 〈표 22〉와 같다.

표 22 토문강설에 의한 북방영토 면적

지 역	면 적 및 경계선 둘레	
	면 적(㎢)	변 장(㎞)
동 간 도	15,287.0	802.3
북 한	122,794.4	2,435.1
남한(도서 제외)	98,438.7	1,791.2

자료 : Carback시스템 활용 작성.

3. 북방영토 모양 확정

여기에서는 북방영토의 모양을 확정한다. 북방영토의 모양은 앞의 범위확정과 연계하여 유조변책설에 의한 모양과 토문-송화-흑룡강설에 의한 모양, 토문강설에 의한 모양을 각각 확정하기로 한다. 유형별 모양은 경계선의 위치와 크기, 변장의 길이에 따라 다르게 나타난다. 유형에 따라 모양이 확정되면 폐다각형의 모양을 갖게 된다.

유조변책설에 의한 모양

여기에서는 유조변책설에 의한 북방영토의 모양을 확정하기로 한다. 유조변책설에 의한 북방영토의 모양은 연해주지역, 북간도지역, 동간도지역, 서간도지역 등 4개 지역으로 구성되어 있다.

연해주지역은 우수리강과 흑룡강, 동해에 둘러싸여 있다. 북간도지역은 중국의 흑룡강성과 길림성에 걸쳐 있으며, 백두산정계비에서 토문강-송화강-흑룡강-우수리강을 잇는 모양이다. 동간도지역은 토문강의 동쪽 지역과 두만강 이북 지역으로 재중동포가 집단적으로 거주하는 지역과 유사하며, 면적이 제일 작다. 이곳은 대한제국 시기까지만 해도 우리나라 영토로 인식되고 있었다. 서간도지역은 중국의 요녕성 일부로 백두산정계에서 두만강-서해-유조변책-송화강-토문강을 있는 지역이다.

이 지역의 외곽 경계선은 주요지점 616점을 연결하여 거리를 산출한

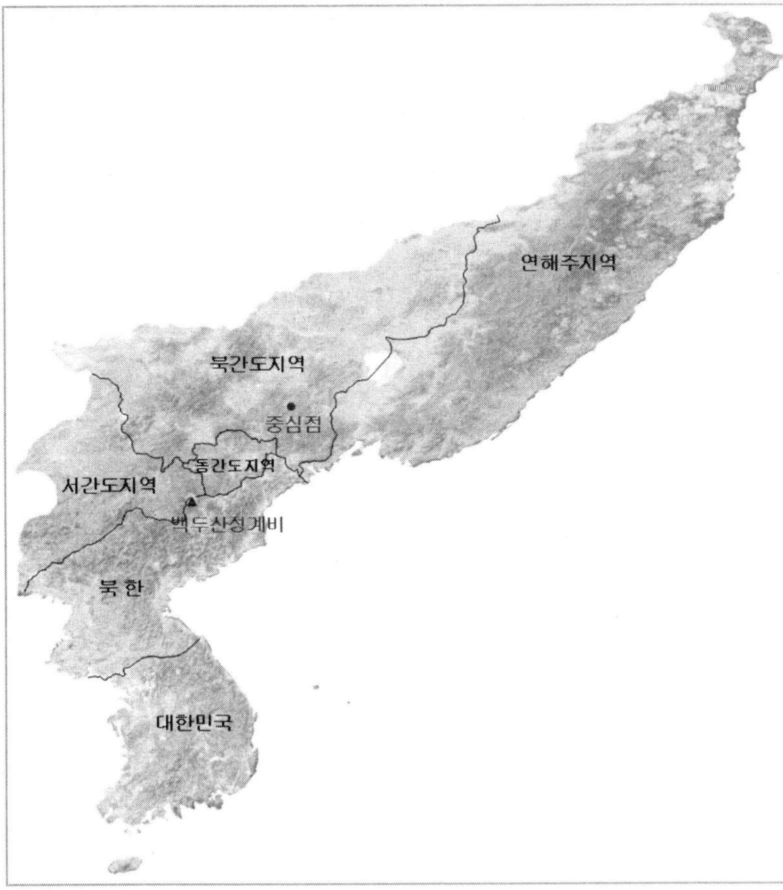

▲ 유조변책설에 의한 북방영토 지도

결과 외곽 경계선 총길이가 7,603.0㎞이다. 노변과 신변의 연장길이는 688.8㎞이며, 노변이 407.8㎞, 신변이 281㎞이다. 기록에 나타난 봉황성에서 위원보威遠堡까지 450㎞, 위원보에서 길림시의 북법특北法特의 동량자산東亮子山까지 345㎞와는 상당한 차이가 있다.

유조변책설에 의할 경우 우리나라 북방영토의 정중앙점은 북위 44도 07분 55초, 동경 130도 38분 30초로서 동간도지역과 연해주지역이 만나는 최남단 지점인 중국 흑룡강성 동우현으로부터 약 40㎞ 떨어진 지점이다. 정중앙점은 국토회복의 꿈과 희망의 상징으로 활용될 수 있다. 일본 미국 등에서도 정중앙점을 배꼽도시로 지정하여 관광 상품화, 도시 브렌드 가치제고, 지역발전의 동력으로 활용하고 있다.[13] 유조변책설에 의한 우리나라 영토의 정중앙점에 관한 지금까지의 설명을 그림으로 나타내면 〈표 23〉과 같다.

표 23 유조변책설에 의한 우리나라 영토의 정중앙점

극 점	B	L	고 도
정중앙점	44도 07분 55초	130도 38분 30초	379m

자료 : Gothic 활용 작성.

토문-송화-흑룡강설에 의한 모양

여기에서는 토문-송화-흑룡강설에 의한 북방영토의 모양을 확정하기로 한다. 토문-송화-흑룡강설에 의한 북방영토의 모양은 연해주지역, 동간도지역, 북간도지역 등 3개 지역으로 구성되어 있다.

유조변책설에 의한 모양에서 서간도지역을 제외한 모양이다. 이 모양

13) 한반도의 정중앙점은 강원도 양구군 남면 도촌리이며, 경위좌표는 북위 38도 03분 37.5초, 동경 128도 02분 02.5초, 표고 387.13m이다. 필자는 2005. 12. 9일 국토중앙개발추진위원회와 강원도민일보가 주최한 국토정중앙 가치제고 및 활용 심포지엄에서 "지적재조사사업의 필요성과 지적기준점" 에 관한 논문을 발표하여 국토정중앙점의 지능화와 유비쿼터스 GPS 상시관측소 설치방안을 제시하였다. 강원도민일보 2005. 12. 10 참조.

은 백두산정계비에 의한 모양으로 알려져 있는 것과 거의 유사하다.

▲ 토문-송화-흑룡강설에 의한 북방영토 지도

이 지역의 외곽 경계선은 총 연장길이가 8,118.0㎞이다. 북방영토의 정중앙점은 북위 44도 07분 13초, 동경 130도 59분 48초이다. 토문-송화-흑룡강설에 의한 우리나라 영토 정중앙에 관한 지금까지의 설명을 그림으로 나타내면 〈표 24〉와 같다.

표 24 토문-송화-흑룡강설에 의한 우리나라 영토 정중앙점

구 분	B	L	X	Y
중심점	44도 07분 13초	130도 59분 48초	1,187,384,000	1,019,888,000

자료 : Gothic 활용 작성.

토문강설에 의한 모양

여기에서는 토문강설에 의한 북방영토의 모양을 확정하기로 한다. 토문강설에 의한 북방영토의 모양은 1개 지역으로 구성되어 있다.

두만강 대안의 동간도지역이 해당된다. 경계선은 북한과 중국의 국경표지 9번과 10번 사이와 토문강이 만나는 지점부터 시작하여 송화강-안도현 경계지점-연길시 경계지점-도문시 경계지점-두만강을 연결하는 지역이다. 동간도지역은 백두산과 두만강 건너 연변조선족자치주가 위치한 동북3성 일부를 포함하는 지역으로 동으로는 연해주지역을, 서로는 서간도지역과 맞닿아 있다.

실제로 이 지역은 조선의 백성들이 가장 많이 개간하여 정착한 지역으로 무주지 선점이론에 의하더라도 우리 영토로 주장할 수 있는 지역이다. 특히, 동간도지역은 현재 연변조선족자치주에 속해 있기 때문에 우리 정부가 최우선적으로 관리해야 하는 지역이다. 이 지역의 외곽 경계선은 총 연장길이가 3,995.0㎞이다.

북방영토의 정중앙점은 북위 38도 01분 44초, 동경 127도 25분 13초이며, 강원도 화천군에 해당된다.

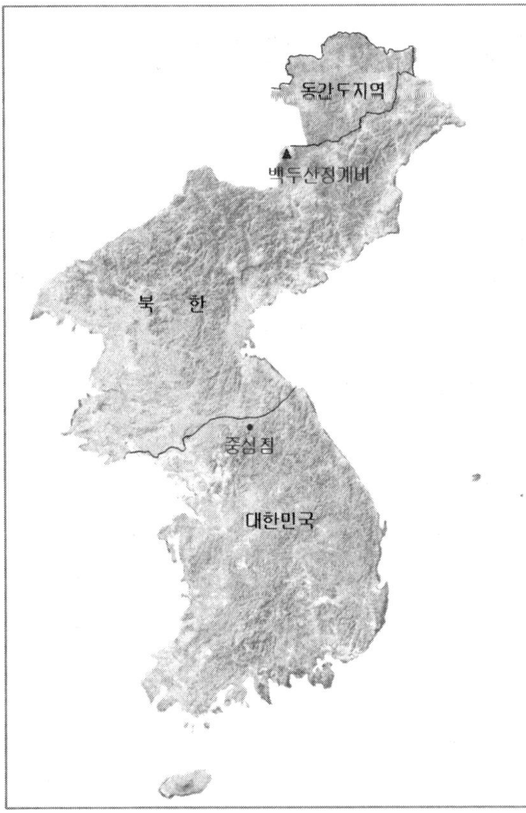

▲ 토문강설에 의한 북방영토 지도

토문강설에 의한 우리나라 영토 정중앙점에 관한 지금까지의 설명을 그림으로 나타내면 〈표 25〉와 같다.

표 25 토문강설에 의한 우리나라 영토 정중앙점

구 분	B	L	X	Y
중심점	38도 01분 44초	127도 25분 13초	503,288.000	736,897.000

자료 : Gothic 활용 작성.

제9장 북방영토의 소유권 확보 방안

이 장은 북방영토의 소유권 확보에 대하여 다루고 있다. 사실상 북방영토의 소유권 회복에 대한 전망이 그리 낙관적인 것만은 아니다. 우리의 영토를 찾기 위해서는 국력 신장이 우선되어야 하나, 우리가 국력을 배양하드라도 중국과 러시아를 극복해야 하기 때문에 영토의 물리적 확장은 어려울 수 있다. 그렇다고 전혀 불가능한 것은 아니다. 남·북한 통일과 중국내 소수민족의 독립, 러시아연방과 마찬가지로 중국의 정치적 체제가 변화하면 기회가 올 수 있다. 이러한 기회에 대비하여 지금부터 북방영토에 대한 소유권 확보방안을 전략적으로 수립하여야 한다. 먼저, 북방영토에 대한 법적권리 주장의 당사자를 살펴보고, 정부의 간도협약 무효 선언과 통지의 필요성을 설명한다. 그리고 국제사법재판소 회부를 준비하면서 잠재적 소유권을 확보하는 방안을 제시할 것이다.

1. 소유권 주장의 당사자

여기서는 북방영토에 대한 소유권을 주장하기 위하여 법적 당사자에 대하여 살펴보기로 한다. 역사적으로 볼 때, 북방영토의 소유권에 대하여 조선과 청국이 200여년 동안 분쟁이 계속되었다. 북방영토에 대한 소유권 관계는 일제강점기와 해방, 한반도와 중국의 분할, 한국과 중국의 국교수립을 거치면서 더 복잡해 졌다. 여기에서는 북방영토에 대한 법적 권리를 한국입장을 중심으로 남·북한 분단 이전과 이후, 한국·

중국의 수교 이후로 구분하여 구체적으로 설명하고 있다.

조선시대부터 대한제국시기까지의 법적권리는 당연히 조선과 조선을 승계한 대한제국에 있다. 그러나 1905년의 을사늑약과 1910년의 한일합방조약 등 일련의 침략조약에 의해 대한제국은 일본에 병합되었다. 그러나 이들 조약들은 조약체결권자(treaty- making power)가 강박에 의해 체결된 것이므로 그 당시의 국제법에 의해서도 무효이다. 조약은 당사자 쌍방의 합의가 진정한 합의인 경우에 유효한 조약으로 성립한다. 그러나 조약체결의 합의에 사기, 강박 또는 착오가 있으면 그 조약은 무효이다. 을사늑약 체결과 관련하여 기밀비 10萬圓을 책정하여 고종 및 정부대신에게 뇌물을 공여한 사실을 확인할 수 있다.[14] 조약체결 당시에도 조약체결권자 개인에게 강박을 가하여 강제적으로 합의된 조약은 하자있는 조약으로서 무효가 된다는 국제법 이론도 성립되어 있었다.

그리고 "1910년 8월 22일 또는 그 이전에 대한제국과 일본국간에 체결된 모든 조약 및 협약이 이미 무효임을 확인한다."는 한일기본관계에 관한 조약 제2조의 규정에 의하여 1910년의 조약은 이미 무효이므로 효력이 없다.

---

14) 기밀비 집행내역은 다음과 같다.
高宗 : 2萬圓. 11月 11日(無記名 預金證書로 하여 沈相薰으로 하여금 宮中에 전달)
李夏榮 : 三千圓. 11月 16日. 法部大臣
李址鎔 : 五千圓. 11月 22日. 內部大臣
李根澤 : 五千圓. 11月 22日. 軍部大臣
李完用 : 一萬圓. 11月 22日. 學部大臣
朴薺純外二大臣 : 一萬五千圓(支給豫幀)
具完喜 : 三千圓. 侍從

그러므로 일제강점기 시기의 법적 권리는 간도협약에 의해 일본으로 넘어 간 것이 아니라, 조선의 정부를 승계한 대한제국 또는 대한민국 임시정부에 계속적으로 발생된다. 따라서 대한제국의 국가의 동일성·계속성에 의하여 법적 권리는 간도협약의 무효에 따른 법적 당사자의 회복에 의해 당연히 대한제국에 있다. 따라서 북방영토 소유권의 법적 권리는 대한제국 혹은 대한민국 임시정부가 된다.

남·북한 분단 이후 법적 권리는 한반도의 분단으로 복잡하게 되었다. 대한제국은 1945년 8월 15일 일본의 패망으로 해방되었지만, 38선을 경계로 이북은 소련군이, 이남은 미군이 일본군의 무장해제를 위해 진주하여 분단되었다. 실제 한반도의 분단은 1945년 8월 11일 미군 중령 '러스크(Dean Rusk)'가 지도를 보고 38선을 그어 버린 것에서 출발한다. 미국은 이를 1945년 8월 14일 소련에 통보하였다. 그는 한국은 물론, 소련이나 어떤 나라와의 상의도 없이 독단적으로 선을 그은 것이며, 후에 소련이 동의하여 지리적 분단이 확정되었다. 그리고 1945년 8월 15일 미군정 일반명령 1호로 공표되었다. 이러한 미국의 38선 분단의 이전에는 카이로 회담에서 미국의 루즈벨트, 영국의 처칠, 중국의 장개석이 모여 적당한 시기에 한국을 해방시키며 독립시킬 것을 결의하였고, 1945년 7월 26일 포츠담 선언에서도 재확인 하였다. 영국은 제2차 세계대전 후에도 당시 갖고 있던 식민지들을 유지하기 위해 조선의 독립을 당장 허용하는 것에 반대하였다.[15]

15) 당시 영국에게는 인도가 식민지로서 너무나도 탐스러운 것이어서 도저히 포기할 수 없었다. 그래서 적당한 시기란 말이 삽입되었는데 적당한 시기란 수년~수십 년의 신탁통치를 거친다는 의미이다. 그리고 실제로 남북 분단 후에 신탁통치를 하려 하였으나, 반대에 부딪히자 남·북한 미소군정을 실시하는 것으로 대체하였다.

미·소 군정 당국은 신탁통치 후 독립이라는 과도기를 상정하였으나, 반발에 부딪혀 포기하였다. 이후 유엔은 1947년 제2차 총회에서 한반도 전역에서 통일된 한국 정부수립을 위한 총선거를 결의하였다. 1948년 1월 소련 군정이 거부하고, 유엔 한국임시위원단의 북한지역 출입을 막음으로써, 유엔 소총회는 유엔의 감시가 가능한 지역에서의 선거 실시를 결의하였다. 이에 따라 남한에서 유엔 감시하의 총선거가 실시되고 1948년 8월 15일에는 대한민국이 건국되게 되었다. 북한에서는 1948년 9월 9일 김일성에 의해 '조선민주주의 인민공화국'을 선포함으로 정치적 분단을 가져오게 되었다.[16]

한반도에 2개의 정부가 수립되어 결국 이 문제는 국제연합에 이관되었고, 1948년 12월 12일 대한민국을 유일합법정부로 승인하였다. 정부의 승인은 국가의 승인을 의미하지는 않지만, 대한민국은 국제법상 법인격이 회복된 대한제국을 그대로 승계하였다. 이로 인해, 한반도에는 대한민국 1개의 국가가 존재하게 되었으며, 북한은 국가성이 부인되었다. 북한지역은 사실상 정부인 북한 정권에 의해 통치권이 행사되고 대한민국의 통치권 행사가 사실상 제한된 지역에 불과한 것이다. 일본으로부터 독립된 대한제국의 지위가 1948년 8월 15일 수립한 남한정부에 승계되었기 때문에 남한이 정부의 변경에 의한 국가가 된다. 따라서 남한정부는 중앙적 법률상의 정부(center de jure government)이고, 북한정부는 지방적 사실상의 정부(local de facto government)인 것이

16) 당시 조선의 공산주의자들은 소련 공산당의 국제공산주의 영도력을 인정하였기에, 조선공산당의 지도자로 소련이 많은 쟁쟁한 독립운동가들을 물리치고 젊은 김일성을 낙점하자 이에 반대하지 않았다.

다. 그러나 현실적으로 북방영토와 국경을 접하고 있는 것은 북한이고, 북한이 북한지역을 사실상 지배 통치하고 있으므로 북한이 법적 권리가 있다는 주장도 제기되고 있다.

그렇지만 대한민국 헌법에는 "대한민국의 영토는 한반도와 그 부속 도서로 한다" 고 규정하고 있으므로 헌법적으로 북한지역은 대한민국의 영토이다. 이 규정은 대한민국 영역의 한계를 규정한 것일 뿐만 아니라, 한반도 문제와 관련하여 시사적인 의미를 갖는다. 대한민국의 통치권은 현재 휴전선 이남에서만 실효적으로 행사할 수 있고, 그 이북에는 미치지 못하고 있다. 그럼에도 "대한민국의 영토는 한반도와 그 부속도서로 한다."고 선언하였다. 대한민국 영토를 한반도와 그 부속도서로 명시한 것은 우리나라 영토의 지리적·역사적 개념으로서 대한민국이 구한국시대의 국가영역 위에 건립되었음을 밝히는 것이다.[17]

이러한 주장에 대해 여러 가지 학설이 있지만 헌법재판소는 유일합법정부론을 고수하고 있으며, 대법원도 북한은 국가보안법상의 반국가단체로 보고 있다.[18] 한편, 북한의 유엔가입, 김대중 대통령의 북한 방문 등에 비춰볼 때 북한은 국가이고, 그 기반으로서 영토와 주민을 인정하는 견해도 있다.[19]

---

17) 대한민국 헌법에 규정된 영토조항의 한반도는 어디에서부터 어디까지 지칭하는 것인가? 영토의 범위를 헌법에서 정확히 명시하기가 어려운 것이기 때문에 헌법에 영토조항을 둔 것은 제정경위에 비추어 볼 때, 한반도의 범위는 "간도를 포함한 고유한 우리 영토 전체를 나타내 주는 것"이라는 주장도 있다.

18) 김민배, 북한토지의 효율적 활용을 위한 법적·제도적 과제, 한국토지공사 홈페이지(http://www.iklc.co.kr). 2007년 5.15일 검색.

19) UN총회 결의 제195조에 의하면 대한민국은 UN 위원단의 활동이 가능했던 3.8선 이남 지역에 대해서만 유효한 통치와 관할권을 갖는 합법적인

1992년 한국과 중국이 공식적으로 수교함에 따라 한반도에는 다시 두개의 국가가 존재하게 되었다. 즉, 한・중 수교 이후에 있어서 남한의 지위는 대륙중국과의 관계에 있어서 남한이 한반도를 영토로 하는 국가라고 중국에 대해 주장할 수 없고, 단지 남한 영역만을 영토로 하는 국가라고 말할 수 있다. 왜냐하면, 한국은 중국이 북한을 국가로 승인하고 있음을 알면서 중국과 수교관계를 맺은 것은 한반도에는 두 개의 국가가 존재한다는 것을 인정한 것이 된다. 한・중 수교 공동성명 제3항에서 한국은 중국 정부를 중국의 유일한 합법정부로 승인하고 중국은 오직 하나의 중국만이 있다고 선언했다. 그러나 중국으로부터 한국정부는 한반도의 유일합법정부라는 승인이라든가 한반도에는 오직 하나의 국가만이 있다는 선언을 받지 못했다. 따라서 중국과의 관계에 있어서 한국정부는 남한영역만이 합법정부이며, 북한정부는 북한영역만을 영토로 하는 합법정부가 되는 것이다. 한・중 수교 이후 간도지역의 법적 권리는 수교이전의 남·북한 관계와 마찬가지로 한반도에 두 개의 국가가 존재하지만 한국이 된다. 연해주지역의 법적 권리는 당연히 러시아가 된다.[20]

정부라고 명시되어 있으며, UN은 3.8선 이북 지역을 대한민국의 영토로 인정하지 않는다. 더구나 북한은 이미 100여개 이상의 국가와 수교를 맺고 있고 1991년에는 남한과 동시에 UN에 가입했다. 국제 정치무대에서 남한과 북한은 연관성이 없는 독자적인 나라로 인정하고 있다.

20) 남북회담사무국, 1998, 통일이후 간도지역 회복에 관한 법적 연구, 북한 및 통일연구 논문집 참고작성, 남북회담본부 홈페이지(http://www.dialogue.unikorea.go.kr). 2007년 11월 5일 검색.

2. 중국정부에 간도협약 무효 통지

여기에서는 북방영토의 소유권 확보 방안으로 우리 정부의 간도협약 무효 선언에 대하여 살펴보기로 한다. 앞에서 언급한 바와 같이 중국과 북한이 이미 국경조약을 체결하여 압록강 두만강을 경계로 삼고 있는 상황에서 간도지역을 우리 소유라고 주장하는 것은 찾지도 못하면서 중국을 자극한다는 반대도 있지만, 엄연히 간도협약이 무효이므로 정부는 이에 대한 조치를 취해야 한다. 단기적으로는 소유권 범위를 확정하고 단계별로 소유권을 주장하는 시나리오에 대하여 구체적으로 설명하고 있다.

소유권 범위 확정 및 통지

여기에서는 북방영토의 소유권 범위 확정 및 통지에 대하여 살펴보기로 한다. 소유권이 미치는 범위는 북방영토의 경계선의 위치와 밀접한 관련이 있다. 경계선의 위치에 따라 범위가 달라지기 때문이다. 18세기 초반부터 1910년까지 외국에서 제작된 100여점의 지도에 간도지역이 우리영토로 표시되어 있다. 그러나 지도마다 경계선의 위치가 다르게 나타나 있다.[21] 정부에서는 간도협약의 무효 통보와 함께 빠른 시

21) 간도지역의 경계선을 '레지(Regis)線', '당빌(D'Anville)線', '본느(Bonne)線'으로 구분하고 있다. 건설교통부 국토지리정보원, 2007, 외국 고지도에 표현된 우리나라 지도 변천과정 연구, pp.154~169. 간도지역의 경계선을 이와 같이 구분한 것은 이돈수박사가 간도학보 창간호에 기고한 논문에서 처음으로 제시하였다. 이돈수, 2004, 18세기 서양지도 속에 나타난 북방영토, 간도학보 창간호, 한국간도학회, pp.252~260.

간에 북방영토의 범위를 공식적으로 발표하여야 한다. 그러나 정부는 2011년도 국정감사에서도 2004년과 마찬가지로 간도협약에 대한 타국 통지계획에 대하여 공식적인 입장을 내 놓았다. '간도협약에 대한 공식적 입장을 타국에 통지하는 문제는 한중 양국 관계 및 간도문제 전반에 미치는 영향을 감안하여 신중히 검토해 나가야 할 사안이라고 본다.'고 밝혔다.[22] 한편, 북방영토의 범위는 본 연구에서 3개 지역의 범위를 제시하였는데 가능하면 우리가 주장할 수 있는 최대한의 범위를 채택하여야 한다. 유조변책설에 의한 범위는 동간도지역과 북간도지역, 서간도지역, 연해주지역을 포함하고 있어 가장 면적이 넓다. 토문-송화-흑룡강설에 의한 범위는 동간도지역를 포함한 북간도지역이 되며, 토문강설에 의한 범위는 동간도 지역으로 재중동포가 가장 많이 모여 사는 지역으로 면적이 가장 적다.

단계별 소유권 주장

여기에서는 북방영토에 대한 단계별 소유권 주장에 대하여 살펴보기로 한다. 영토분쟁에 있어서 어떤 사실이 영토적 근원의 증거로서 채택될 수 있는가를 결정하는 시간적 경계는 주요쟁점이 된다. 이 시간적 경계를 결정하는 시점이 결정적 시점이다.[23] 본 연구에서는 결

22) 김충환 의원실에서 2011년 10월 7일 요청하여 동북아3과 2100-7623호로 답변한 자료에 의거 작성하였다.

23) 국제법에서는 영토분쟁이 있을 때에 적용하는 판단규칙으로 "결정적 시점(Critical Date)"라는 것이 있다. 결정적 시점이란 영토주권의 존재가 결정적으로 확인되는 시점을 말하는데, 즉 특정 시점에 있어 누구에게 정당한 권원이 있는가를 확인하는 것이다. 결정적 시점이 정해지면 분쟁해결기관은 국가들이 경쟁적으로 실효적 지배를 강화함으로써 발생할 수 있는 무력충돌을 방지하기 위해 결정적 시점 이후의 사정은 고려하지 않는다.

정적 시점으로 백두산정계비 설치로 보았다. 북방영토에 대한 소유권을 국제사회에 주장할 경우 결정적 시점에 따라 단계별로 접근하는 카드를 적절히 활용할 수 있다.

1909년 9월 4일 청나라와 일본이 체결한 간도협약이 국제법 법리에 따르면 무효이기 때문에 그 이전의 상태인 1712년 백두산정계비 설치 상황으로 되돌아가서 백두산정계비의 유·무효성을 논의해야 한다. 백두산정계비가 국제법적으로 유효할 경우 토문-송화-흑룡강설과 토문강설에 근거한 범위를 주장할 수 있고, 무효일 경우 유조변책설에 의한 범위 주장이 가능해 진다. 백두산정계비의 무효성을 근거로 유조변책설에 의한 범위를 소유권 주장의 1차적인 범위로 확정할 수 있으며, 백두산정계비 비문내용이 유효할 경우 토문-송화-흑룡강설에 의한 범위 주장이 가능하다. 백두산정계비 비문내용이 유효하더라도 토문을 엄격하게 해석하여 토문강에 한정될 경우 그 이동지역인 토문강설에 의한 소유권을 주장할 수 있다. 토문강설에 의한 동간도지역에서 지적주권을 행사했음을 입증할 수 있으면 더욱 확실하게 주장할 수 있다.

따라서 본 연구에서 제시한 3가지 유형 중에서 결정적 시점 관점에서 가능한 최대한의 범위인 유조변책설과 토문-송화-흑룡강설, 토문강설에 의한 단계별 제시가 가능하다. 그렇지만 소유권 문제는 법적 문제인 동시에 정치적 문제이고, 영토의식의 문제이기 때문에 우리의 주장만 가지고 취득할 수 있는 것은 아니다. 영토취득과 관련한 국제

결정적 시점을 선택하는 기준에 관한 일반규칙은 없고, 구체적 사건마다 그 사정을 고려하여 결정하게 된다. 그리고 사례에 따라서는 결정적 시점을 이용하지 않기도 한다.

법의 일반원칙에 따라 전략적으로 국제사회에 지속적으로 주장해야 할 것이다.

3. 잠재적 소유권 확보 및 중재재판 대응

여기에서는 북방영토의 소유권 확보 방안으로 잠재적 소유권 확보 및 중재재판 회부 대응에 대하여 살펴보기로 한다. 앞에서 살펴본 단기적 관리방안과 함께 지금부터 북방영토에 대한 장기적 관리방안을 수립하여야 한다. 우리 영토인 북방영토에 대한 주장의 일관성과 중국과의 외교마찰 해소방안 마련을 서둘러야 한다. 이에 대한 방안으로 국제사법재판소 회부를 준비하면서 잠재적 소유권을 확보하는 방향을 분석하고 설명하고 있다.

새로운 영토관 확립과 잠재적 소유권 확보

여기에서는 북방영토의 소유권 확보 방안으로 새로운 영토관 확립과 잠재적 소유권 확보 방안에 대하여 살펴보기로 한다. 북방영토는 우리가 소유권을 직접 행사할 수 없기 때문에 실제 소유권 행사와 같은 효과를 가져 올 수 있는 방안을 모색하여야 한다. 여러 가지 방안을 검토할 수 있겠으나 필자의 판단으로는 잠재적 소유권 확보를 통한 새로운 영토관 확립이 필요하다고 본다. 새로운 영토관은 현실적 영토관에 대립적인 개념이다.[24] 현상유지를 전제로 현재 시점에서의 배타적

---

24) 새로운 영토관은 잠재적 영토관과 같은 의미이다. 현실적 영토관은 국가가 놓여진 상태에 있어서 현 상태의 세력 균형과 영토에 관한 현실적 상

국가관할권 유·무만을 영유권의 기준으로 삼고 있는 국제법적 영토 개념의 차원을 넘어서는 것이다.

오늘날 우리 국민은 영토의 물리적 확장과 간도회복에 부정적인 의견을 가지고 있다.[25] 영토와 국경 인식이 점점 희박해지고 있는 오늘의 추세에 비추어 볼 때 필요한 영토 개념이다.

지금까지 막연하게 단편적으로 주장만 제기해 왔던 소유권 회복문제에 정당한 이론적 근거로 우리 민족의 역사와 생활무대를 준영토적 의미로 적극 해석하는 '비정치적·생활권적 영토관'이다.[26] 생활권이란 미국의 코리아타운과 같이 다른 나라의 영토 내에서 정치, 경제, 문화 등 여러 방면에서 국제적 교류와 협력이 이루어져 생활과 문화가 유지

황을 뜻하므로 현상 유지적 개념이다. 따라서 존재적 개념이며, 실증과학적 개념이다. 안 천, 1994, 만주는 우리 땅이다, 서울, 인간사랑, pp.46~49.

25) 앞에서 설명한 이성환 교수의 여론조사 결과에 의하면 간도에 대해 알고 있느냐는 질문에 '들어본 정도'(45.3%), '처음 듣는다'(33%), '알고 있다'(21.7%) 순으로 인식했고, 간도가 어느 나라 땅이라고 생각하느냐는 질문에는 '한국 땅'(42.8%), '중국 땅'(30.8%), '한국과 중국 공동의 땅'(24.1%) 순으로 나왔다. 그리고 간도가 한국 땅이라면 되찾을 수 있을 것으로 생각하느냐는 질문에는 '되찾을 수 있다'(30%), '되찾을 수 없다'(69%), '모름'(1%) 순으로 응답해 국민들은 현실적으로 되찾기가 어려울 것으로 봤다.

26) 유정갑은 이를 『민족사적 생활영토론』으로 제시하면서 첫째, 다른 나라에 속해 있어 국제법적인 점유를 인정받지는 못해도 민족적, 문화적 공통성을 발견할 수 있는 지역이라면 자국의 생활권으로서 적극적으로 사고하되, 그러나 완전한 병합을 꾀해서는 안 된다는 것 둘째, 영토는 민족사적 사원지이자 민족의 주요 활동무대라는 역사성을 지니고 있다는 것 셋째, 생활권과 역사적 맥락이 동시에 충족되는 지역이 그 민족의 잠재적 영토로서 설령, 국제법상의 실효적인 주권행사가 이루어지지 않고 있을지라도 그 지역에 대한 추상적인 권원이 인정되기 때문에 그 지역을 회복하는 것은 정당하다는 것으로 요약된다.

되는 일정한 지역을 말한다.

이미 간도지역에는 조선족자치주가 설치되어 있기 때문에 인식만 전환하면 가능하다. 그러나 이 지역에 대해 자신들만의 집단적인 생활영역을 확보했더라도 완전한 영토로 병합할 수 없고, 우리의 영토라 할 수 없는 한계가 있다. 이러한 한계를 뛰어 넘어 경제적·문화적 일체성을 회복하여 언젠가는 우리 땅을 되찾겠다는 강력한 의지를 계속적으로 유지하면 된다.

'비정치적 · 생활권적 영토관'은 혈연, 언어, 전통과 관습, 종교 등의 동질성을 기반으로 성립된다. 이는 직접 영토로 편입할 수 없는 지역에 대한 소유권을 잠재적으로 확보하는 결과가 된다. 재중동포가 북방영토에 생활하고 있다는 것은 비록 정치적 · 법률적 차원은 아니지만, 생활권적인 차원에서 그 일부를 잠재적으로 회복하였다는 것과, 새롭게 민족의 생활영역이 확대된 것으로 인식만 전환하면 된다. 새로운 영토관은 현실적 영토관을 보완해 주고 도와주는 정신적 지표가 될 것이다.

국제사법재판소 중재재판 대응

여기에서는 북방영토의 소유권 확보 방안으로 국제사법재판소 중재재판 회부에 대응방안에 대하여 살펴보기로 한다. 북방영토는 아직까지 공식적으로 분쟁화 된 지역이 아니기 때문에 조속히 중국과 러시아에 소유권을 주장하고 협상에 나서야 한다. 청 · 일 간도협약은 제2차 세계대전 후 제국주의가 청산된 뒤에도 원래대로 환원되지 않은 유일한 조약으로 남아 있다. 중국은 동북공정을 통해 국가 주도로 자신의 국익에 유리한 이론화 작업을 추진하는데 비해 우리 정부는 외교적 마찰을 염려하여 회피만 하고 있는 실정이다.

따라서 국제사회에 적극적으로 문제를 제기하여 꾸준히 협상하고 타협해야 한다. 중국, 러시아와 협상이 원만치 못할 경우에는 중국이 국제사법재판소에 제소했던 것과 마찬가지로 우리도 국재사법재판소 회부에 대비하여야 한다. 최근 국재사법재판소의 판결은 식민지에서 독립한 국가들이 당사자인 영토분쟁의 경우 당시 지배했던 제국주의 열강들의 입장이 제시한 증거를 채택하는 경향을 보이고 이다.

이러한 판결동향을 감안하여 우리의 소유권 주장이 정당성을 확보할 수 있는지 보다 신중히 검토하여야 한다. '을사늑약에 의한 간도협약이 무효이기 때문에 간도지역의 소유권이 우리에게 있다'는 논리는 보완이 필요하다. 지금까지 간도협약이 무효라는 논리는 강박에 의하여 을사늑약이 체결되었고, 보호조약상의 보호권의 범위를 넘었다는 것이다. 이러한 논리는 최근 국제사법재판소의 법리와는 부합되지 않는 측면이 있다. 우리가 적극적으로 소유권을 주장해야 하는 입장에서 보면 가장 확실한 증거가 될 수 있는 근거를 확보해야 한다. 일본과 북한에 보관되어 있는 자료를 발굴하고, 중국과 한국의 공문서를 상호 열람토록 하는 반면, 자취를 감춘 백두산정계비를 찾고, 석퇴와 토퇴의 흔적을 확인하는 등의 방안을 강구해야 한다.

제10장 북방영토 가치의 재인식

이 장은 북방영토에 대한 가치의 재인식을 다루고 있다. 두만강과 접하고 있는 연변조선족자치주는 1952년 자치주로 승격될 당시 2시 6현으로 이루어졌다. 그 후 행정구역이 변경되어 현재는 6시 2현으로 구성되어 있으며, 821,479명의 재중동포가 거주하고 있다.[27] 재중동포 사회는 중국의 소수민족정책과 개혁·개방으로 급속하게 붕괴되고 있다. 이러한 상황에서 생활권적 영토관을 확립하기 위한 재중동포의 중요성과 물적가치 제고를 위한 간도대장 자료 확보 및 축적에 대하여 살펴볼 것이다.

1. 재중동포의 중요성 인식

여기에서는 재중동포의 중요성에 대하여 살펴보기로 한다. 간도지역 문제에 대해 우리 정부가 해야 할 가장 시급한 과제는 문화 유지를 위한 실질적 지원, 간도 조선인에게 한국 국적 부여, 간도에 경제적 투

27) 1952년 9월 3일에 자치구가 설립되고, 1955년 12월에 자치주로 승격되었다. 이곳은 일제강점기에 독립운동의 근거지로 유적지가 많고 백두산 천지와 연변대학교가 있다. 중국 재중동포의 가장 큰 집거 지구로, 중국에 거주하는 재중동포의 약 42%를 차지하고 있다. 주도(州都)는 연길시(延吉市)이다. 우리가 이주하여 개척한 곳으로 이전에는 북간도라고 불렀다.

자, 간도 영유권 주장 등으로 나타났다.[28] 여기에서는 이 지역에서 우리 동포가 잘 살도록 지원하는 문제와 법적지위 확보 방안을 구체적으로 설명하고 있다.

실질적 지원정책 강화

여기에서는 재중동포의 중요성을 인식하기 위하여 실질적인 지원정책 강화에 대하여 살펴보자. 필자가 이 지역을 방문 할 때마다 듣는 말이 있다 "한국 사람이 여기에 오면 이 땅이 우리 땅이니 빨리 찾아야 한다. 너희들은 뭣하고 있느냐" 하면서 "무작정 돌려받아야 한다"는 것이다. 이러한 주장에 어느 정도 동조는 하지만 현실적으로 그럴 수 없기 때문에 가장 듣기 싫어한다는 것이다. 이러한 주장보다는 보다 현실적인 지원방안이 필요하다는 것이다. 중국은 동북공정과 함께 3관교육을 실시하고 있다.[29] 재중동포의 한족화 사업을 가속화시키고 있는 것이다. 이러한 어려운 여건속에서도 재중동포는 선조들이 개척한 땅을 지키고 있어 우리가 소유권을 주장하는데 버팀목 역할을 하고 있다.

따라서 재중동포의 와해를 막고 민족의식을 고취시키는 지원사업이 절실히 요청된다. 재중동포에 대한 실질적인 지원정책은 직접지원과 간

---

28) 앞에서 설명한 이성환 교수의 여론조사 결과에 의하면 우리 정부가 해야 할 가장 시급한 과제로 '문화를 유지하도록 지원'(38.9%), '간도 조선인에게 한국 국적 부여'(22.5%), '간도에 경제적 투자'(18.5%), '간도 영유권 주장'(18.3%) 등이 시급한 과제로 제시되었다.

29) 재중동포는 중국의 소수민족이며, 중국만이 조국이고, 과거의 고조선, 고구려는 중국의 지방정권이었음을 강조하는 민족관 교육, 국가관 교육, 역사관 교육을 말한다.

접지원으로 구분할 수 있다. 직접지원은 도시지역을 중심으로 최첨단 산업에 종사하면서 지역사회를 선도하도록 교육시키고 우리의 고유문화와 전통을 유지하도록 지원하는 것이다. 재중동포가 집단적으로 거주하고 있는 농촌지역은 농업 기술 및 농기구 지원, 농업인 훈련 등을 들 수 있다. 교육에 대한 직접지원은 교학설비, 도서보급, 교사훈련, 학생교류, 교사校舍 건축과 수리 등이 해당된다. 간접지원으로는 한국기업의 재정적 투자와 채용 확대, 동포가 생산한 원자재 사용이 있다. 재중동포의 한국 방문 및 취업정책과 관련하여 다른 재외동포와 차별대우를 철폐하고, 신속한 비자발급을 통해 한국에서 수익을 창출하고, 선진기술과 관리 경험을 배우게 하는 것이다.

재중동포의 법적 보호

여기에서는 재중동포의 중요성을 인식하기 위한 재중동포의 법적 보호 방안에 대하여 살펴보자. 재중동포의 실질적인 지원과 함께 한국민과 동등한 법적 지위와 자격을 부여하는 귀환법(歸還法, Law of Return)과 같은 법률제정이 필요하다.[30] 재중동포 중에서 희망자에 한해 한국 국적을 쉽게 취득할 수 있게 조치하고, 한국에서의 교육이나 취업, 일상

30) 현재 '재외동포의출입국과법적지위에관한법률(재외동포법)'을 1999년에 제정하여 시행하고 있다. 그러나 재중동포는 다른 재외동포와는 달리 차별대우를 받고 있으면서 불법체류 신분으로 국내노동시장의 부족인원(45만명 추산)에 대한 일정 부분을 담당하고 있다. '귀환법'은 이스라엘에서 시행한 법률로 모든 유대인의 조국이라는 전제 아래, 이스라엘 정부가 모든 유대인에게 이스라엘 이민권과 시민권을 획득할 권리 부여를 정한 법이다. 이스라엘은 모든 유대인에게 이스라엘 이민권과 시민권을 획득할 수 있는 권리를 부여하여 세계 각지의 유대인을 받아들여 이스라엘의 성립·발전에 기여하도록 하였다.

생활을 영위함에 있어서도 불편이 없도록 특별히 배려하는 것이다.[31)] 실제로 재중동포는 한민족의 해외동포 중에서 제일 중요한 역할을 해온 것에 대해 부인할 수 없다. 한민족의 독립운동과 반일투쟁의 주요 지역이 이 곳이다. 재중동포의 역할이 없었다면 독립운동과 투쟁이 활발히 진행되지 못했을 것이다. 이러한 시각에서 재중동포는 한민족과 한국의 중요한 한 부분이고 중요한 자산이다. 재중동포의 발전과 한국의 발전이 밀접히 연결되어 있으므로 재외한인정책 중에서 재중동포에 대한 정책이 최우선시 되어야 한다.

향후 간도가 영토분쟁지역으로 선포되면 이들의 의견이 절대적인 위치에 설 것이 확실시 되므로 그들과의 동질감 회복이 매우 중요하다. 따라서 재중동포와의 교류와 유대를 확대하고, 직·간접적인 지원정책을 강화하여 사회통합에 따른 진통을 이겨내고 미래를 위해 노력하도록 뒷받침해야 한다.

2. 간도대장 자료 확보 및 가치평가

여기에서는 북방영토의 가치를 재인식하기 위한 방안으로 간도지역에서 우리가 작성한 간도대장 확보 및 자료 축적에 대하여 살펴보기로 한다. 조선말과 대한제국 시기에 간도지역에 관리를 파견하여 지적부와 호적부를 작성하고 세금을 징수하였다. 그러나 안타깝게도 지적부에 대한 자료는 아직 발견되지 않고 있다. 여기에서는 지적부 작성 당시

31) 미국, 프랑스 등 대부분의 선진국에서도 타국의 민족구성원에 대해 출입국은 물론 취업 등 국내 법적지위에 있어 차이를 두지 않고 포괄적인 우대정책을 실시하고 있다.

자료 확보와 함께 토지이용현황 및 토지조사에 대한 자료 축적 방안을 분석하고 설명하고 있다.

토지조사 자료 분석

여기에서는 토지조사 자료 축적 및 평가에 대하여 살펴보자. 우리의 행정력이 북방영토에 직접 미친 자료들은 많이 있다. 그 중에서 지적학의 시각으로 볼 때 가장 중요한 자료는 이 지역에서 작성한 지적공부와 토지증서이다. 고종황제는 1902년 이범윤을 간도관찰사로 파견하여 지적부 작성과 조세를 징수하도록 하였다. 그리고 등기부에 해당하는 토지증서를 만들었다. 토지증서는 토지 사용권 또는 소유권의 법적 증빙으로 토지등기에 의거 작성된다. 토지증서는 현급 이상 인민 정부에서 발급하는데 국유 토지 사용 증서, 집단 토지 사용 증서, 집단 토지 건설 용지 사용 증서 등 세 가지로 구분한다.

따라서 간도지역에서 작성한 간도지방대장과 지적부의 존재 파악, 이범윤 간도관리사가 청산리 바위 밑에 묻은 유품의 발굴 및 복원, 토지증서와 현재 실시하고 있는 토지조사사업에 대한 자료를 수집하여 분석하면 북방영토에 대한 가치를 개략적으로 산출할 수 있다. 그리고 토지세와 농경지 점용세, 도시 토지 사용세 등에 대한 자료를 동시에 수집하여 분석할 필요가 있다.

토지 이용현황 조사

여기에서는 토지 이용현황 조사에 대하여 살펴보자. 본 연구에서 제시한 북방영토의 범위를 다양하게 활용하고, 효과를 극대화하기 위해서는 이 지역에 대한 토지이용현황 조사가 이루어져야 한다.

토지이용현황 조사방법은 북방영토의 경계선획정에 사용한 만주 10만분의 1 지도와 위성영상을 활용하여 행정구역별로 간접적인 방법으로 조사를 실시하면 가능하다. 위성영상은 본 연구에서 활용한 IKONOS 위성이나 아리랑 2호의 고해상도 위성영상을 이용하면 될 것이다.

조사내용은 현재 중국에서 실시하고 있는 지적조사사업[32)]에 의한 토지분류방법에 따르면 된다. 중국은 토지를 지모의 특성에 따라 산지, 고원, 구릉, 분지, 평원으로 나누고, 토질에 따라 점토, 양토, 사토 등으로 분류한다. 토지의 소유권 형성에 따라 사유, 국유, 공공(집단)소유 등으로 구분한다. 그리고 실질적인 경제용도에 따라 농업용 토지는 농경지, 농원, 임지, 초지로 세분하며, 비농업용 토지는 공장과 광산용지, 교통용지로 세분된다. 주민용지는 생산, 생활, 교통용지가 포함되며 수역(수면)토지는 하류, 호수, 저수지, 기타 갈대밭, 도랑, 제방, 수토건축 등으로 세분된다. 그리고 특수용지는 휴게용지, 자연보호지역, 군사용지와 미개발이용 토지로 구분하고 있다.[33)]

---

32) 중국의 토지조사는 토지이용현황조사, 지적조사와 토지조건조사 3가지로 구분된다. 토지이용현황조사는 현縣을 단위로 토지이용현황에 따라 각종 용지를 분류하여 각각의 면적, 분포와 이용상황을 전면 조사로서 전국을 범위로 하는 토지 전면 조사이다. 지적조사는 토지권리 종속에 대한 조사로서 권리 종속, 위치, 경계 지점, 용도(유형), 등급과 면적 등을 조사한다. 토지조건조사는 주로 토지의 토양, 식생, 지모, 기상, 수문과 수문 지질 및 토지에 대한 투입, 산출, 수익, 교통, 구역 등 토지의 자연과 사회경제 조건에 대한 조사이다.

33) 배서철, 1996, 토지관리실용메뉴얼, 중국, 지린대학출판사, p.5.

북방영토에 대한 토지이용현황 조사와 가치 평가는 자칫하면 상대국과 외교적 마찰을 초래할 수 있다. 순수한 학문적 차원에서 관련 자료의 수집·보존·관리가 이루어져야 한다. 이러한 자료수집과 분석을 실시한다 하여 북방영토문제 해결에 직접적인 도움이 되는 것은 아니다. 그러나 이러한 활동을 통해 북방영토문제의 중요성을 새롭게 인식하는 계기를 마련하고, 소유권 주장의 명분을 축적함으로써 국민적 공감대를 형성하고, 일체감을 조성하는데 기여할 수 있을 것으로 판단된다.

제11장 북방영토의 관리방향

이 장은 북방영토의 관리방향을 다루고 있다. 북방영토의 관리는 현재 이 지역을 중국과 러시아가 점유하고 있기 때문에 국력의 문제와 직결되어 있다. 중국·러시아와 직접교섭에 의하여 북방영토문제를 해결하거나 아니면 외교적·정치적으로 해결하여야 한다. 북방영토의 관리 방향은 크게 통일 이전과 이후로 구분할 수 있겠으나 여기에서는 통일 이전의 관리방향을 중심으로 남한이 할 수 있는 부문은 자체적으로 관리하고, 북한과의 공조가 필요한 부문은 공동관리 하는 방안을 강구하도록 한다. 또한, 국가차원의 관리방향과 시민단체, 연구단체 등에서 추진이 가능한 부문은 민간차원에서 관리하는 방향에 대하여 살펴볼 것이다.

1. 자체관리 방향과 공동관리 방향

여기에서는 북방영토에 대한 자체관리 방향과 공동관리 방향에 대하여 살펴보기로 한다. 자체관리 방향은 중국과의 영유권 분쟁에 대비하여 우리 내부 관리 방향과 함께 재중동포와 고려인에 대한 관리 방향으로 다시 구분한다. 북한과 공동관리 방향은 통일에 대비하여 남·북한이 효율적으로 대응하기 위한 북한과의 유기적인 협조체계 방안에 대하여 구체적으로 설명하고 있다.

자체관리 방향

여기에서는 북방영토에 대한 자체관리 방향에 대하여 살펴보자. 자체관리 방향으로 우선 내부적으로는 정부와 지방자치단체, 국회에 담당기구와 연구기관의 확대 및 설치이다. 외적으로는 연해주 고려인자치구역 설치를 지원하는 방향이 모색하여야 할 것이다.

일본의 북방영토문제에 대한 대응 자세와 방법은 우리에게 시사하는 바가 많다.[34] 일본은 정부와 국회, 민간이 한마음, 한뜻이 되어 조직적으로 대응하고 있으며, 많은 예산과 인력을 투입하고 있다. 특히, 일본은 우리의 고유 영토인 독도에 대하여 지방정부가 시마네현 고시로 자기 영토에 편입한 후 이를 근거로 자기 영토라고 우기고 있다. 이에 반해 우리는 북방영토를 우리 땅이라고 주장조차 하지 못하고 있다. 국토해양부나 지방자치단체가 간도를 우리 영토로 귀속시켜 지적공부에 등록시켜 분양하고, 명예간도관리사를 임명하면 된다. 이렇게 하면 우리 정부의 간도에 대한 영유권 확보 의사가 분명해지는 것이며, 후일 국제사법재판소에서도 우리에게 유리한 결정적 증거가 될 수 있다.

일본의 대북협과 같이 우리의 영토범위를 확정하고 북방영토 회복을 지속적으로 추진해 나갈 전담기구 설치를 서둘러야 한다. 중앙정부 차원에서는 이북5도청에 간도청을 신설하고, 시·도별 협의회 발족과

---

34) 일본의 경우 정부에서 '독립행정법인 북방영토문제대책협회(약칭 '대북협', 영문표기 'NTIA')'을 설립하여 북방영토문제와 북방지역에 관한 제반 문제에 대하여 국민여론의 계발 및 조사 연구를 위해 2006년도에는 정부에서 10억 1,700만엔(약 82억)의 예산을 지원하였다. 국회에서는 북방영토의 조기반환과 북방4도 주재 러시아인과의 교류촉진을 위하여 '북방영토반환·사도교류촉진의원연맹'을 2003년도에 설립하여 의원 120여명이 활동하고 있다. 그리고 '북방영토 반환을 구하는 도민회의'를 구성하여 102개 단체가 활동하고 있다.

국회차원에서 위원회 및 연구회 구성이 필요하다. 이를 통해 영토문제에 대한 전반적 문제를 재검토하고, 간도와 두만강 하류의 녹둔도 문제, 독도 문제 등에 대해 종합적으로 대처해 나가야 할 것이다.

외적으로는 연해주 지역의 고려인자치구역 설치를 위한 지원이 필요하다. 한국과 러시아는 국교수립 당시 제공한 차관 14억 7천만불의 회수가 어려워지자 고려인자치구역 설치를 위해 연해주지역에 있는 토지와 차관을 교환하는 '광개토대왕 프로젝트'를 추진하였으나 결실을 맺지 못하고 중단된 일이 있다.[35)]

그 이후 러시아는 1993년 고려인자치구역 설치에 관해 여러 가지 조치를 취해 왔다.[36)] 연해주 지방정부는 고려인 1,500명 정도의 중심마을 30~35개정도 만들 수 있는 법령정비를 발표하였다. 따라서 러시아 국적을 취득한 고려인의 마을설치는 연방중앙정부 또는 극동총통에게 신청하면 가능하도록 되어 있다.[37)]

---

35) 정부주관으로 극비리에 별도의 조직을 만들어 추진하였으나, 10월 1일 연해주 블라디보스토크 총영사관의 영사가 북한 테러요원에게 피살됨으로 사업이 잠정 중단되었다. 이후부터 한국정부는 관여하지 않고, 고려인들 스스로 추진하였으나, 현재까지 진척이 없는 상태에 놓여 있다. 이병화, 2004년 5월 4일, 극동러시아 연해주 고려인 자치구역 건설에 관한 제언, 참고작성. (재)국제농업개발원. 동북아우호협회 홈페이지 (http://blog.daum.net/grandcorea /6681705) 20007년 11월 5일 검색.

36) 1993년 3월말 러시아는 '在러시아 고려인 명예회복에 관한 법안'을 통과시켰으며, 연방최고회의 결정 제472-1호(93.4.1)의 후속조치로 포고령 제64호를 반포하여 1937년 고려인들을 중앙아시아로 강제 이주시킨 스탈린의 정책은 잘못된 것이고, 이것에 대한 연방중앙정부의 사과와 아울러 연해주로 돌아오는 고려인들을 위하여 군대가 철수한 지역을 영구 무상 임대토록 하였다.

37) 실제 연해주지역의 한인들은 고려인자치구역의 설치를 원하고 있다. 1991년 자치주 설립에 대한 한인 사회의 구체적인 견해를 알기 위해

그리고 러시아 연방정부는 1997년 8월 1일 연해주 고려인들을 위한 영토 없는 고려인 문화자치주를 선포하였다. 연해주 고려인들은 모든 문화행사와 고유의상, 언론, 언어, 학교설립, 고유종교 등을 자유롭게 활동 및 건설할 수 있는 권리를 확보하였다.

연해주 고려인자치구역 건설은 한국, 러시아, 북한과의 공조로 3국의 경제건설에 이바지 할 수 있다. 러시아 연방중앙정부가 미상환하고 있는 차관과 연계하여 러시아가 토지를 제공하고, 북한의 노동력과 남한의 자본으로 추진하면 충분히 실현 가능성이 있다. 러시아 땅에 동북아시아시대를 겨냥한 제2의 한국을 건설한다는 의지와 남·북한 통일을 향한 예행연습이라는 개념으로 접근하면 된다.

공동관리 방향

여기에서는 북방영토에 대한 공동관리 방향에 대하여 살펴보자. 북방영토문제는 통일정책 차원에서 관리하여야 한다. 남·북한의 통일정책은 지향하는 목표가 서로 상이하여 당장 통일이 어렵다는 것을 인정하고, 남측의 연합제와 북측의 낮은 단계의 연방제를 절충한 단계적·점진적 통일방안을 논의한 적이 있다.[38] 그러나 최근의 움직임으로 보아 통일 시점을 예측할 수 없는 상황이 되었다. 통일이 언제, 어떻게 올지 아무도 모르지만 통일 이전이라도 남·북한은 한목소리로 북방영토가 우리의 영토라고 주장해야 한다. 통일과정에서 나타날 수 있는 문제점을 해소하기 위한 공동 연구도 필요하다.

실시한 설문조사에 의하면, 긍정적인 답변이 63.4%로 나타났지만, 실현 가능성은 낮은 것으로 인식되고 있다.

38) 남·북한 통일정책에 대해서는 제12장에서 자세히 살펴본다.

현재 북한의 국경선은 대부분이 중국과 접하고 있으며, 선봉군 두만강 노동자구 지역에서 일부 구간이 러시아와 접하고 있다. 이는 중국·러시아와 국경회담으로 결정되었기 때문에 통일 이전에 북한이 국경조약을 취소하는 외교력을 발휘해야 한다.

이제 북한도 침묵에서 탈피하여 북방영토에 대하여 목소리를 내야 한다. 민간차원에서 학술교류를 확대하고, 역사의식을 가진 전문가와 남·북한 학자들이 역사문제에 대한 공동연구에 나서야 한다. 국내에 소개되지 않은 많은 자료들이 북한과 중국에 보관되어 있는 것으로 추측되며, 실제 국경회담에 참여한 전문가 및 학자들로부터 다양한 자료 수집이 가능하기 때문이다.

그리고 지적 및 측량 관련 대학교간의 협력을 통한 국경지역의 공동관측 및 현장답사 확대가 필요하다. 압록강·두만강 유역의 국경지역 측량, 토문강의 발원지와 사라진 백두산정계비 발굴 등을 우선 시행할 수 있다.

그리고 통일과정에서 백두산 천지분할과 국경선을 확정한 조·중 변계조약에 대하여 무효화를 선언하고, 간도지역 소유권 회복을 나서야 한다. 조·중 변계조약에 대하여 무효화를 선언하면 통일한국과 중국간에 새로운 국경조약 체결이 필요하게 된다. 이렇게 되면 통일한국은 간도지역의 소유권을 회복할 수 있는 기회를 갖게 되는 것이다.

지금부터라도 전문가들의 공동연구를 위한 협의체를 구성하여 북한과 협의에 나서고, 통일 전후에 필요한 연구분야를 체계화하면 우리 민족이 하나로 뭉치는 구심점 역할을 할 수 있다. 이러한 노력은 향후 중국과 영토협상을 벌일 때 우리에게 실질적인 이익을 가져다 줄 것이다.

2. 국가차원의 관리방향과 민간차원의 관리방향

여기에서는 북방영토에 대한 국가차원의 관리방향과 민간차원의 관리방향에 대하여 살펴보기로 한다. 북방영토문제는 북방정책 차원에서 치밀하게 관리하여야 한다. 국가에서 공식적으로 간도협약의 무효와 북방영토의 소유권을 대내·외적으로 선포해야 한다. 이와 함께 민간차원의 관리방향도 필요하다. 국어대사전 및 지리사전에 북방영토 용어의 등재와 교과서 및 각종 지도를 수정하여 북방영토 소유권을 적극적으로 홍보하는 방안에 대하여 구체적으로 설명하고 있다.

국가차원의 관리 방향

여기에서는 북방영토에 대한 국가차원의 관리 방향에 대하여 살펴보자. 북방영토의 소유권 주장을 위해서는 청·일 간도협약의 무효에 대한 정부의 공식적인 입장 표명이 필요하다. 정부의 소극적인 태도가 지속될 경우 권원의 포기 내지는 중국의 소유권에 대한 묵인으로 해석될 수 있다. 사실상 한국의 소유권 주장 자체가 국제법적으로 무의미해질 수 있기 때문이다. 국제법상 취득시효는 일정한 영토상에서 오랫동안 계속적이고 평화적인 방법으로 권력을 행사한 경우 이를 근거로 영토의 취득을 인정받게 된다.

정부는 1998년부터 간도 문제를 다루는 전담팀을 만들어 간도의 법률적 효력은 무효라는 입장을 정리하였다. 특히, 관련 학자들의 자문을 받아 북방영토에 대해 체계적 연구와 함께 대응전략을 마련하였지만 대외적으로 발표하지는 않았다. 정부는 하루 빨리 이를 공개하고, 즉시 중국에 간도지역의 소유권을 주장하는 구상서를 보내야 한다.[39)]

북방영토의 문제가 당장은 해결될 가능성이 없더라도 끊임없이 문제를 제기해야 한다. 당장 외교협상에서 좋은 카드가 될 수도 있고, 통일 후 본격화될 영토분쟁의 명분을 축적하는 차원에서도 필요하다.

중국이 일본 땅인 센카쿠尖閣열도에 대해 조어도釣魚島라고 주장하는 것이나, 일본이 독도가 자기 땅이라며 계속적으로 분쟁을 일으키는 것이 좋은 사례이다.

우리 정부가 공식적으로 분쟁지역으로 선포한 적이 없기 때문에 외국에서는 북방영토가 분쟁지역이라는 사실도 모르고 있다. 따라서 분쟁지역의 선포와 홍보에 정부의 체계적인 노력이 시급하다. 그리고 북방영토가 분쟁지역이라는 것을 국제사회에 널리 인식시켜 국제적으로 공인받아야 한다.

그리고 국가차원에서 중국의 간도인식에 대한 철저한 분석이 요구된다.[40)] 중국은 간도문제에 대해 현상유지를 고집하겠지만, 동북공정을 통해 국제법적인 검토에도 박차를 가하고 있다. 이러한 중국의 움직임을 정확하고 면밀히 파악하고, 중국의 논리를 역으로 활용하여 새로운 논리를 개발할 필요가 있다.

---

39) 2004년도 국감 당시 이와 같은 내용을 정문헌 의원이 외교통상부 장관에게 촉구하였다.

40) 앞에서 살펴본 바와 같이 중국의 간도문제 인식은 첫째, 조선인이 위조하여 외교적으로 왜곡한 것이라고 보고 있으며 둘째, 중국은 관대정책론 혹은 방임정책론으로 간도문제를 설명하고 있다. 셋째, 백두산정계비의 유·무효론이다. 넷째, 국제법적 해결론이다.

민간차원의 관리 방향

여기에서는 북방영토에 대한 민간차원의 관리 방향에 대하여 살펴보자. 북방영토를 되찾기 위해서는 동북공정의 궁극적 목표가 간도지역 소유권의 고착화에 있음을 간파하고, 대국민적 홍보를 적극 실시해야 한다. 현재 우리 국민들은 대부분 역사에 대한 교육이 후퇴하여 북방영토의 문제에 대해 올바로 인식하지 못하고 있다. 중국이 우리 역사를 왜곡해도 그 내용을 잘 알지 못하고 있는 실정이다. 경일대학교 부동산지적학과 독도·간도교육센터와 동북아역사재단, 간도학회를 중심으로 교육과 홍보활동이 이루어지고 있지만 여전히 부족한 측면이 있다.

우리 영토에 대한 인식 자체를 바꾸어야 한다. 북방영토는 우리 땅인데 지금은 압록강·두만강 이북지역의 동간도·서간도지역은 중국이, 연해주지역은 러시아가, 38선 이북지역은 북한이 관리하고 있는 것으로 영토의식을 전환해야 한다. 초등학생이 우리나라 지도를 그릴 때 남·북한이 분단되어 있음에도 불구하고 북한까지 포함하여 한반도를 그리고 있다. 이것이 바로 교육의 효과이자 영토인식이라 생각한다. 앞으로는 북방영토를 포함하여 우리나라 지도를 그리도록 영토인식에 대한 교육을 강화해야 한다.

일부에서는 찾지도 못할 영토에 대해 외교적 문제를 야기하여 중국 정부의 반감과 혼란만 야기한다는 우려도 제기한다. 지금 당장은 찾지 못하더라도 우리 후세대에서 찾을 수 있는 근거를 만들어주어야 한다. 그래서 국민적공감대 형성과 교육이 오늘에 있어서 매우 절실하게 요구되는 것이다.

그리고 국어대사전 및 지리사전에 북방영토 용어를 등재하고, 교과서 및 각종 지도를 다시 제작하여 북방영토 소유권을 적극적으로 주장해야 한다. 현재 고등학교 한국 근・현대사와 중・고등학교 국사교과서에 간도에 대해 언급하고 있으나, 간도를 우리 영토로 주장하지 않고 있다.[41] 이에 대한 개선이 시급하다.

일제는 1910년 한국을 자기들 식민지로 삼은 뒤 통치를 쉽게 하고자 우리나라 지도를 다시 만들었다. 이때 간도지역을 청나라에 넘겨주었다는 사실을 감추기 위해 지도에서 간도를 지워 버렸다. 현재 우리는 이 지도를 그대로 사용하고 있다. 일본은 조선을 식민지로 삼은 지 6개월 만인 1911년 3월 30일 조선총독부 통신망도를 제작하여 배포하고, 1915년부터 '조선 전도'로 이름을 바꾸었다. 현재 학교 교과서는 물론, 모든 정부 자료에 이를 사용하고 있다.[42] 따라서 본 연구 결과 작성한 '우리나라의 북방영토 지도'와 같이 수정하여 활용하는 것이 바람직할 것으로 판단된다.

41) 한국교육신문 홈페이지(http://www.hangyo.com). 2007년 11월 5일 검색. 한편 국사편찬위원회에서 1975년에 발행한 『중학교 교과서』 215~216쪽에 의하면 "간도지방에는 우리 동포가 전인구의 80% 이상을 차지하고 있으니, 역사적으로 보아도 간도는 우리 영토임이 틀림없다."고 기술하였으나, 2002년에 발행한 교과서 239쪽에서는 "일본이 간도협약을 체결하여 간도 지역은 우리의 관할에서 떨어져 나갔다."라고 명시적으로 기술하고 있다.

42) 노웅희・박병석, 1994, 교실 밖 지리여행, 서울, 사계절, pp.69~74.

제12장 통일한국 정부의 북방영토 귀속 전망

이 장은 통일한국의 북방영토 귀속 전망을 다루고 있다. 우리나라 땅이 어디부터 어디까지인지 정확하게 아는 사람은 많지 않다. 헌법에 '대한민국의 영토는 한반도와 그 부속도서로 한다'고 명시하고 있다. 그렇지만, 한반도와 부속도서가 어디까지인지 명확하지 않다. 대개의 국민은 북한지역을 우리 땅으로 생각하고 있으며, 국경을 압록강・두만강 이남으로 인식하고 있다. 우리나라 국민이면 누구나 할 것 없이 통일을 생각하면서 국경이 압록강・두만강이 맞는지? 한번쯤은 생각해 보았을 것이다. 지금 압록강・두만강으로 국경이 획정되어 있는 것은 북한이 중국, 러시아와 국경조약을 체결하였기 때문이다. 그렇다면 북한이 체결한 조약은 유효한가? 통일이 되면 통일한국이 이를 승계해야 하는지? 의문이 남는다.

이러한 문제의식을 가지고 본 문에서는 지금까지 검토한 북방영토 문제 해결에 대한 부족한 이론적 토대를 보완하기 위하여 기존연구를 중심으로 국경획정과 국가영역의 변경, 영토분쟁의 해결 사례를 정리하였다. 그리고 통일에 대비하여 통일한국의 북방영토 귀속 전망이 어떻게 되는지 살펴볼 것이다.

1. 국경획정과 국가영역의 변경

여기에서는 국경획정과 국가영역의 변경에 대하여 살펴보기로 한다.

남·북한 통일과 북방영토문제는 국가영역과 국가주권의 변경을 불가피하게 가져온다. 여기에서는 국경은 어떻게 결정되는지? 어떠한 국가행위에 의하여 국가영역이 변경되는지? 국제법을 통하여 구체적으로 설명하고 있다.

국경획정의 기준

여기에서는 국경의 기능과 종류, 획정 기준에 대하여 살펴보자. 국경은 일반적으로 '나라와 나라 사이의 경계'를 말하며, 경계선은 '나라의 경계가 되는 선'으로 국경의 경계선을 뜻한다. 국경은 국가영역의 한계선으로서 한 국가의 영역과 타 국가와의 영역이나 무주의 토지 또는 공해와의 경계선을 뜻한다.[43)]

국경에 관한 인식은 1648년 웨스트팔리아 조약(Treaty of Westphalia) 이후에 확립되었다. 로마제국과 중국의 경우 자국 중심의 문명권과 자국 이외의 야만권을 기준으로 영토적 정체성을 설정하였다. 국경에 대한 인식보다는 중앙부와 변경으로 구분한 것이다. 이러한 시각은 웨스트팔리아 조약 이후 민족별로 자기 영토를 인종적·지리적 선에 따라 결정함으로써 국경에 대한 변화를 가져왔다.[44)]

국경은 변경-경계선-좌표의 형태로 발전하여 왔는데 경계선은 인위적, 정치적, 법적 개념인데 반하여 변경은 면적, 자연적, 지리적 개념이다. 법률용어로서는 국경이라는 개념이 원칙적으로 사용되고 있다.

43) 국경은 영어로 boundary 또는 frontier 라고도 하는데 boundary의 어원은 bound 즉 『한계』로부터 유래하였다. boundar는 하나의 선을 뜻하고, frontier는 지대 또는 지역을 말한다. 김홍철, 1997, 前揭書, pp.19~32.

44) 양태진, 1987, 韓國의 國境硏究, 서울, 同和出版公社, p.15.

우리나라의 경우 최초로 국경을 획정한 것은 1712년 백두산정계비로 보고 있지만, 근대적인 영토의식이 싹트고 생성된 것은 18세기 후반기로 보는 것이 보통이다. 이 같은 영토의식은 많은 실학자들을 통해 계몽되었다. 특히 이들은 청나라에 대항하는 영토의식이 강렬하였으며, 고구려 등 실지회복의 소망이 표출되었다. 이를 계기로 조선사회의 지식층과 일반민중은 근대적 의미의 영토의식과 국경관념을 싹틔웠고 현실적인 영토문제와 국경문제에 대한 관심이 높아지게 되었다. 개화기 이후, 19세기 후반부터는 조선민족의 자아의식과 영토의식, 국경관념이 높아지게 되었다.[45)]

국경의 기능은 인적 기능과 물적 기능으로 구분한다. 이는 국경 그 자체의 기능과 국경에서 국가가 행사하는 기능을 의미한다. 국경 그 자체의 기능은 국가의 영토주권에 대한 한계를 정하는 데 있다. 국경에 인접한 국가간의 주권 행사의 범위를 정하게 되는 것이다.

국경의 종류는 자연적 국경(natural boundary)과 인위적 국경(artificial boundary), 현상적 분류, 발생적 분류로 구분한다.[46)] 이러한 국경의 종류는 그 특성과 적용이 각각 다르다. 우리나라 북방영토와 관련된 국경은 자연적 국경으로 산, 강, 호수 등 자연지형을 사용한 국경이 된다. 자연적 경계와 상응하는 개념으로는 천문학적 국경(astronomical boundary)

45) 김홍철, 1997, 前揭書, pp.189~191.

46) 자연적 국경은 산, 강, 호수 등 자연지형을 사용한 국경이다. 인위적 국경은 직선, 경위도, 획정지역으로부터의 일정거리, 기존의 지방경계 등과 같이 인위적으로 설정한 국경이다. 현상적 분류에 따라 국경은 물리적 국경, 천문학적·기하학적 국경 및 인류지리적 국경으로 구분된다. 발생적 분류(genetic classification)는 국경과 인간사회와의 관계에서 선행적 국경, 후행적 국경, 부과된 국경, 결과적 국경으로 세분한다. 崔泰鉉, 2003, 前揭書, pp.2~5.

이 있다. 이는 경도, 위도 또는 그 혼합에 의해 이루어지는 국경이다. 주로 서구열강이 식민지 쟁탈과정에서 조속히 국경을 획정하려는 식민 정책으로 도입되었다.[47)]

국경획정은 국경의 위치를 정하는 기준을 조약, 판결, 국경위원회 보고서 등 공식문서에 법적, 기술적으로 정의하는 작업을 말한다. 영토의 배분에 한 단계 더 나아가 국경을 명확하게 하는 과정으로 국경표지 설치 이전의 과정이다. 국경획정은 영토배분에 따른 정치적 결정을 실제로 지리적 상황에 적용시키게 된다. 즉 국경획정은 정치적 결정과 지리적 상황간의 완전한 부합을 도모하는 과정이다. 이러한 완전한 부합이 결여되는 경우 향후 국경분쟁의 원인이 된다.

국경획정 방법은 국경표지 작업에 재량권을 부여하느냐 여부에 따라 완전한 정의와 재량권이 부가된 정의로 구분하고, 국경획정에 사용되는 구획수단에 따라 변환점에 의한 정의, 방향과 거리에 의한 정의, 구역에 의한 정의, 자연지형에 의한 정의, 원칙에 의한 정의로 다시 세분된다.[48)]

---

47) 아프리카의 경우 국가간 국경 가운데 천문학적 국경과 기하학적 국경이 각각 44%와 30%를 차지하나, 자연적 국경은 26%에 지나지 않는다는 점은 유럽열강의 식민지쟁탈이 아프리카의 국경획정에 미친 영향을 반영하는 것이다. A. Gromyko, “Colonialism and territorial conflicts in Africa: Some comments”, African Boundary Problems (1969), p.166.

48) 완전한 정의는 국경표지 작업을 단순한 측량기능에 국한시킬 만큼 국경선을 완벽하게 묘사하는 방법이다. 즉, 경도, 위도를 사용한 국경획정이 대표적 예이다. 재량권이 부가된 정의는 현대의 국경획정에 있어서 가장 일반적으로 사용되는 방법으로 국경표지 작업을 담당하는 자에게 지리적 사실, 행정적 편의, 국경표지의 용이화 등을 고려할 수 있도록 재량권을 부여하는 방법이다. 변환점에 의한 정의는 전환점을 정해놓고 그 점사이의 획선은 국경표지위원회의 기능에 위임하는 방법이며, 방향과 거리에 의한 정의는 방향과 거리를 통해 국경을 획선하는 방법으로 완전한 정

산국경의 경우 문제가 되는 것은 산국경의 기준을 산맥선으로 할 것인가 분수령선으로 할 것인가를 결정하는 것이다. 양자는 일반적으로 동일한 것이라고 여겨지기도 하지만 실제로는 상당한 차이가 있어 국경분쟁의 직접적 원인이 될 수 있다.[49]

강에 있어서 구체적으로 국경을 정하는 방법에는 크게 5가지 방안이 이용되고 있다.[50] 그러나 이러한 방법은 법적 구속력이 없으므로, 양당사국은 합의에 따라 어느 것이든지 선택할 수 있다. 이와 관련하여 1986년 말리·부르키나파소 국경분쟁에 관한 국제사법재판소의 판결은 강국경의 획정기준이 존재하지 않는 경우의 경계획정에 관하여 유익한 점을 시사하고 있다.[51] 강국경의 획정기준이 존재하지 않는 경우, 반

의의 일종이다. 구역에 의한 정의는 국경표지작업의 대상이 될 일반지역을 특정하는 방법이며, 자연지형지물에 의한 정의는 선의 형태를 지닌 강, 분수령, 호수, 도로 등 자연지형·지물에 의해 국경을 정의하는 방법이다. 원칙에 의한 정의는 종족간의 구별, 소수종족 형성방지, 수자원의 형평한 배분 등과 같이 국경획정의 기준만을 정하는 방법을 말한다. S. Johnes, 『Boundary-Making』, (1945), pp.58~63.

49) 아르헨티나-칠레간의 안데스산맥 국경분쟁사건이 대표적인 예이다. 이 사건에서 아르헨티나는 산맥선을 주장한 반면, 칠레는 분수령선을 주장하였다. S. Boggs, "International Boundaries: A Study of Boundary Functions and problems", (1966), pp.91~92.

50) 강의 양안을 국경으로 하고 강유역은 대안국의 공유로 하는 방법, 강 양안의 어느 한 쪽을 국경으로 정하는 방법, 중간선(대안상의 최단지점간의 등거리지점을 연결한 기하학적 선)을 이용하는 방법, Thalweg원칙을 이용하는 방법, 강내의 임의적인 직선으로 국경을 정하는 방법 등이 있다. Thalweg는 독일어로서 "하류로 향하는 선박이 취하는 가장 빠른 수로의 항로"라는 의미이다. Thalweg원칙은 강국경의 기준으로 항행이 가능한 수로의 중앙을 설정하는 방법이다. 김대순, 2003, 국제법론 제8판, 서울 : 삼영사, p.564.

51) 국제사법재판소는 동사건에서 국경으로 인정된 Soum, In Abao연못의 경계획정에 관하여 "국경선의 위치에 관하여 문서상 명확한 지적이 없는 경우 국경선은 형평한 방법으로 2등분해야 한다. 형평은 반드시 등분을 의

대의 증거가 제시되지 않으면 탈베그(Thalweg) 또는 중간선이 국경획정 기준으로서의 추정력을 가진다.

강 가운데 있는 도서는 강국경의 획정과 함께 다루어져야 할 문제이다. 강내江內 도서에 대한 영유권의 배분은 매우 다양하고 복잡한 문제다. 또한 이에 대한 법원칙도 불확실한 상태이다. 실제적으로 가장 명확한 방법은 도서별로 명칭, 위치에 의하여 특정국에의 영유를 지정하는 것이라 할 수 있다. 그러나 일반적으로는 관련된 강의 경계획정기준으로 채택된 중간선 또는 탈베그를 경계로 하여 도서의 귀속을 정하고 있다. 항행이 가능한 강의 경우는 탈베그의 추정력이 인정되므로 강내 도서도 동일하게 취급되어야 할 것이다. 그리고 경우에 따라서는 당사국간의 합의에 의하여 공동영유로 하거나 2등분하는 방안도 제시될 수 있다.[52)]

국가영역의 변경

여기에서는 국가영역의 변경에 대하여 살펴보자. 국가영역(territory of state)은 국제법상의 제한이 없는 한 배타적 지배를 할 수 있는 장소적 한계를 말한다. 국가영역은 영토와 영해, 영공으로 구성되는 3차원 개념이다. 영토에 접속한 수역이 영해이며 영토와 영해의 상공이 영공이

미하는 것은 아니나, 특별한 상황이 존재하지 않는 경우, 이등분은 일반적으로 형평의 가장 좋은 표현이다"라고 판시한 바 있다. ICJ Reports (1986), pp.633~640.

52) 베넹과 니제르는 Niger江상의 Lété島에 대한 분쟁에서 Niger江에 관한 국경획정기준으로서 중간선과 Thalweg의 선택을 둘러싸고 양국의 주장이 대립함으로써 해결이 어렵게 되자, 1965년 양국에 공동으로 속하는 방식으로 이 분쟁을 해결하였다.

다. 그러므로 영토 없이 영해나 영공이 인정될 수 없으며 영토를 중심으로 영해와 영공이 존재한다.

영토는 육지와 도서로 이루어져 있는 국가영역의 가장 중요한 부분이다. 도서(island)는 만조시 수면위에 돌출하며, 수면에 둘러싸인 자연적으로 형성된 육지를 말한다. 따라서 만조시 수중에 잠몰하는 사주와 간조시에만 출현하는 암석은 도서가 아니다. 도서는 독자적으로 영해를 가진다.[53] 공해상 설치된 비행장, 어장시설, 대륙붕 개발시설 등과 같은 인공도의 도서 인정은 의견이 일치하지 않는다. 국제법전편찬회의에서는 토지로 된 인공도를 도서로 보았지만, 해양법회의에서는 단순한 부상인공시설이나 간조시에만 수면에 출현하는 암초나 사주는 도서가 아니라고 하였다.[54]

국가영역에 대한 국가의 권능을 영역권이라 한다. 영역권의 내용은 절대적인 것이 아니고 국제관계의 현실적 요청에 따라 어느 정도 국제법상 제한을 받는다. 국가영역의 제한은 조약과 같은 특별한 합의에 의하여 이루어지며 국제지역 · 조차지 · 국제하천 · 국제운하 등이 있다. 국제지역(international servitude)은 국가간의 특별한 합의에 의하여 일정한 국가영역의 부분에 부과되는 영역권의 제한을 말한다. 국제지역이 설정된 지역을 승역지承役地, 그 지역이 소속하는 국가를 승역국承役國이라 한다. 조차지(leased territories)는 국가가 타국과의 조약에 의하여 타국

53) 해양법 협약 제121조 1항, 2항 참조.
54) 그리고 해양법협약에서도 인공도나 시설 · 구조물은 도서가 아니며, 독자적인 영해, 배타적 경제수역내에 건설된 인공도나 시설·구조물에 대하여 배타적 관할권을 가지고 그 주위에 반경 500m를 한도로 합리적 범위 내에서 안전수역(safety zone) 설치를 인정하고 있다. 대륙붕협약 5조 4항, 제60조 4항 5항, 제13조 1항 2항 참조.

영역의 일부를 차용한 영토를 말하며, 조차국에 대하여는 국가영역의 제한이 따른다. 이러한 조차지는 영구적인 것도 있으나, 보통은 조차기간이 붙어 영유권이 유보되기도 한다.55) 국제하천(interantional river)은 조약에 의하여 외국선박의 통항에 개방된 하천을 말한다. 수국을 관류하거나 국경을 형성하는 국제하천이라도 각국의 영역에 속한 부분이 외국선박에 개방하지 않은 것은 국제하천이 아니다. 반대로 일국의 영역만을 흐르는 하천이라도 조약에 의해 외국선박에 개방된 것은 국제하천에 포함된다.56)

국가영역은 고정적인 것이 아니라 변경한다. 국가영역의 변경은 국가영역의 취득과 상실을 의미한다. 국가영역의 변경원인은 국가행위에 의한 경우와 자연적인 경우로 구분하며, 전자는 다시 쌍방행위(할양, 병합)와 단독행위(정복, 선점)로 나누어 자세히 알아보자.

할양은 양도국과 양수국간의 합의에 의한 영역 일부의 이전을 말한다. 할양이 국제법상 유효하게 성립하기 위해서는 국가간의 합의에 의한 영역일부의 이전이어야 한다. 특별조건으로 경우에 따라서는 주민의 일반투표를 요건으로 하기도 한다. 할양은 원칙적으로 제3국의 동의를 요하지 않는다. 할양의 요건이 구비되면 양도국은 할양지를 상실하고 양수국은 이를 취득한다. 주민의 국적은 특별규정이 없는 한 원칙적으로 양수국의 국적을 새롭게 취득하나, 일반적으로 주민에게 국적 선택권을 부여한다. 한편, 양도국의 국제법상 권리의무는 승계되지 않는 것이 원칙이다. 할양은 영토의 일부이전이므로 할양 후에도 양도국은 여전히

55) 영구적인 조차로는 미국의 파나마운하 지대가 있으며, 홍콩 및 구룡반도는 1898년부터 99년간 영국에 조차되었다.

56) 중요한 국제하천으로는 다뉴브강, 라인강, 콩고강, 엘베강 등이 있다. 김현수, 이민호, 2005, 前揭書, pp.78~109.

국가로서 존속하기 때문이다.

병합은 양도국과 양수국간의 합의에 의한 영역 전부의 이전을 말한다. 병합이 국제법상 유효하게 성립하려면 국가간의 합의, 영역 전부의 이전을 요한다. 병합은 피병합국의 영역 전부를 취득하고 피병합국은 소멸한다. 피병합국의 국민은 종래의 국적을 상실하고 병합국의 국적을 취득한다. 또한 피병합국이 체결한 조약이나 피병합국의 재산, 문서, 채무는 원칙적으로 병합국에 승계된다.

정복은 국가가 무력에 의해 타국의 영역 전부를 강제적으로 취득하는 것을 말한다. 국제법상 유효하게 성립하려면 정복국이 피정복국의 영역 전부를 실효적으로 점령해야 한다. 피정복국의 완전한 복종이 있어야 하므로 전시점령은 정복이 아니다. 그리고 정복국이 피정복국 영역 전부를 자국 영역으로 취득한다는 의사표시를 해야 한다. 피정복국은 영역 전부를 상실함으로써 국가가 소멸한다. 피정복국의 국민은 정복국의 국적을 취득한다. 피정복국의 국제법상 권리의무는 승계되지 않는 것이 원칙이다. 오늘날 국제법은 무력행사를 금지 내지는 불법화하고 있으므로 이에 위반하여 행해진 정복은 무효이다.[57]

선점은 국가가 무주의 지역을 타국보다 먼저 실효적 점유에 의해 자기의 영역으로 취득하는 것을 말한다. 선점의 대상이 되는 지역은 무주지

57) 1974년 침략정의 결의(총회결의 제3314호) 제3조(a)호는 힘에 의한 타국 영토의 일부 또는 전부의 병합을 침략의 일 유형으로 열거하고 있으며, 제5조 제3항은 침략에 의한 영토취득이나 이익이 합법으로 승인되어서는 안된다고 규정하고 있다. 또 1967년 아랍-이스라엘 전쟁시 이스라엘이 이집트의 시나이반도와 가자지구 등을 점령한 사건과 관련된 UN 안전보장이사회 결의 제242호에서 안보리는 전쟁에 의한 영토취득의 불가를 강조하였다. 또한 같은 문제와 관련된 1981년 결의 제497호 역시 이스라엘의 골란고원 병합은 무효이며 국제법적 효력이 없다고 선언하였다.

(terra nullius)에 한한다.[58] 무주지는 처음부터 어느 국가에도 귀속되지 않은 무주지와 버려진 땅으로서 무주지가 있다. 포기된 땅으로서 무주지이기 위해서는 포기의 사실과 포기의 의사표시를 요한다. 선점의 주체는 국가이어야 한다. 사인이나 사조직이 선점하는 경우 사전에 국가의 위임을 받거나 사후에 국가의 추인을 받아야 한다. 선점의 주관적 요소로서 영유의사(animus occupandi)를 요한다. 영유의사란 무주지역을 자국 영역으로 취득하려는 의사를 말한다. 타국에 대한 선언, 통고, 국기 및 그 밖의 표지의 설정, 입법, 행정상의 조치 등에 의해 표시 된다. 실효적 지배는 선점의 객관적 요소이다. 실효적 지배란 선점의사를 가진 국가가 구체적으로 무주지에 대해 유효하게 점유하고 구체적으로 국가 기능을 미치어 통치함으로써 지배권을 확립하는 일을 말한다. 입법・사법・행정관할권을 행사하는 것을 포함한다. 실효적 점유에 있어서 실효성의 정도는 토지의 지리적 상황이나 거주인구의 밀도 등에 의해 결정된다. 실효적 점유라 할지라도 토지의 현실적 사용이나 정주인구와 같은 물리적 지배보다는 그 지역에 대한 법질서의 유지라는 사회적 점유가 중요하다. 선점의 요건이 구비되면 선점하는 국가는 그 지역을 국가영역으로 취득한다.[59] 선점이 확립된 후에는 일시적 점유

---

58) 무주지란 어느 국가에도 귀속되지 않은 지역으로서 주민의 유무와는 무관하다. 일정한 문명수준에 이르지 않은 토착민이 거주하거나 사인자격으로 거주하는 지역은 선점할 수 있다. 그러나 정치적, 사회적 조직화가 이루어져 있고 인민을 대표하는 족장을 가진 부족의 거주지는 무주지가 아니다. 서부사하라 사건, ICJ Reporte, 1975, pp.39~40.

59) 이를 선점취득이라 한다. 선점취득은 국제법상 어느 나라의 영토에도 소속되지 않는 땅을 영유할 의사를 갖고서 딴 나라 보다 앞서 점유하는 것을 말한다. 우리 나라 민법에서도 선점취득을 규정하고 있다. 소유자가 없는 물건을 소유의 의사를 가지고 남보다 먼저 점유하는 것. 선점자는 목적물의 소유권을 취득한다.

중단이 있더라도 선점이 무효가 되는 것은 아니며, 선점지역이라도 일단 포기하면 타국의 선점대상이 된다.

2. 영토분쟁의 사법적 해결

여기에서는 국경조약과 영토분쟁, 영토분쟁에 있어서 지도의 증거력과 영토분쟁의 해결 사례에 대하여 살펴보기로 한다. 국경조약에 있어서 지리적 사실의 착오와 기술적 용어에 대한 이해부족으로 영토분쟁이 발생한다. 영토분쟁이 발생하면 분쟁에 대한 증거로 지도를 내세우게 된다. 따라서 여기에서는 국경조약과 영토분쟁의 발생원인에 대하여 살펴보고, 국경획정에 있어서 지도의 역할과 분쟁이 발생한 경우 지도의 증거력에 대하여 검토한다. 그리고 영토분쟁의 사법적 해결 사례를 구체적으로 설명하고 있다.

국경조약과 영토분쟁

조약은 국가간이나 국가와 국제기구 또는 국제기구 상호간에 권리의무 관계를 설정하기 위하여 체결한 국제적 합의 문서를 말한다. 국제관습법과 구별하여 조약국제법(conventional international law)이라 한다. 국제관습법과 조약 사이에는 원칙적으로 효력의 우선순위가 없다. 일반원칙인 특별법 우선의 원칙과 후 법 우선의 원칙에 따르게 된다. 그러나 조약은 특정 국가들간의 특별국제법이고, 관습법은 다수국가를 대상으로 하는 일반국제법이기 때문에 조약이 관습법에 우선하는 것이 보통이다. 그러나 어떠한 조약도 국제법상 강행규범보다 그 효력이

앞설 수는 없다.[60)]

현재 조약에 관한 기본적인 원칙과 규칙들을 규정하고 있는 것은 1969년의 조약법에 관한 비엔나협약(Vienna Convention on the Law of the Treaties)이다. 국제법위원회(International Law Commission: ILC)의 성문화 작업으로 채택되었는데 조약의 성립부터 소멸까지 전 과정을 다루고 있다.[61)]

조약은 효력범위를 기준으로 보편조약, 일반조약과 특별조약, 당사국의 수를 기준으로 양자조약과 다자조약으로, 3국의 가입허용 여부에 따라 개방조약과 비개방조약으로, 내용에 따라 계약조약(contract treaty)과 입법조약 (law-making treaty)으로 분류한다.[62)]

조약의 성립에 관해 국제법은 특별한 규정을 두고 있지 않아 일반원칙이 적용된다. 조약이 유효하게 성립하기 위해서는 일정한 조건이 필요하다. 당사자에게 조약을 체결할 수 있는 능력이 있을 것, 조약을 체결하는 기관에 조약체결권이 있을 것, 조약체결권자의 의사표시에 하자가 없을 것, 조약의 목적이 이행가능하고 적법할 것 등을 구비하여야 한다. 일반국제법상 조약을 체결하기 위한 확립된 절차는 없다. 보통 협의, 서명, 비준, 비준서의 교환 및 기탁의 순서로 체결된다. UN회원국이 체결하는 모든 조약은 사무국에 등록하도록 하고 있다. 만약 등록

60) 오윤경 외, 21세기 현대 국제법질서, 서울 : 박영사, 2001, p.4.

61) 국제법위원회는 국제법의 점진적 발전과 법전화를 목적으로 1947년 국제연합 총회 보조기관으로 설립되었다.

62) 계약조약은 각 당사자의 의사표시가 서로 대항하는, 즉 대가적 의미를 가지는 조약을 말한다. 예컨대 영토할양조약, 강화조약 등을 들 수 있다. 입법조약은 보통 다자조약의 형태로 나타나는 것으로서 각 당사자의 의사표시의 방향이 대가적인 것이 아니라 동일한 것을 말한다. 따라서 입법조약은 각 당사자에게 미치는 효과가 동일할 뿐만 아니라, 아울러 규범창설적 기능을 내포하고 있다. 예를 들면 UN헌장, 국제인권규약 등이 그것이다

하지 않았을 경우 조약체결국은 어느 기관에 대해서도 그 조약을 원용하지 못한다. 조약의 등록은 국제사회에서의 비밀조약을 방지하기 위한 제도이므로 조약의 성립과 효력발생과는 관련이 없다.[63]

발효 중의 모든 조약은 당사국을 구속하며 당사국은 이를 성실히 이행하여야 한다. 조약의 효력은 원칙적으로 불소급된다. 별도의 의사표시가 없으면 발효이전에 발생한 사실에 대하여 당사국을 구속하지 못한다. 조약은 당사국만을 구속하고 제3국에는 효력이 미치지 않는다.[64]

일정한 체결절차를 완료한 조약일지라도 효력요건을 충족하지 못한 경우는 무효이다. 조약의 무효에 관한 학설이 명확하지 않지만 진정한 합의를 결여한 경우, 강박에 의해 조약이 체결된 경우, 내용이 일반국제법상의 강행규범에 반하는 경우에는 당연히 무효가 된다.[65]

국경조약도 조약의 일종이므로 그 해석은 기본적으로 조약의 해석에 관한 일반원칙의 적용을 받는다. 조약해석 방법론은 조약해석의 목적에 따라 크게 문언주의, 당사국의사주의 및 목적주의로 구분된다. 국경조약의 해석과 관련된 분쟁의 경우 조약채택을 위한 준비작업에 광범위하게 의존하는 경우가 많다. 국경조약은 영토의 배분에 관한 결정에서부터 국경표지 작업까지 일련의 국경형성 과정과 불가분의 일체성을 가지고 있다.

국경조약은 당사국의 지리적 사실의 착오와 기술적 용어에 대한 이

---

63) UN헌장 제102조에 규정하고 있다. UN의 기관들에 대하여 조약을 원용할 수 있는 대항요건으로 효력과 관련없는 하나의 절차이다. 그러나 안전보장이사회나 국제사법법원은 국제연합의 기관이므로 오늘날 이들 기관의 역할과 영향력에 비추어 볼 때 미등록의 영향은 매우 크다고 볼 수 있다.

64) 조약에 관한 비엔나 협약 제26조, 제27조, 제34조 참조.

65) 김현수, 이민호, 2005, 前揭書, pp.220~231.

해 부족으로 흠결이 발생한다.[66] 분수령의 경우에는 백두산정계비와 같이 해석상 많은 혼란을 일으킨다. 분수령은 정의와 관련하여 해석의 기준으로 진정한 지형적 분수령, 진정한 분수령, 외견상의 지형적 분수령으로 구분한다. 진정한 지형적 분수령은 지표에 물이 통하지 않는다는 전제하에 물이 흘러가는 지상의 모든 점들을 연결한 선으로 구성된다. 이 방법은 상대적으로 평탄한 지역이 있을 경우 위치인식에 어려움을 겪게 된다. 진정한 분수령은 물이 지상이든 지하이든 나뉘어서 흘러가는 모든 점을 연결한 선을 말한다. 이 방법은 물에 대한 권리보존의 목적상 지하의 강도 고려해야 하는 예외적인 경우에 사용된다. 외견상 지형적 분수령은 진정한 지형적 분수령과 유사하다. 사소한 수리학적 지형지물을 고려하지 않은 분명한 선으로 표시하는 방법이다. 위와 같은 세 개의 방식은 상당히 상이한 결과를 가져온다. 분수령을 국경획정에 사용하는 경우 어떤 방법에 의할 것인지를 명시하는 것이 중요하다. 물론 이 경우도 분쟁을 피하기 위해서는 국경표지 설치작업을 신속히 하고, 적절한 간격으로 국경표지를 세워 놓는 것이 바람직하다.

일반적으로 국경획정은 국경조약에 규정된 국경획정위원회 또는 국경표지위원회의 지도 작성과 국경표지 설치를 통하여 이루어진다. 따라서 지도상의 국경선이나 실제 자연지형에 설치된 국경표지가 국경조약상 국경획정기준에 부합되지 않는 경우 국경분쟁이 발생한다.

국경분쟁은 공식화된 국경이 존재하지 않기 때문에 발생하는 경우도 있다. 공식화된 국경의 부재는 당사국의 무관심 또는 국경획정의 불필

66) 지리적 사실의 착오는 국경조약의 기초가 되는 지리적 사실에 대하여 실재와 다른 지형지물을 원용하거나, 특정한 지형지물의 위치 착각, 부정확한 지명을 사용한 경우를 말한다.

요로 인하여 처음부터 당사국간에 국경에 대한 명시적 합의가 없는 경우이다. 그리고 국경조약이 존재함에도 불구하고 국경조약의 무효 또는 흠결로 인하여 국경의 일부 또는 전체가 효력을 상실한 경우에도 발생한다. 공식화된 국경이 없는 상황에서 발생한 국경분쟁은 분쟁당사국이 각각 상이한 국경선을 주장하게 되고, 이에 따라 분쟁지역에 대한 권원취득의 문제가 제기되어 영유권분쟁의 성격도 아울러 갖게 된다.[67]

영토분쟁에 있어서 지도의 증거력

여기에서는 영토분쟁에 있어서 지도의 증거력에 대하여 살펴보자. 영토분쟁은 특정 영토에 대해 2개 이상의 국가간에 영유권에 관한 주장이 경합될 경우 발생한다. 영토분쟁은 분쟁당사국이 아닌 제3국이 분쟁에 개입하는 것은 원칙적으로 불가능하다. 영토분쟁이 발생하면 당사국은 분쟁에 관한 증거로 지도를 많이 내세운다. 증거의 수적 우위와 자국의 주장을 정당화하기 위하여 제출하기 때문이다. 지도의 종류는 매우 다양한데 기능적으로는 참고용지도(reference map)와 주제용지도(thematic map)로 대별한다. 참고용지도는 참조를 위하여 지리적 사실을 일반적으로 표현하는 지도를 말하며, 지형도(topographical map), 지도철(atlas) 및 지적도(cadastral map)로 나누어진다. 주제용지도는 인구, 산업, 기후 등 특정주제를 중심으로 제작되는 지도이다.

지도의 증거력은 지도가 문서증거로서 제요소 충족여부와 지방적 통치행위, 국경조약 등과 비교하여 어느 정도 우위를 점하고 있는지 여부에 따라 결정된다. 지도는 그 자체로는 영토 영유권에 영향을 미치는

67) 김현수·이민호, 2005, 前揭書, pp.220~231.

증거력을 갖지 못한다. 다남, 그 지도가 공식적인 문서에 첨부되어 있는 경우에는 예외로서 그 증거력을 갖는다. 지도가 공식적인 문서에 첨부되어 내부적인 부분을 구성하는 경우를 제외하고는 지도는 단지 다른 증거와 같이 진정한 사실을 확인하거나 재구성하기 위해 사용될 다양한 증거에 불과하다.

지도가 권원權原의 증거로 원용되는 이유는 지도의 본질적 기능에 기인한다. 지도는 지구표면에 있는 지리적 사실에 대한 인식의 기초자료인 동시에 일국의 주권적 범위라는 정치적 사실을 표현하고 있기 때문이다. 지도가 이와 같은 기능을 객관적으로 수행자는 정도가 증거력을 결정하는 기준이 된다. 이 기준의 충족여부에 따라 권원확립을 직접 입증하는 1차 증거와 간접적인 증거기능을 가지는 2차 증거로 구분한다. 1차 증거와 2차 증거를 구분하는 우선적 요소는 국가의 공적권위가 보장되는 공정성이다. 그리고 지도제작자 자신이 조사·측량한 독창성과 기술 및 정보원의 신뢰도에 따라 결정되는 정확성, 어느 정도 객관적으로 공정하게 취급하였느냐는 공정성에 의존한다.[68]

지도의 증거력은 지도자체의 가치뿐만 아니라 국경형성의 3단계 중 어느 단계와 관련되느냐에 따라 평가가 달라진다. 지도가 다른 권원요소와 합치하는 경우에는 당연히 증거력이 인정된다. 국경획정작성의 결과로 작성된 지도는 국경획정위원회의 기능과 직접 관련된다. 국경획정위원회에게 국경획정기준의 적용에 있어서 일정한 재량권이 부여된 경우, 당연히 작업결과인 지도가 국경획정기준에 우선하는 효력을 가진다. 국경획정조약에 첨부된 지도는 국경획정기준이 국경조약에 설정된 후에 국경위원회가 국경획정기준을 적용하여 작성한 것이므로 지도제

68) 신각수, 1991, 前揭書, pp.291～297.

작의 시점 및 주체면에서 국경획정위원회가 국경획정기준을 적용하여 작성한 지도와는 성격을 달리 한다. 동일 조약내의 국경획정기준과 첨부한 지도 간에 충돌이 있는 경우 당사국의 합의가 없는 한 첨부지도가 착오에 의하여 작성된 것으로 해석하는 것이 타당하다. 국경조약과 아무런 관련 없이 국경획정 이전에 제작된 지도는 지리적 사실에 관하여 일정한 증거력이 인정된다. 국경획정 이후에 제작된 지도도 국경획정 이전에 제작된 지도와 마찬가지로 증거력이 인정된다. 특히 분쟁당사국의 공식지도는 관계국의 지리적 인식을 대변하는 것으로 중요하게 취급된다. 국경획정 이후에 제작된 비공식 지도의 경우 정치적 사실에 관하여 일반적으로 아무런 증거력이 인정되지 않지만 다른 권원요소가 명백하지 않을 경우 증거력이 부여된다고 볼 수 있다.

공식화된 국경이 없는 국경분쟁의 경우 지도의 증거력은 일반적인 국경분쟁보다 제약적이다. 비록 공식지도라 할지라도 지도제작자 자신이 사용한 정보원에 의존하기 때문에 1차적 증거로 인정되기 곤란하다. 결국 지도의 가장 중요한 증거력은 분쟁당사국 자신을 구속하는 소극적 효력에서 찾아볼 수 있다. 즉 지도는 당시의 영토주권에 관한 최대한의 주장을 반영한다는 점에서 분쟁당사국으로 하여금 국경을 넘어서는 주장을 할 수 없도록 구속하는 소극적 효력을 가진다.[69)]

국경분쟁은 오랜 기간 동안 진행되기 때문에 분쟁해결에 상당히 많은

69) 지도의 소극적 효력은 일정한 상황에서는 실체법상의 금반언 효과를 귀속시키는 경우도 있고, 때에 따라서는 단순히 증거채택을 제한하는 증거에 관한 기술적 원칙으로서의 금반언 효과만이 인정되는 경우도 있다. 금반언 효과를 귀속시키는 경우는 국경획정 이후 국경획정 결과를 그대로 답습한 공식지도 및 권한 있는 정부기관에 의해 자국의 영토주권 한계를 밝힐 목적으로 제작된 공식지도 등이 해당된다. 신각수, 1991, 前揭書, pp.298~308.

분량의 증거가 원용된다. 국제재판에서 증거는 법적 판단의 대상인 사실관계의 확정을 위한 진실을 발견하는 역할을 한다. 일반적으로 중재합의에서는 문서증거만 언급하고 있으나 중재재판소의 재량에 의하여 증언증거를 허용하고 있다. 국제재판에서 증거제출은 1차적으로 당사국이 책임이다. 당사국이 제출한 증거가 불충분한 경우 재판소는 추가로 증거의 제출을 명하거나 독자적으로 사실판단에 필요한 증거를 확보한다. 재판소는 독립적인 감정인의 조사, 보고, 증언을 활용하거나 측량과 현지방문을 통하여 증거를 확보한다.[70)]

국경분쟁은 본질적으로 영토주권과 관련된 분쟁이기 때문에 재판소에 제출되는 증거의 증거력은 주권적 행위를 구성하느냐 여부에 따라 결정된다.[71)]

국경획정기준과 지도의 차이로 인하여 발생한 국경분쟁사건으로 대

70) 국경분쟁을 중재재판에 부탁하는 조약의 상당수가 감정인의 사용에 관한 규정을 두고 있으며, 국제사법재판소 규정(제50조)에도 재판관의 재량에 의해 개인, 사무국, 위원회 등에 감정인의 의견을 구할 수 있도록 하고 있다. 분쟁지역이 광범위한 경우 시간과 경비를 절약하고 구지도의 오류를 시정하기 위하여 항공측량을 사용한다. 신각수, 1991, 前揭書 pp.280~286.

71) 국경분쟁의 결정적 증거인인 주권적 행위는 다음의 세가지가 중요하다. 첫째, 민사재판, 형사재판, 경찰관할권, 난파물의 소유권조사 등 관할권의 행사와 관련된 증거 둘째, 조세부과, 인구조사, 토지매매계약등기, 선박등록, 세관설치 등 지방적 행정행위 셋째, 입법행위는 주권적 의사표시로서 중요한 증거력이 인정된다. 한편 국가기능의 실효적 행사의 요건을 갖추지 못한 행위는 증거력이 인정되지 않거나 부차적 증거력만이 인정된다. 국가가 아닌 사인의 행위는 자체로서 권원을 창출할 수 없으나, 제한된 범위 내에서 권원의 증거를 제공 할 수 있다. 그리고 수로측량, 피난처설치, 기상관측, 과학실험, 등대설치와 같이 영유의사가 없이 행하여진 국가행위는 권원창출요소로서의 증거력이 부인된다. 신각수, 1991, 前揭書, pp.287~290.

표적인 것은 프레아 비헤아 사원(Temple of Preah Vihear) 사건이다. 최근까지 총격전이 벌어진 이 사건은 1904년 캄보디아의 보호국이었던 프랑스와 샴 간에 이루어진 국경조약과 관련되어 있다. 샴 정부는 국경획정작업의 마지막 단계로 지도작업을 하기로 하였으나, 제작능력이 없어 프랑스 정부에게 의뢰하여 지도를 완성하였다. 이를 기초로 캄보디아령으로 표시함으로써 국경분쟁의 원인이 되었다. 그 후 이 사원이 실제로는 태국측에 위치한 것으로 나타나 국제사법재판소에 회부하였다. 국제사법재판소는 샴 정부가 분쟁발생시까지 묵인하였으므로 금반언의 의무를 부담하게 되어 지도의 내용에 구속된다고 판결하였다.

또한 국제사법재판소는 국경조약에 후행하는 구체적 국경획정작업의 결과는 국경조약내의 국경획정기준에 우선하는 효력을 가진다고 판시하였다. 따라서 지도가 조약에 부속되어 조약의 일부로 되거나, 당사국의 수락을 추정할 수 있거나, 묵인에 의해 금반언의 효과가 귀속되는 경우에는 지도가 국경획정기준에 우선하는 효력을 가진다. 결국 지도는 국경획정작업의 결과로 제작된 경우, 보조적 증거가 아니라, 1차적 증거로서 조약문에 우선할 수 있다는 점을 주목해야 한다.

국경획정기준에 후행하는 국경표지 작업이 서로 상치한 경우 국경형성의 마지막 단계인 국경표지 작업 결과가 우선적으로 존중된다. 국경표지 작업상의 착오가 상당한 시일이 경과한 뒤에 판명되므로 프레아 비헤아 사원 사건에서 보듯이 착오는 승인, 묵인, 금반언의 법리에 의해 치유된다. 따라서 국경조약에 규정된 권한있는 국경표지위원회에 의하여 설정된 국경표지는 다른 지점을 지정하고 있는 국경획정기준 또는 이에 따른 구체적 서면기술에 우선하는 효력을 가진다.

영토분쟁의 사법적 해결 사례

여기에서는 영토분쟁의 해결방식에 대하여 살펴보자. 영토분쟁의 해결방식은 강제적 해결방식과 평화적 해결방식이 있다. 강제적 해결방식은 군사력에 의한 점령으로 새로운 영토를 취득하거나 상대방의 시도를 막아내는 가장 현실적인 방법이다. 평화적인 방식은 외교적인 방식과 사법적인 방식을 들 수 있다. 오늘날 침략, 즉 유엔헌장 제2조 제4항에 위배되는 무력사용에 의한 정복은 불법으로 무효이다.[72]

유엔헌장 제33조 제1항에 따른 분쟁의 해결수단은 양자간에 이루어지는 직접교섭, 제3자의 개입을 통해 이루어지는 심사, 중개, 조정 등이 있다.[73] 직접교섭은 가장 기본적인 분쟁해결 방식이다. 직접교섭은 당사국간의 완전한 합의에 의하여 분쟁을 해결하기 때문에 장래에 분쟁의 재발소지를 남기지 않는다. 그러나 분쟁당사국이 합의에 도달할 의무를 부과하지 않는다는 내재적 한계가 있기 때문에 최종적인 분쟁해결을 도출할 수 없다는 한계도 있다. 그렇지만 직접교섭의 기능은 분쟁의 쟁점에 대하여 의견교환을 통하여 직접 분쟁을 해결하는 것이다.[74]

---

72) 국가의 영토는 '헌장에 위배되는' 무력사용으로부터 초래되는 군사적 점령의 대상이 되지 않는다. 국가의 영토는 무력의 위협 또는 사용으로부터 초래되는 타국에 의한 취득의 대상이 되지 아니한다. 무력의 위협 또는 사용으로부터 초래되는 어떠한 영토취득도 합법으로 승인되어서는 안된다. 유철종, 2006, 동아시아 국제관계와 영토분쟁, 삼우사, pp.73~77.

73) 유엔헌장 제33조 제1항의 내용은 '어떠한 분쟁도 그의 계속이 국제평화와 안전의 유지를 위태롭게 할 우려가 있는 것일 경우 그 분쟁의 당사자는 우선교섭, 심사, 중개, 조정, 중재재판, 사법적 해결, 지역적 기관 또는 지역적 약정의 이용 또는 당사자가 선택하는 다른 평화적 수단에 의하여 구한다.'로 되어 있다.

74) 직접교섭에 의하여 해결된 국경분쟁사건으로는 칠레-페루간의 Tacna- Arica지역 국경분쟁사건, 영국-미국간 oregon지역 국경분쟁사건 등

그리고 주선은 단순히 분쟁당사국으로 하여금 교섭을 하도록 간접적으로 환경을 조성하는 것을 말하며, 중개는 교섭의 과정에 참여하고 성공을 위하여 직접 조력하는 것을 의미한다. 국경분쟁에 있어서 주선·중개의 기능은 국경분쟁으로 인한 무력충돌의 위험을 방지하거나 이미 발생한 무력충돌을 완화하여 무력충돌 이전의 상태에 회귀시키는 데 있다. 가장 성공 가능성이 높은 분쟁해결 방법이다. 제3자가 개입하여 분쟁을 해결하는 방법인 주선·중개는 분쟁당사국의 첨예한 의견대립을 완화함으로써 합의를 도출하는 역할을 담당한다. 주선·중개는 비구속적 성격의 정치적 협상안을 분쟁당사국에게 간편하고, 신속하게 제시한다는 점에서 약소국에게 약한 교섭력을 보완해주는 장점이 있다.[75]

국경분쟁을 해결하기 위한 행정적 조정의 성격을 가지는 심사·조정이 있다. 심사·조정은 탄력성이 있는 방법임에도 불구하고 이용도가 떨어졌지만 최근에는 조정에 의한 분쟁해결 사례가 증가하고 있다. 조약법, 해양법 등 다자협약과 관련된 분쟁해결에 있어서 탄력성과 비밀성이 보장되는 조정제도가 활용된다.[76]

영토분쟁의 사법적 해결은 일반적으로 20세기 이후의 현상이다. 영토분쟁의 평화적인 해결을 위한 외교적 시도가 불가능해져 국제재판(국제사법재판소, 해양법재판소, 중재법원)에 부탁하는 사례가 증가하고 있다. 국제재판은 중재재판과 사법재판으로 구분하는데 중재재판의 발전된 형태가 사법재판이다. 중재재판은 분쟁이 발생할 때마다 당사국의 합의

이 있다.

75) 주선·중개에 의하여 당사국이 최종적인 분쟁해결방법에 관하여 합의에 이르게 된 국경분쟁사건으로는 Rann of Kutch분쟁, Burami오아시스사건, Preah Vihear사원사건, 부르키나파소-말리 국경분쟁, 니카라과-온두라스 국경분쟁 등이 있다.

76) 김현수·이민호, 2005, 前揭書, pp.220~231.

에 의하여 선출되는 재판관에 의한 재판이다. 이에 반하여 사법재판은 재판의 기준과 절차가 이미 결정되어 있고 재판관이 선임되어 있는 상설재판소에서 행하는 재판을 말한다.[77]

국제재판은 제3자에 의한 기존 법의 적용을 통하여 분쟁을 해결하는 제도이다. 국제재판은 제소과정에서 어려움에도 불구하고 일단 회부된 분쟁의 최종적 해결을 꾀할 수 있다. 이런 점에서 법률적 성격의 국경분쟁을 해결하는데 기여하였다. 중재판정은 구속력 있는 결정을 분쟁당사국에게 내린다는 점에서 국경분쟁의 해결에 수동적인 역할을 한다. 중재판정에 회부된 대부분의 국경분쟁은 분쟁지역이 경제적 가치가 적거나 인구가 희소한 지역에 한정되었다.[78]

국경분쟁 당사국은 사법적 해결보다는 중재판정을 선호한다. 신생독립국들은 선점·정복 등 영토취득에 관한 전통국제법원칙의 적법성에 의구심을 가지고 있으며, 엄격한 법보다는 형평의 적용을 통하여 식민통치시대의 약한 지위를 보정받기 위해서이다. 사법적 해결은 중재판정에 비하여 매우 제한적인 역할을 담당하고 있다. 그리고 사법적 해결에 회부된 사건은 중재판정에 회부된 사건에 비하여 분쟁지역이 매우 작거나 영토적 가치가 적은 지역을 대상으로 하고 있다. 이러한 현상은 사법적 해결의 경우 구속력 있는 해결수단으로 당사국의 해결절차에 대한 통제권이 제한되기 때문이다.[79]

77) 김정건, 1990, 국제법, 박영사, pp.579~580.

78) 인도-파키스탄간의 Kashmir국경분쟁은 전략적, 심리적, 경제적 가치가 큰 이유로, 어느 당사국에 이해서도 중재합의에 관한 제의가 이루어지지 않았다. 그러나 늪지대로서 별다른 가치를 갖지 못하는 Rann of Kutch국경분쟁에 관해서는 무력충돌이 있었음에도 불구하고 중재판정부에 회부되었다.

79) 김현수·이민호, 2005, 前揭書, pp.220~235.

한편, 영토분쟁과 관련 국제판례는 그 대부분이 승인·묵인·금반언禁反言의 법리에 의존하고 있다. 국제법상 영토주권은 초기단계에서는 상대적 권원에서 출발하여 시간의 경과를 거쳐 절대적 권원획득으로 고착화되는 과정을 거치게 된다. 승인·묵인·금반언은 대항성의 형성을 통하여 권원의 절대성을 주장할 수 있어 영토분쟁에서 결정적인 역할을 한다. 국제법상 승인은 국제법 주체의 승인에만 한정되는 것이 아니다. 국제관계에 있어서 동의 표시의 주요 수단으로서 광범위한 개념으로 인식되고 있다. 묵인은 자신의 권리에 대한 위협 또는 침해를 구성하는 상황에 직면한 국가의 부작위를 의미하는 소극적 개념이다. 묵인은 크게 세 가지 측면에서 영토분쟁과 관련을 갖는다. 첫째, 묵인의 해석적 기능은 국경분쟁의 해석에서 중요한 역할을 한다. 왜냐 하면 조약상의 특정해석을 유발할 수 있는 행위에 항의를 하지 않을 경우, 당사국의 조약상 권리의무에 관한 양해의 유력한 증거를 제공하기 때문이다. 둘째, 묵인은 일정한 경우, 금반언의 효과를 가져 온다. 묵인이 금반언의 효과를 가져 오는 경우에도 묵인은 금반언의 한 요소이지 그 자체가 금반언을 성립시키는 것은 아니다. 셋째, 묵인은 영토취득방법인 시효와 역사적 권원에 있어서 중요한 성립요건을 구성한다.

금반언은 국가의 책임있는 기관이 특정의 발언이나 행위를 한 경우 나중에 그와 모순, 배치되는 발언이나 행위를 할 수 없다거나 또는 그러한 모순, 저촉되는 발언이나 행위가 법적 효력을 갖지 못하는 것을 말한다.[80] 금반언 원칙이 영토분쟁과 관련이 있는 것은 보완적 기능과

80) '금반언의 개념'에 대하여 광의설과 협의설이 대립한다. 광의설은 "소송의 일방당사국이 이전에 명시적 또는 묵시적으로 인정한 것에 반하는 입장을 취하는데 대한 결정적 항변을 지칭하는 개념"이다. 협의설은 "피원용국의 자발적이고 무조건적이며 명백한 입장표명 외에도 원용국의 이러

안정적 기능 때문이다. 보완적 기능은 영유권분쟁에 있어서 다양한 법적 사실 또는 일방적 행위의 법적 가치판단에 원용된다. 안정적 기능은 준불가역적準不可逆的 성격으로 인하여 국경분쟁에서 중요한 역할을 담당하게 된다.[81]

여기에서는 영토분쟁의 사법적 해결 사례에 대하여 살펴보자. 먼저 1903년 영국・미국간 알래스카(Alaska) 국경분쟁 사건이다. 중재판정에서 미국은 1825년 국경협약의 교섭경과를 폭넓게 원용하려 하였고, 영국은 "타결이 이루어지면 이전의 교섭은 모두 대체된다"는 영미법 이론을 근거로 준비작업의 광범위한 원용에 반대하였다. 이 사건의 주요쟁점[82]가운데 포클랜드 해협의 위치는 조약교섭 당시 지리적 상황을 적시하는 탐험일지에 의존하여 결정하였다. 또한 조약교섭당시에 러시아가 북위 55도까지의 영토를 요구하였고 이에 따라 영국이 북위 54도 45분에서 바다에 진입하는 포틀랜드해협을 국경으로 동의한 사실도 중요하게 취급하였다. 한편 해협의 의미에 있어서 미국은 조약교섭 당시 당사국의 의도에 중점을 두어 조약교섭과 관련된 각종 초안의 내용에 치중하였다. 반면, 영국은 비교적 조약문의 문언, 특히 '해안' 용어의

한 진술에 대한 선의의 의존이 있어야 한다"는 것이다. 국경분쟁 및 영유권분쟁에 있어서 권원과 관련한 법적 추론에 있어서 금반언 원칙은 결정적인 역할을 담당하고 있다. 김현수·이민호, 前揭書, 2005, pp.263~273.

81) 금반언은 일방당사국의 의무에 관한 동의의 증거를 보완한다는 의미에서의 보완적 기능과 일련의 상호간 관계를 통하여 형성된 법적 관계의 안정성을 유지・강화한다는 의미에서의 안정적 기능을 가진다.

82) 주요 쟁점은 국경의 출발점, 포틀랜드해협의 위치, 국경출발점으로부터 포틀랜드해협 입구까지의 국경획선, 북위 56도상의 연결지점, 해안의 의미, 러시아(미국)에 속하는 해안의 폭, 해안에 평행한 산맥의 위치 등 7개 항목으로 구성되어 있다.

일상적 의미를 강조하였다. 이에 대하여 중재관은 해안이라는 용어의 불명확성을 지적하고 영국이 주장하는 해안의 특별한 의미에 대하여 영국은 입증책임을 부담할 것을 판정하였다.[83)]

그리고 1987년 영국포르투갈의 마니카(Manica)고원 국경분쟁사건이다. 중재판정은 1981년 양국 간 중서아프리카의 영향권 경계획정에 관한 조약의 해석과 관련된 분쟁을 다루었다. 3개 구역으로 나누어진 분쟁구역 가운데 제1구역과 제2구역과에 대한 해석에 있어 중재판정부는 조약의 준비작업을 상당 부분 참작하였다. 동 사건은 국경조약의 해석에 있어서는 조약문의 일상적 의미에 따른 해석을 거치지 않고, 양 당사국의 의도를 문언상의 의미보다 더욱 중요시하였다.

마니카고원 사건보다 당사국 의사주의에 의존한 사건은 1913년 네덜란드-포르투갈간 티모르(Timor)섬 국경분쟁사건을 들 수 있다. 중재관은 "조약의 해석은 이견이 있는 경우 조약당사국의 공통의도에 맞추어 이루어져야 한다"고 하였다. 1904년 국경협약교섭 당시 양당사국의 상호의도를 구명하는데 초점을 맞추었다.

또한, 1900년 브라질・프랑스령 가이아나 국경분쟁사건이 있다. 이 사간은 전적으로 준비작업과 조약체결 당시의 상황에 의존하였다. 중재관은 위트레흐트조약(Treaties of Utrecht)[84)] 이전에 체결된 1700년

83) 1차적으로 조약문에 대한 물리적 해석을 시도하였으나, 그 결과가 불명확하여 준비작업을 원용하였다는 점에서 조약법에 관한 비엔나협약과 직접 상충되는 것은 아닌 것으로 생각된다.

84) 위트레흐트조약(Treaties of Utrecht)은 에스파냐계승전쟁을 종결시킨 평화조약이다. 네덜란드의 위트레흐트에서 프랑스와 에스파냐가 영국 및 그 동맹국과 체결하였다. 1713~14년 각국간의 합의가 성립되었다. 프랑스의 왕위계승권을 포기하는 조건으로 펠리페 5세의 에스파냐 왕위를 승인하였다. 프랑스는 영국에게 해외 식민지를 빼앗기고 세계무역에서는 열세에 빠졌

잠정조약과 이에 선행하는 1698년~1699년간의 서면교섭에서의 Oyapoc Vincent 강을 동일하게 인식하였다. 프랑스, 포루트갈, 영국이 참가한 위트레흐트 의회의 회의록에 따르면 프랑스는 아마존강내 통항의 자유를 확보하는 대신에, 포르투갈에게 아마존강하구와 강안江岸의 지배권을 부여하려는 의도가 있었다는 이유로 브라질이 주장하는 Oyapoc 강을 국경으로 결정하였다.

앞에서 살펴 본 1962년 타이랜드와 캄보디아의 프레아 비헤아(Preah Vihear)사원이 있다. 이 사건은 1904년 2월 13일 프랑스와 샴(Siam : Thailand의 옛 명칭) 간에 변경조약이 체결되었다. 샴 측 대표가 참여하지 않은 가운데 지도가 작성되었는데 지도의 사용을 샴은 항의 없이 묵과하였다. 1907년 후에도 이 지도에 대하여 반대를 제기할 기회가 많았지만 당국자들이 항의도 없이 그 지역을 프랑스지역으로 취급하였다. 특히 1930년 내무장관의 내방을 프랑스 주재관이 프랑스 기를 가지고 영접했지만 아무런 항의를 하지 않았다. 이 사건의 핵심은 첨부된 지도가 양당사국들을 구속하는 하나의 유권적 경계획정선을 대표하여 캄보디아 주권을 입증 했다는 것이다. 태국은 획정선을 묵인한 것이었고, 또 후속 행동 때문에 반대를 논하는 것이 금반언에 저촉되었다.

마지막으로 1923년 폴란드 · 체코슬라바키아의 수피쓰지역(the Spisz District)으로 알려진 변경획정문제 사례가 있다. 국제연맹 이사회는 상설국제재판소에 폴란드와 체코슬로바키아간의 경계획정문제는 어떠한 세부조정을 통하여 경계선을 표시하는지 의견을 요청했다. 양국의 경계획정 문제는 1920년 7월 28일 대사회의 결정으로 최종 종결되었다. 그러나 동 결정은 전체적으로 시행되어야 하므로 수피쓰지역의 경계획

다.

정은 동일 결정 제2조 제3항의 규정에 따라 수피쓰지역 내로 조정하도록 권고하였다.[85)]

이와 같은 중재판정은 국경조약의 해석에 있어서 준비작업의 중요성을 시사하고 있다. 조약문의 문언적인 의미가 명확하여 준비작업을 원용할 필요가 없었던 사례는 발견되지 않고 있다. 그리고 조약문구의 정확한 해석과 서면증거, 합법적 주권행사의 중요성을 일깨워 주고 있다. 국제분쟁에 있어서 자국주장을 강화시킬 수 있는 것은 서면 증거이다. 특히 조약, 공문서 등과 부차적 증거로서 지도도 증거력이 있다. 일반 문서도 신빙성이 확인되면 증거력을 가지며 공직자가 당해 문제와 관련된 서면자료는 더욱 그렇다.

3. 통일한국의 북방영토 귀속 전망과 선결과제

여기에서는 통일한국의 북방영토 귀속과 선결과제에 대하여 살펴보기로 한다. 통일한국의 북방영토 영유권 귀속의 중요 쟁점은 북한이 중국・러시아와 체결한 국경조약의 승계문제이다. UN헌장 제102조는 UN회원국이 체결하는 모든 조약은 가급적 조속히 사무국에 등록할 것과 등록하지 않았을 경우 조약체결국은 어느 기관에 대해서도 그 조약을 원용하지 못한다고 규정하고 있다. 그러나 북한이 중국과 체결한 국경조약은 UN에 등록하지 않았다. 이 경우 통일을 전제로 할 경우 조・중변계조약은 어떻게 되는지 검토가 필요하다. 따라서 본 문에서는 남·북한의 통일정책과 통일한국의 법적지위를 살펴보고, 통일 한국의

85) 李恩陳, 2000, 間島의 領有權에 관한 史的·法的 硏究, 明知大學校 碩士學位論文, pp.68~71.

영유권 귀속 전망과 선결과제에 대하여 구체적으로 설명하고 있다.

남 · 북한의 통일정책 분석

여기에서는 남 · 북한의 통일정책에 대하여 살펴보자. 한반도는 1945년 8월 15일 일본 천황의 무조건 항복으로 일본 식민지 통치에서 해방되었으나, 맥아더장군의 일반명령 1호에 의거 38° 선을 기준으로 북쪽은 소련이, 남쪽은 미국이 일본군의 무장해제를 위해 주둔함으로써 분단의 길로 들어서게 되었다.[86] 1948년 남쪽에는 「대한민국」 정부가, 북쪽에는 「조선민주주의인민공화국」 정부가 수립되어 정치적분단과 한국전쟁을 거치면서 분단이 고착되었다.

이렇게 한반도가 남·북한으로 분단된지 60년이 넘었다. 그 동안 우리 정부는 통일정책을 꾸준히 가다듬어 왔다. 우리는 통일정책 기조로 평화와 민주의 정신을 일관되게 유지해 왔다. 즉, 통일은 반드시 평화적인 방식으로 이루어져야 하며, 민족구성원 모두의 자유의사 표명과 선택이 가능한 민주적인 방식으로 이루어져야 한다는 것이다. 이 같은 통일정책기조 위에 1973년 6.23 평화통일외교정책선언에 이어 한민족공동체 통일방안을 1989년 북한에 제의하였고, 1994년 민족공동체 통일방안으로 발전시켰다. 1998년 3월 국민의 정부는 평화 · 화해 · 협력에 바탕을 둔 대북정책 기조를 발표하였다. 대북정책 3대원칙으로 첫

86) 한반도를 분단하고자 하는 시도는 Taft와 가쓰라 타로우 밀약 이전에도 1592년 중국과 일본이 조선8도를 둘로 분단해서 나누어 가지는 것이 동북아 평화와 안정에 도움이 된다는 기록과 1894년 영국의 외상 William B. Kimberly는 조선의 8도를 둘로 나누어서 중국과 일본에게 나누어 가지도록 하면 평화를 이룰 수 있다고 하였다. 한국기독교협의회 홈페이지(http://ncck.peacenet.or.kr). 2007년 11월 5일 검색

째 평화를 파괴하는 일체의 무력도발 불용, 둘째 흡수통일 배제, 셋째 화해·협력의 적극 추진을 제시했다. 또 대북정책 추진 기조는 안보와 협력의 병행 추진, 평화공존과 평화교류의 우선 실현, 화해·협력으로 북한의 변화여건 조성, 남북간 상호이익 도모, 남북 당사자 해결원칙하에 국제적 지지 확보, 국민적 합의에 기초한 대북정책 추진에 두었다.

그리고 2000년 6.15 남북공동선언, 2007년 10.4남북공동선언과 함께 정부는 남·북한 관계의 개선문제와 통일문제를 총체적으로 협의, 해결하면서 상대방의 주장과 제안도 수용하려는 포용적 접근자세를 보이면서 햇볕정책과 평화번영정책을 추진하였다.

그러나 실용정부는 지난 10년간 추진과정에서 제기되었던 국민적 비판을 수용, 실용적이고 창의적인 접근을 통한 상생공영정책으로 통일정책 추진방식을 전환하였다. 비핵·개방·3000 정책은 상생공영정책이 추구하는 한반도 평화구축과 남북공영이라는 두가지 목표를 달성하기 위한 실현전략이다. 이를 위한 통일정책 4대원칙으로 실용과 생산성, 원칙에 철저(비핵화, 남북대화), 유연한 접근과 국민 합의, 국제협력과 남북협력의 조화를 표명하였다.[87)]

이제 우리 정부에서 제시하고 있는 남북연합에 대하여 자세히 살펴보자. 우리 정부는 남북연합의 구성에 있어서 인구에서 절대 우위에도 불구하고 남·북한 동수대표로서 남북연합의 각 기구들을 구성할 것을 제의하였다. 남북연합은 남북의 현존 2체제 2정부를 유지하면서 쌍방 정부간 협력체를 구성하여 통일과정을 관리, 통

87) 김정노(통일부 정책협력과장)통일 12월호 기고문, 이명박 정부의 대북정책-비핵·개방·3000에서 그랜드 바겐까지. 참고작성. 통일부 홈페이지 (http://www.unikorea.go.kr). 2011년 5월 15일검색.

일과정을 시작하고, 통일을 촉진하는 개념으로 화해협력, 남북연합, 통일국가의 3단계로 이루어져 있다. 민족공동체통일방안은 개개인의 인간적인 삶과 가치를 가장 잘 실현시켜 줄 수 있는 자유민주주의를 그 철학적 바탕으로 하고 있다. 통일의 방법은 자주, 평화, 민주를 그 내용으로 하는데 이러한 원칙은 한국정부가 일관되게 견지해 온 입장이다.

남한의 민족 공동체 통일방안은 통일까지의 단계별 과정을 제시하고 논리성을 확보한 점과 북한의 입장을 수용하려고 했다는 점, 이론적으로 현실성과 객관성을 가지고 있으며, 체계적이라는 긍정적인 평가를 받고 있다.[88]

우리 정부의 통일정책에 관한 지금까지의 설명을 그림으로 나타내면 〈표 26〉과 같다.

반면, 북한이 표방하는 통일은 사회주의 헌법보다 상위 규범인 노동당규약에서 규정한 한반도의 주체사상화와 공산주의사회를 건설하는데 있다. 북한은 대남혁명전략 차원에서 통일문제에 접근하여 先남조선 혁명, 後 조국통일 이라는 정책기조를 견지해 오고 있다. 여기서 말하는 남조선혁명의 핵심은 대한민국을 타도하고 북한식 사회주의체제로 흡수한다는 것이다. 민족해방혁명은 주한미군 철수를 통하여 한국을 미

88) 그러나 민족공동체 통일방안은 몇 가지 점에서 취약점을 가지고 있다. 첫째, 합의통일을 전제하고 있어 실제로 통일보다는 평화공존에 역점을 두는 정책이라 할 수 있다. 둘째, 남북간의 이념과 체제의 차이를 민족적 결속력을 통해 해소시킬 수 있다는 전제를 두고 있다. 셋째, 남북연합이 발족하는 것에서부터 조직 운영에 이르기까지 시종일관 남북의 정상과 당국 위주로 추진하는 것으로 되어 있다. 넷째, 남북 분단이라는 현실을 감안한다면 너무나 장기간의 시간을 요하기 때문에 한반도의 분단 고정화라는 비난이 있다.

표 26 남한의 통일정책

시대별	통 일 정 책	발표계기
1948~1961 (제1·2공화국)	유엔 결의 남·북한 총선거 북진 통일론→북진 통일론 폐지 유엔 감시하의 자유 총선거	정부 수립시 선포 제네바 정치 회담(1954) 외무부장관 외교정책 성명(1960)
1961~1979 (제3·4공화국)	실지회복에 의한 국토 통일 선건설 후통일 정책 → 선평화 후통일 정책, 남·북한 자유 총선거	7·4공동성명(1972) 6·23 평화통일외교정책선언(1973) 평화통일 3대 기본원칙(1974)
1980~1988 (제5공화국)	통일 헌법에 따른 총선거	민족화합민주통일방안 천명(1982)
1988~1993 (제6공화국)	남북 연합의 과도 단계를 거쳐 통일 헌법에 의해 총선거	7·7 선언(1988) 한민족공동체통일 방안(1989)
1993~1998 (문민정부)	화해·협력→남북 연합→통일 국가 완성의 3단계 접근 방식	민족공동체통일방안 천명(1994)
1998~2003 (국민의 정부)	무력 도발 불용, 흡수 통일 배제 평화번영정책 추진	대통령 취임사 (1998) 6·15남북 공동선언(2000)
2003~2008 (참여정부)	국민 정부 햇볕정책 승계 총리 및 국방장관 회담 개최	10.4남북공동선언(2007)
2009~현재 (실용정부)	통일정책 4대원칙(실용과 생산성, 원칙에 철저, 유연한 접근과 국민 합의, 국제협력과 남북협력의 조화)	대통령 취임사 (2009)

제국주의의 식민지적 지배로부터 벗어나게 한다는 것이며, 인민민주주의혁명은 한국의 현 정권을 타도하여 용공·연북정권을 수립시킨다는 것이다.

이 같은 통일정책 기조 위에 1973년 우리 정부의 6.23 평화통일외교정책 선언에 대응하는 조치로 남북연방제 주장, 1980년 10월 10일 개최된 6차 당대회에서 고려민주연방공화국(Confederal Democratic Republic of Koryo) 연방제 제의하였다.

북한의 낮은 단계 연방은 남북정상회담에서 처음 제시되었으나 1991

년 김일성의 신년사에서 '잠정적으로 지역 자치정부에 더 많은 권한을 부여한다'는 유사개념을 사용한 바 있다. 남북이 현존 2체제 2정부를 그대로 두고 연방을 구성한다. 외교권과 군사권은 남북 양측이 갖게 되는 형태로 장기간 유지, 통일을 지향하되 단계적으로 발전시켜 나가야 한다는 쪽으로 방향을 전환한 것이 고려연방제와는 근본적으로 차이가 있다.

그리고 1991년 5월 3일 윤기복 최고인민회의 조국통일정책심의위원회 위원장은 "남·북한의 2개 정부가 일정한도 내에서 잠정적으로 외교 군사권을 보유할 수 있다."면서 연방제를 이루는 방법으로 점진적, 단계적인 접근을 제한적으로 수용하였다.

김일성 사망 이후 김정일의 통일정책은 기존의 정책을 고수하였다. 김정일은 1997년 8월 4일 작성된 논문에서 "위대한 수령 김일성 동지의 조국통일 유훈을 철저히 관철하라"에서 조국통일 3대원칙, 고려민주연방공화국 창립방안, 전민족 대단결 10대강령을 조국통일 3대헌장으로 규정하면서 김일성의 유훈을 관철하라고 강조하였다.[89)]

그러면 북한이 제시하고 있는 고려민주연방공화국창립방안에 대하여 자세히 살펴보자. 남·북한 지역정부가 내정을 맡고 외교와 국방은 중앙정부가 맡는 1민족 1국가 2제도 2정부체제로 실

89) 그러나 북한의 통일정책은 몇 가지 점에서 취약점을 가지고 있다. 첫째, 북한이 주장하는 연방제는 국가연합도 아니고 연방도 아닌 애매한 점이 있다. 둘째, 북한의 '남북연방제'는 1960년 8월 14일 최초로 제안된 이래 40년 가까이 되풀이 주장되어 오고 있다. 셋째, 북한은 한편으로 북과 남이 서로 상대방에 존재하는 사상과 제도를 인정하고 용납하는 기초 위에서 연방제를 구상하자고 주장하면서, 다른 한편으로는 한국의 체제와 제도를 부정하고 한국이 받아들일 수 없는 미군철수 등 전제조건을 내세우는 이론적 모순을 범하고 있다.

시하자는 방안이다. 이 방안에서 제시한 연방의 구성 원칙은 남·북한의 사상·제도를 그대로 인정하는 가운데 남북이 동등하게 참가하는 민족통일정부를 세우고, 그 밑에 남북이 동등한 권한과 의무를 갖는 각각의 지역자치제를 실시하는 연방공화국을 창립, 조국을 통일하자는 것이다. 연방국가 기구로 남북 동수의 대표와 적당한 수의 해외동포 대표로 최고민족연방회의를 구성하고 그 상임기구로 연방상설위원회를 조직하여 정치·국방·외교 등 연방국가의 전반적인 사업을 수행하도록 한다는 것이다.[90]

북한의 통일정책에 관한 지금까지의 설명을 그림으로 나타내면 〈표 27〉과 같다.

지금까지 살펴 본 남·북한의 통일정책에 대한 차이점을 요약하면 다음과 같다. 한국정부는 통일정책 기조로 평화와 민주의 정신을 일관되게 유지한 반면 북한은 한반도의 주체사상화와 공산주의사회를 건설하는데 목적을 두고 있다. 통일한국의 국호 문제에서 다른 입장을 보이고 있다. 우리의 민족공동체 통일방안은 통일한국의 국호를 남북의회가 통일헌법 기초단계에서 제시하는 것으로 되어 있다. 북한은 고려민주연방공화국으로 사전에 일방적으로 결정해 놓고 있다. 그리고 통일국가의 형태를 달리하고 있다. 우리는 1민족 1국가인 단일 국가를 목표하면서 중간단계로서 남북연합을 설정하고 있다. 북한은 1민족 1국가 2제도 2정부의 국가연합 형태를 지향하면서 명시적인 중간단계를 인정치 않고 있다. 통일의 주체와 통일조국의 미래상에서도 차이가 있다.

---

90) 북한 김일성 주석이 1991년 신년사에서 낮은 단계의 연방제를 설파했었다고 6.15공동성명이 나온 후 남한의 학계와 북한의 언론계에서 평가했다. 이완범(한국정신문화연구원 부교수, 북한 통일방안 변천에 관한 연구. 통일부 홈페이지(http://www.unikorea.go.k), 2007년 5월 15일 검색.

표 27 북한의 통일정책

시대별	통 일 정 책	발표계기
1973년	남북연방제(고려연방공화국) 주장 대민족회의 소집(민족적 단결)→남·북한 제도 인정→ 남북 합작 실현	남한의 '6·23평화통일외교 정책 선언' 대응(6월 23일) 조국통일 5대 강령 발표
1980년	'고려민주연방공화국(Confederal Democratic Republic of Koryo)' 남·북한 제도 인정→ 지역정부 설치('최고민족연방회의'와 상설기구인 '연방상설위원회'를 설치)→남북 합작 실현	6차 노동당대회(10월 10일) '10대 시정방침' 제의
1991년	국가연합 방식의 연방제 주장(하나의 민족, 하나의 국가, 두 개의 제도, 두 개의 정부에 기초한 연방제 방식) '민족통일 정치협상회의' 소집	김일성 신년사
1991년	연방제 방법 제시→점진적, 단계적인 접근을 제한적으로 수용	윤기복 위원장(5월 3일)
1997년	조국통일 3대헌장 강조 조국통일 3대원칙, 고려민주연방공화국 창립 방안, 전민족 대단결 10대강령	김정일 논문(8월 4일)

우리의 통일주체는 민족구성원 전원인 데 반하여, 북한은 프롤레타리아 계급이라고 주장하고 있으며, 미래상도 우리는 자유, 복지, 인간존엄성이 보장되는 선진민주국가를 내세우고 있으나, 북한은 미래상을 제시하지 못하고 있다.

이러한 통일정책의 차이점에도 불구하고 남측의 연합제안과 북측의 낮은 단계의 연방제안은 다음과 같은 공통점을 가지고 있다. 남·북한은 단계적·점진적 통일방안으로 당장 통일을 달성하는 것이 어렵다는 것을 인정하고 있다. 따라서 통일의 중간단계를 설정하고, 중간단계에서 2체제 2정부를 유지하여 내정·외교·군사권 등을 남북이 각각 보유하고 행사하는 개념이다. 그리고 남북간 협의체를 구성하자는 것으로서 우리는 남북연합을, 북한은 낮은 단계 연방이라고 명명하고 있다. 그러나 내정·외교·군사권이 없는 연방은 사실상 상설협의체로서 이름만 다를 뿐 남북연합과 같은 개념이다.

한반도의 통일은 오늘을 사는 7천 7백만 한겨레의 역사적 소명으로 추진되었다. 통일정책의 궁극적인 목표는 잘사는 한민족, 강한 통일한국 건설에 두고, 독일통일과 같이 통합된 국토와 인구를 바탕으로 세계의 중심국가로 나아가는 목표로 실현해 나가야 한다. 우리는 한반도의 유일한 합법정부로서 평화통일을 주도해야하는 책무를 가지고 있다.[91] 우리 정부와 북한은 1972년 7.4남북공동성명 발표 이후 40여년 동안 남북의 화해와 통일, 교류 활성화를 위하여 노력해 왔다. 통일정책과 추진방향에 차이점이 있음에도 불구하고 꾸준히 협상한 결과 2000년과 2007년 두 차례에 걸쳐 남북 정상회담을 이끌어 냈다. 그 동안 남북이 합의한 내용들을 그림으로 나타내면 〈표 28〉과 같다.

이러한 노력에도 불구하고 북한의 천안함 폭침과 연평도 포격으로 교류·협력을 통한 북한의 변화는 기대할 수 없게 되었다, 우리 정부는 강력한 군사적 대응을 천명하면서 사실상 흡수통일 준비에 착수한 것으로 보인다. 이명박 대통령의 "머지않아 통일이 가까운 것을 느낀다. 중대한 변화이며 누구도 막을 수 없다"는 발언과 곽승준 미래기획위원장의 "남북기본합의서가 결과적으로 만들어왔던 영구분단의 틀은 북한의 잘못된 선택으로 깨지고

---

91) 1948년 12월 12일 유엔총회 결의 195-Ⅲ에서 대한민국이 한반도에서 유일한 합법정부로 확인되었다. 그리고 대한민국 헌법 제4조에 "평화적 통일정책을 수립하고 이를 추진한다"고 명시함으로서 대한민국의 통일정책이 "평화통일임을 명백히 하고 있다. 평화통일은 전쟁이나 체제붕괴와 같은 방식이 아닌 대화, 협력 등 평화적인 수단을 통합 통일을 말한다. 반면 흡수통일은 북한체제 붕괴시 대한민국의 체제로 흡수하는 방식으로 톡일통일과 같은 유형을 말한다.

표 28 남 · 북한 합의서 주요내용

구 분	기본원칙(내용)	실천방안	서명주체
7.4남북공동성명 (1972)	자주, 평화, 민족 대단결	남북조절위원회 설치	이후락특사/ 김영주특사
남북기본합의서 (1991)	화해와 불가침 및 교류, 협력	분과별 위원회, 공동위원회 설치	정원식총리/ 연형묵총리
한반도 비핵화에 관한 공동 선언 (1992년)	한반도비핵화	남북 핵통제 공동위원회	〃
6.15남북공동선언 (2000)	자주통일원칙, 통일방안의 공통점 인정(남북연합-연방제), 인도주의적 문제해결, 교류 협력 활성화	당국간 대화	김대중대통령/ 김정일국방위원장
10.4남북공동선언 (2007)	서해 공동어로수역 및 평화협력특별지대 설치, 한국전쟁 종전을 위한회담 추진, 백두산관광 이산가족상봉, 총리및국방장관 회담 개최 등	당국간 대화	노무현대통령/ 김정일국방위원장

있다"며 "차라리 우리는 통일준비정부로 평가받고 싶다"고 밝힌 것이 이를 뒷받침하고 있다. 통일부도 2011년 새해 업무보고에서 대북정책의 무게중심을 교류협력을 통한 한반도 상황의 안정적 관리에서 흡수통일 준비 쪽으로 보고한 것으로 알려졌다. 다음 정부 때 김정일이 사망하게 되면 통일이 바로 올지도 모른다. "통일은 도둑같이 온다"고 했다.

통일한국의 법적지위 검토

여기에서는 통일한국의 법적지위에 대하여 살펴보자. 앞에서 살펴 본 바와 같이 통일 방안으로 국가연합(confederation) 또는 연방제(Federation)에 의한 통일을 상정할 수 있다.[92] 국가연합은 국제법상의 국가로서 인정되지 않는다. 각 구성국은 국제법상으로 평등한 국가이며, 연합에 위임한 권한을 제외하고는 대내외적으로 독립성을 가진다. 연방제는 국가의 권력이 중앙 정부와 주에 동등하게 분배되어 있는 정치 형태로, 2개 이상의 주권이 결합하여 국제법상 단일적인 인격을 가지는 복합 형태의 국가이다.

연방제를 실시하는 국가는 연방 국가 혹은 연합 국가라고 불리며 연방 헌법을 가지고 있다. 연방 헌법은 중앙 정부와 주의 관계를 정의하며, 그 국가의 어떠한 법보다 가장 중요하며 높은 자리를 차지한다. 연방제는 국가연합과 달리 지방정부는 외국과의 조약 혹은 외교 관계를 맺을 수 있는 권한이 없다. 연방정부만이 외교권, 군사권과 같은 대외 주권을 행사하고, 연방정부 자체가 국가로서 통일적인 국제법상 인격을 인정받는 통합 형태이다. 연방국가의 형태에 의한 통일 방법은 남한과 북한이 단일의 국가로 흡수되는 것을 의미한다.

남북통일 형태가 국가연합 또는 연방국가에 의한 국가결합이든 국가승계 문제가 반드시 발생한다. 국경선의 획정이나 지역·행정·재산의 권리는 권리이전의 조약에 따라 통일 이후에도 상속된

92) 통일은 평화통일, 수복통일, 흡수통일, 국가연합 또는 연방제통일로 구분할 수 있다. 우리나라는 헌법 제4조에 "평화적 통일정책을 수립하고 이를 추진한다"고 명시함으로서 평화통일을 통일정책으로 추진하고 있다. 그러나 본문에서는 남·북한이 합의한 국가연합 또는 연방제통일에 대하여 다루기로 한다.

다. 하지만 남북통일의 유형에 따라 조약승계의 방식과 조약승계의 절차는 달라진다. 동서독의 경우 조약승계의 방식에 관해 동서독이 합의한 내용을 통일조약에 규정하고, 조약승계의 절차에 관해서도 그 근거를 통일조약에 밝혔다. 남・북한이 통일할 경우 동서독 통일조약처럼 그 내용을 남・북한 통일조약에 규정하고, 조약승계의 절차도 통일한국이 조약 당사자와 협의한다는 근거를 통일조약에 명시해야 한다. 이럴 경우 북한과 중국이 체결한 국경조약의 승계를 배제하고, 통일한국과 중국간의 새로운 국경조약 체결이 필요하다. 통일한국이 간도의 영유권을 회복할 수 있는 기회를 갖게 되는 것이다.[93]

남북통일은 북방영토를 회복하는데 있어서 충분조건은 아니지만 하나의 절실한 필요조건이 된다. 남북통일은 우리 민족의 단결된 힘을 바탕으로 북방영토 회복에 큰 상승효과를 가져다 줄 것이기 때문이다.[94] 남북통일은 대대적인 북방진출의 기회를 제공해 주고, 장차 중국과 영토협상을 벌일 때 우리 측에 실질적 힘을 가져다 줄 것이다.

그러나 중국의 입장은 다를 수 있다. 북한과의 관계에서 남한을 봐야 하고, 통일한국의 법적지위와 영유권 문제를 다루어야 하기 때문이다. 통일 이전의 대한민국과의 관계는 한반도에는 두 개의 국가가 존재하게 되며 통일 이전의 대한민국은 남한지역만을 지배하는 중앙적 법률상의 정부 즉, 합법적인 정부이고, 북한은 북한지역만을 지배하는 중앙적 법률상의 정부로 볼 것이다.

93) 한국일보, 2004년 5월 3일자 참조.
94) 兪政甲, 1991, 前揭書, pp.243~244.

그러므로 중국은 통일 이후 통일한국은 한반도 내에 두 개의 국가가 통일인 것이다.

통일한국은 대한민국의 국가와 북한의 국가를 승계한 국가가 된다. 국가는 국제법상 법률행위를 할 수 있는 자격을 가진 국제법 주체로서 국제법상의 권리의무를 갖는다.[95] 조약의 국가승계와 관련하여 오늘날 보편적으로 확립된 국제법 규칙은 없다. 조약의 국가승계에 관한 국제법을 간략히 정리하면 다음과 같다. 국가는 국제법 주체로서의 자격을 상실하여 소멸하거나 법적 지위를 승계하기도 한다. 국가소멸(state extinction)은 국가가 국제법 주체로서의 자격을 상실하는 것을 말한다. 국가가 소멸하게 되면 국제관계의 급격한 변동을 피하고 국제분쟁의 발생을 미연에 방지하기 위하여 권리의무를 승계국(successor state)에 이전하게 된다.

국가의 승계는 일정한 영역에 대한 외국의 주권이 타국으로 변경된 경우 그 변경 전까지 행사하고 있던 선임국의 조약·국가재산·문서·채무 등 기타의 모든 권리·의무가 승계국에게 이전되는 것을 말한다.[96]

국제법상 국가승계시의 통합국가란 기존의 2개의 국가 또는 그 이상의 복수의 국가가 통합하여 1개의 승계국으로 되는 것을

---

95) 이를 국가의 기본적 권리의무라 한다. 국가의 기본적 권리의무는 주권, 평등권, 자위권 및 국내문제 불간섭의 의무 등이 있다.

96) 1978년 8월 23일 '조약에 관한 국가승계에 관한 협약'(Vienna Convention on Succession of Stodes in respect of Treaties)(조약승계협약)이 채택되어 아직 발효하지 않은 법규범이 존재한다. 남북회담사무국, 1998, 통일이후 간도지역 회복에 관한 법적 연구, 북한 및 통일연구 논문집 참고작성, 남북회담본부 홈페이지((http://www.dialogue.unikorea.go.kr). 2007년 11월 5일 검색.

말하며, 이 1개의 승계국을 구성하는 통합에는 합병과 병합이 모두 포함된다. 그리고 국가승계시 이미 발효된 선행국의 조약에 대해서 학설은 선행국의 국가의 법인격이 소멸되는 포괄적 승계와 선행국의 국가의 법인격이 소멸되지 아니하는 부분적 승계로 나뉘며, 또 정치적 행위의 권리·의무에 관한 조약인 인적조약과 영토에 종속된 권리·의무에 관한 조약인 물적조약으로 구분하고 있다. 여기에서 포괄적 승계의 경우에는 선행국이 체결한 모든 조약은 실효하며, 국가 인격이 존속하는 부분적 승계의 경우에는 당해 조약은 부분적으로 승계되어 버린 상실된 지역에 대해서만 실효하게 된다. 그리고 인적조약은 조약의 승계가 인정되지 아니하나 물적조약은 조약의 승계가 인정된다.

이에 반해 국가승계시 이미 발효된 선행국의 조약에 대한 관행은 백지출발주의를 원칙으로 하고 예외적으로 계속주의를 택하고 있다. 아울러 여기의 선행국이 체결한 특정조약은 관습국제법, 국제강행규범과 상술한 물적조약을 포함한다. 조약승계협약상에는 국가승계시 이미 발효된 선행국의 조약에 대해 물적조약은 조약의 승계를 인정한다는 학설을 근거로 하여 관행으로의 계속주의를 일반원칙으로 채택하고 있다. 그러나 예외적으로 통합국이 그의 의사에 따라 백지출발주의를 따르기 위해서는 통합국과 그 조약의 당사국간의 합의를 요한다고 하고 있다.

통일한국 정부의 영유권 귀속 전망

여기에서는 통일을 전제하고 통일한국 정부의 북방영토 영유권 귀속 전망과 선결과제에 대하여 살펴보자. 먼저, 북한이 중국과 체결한 조·중변계조약의 당사자에 대하여 알아본다. 조·중변계조약은 한국을 배제하고 북한과 중국이 체결하였다. 조·중변계조약은 조약체결 과정이 모두 극비리에 진행됐고,[97] 관련 문건은 비밀문서로 분류돼 최근에 그 내용을 알 수 있었다. 북한은 조·중변계조약을 통하여 정해감계시 미정된 강원江源을 홍토수로 확정하고, 백두산의 명칭도 장백산이 아닌 백두산을 사용하였다.[98]

앞에서 남·북한의 통일정책에서 살펴본 바와 같이 남·북한이 모두 통일을 지향하고 있다는 것을 국제사회에서 인정하고 있기 때문에 중국도 앞으로 발생할 북방영토 해결에 있어서 한국을 완전히 배제할 수 없을 것이다. 그 이유는 중국의 동북공정에서 찾을 수 있다. 중국이 동북공정을 국가사업으로 추진하는 배경과 목적을 생각하면 중국도 한국을

97) 북한과 중국이 국경조약 체결 사실을 비공개로 한 이유는 북한 측이 남북이 분단되어 있는 상황에서 조약체결 사실을 공개하는 것은 곤란하다며, 통일이 될 때까지 비공개로 할 것을 요구했다고 알려져 있다. 그러나 중국 측도 공개할 의향이 별로 없었던 것으로 보인다. 왜냐하면, 국경선을 획정하는 과정에서 중국 측이 상당한 양보를 했기 때문이다. 이 때문에 백두산 천지를 5대5로 나누지 않은 것이라든지, 압록강, 두만강 내 섬과 모래톱의 영유권 배분 문제 등과 관련해 중국 내부에서 비판이 일기도 했기 때문이다. 아마 중국은 중·소 분쟁이 격화하는 가운데 친 중국 노선을 걷고 있던 북한에 대한 배려로 중국외교에서 좀처럼 보기 드문 양보를 했으며, 이것이 중국 측의 비공개 원인이었던 것으로 보인다.

98) 1978년 5월 지린성 자연보호관리국에서 발간한 '자연보호'라는 책자 87쪽에 실려 있는 지도는 '백두산천지'로 표기하고 있다. 중국에서 발행되는 대부분의 지도에서도 1990년대 말까지 '백두산천지'라는 지명이 사용되어 오다 2000년대 들어 기본적으로 '창바이산 천지'를 사용하고 '백두산천지'를 병기하거나, '창바이산 천지'로만 표기하는 것이 대체적인 추세로 자리 잡고 있다.

북방영토문제에서 전적으로 배제시킬 수 없음을 인식하고 있다는 증거라 볼 수 있다. 요컨대 조 · 중변계조약에도 불구하고, 한국은 1889년대 조선과 청간의 간도영유권문제와 조 · 중변계조약에 관계를 가지고 관심과 입장을 표현할 수 있는 지위에 있다고 할 것이다.[99)]

대한민국은 대한민국임시정부-대한제국-조선으로 소급하여 그 법통을 계승하고 있으므로 1880년대 조선이 청과 다투었던 간도영유권 문제는 정상적으로 해결된 바가 없으므로 오늘날의 한국이 다룰 수 있는 지위에 있다고 하겠다. 특히 간도영유권문제와 같이 영토문제는 국민, 정부와 함께 국가구성의 3요소의 하나라는 점을 고려하면 한국과 간도영유권과의 관계는 조 · 중변계조약에 의하여 완전히 배제적으로 영향을 받는다고 할 수 없다. 즉 한국은 1880년대 조선이 백두산정계비상의 토문이 두만강이 아니라 송화강의 지류인 토문강이라는 주장을 그대로 원용할 수 있으며, 또 앞으로 중국과의 영토문제가 현실적으로 문제되는 경우에도 교섭 등 여러 가지 방법을 통하여 최종적으로 문제를 처리할 수도 있는 것이다.[100)]

다음은 조·중변계조약이 국가의 승계시 통일한국에 유효한지? 알아보기로 한다. 남 · 북한이 동등한 위치에서 통일할 경우 이 조약들은 한민족 전체의 입장에서 볼 때 상당히 불리하게 구성되어 있다. 앞에서 살펴본 바와 같이 포괄적 승계설에 의하면 통일한국은 선임국인 대한민국과 북한의 국가가 법인격이 소멸되는 포괄적 승계에 해당되므로, 국가승계 이전에 이미 발효된 조약은 모두 실효하므로 북 · 중국경조약은 통

99) 노계현 · 노영돈, 2005, 통일부 용역 보고서, 조-중 변계조약의 내용과 그 법적 효력에 관한 연구, p.38.

100) 노계현 · 노영돈, 2005, 前揭書, p.40.

합한국에 대하여 효력이 없다. 그렇지만 물적조약설에 의하면 북한이 중국과 체결한 국경조약은 영토에 종속된 물적조약에 속하므로 국가승계시 이미 발효된 조약은 당연히 통합한국이 승계한다.

관행에 의하면 북·중국경조약은 백지출발주의[101] 원칙의 예외인 계속주의에 속하는 물적조약에 속하므로 통일한국에 그대로 승계되어 유효하다. 그리고 조약승계협약에 의하면 통일한국은 합병 또는 병합이 모두 포함되는 통일국가에 속하게 되므로 북·중국경조약은 물적조약에 해당되어 계속주의에 따라 통일한국에 그대로 유효하게 승계된다. 이와 같이 학설과 관행, 조약승계 협약에 의하면 포괄적 승계설을 제외하고는 북·중국경조약의 효력이 통일한국에 승계되어 북방영토 영유권을 주장할 수 있는 당사자의 지위와 권리는 잃게 된다. 따라서 통일 한국이 북방영토의 영유권을 주장할 수 있는 권리를 가지기 위해서는 포괄적 승계설에 의한 백지출발주의를 따라야 한다. 그러나 북·중국경조약의 당사국인 중국은 통일한국과 백지출발주의에 따르지 않을 것이고, 북방영토에 대한 논의자체를 피할 것이 틀림없다.[102] 설상 논의가 가능하다 할지라도 기존의 경계선 준수를 강조할 것이다.

이와 같이 영토경계획정조약의 효력은 그대로 승계된다고 간주되어 왔지만 예외적으로 적용한 사례도 있다. 과거 두 예맨공화국 중 일방이 사우디아라비아에 대해 영토에 관한 분쟁이 존재하고 있음을 내세운 주

101) 여기서 '백지출발주의'란 승계국은 선행국이 체결한 조약에 대해 제3자이므로 이를 승계하지 않는다는 주의를 말하며, '계속주의'란 선행국이 체결한 특정조약을 승계국이 승계해야 한다는 주의를 말한다.

102) 남북회담사무국, 1998, 통일이후 간도지역 회복에 관한 법적 연구, 북한 및 통일연구 논문집 참고작성, 남북회담본부 홈페이지(http://www.dialogue.unikorea.go.kr). 2007년 11월 5일 검색.

장이 통합 후에도 계속 유효하다는 입장을 취하였다. 한편, 북한이 남한에 흡수통합되는 경우는 독일의 전례를 따르면 된다. 동독이 체결한 양자조약은 자동적으로 소멸되는 것이 아니라 계승국인 독일에 의해 중간단계라고 할 수 있는 관련국의 협의를 거쳐 존속내지 종료선언 형식을 거쳤기 때문이다.[103)]

그러나 국경과 같이 전체 한국에 관련된 사안에 있어서는 국가승인 이전의 지방적 사실상 정부에 불과했던 북한이 체결한 국경조약은 그 효력이 없다. 통일한국의 정부와 중국이 새로운 합의를 해야 하며, 분단 이전의 국경분쟁 상황으로 되돌아 가 계속 논의를 해야 한다.

통일한국의 북방영토 영유권 주장에 있어서 북한이 체결한 중국과의 국경조약은 북한이 사실상의 정부로서 조약체결능력의 권원이 없기 때문에 하자있는 조약의 체결로서 무효 또는 취소의 사유에 해당한다. 따라서 북방영토 영유권은 통일한국에 승계되며, 북한과 중국간의 국경조약은 통일한국이 중국에 대해 무효·취소를 주장할 수 있는 권리가 계속적으로 존재한다고 볼 수 있다.

마지막으로 여기서 북방영토 귀속을 위한 선결과제와 전망에 대하여 알아보자. 우리가 북방영토에 대한 영유권을 주장할 때 반드시 명심해야 할 것이 있다. 분쟁 지역에 대한 확립된 주권을 증명하기 위해서 제기되는 증거들에 대해 어떠한 법적인 의미나 증빙력이 있다고 판별하는 것은 제3자 중재기관이나 국제사법기관에 의해 결정된다는 것이다. 따

103) 사단법인 아시아사회과학연구원이 2008년 10월 23일 정동 프란치스코 교육회관 2층에서 '통일한국의 국가승계문제와 그 정책대안'이란 주제로 개최한 제48회 아사연 시민포럼에서 이장희 한국외국어대학교 법학과 교수는 '통일한국의 국가승계문제의 국제법적 과제' 발제문에서 이 같이 주장하였다.

라서 제3자 중재기관이나 국제사법기관의 시각에서 사안에 접근하는 자세가 필요하다.

이러한 접근방법에 의거 북방영토의 영유권 주장을 위해서 절대적으로 요구되는 사안은 한국 정부의 공식적인 입장 표명이다. 최근의 상황과 같이 정부의 소극적인 태도가 지속될 경우에는 권원의 포기 내지는 묵인으로 해석될 수 있다. 그렇게 되면 한국의 영유권 주장 자체가 국제법적으로 무의미해 질 수도 있다고 본다.

최근 주요 영토 분쟁들의 해결사례를 살펴보면 국제사법기관을 통해 사법적·평화적으로 해결되었다. 국제사법기관은 기존의 전통적인 영토 취득과 관련한 국제법의 일반원칙과는 다른 법리를 보여주고 있다.[104) 국제사법재판소가 도출한 가장 대표적인 법리는 영유권 분쟁을 해결함에 있어 당시 분쟁 지역을 지배하고, 실질적인 영토 처분의 권한을 행사했던 제국주의 국가의 결정을 존중한다는 것이다. 그러한 결정이 반영된 조약의 해석 및 적용에 대해 절대적인 증 거 능력을 가지고 있는 것으로 평가하였다. 논란의 여지가 많은 역사적인 사료에 대한 증빙력을 계속해서 부정하는 입장을 견지해 오고 있는 것이다.

이러한 기능주의적인 판결에서 보여준 법리를 기준으로 볼 때 한국

---

104) 영토 취득과 관련한 국제법의 일반원칙은 1928년 팔마스섬 중재재판 이후 국제사법재판소 및 각종 국제사법기관을 통해 정립되었으며 다음과 같은 요소들을 만족시켜야한다. 첫째, 특정 분쟁 지역에 대한 국가 권력의 행사가 실질적, 지속적, 평화적, 그리고 충분한 방식으로 전개되어야 한다. 둘째, 영토 주권은 분쟁의 대상인 영토의 특성에 따라 다른 형태로 전개된다. 셋째, 영토 주권은 일반적으로 주권의 발현을 의미하는 국가 및 정부 권한의 기능 행사에 관해 분쟁 당사국들이 제기하는 증거들을 평가함으로써, 그 상대적으로 근소한 우세(marginally relative merits)를 판정하는 과정을 거쳐 형성된다. 넷째, 증거의 증빙력은 분쟁 영토의 점유와 직접적으로 관계가 있는 국가의 행위와 관련되어야만 한다.

으로서는 불리할 수밖에 없다. 최근의 국제사법기관의 법리는 을사보호조약에 근거하여 간도협약이 무효이기 때문에 간도 영유권이 한국에 있다는 우리의 주장과는 상충되는 점이 있다. 강박에 의하여 체결된 을사보호조약과 보호권의 범위를 넘었기 때문에 무효라는 기본적인 도식은 국제사법기관의 법리와는 부합되지 않는다는 것이다.

그리고 국제사법재판소의 최근 판결동향은 식민지에서 독립한 신생국가들의 영토 분쟁의 경우 당시 지역을 지배했던 서구 제국주의 열강들의 분쟁 영토에 대한 입장이 절대적인 증거 능력을 가지고 있음을 보여 준다. 결과적으로 신생 독립 국가들이 연관된 영토 분쟁의 해결을 위해 이들 국가들을 식민 지배했던 과거 제국주의 국가들의 무차별적인 영토 확장을 위한 전횡을 무비판적으로 수용하고 있다.

식민지 국가들의 영토분쟁에 관한 국제사법기관의 법리는 북방영토의 영유권을 주장해야 하는 우리들에게 시사하는 바가 크다. 북방영토의 영유권을 주장하기 위해서는 제국주의 국가의 결정과 가장 확실시되는 증거에 의존하는 국제사법기관의 법리를 참고해야 한다. 간도 협약 체결 당시 한국의 국제법상 지위 및 국가권한의 행사 등에 대한 구체적인 연구가 필요하다. 즉, 보호국과 피보호국의 법적 관계, 국제법상 피보호국과 보호국의 법적 지위, 보호국의 권한을 넘는 행위에 대한 검토가 행해져야 한다.[105]

105) 이석우, 2004, 영토분쟁과 국제법, 서울, 학영사, pp.100~110.

제4부 우리 땅 북방영토 가봐야 안다

1. 남·북한 지적 전문가 북방영토 답사 307
2. 백두산지구 GPS 측량 320
3. 통일기행 일번지 우리 땅 간도 333
4. 토문 감계사 의인 이중하 묘소 참배 352
5. 간도협약 체결 100년의 회고와 재조명 366

제4부는 우리 땅 북방영토 가봐야 안다를 다루고 있다. 필자의 북방영토 답사기와 최근 활동사항을 실었다.

제4부는 다섯 개 분야로 이뤄져 있다. 첫 번째는 남·북한 지적 전문가 북방영토 답사기를, 두 번째는 백두산지구 GPS 측량 기록과 분석결과를, 세 번째는 통일 기행 일번지 우리 땅 간도의 실상과 통일 예행연습을, 네 번째는 간도 감계사 의인 이중하 묘소 참배 강연회 자료를, 다섯 번째는 간도협약 체결 100년의 회고와 재조명 학술대회 발표자료를 정리하였다.

1. 남 · 북한 지적 전문가 북방영토 답사

여기에서는 북간도의 측량교육과 남 · 북한 지적 전문가 심포지엄 개최, 3국 접경지역 토자비 공동 답사를 다루고 있다. 북간도의 측량교육은 1988년 11월 처음으로 연변 일대를 방문하고 느낀 점을 지적지에 기고하기 위하여 작성한 것이며, 남 · 북한 전문가 심포지엄 개최와 3국 접경지역 토자비 공동 답사는 결과보고서 내용 일부를 옮겨 실은 것이다.

지금 보면 내용과 표현이 다소 부족하고, 정확하지 않는 것이 있지만 그대로 실었다. 글을 다듬어 맵시를 내는 것 보다 그때 생각을 그대로 남기는 것이 좋겠다는 판단에서다.

북간도의 측량교육

1998년 11월 북한의 지적제도와 간도에 대한 자료를 수집하기 위하여 중국을 처음으로 방문했다. 북경과 우한을 방문하여 많은 것을 경험하고 배웠지만, 항일 독립운동 역사가 살아 숨 쉬는 우리 땅, 길림성 연변조선족자치주를 찾아간 것이 아직도 기억에 생생하다.

이제는 연변이라는 이름이 우리에게 익숙해졌지만 이곳은 원래 북간도로 더 잘 알려진 땅이다. 윤동주 시인의 '별헤는 밤'을 외우면서 마음속에 간직해 두었던 곳이다. 우리 조상의 옛 땅을 밟으니 가슴에 와 닿는 친근감과 그리움을 느낄 수 있었다.

연변의 수도는 연길이다. 연길시에는 우리 민족교육의 산실인 연변대학교가 있는 곳이기도 하다. 인구는 약 29만 명으로 그 가운데 절반을 우리 동포가 차지하고 있다. 그렇기에 조선족자치주라는 행정 단위를 부여받은 것인데, 이곳 말고 장백에도 조선족 자치주가 있다. 연변은 조선족 자치주인 만큼 모든 간판이 한글과 한문 두 가지로 되어 있고, 또 우리 말이 통용되어 아무런 불편을 느끼지 못했다. 더구나 역사적으로도 우리와 무관하지 않은 땅인지라 외국에 온 것 같지 않았다.

연변에 있는 동안 평소 친분이 있는 연변대학교 교학처장과 용정시 토지건설국장이 안내를 맡아 편하게 보낼 수 있었다. 필자와 일행은 연길과 용정 시내를 답사하고, 용정시청과 연변대학교를 방문하였다. 용정시청 국토자원국은 유서 깊은 자리에 위치하고 있다. 간도일본총령사관 옛터에 새로 6층 건물을 신축하여 사용하고 있다. 당시 4층에 지적과 등기업무를 담당하는 지적과가 있는데 지적1과는 지적행정, 2과는 지적측량, 3과는 등기업무를 담당한다. 조선족자치주 토지감찰지대 용정대대와 전산실을 운영하고 있다. 간도파출소 자리는 지적과 창고로 사용하고 있었다. 용정시에서는 토지관리국 지적과를 방문하여 양국의 지적제도에 대하여 토론회를 가졌다.

이번 중국 방문의 하이라이트는 일송정과 대성중학교를 찾은 것이다. '선구자'의 노래에 나오는 일송정에 올라 한 줄기 해란강을 바라보는 감격은 글로 표현 할 수 없다. 이곳은 일제 치하에서 많은 인재들을 길러냈던 유서 깊은 곳이기도 하다. 정말 망국의 한을 안고 "조국을 되찾겠노라"며 말달리던 애국투사의 모습이 주마등처럼 스쳐가는 듯했다.

용정중학교에서는 지난 10년 동안 3·13 독립운동 복원사업을 벌여 온 중국교포 최근갑씨를 만났다. 그는 기미년 3·1운동보다 먼저 계획했던 3·13운동을 알리는데 힘써 온 사람이다. 용정시 건설위원회 주임으로 퇴임하고 1990년 3·13운동 순국열사 묘비를 세웠다. 지난 3월에는 중국정부 관계자가 함께 '3 · 13 정신계승 국제학술회의'를 개최하기도 했다.

▲ 용정시 토지관국 지적과 사무실

이 지역에서 활동하던 많은 독립지사들의 발자취를 돌아 볼 수 있는 전시실을 방문했다. 문익환 목사와 윤동주 시인의 모습에 발걸음을 멈추었다. 지금은 고인이 되셨지만 문익환 목사님과 민족시인 윤동주가 나란히 찍은 사진 옆에는 눈에 번쩍 띄는 사진이 붙어 있었다. 바로 삼각측량과 도근측량, 세부측량을 실습하는 사진과 도선법에 의한 세부측량을 가르키는 수업모습이었다.[106]

106) 본 원고와 함께 사진을 지적공사 홍보팀에 보냈는데 그 이후 돌려받지

1908년부터 갑자기 서울을 비롯한 전국에서 토지수호를 위한 측량교육을 실시하게 되었다. 통감부는 1908년 1월 24일 '산림법'을 반포하여 마을 공동소유의 삼림까지 약탈하고자 하였다.

산림법 제19조에 의하면 "산림 임야 소유자는 본법 시행일로부터 3년 이내에 면적과 지적도를 첨부하여 농상공부대신에게 신고하라. 이 기간 내에 제출이 없을 경우에는 국유로 한다"고 되어 있었다. 우리의 산림이나 산야는 전통적으로 부락의 공동소유로 되어 왔는데 이를 매매대상이 될 수 있도록 하는 동시에 방대한 국유림을 만들어 일본인에게 불하하려고 하는 의도가 있었다. 특히 임야의 측량은 소유자의 책임인데 측량기 값은 비싸고 기술자는 적어 웬만한 땅은 측량비용이 땅 값보다 더 비싸 측량을 포기하는 사람이 늘고 있었다. 이런 이유에서 구국운동과 '산림법' 공포에 따른 측량약도 제출이 원인이 되어 측량학교 및 강습소가 많이 생겨나게 된 것이다. 서울과 함께 이 곳에서도 측량교육이 이루어졌다는 사실과 측량하는 모습의 사진을 직접 대하니 너무 반가웠다.

교정 화단에 세워진 윤동주 시비의 '별헤는 밤'을 탐독하고 나니 나도 모르게 눈물이 나왔다. 서울에서 읽었던 재중동포 대상 사기극 기사가 머리를 스친다. 구국운동과 조국 광복을 위하여 이 곳 북간도에서 살아온 독립지사들의 용정정신을 이어 받지는 못할망정 우리 동포인 재중동포를 상대로 사기극을 벌여 1만4백 가구에 3백30억의 피해를 입혔다는 내용이다. 연변의 동포들은 불행했던 우리 민족사의 피해자들이다. 한말에 먹고 살 새 땅을 찾아, 독립운동을 위하여 이 곳으로 왔던 사람들의 후손들이다. 조국을 그리워하며 남북통일을 기원하는 그들의 상처를

않아 지금은 안타깝게도 사진을 가지고 있지 않다.

어루만져 주지는 못할망정 이들에게 아픔을 주는 사기꾼의 모습으로 비친 나를 생각하니 부끄럽기 한이 없었다.

이곳에 머물고 있는 동안 우리 동포가 살고 있는 이 땅이 어떻게 중국에 넘어 갔으며, 민족의 영산인 백두산에 대한 생각으로 가득 차 있었다. 중국에서 돌아와 많은 시간이 지났지만 기억들을 되살려 방문기를 정리하는 이유이다. 앞으로 백두산과 국경문제, 연변의 지적측량에 대해 관심을 가지고 연구를 계속 해야겠다.

남·북한 지적 전문가 심포지엄 개최

필자는 중국 연변 방문을 계기로 북방영토에 대한 관심이 증폭되었다. 북방영토문제를 북한 토지제도 연구와 병행하여 진행하면 효율적이라 판단했다. 북한을 연구하면 자연스럽게 중국과 연결되고, 중국을 연구하지 않고는 북한을 제대로 연구할 수 없기 때문이다. 북한의 토지문제는 주변국과의 협력이 필수적이다. 따라서 역사와 뿌리가 비슷하고, 지리적으로 가까운 주변국과 협력체계 구축을 구상하게 되었다.

이런 차원에서 남·북한 전문가, 학자들의 교류협력을 2000년부터 준비하였다. 어려움이 많았지만 직접 발로 뛰어 2002년 9월초 '모스크바 국립측지대학교'에서 심포지엄을 개최하기로 합의하였다. 러시아 연방 교육부와 외교부의 협조를 받아 북한에 참가요청 공문을 발송하였다. 2003년 2월 북한측에서 북한학자 참가를 통보함에 따라 러시아연방 교육부차관이 『동북아 국제심포지움』 초청장을 보내왔다. 이로써 남·북한 지적전문가 회의를 최초로 모스크바에서 개최하게 되었다.

2003년 5월 20일부터 26일까지 러시아 연방 '모스크바 국립측지대학교'에서 한국, 북한, 러시아, 독일, 몽골이 참석한 가운데 '21세기 동북아 발전을 위한 측량의 지원'이라는 슬로건으로 『지적·측지분야 동북아 국제 심포지엄』을 개최하였다. 이번 심포지엄은 필자가 소속되어 있는 대한지적공사에서 후원하고 행정자치부, 한국법제연구원, 대구과학대학에서 한국 대표로 참석하였다. 북측에서는 지적·측량분야 전문가 4명이 참석하였다.

▲ 남·북한 대표 단체사진

이번 행사는 북한의 지적·측량전문가와 지적제도에 관한 정보를 주고받고 향후 지속적인 교류협력을 약속하였다. 향후에는 독일과 몽골의 참여를 확대하기로 하였다. 우리 보다 통일을 먼저 이룩한 독일의 통합 사례를 파악하기 위해서다. 독일은 통일 이전에 국경지역의 공동관측,

지방정부간 자매결연 등을 통하여 지적제도 통합을 이룩하였다. 또한 폴란드와 국경회담도 개최한 바 있다. 우리도 남·북한 체제통일에 앞서 북한의 대학교 및 연구기관과의 학술교류를 확대하여 토지정보를 공유하고 협력사업을 발굴하는 후속 작업이 필요하다.[107)]

모스크바 심포지엄에 이어 2003년 11월에 우크라이나 키예프에서 남북공동 협력사업과 학술대회를 위한 사전회의를 개최하였다.

사전회의를 통하여 낮은 단계에서부터 시작하여 점차 신뢰를 쌓아가면서 공동관심사에 대한 이해의 폭을 넓혀 나가기로 하였다. 우선 평양과 서울을 번갈아 가면서 토론회를 개최하고 국경지역 답사와 백두산 높이에 대한 남·북한 공동관측을 제안 하였다.[108)] 우리가 알고 있는 백두산 높이 2,744m는 1910년대 일제가 측량한 것이다. 해방이후 백두산 높이를 측량할 기회가 없어 일제의 측량 결과를 지금까지 그대로 사용하고 있기 때문이다.[109)]

107) 東北亞 國際 심포지엄과 남·북한공동학술세미나 내용은 생략한다. 필자가 발간예정인 『북한토지론』에서 상세하게 다루고자 한다. 대한지적공사, 2003, 東北亞 國際심포지엄 參加報告書 -러시아연방 모스크바-, pp.10~24. 참고.

108) 대한지적공사, 2003, 남·북한 학술세미나 사전회의 보고서, 참고작성.

109) 또 다른 이유는 백두산천지연구소장인 이종서(李宗書·63)박사가 일제가 관측한 천지의 수심이 72m가 차이 난다면서 남쪽 학자들과 언제라도 공동연구를 벌일 용의가 있다고 제의한 것도 작용하였다. 이종서박사는 평생을 천지 연구에 몰두해 오면서 실제 천지수심이 1930년대 일본인들이 뗏목을 띄워 명주실에 돌을 달아 측정한 깊이 3백12.7m 보다 72m가 깊은 3백84m로써 고산지대에 위치한 호수 중 수심이 세계에서 가장 깊은 것을 입증해냈다. 1998년 9월 8일자 동아일보, 이종서 백두산 천지연구소장 인터뷰 내용 참조.

3국 접경지역 토자비 공동 답사

2003년 모스크바 東北亞 國際 심포지엄과 키예프 국제 컨퍼런스 사전회의 결과로 2004년부터 2009년까지 남 · 북한 전문가 회의가 계속되었다. 2006년에는 연변대학교에서 『2006 남 · 북 · 중 GIS/UIS 심포지움』이 있었다. 세미나는 논문발표와 북방영토 답사로 진행되었다.

필자는 이 심포지움에서 '녹둔도의 영유권분쟁에 관한 연구'를 발표하였다.

▲ 남 · 북한 학술 세미나 논문 발표

논문에서 역사적으로 우리 땅인 녹둔도의 러시아 영속 과정과 외교문서에 나타난 녹둔도 문제, 국제법 측면의 영유권 귀속 등을 설명하였다. 결론에서 남·북한 공동대응방안으로 가칭 '우리 땅 찾기 남북 공동 협의회' 구성을 제안하였다.[110)]

이날 총 24편의 논문발표가 있었는데 종합토론 시간에 필자의 논문에 대한 깊은 토의가 있었다. 특히 녹둔도 문제 해결을 위하여 지방정부차원의 대책수립, 영토분쟁 전문가 양성을 위한 교육방안 등을 논의하였다.

녹둔도는 청과 러시아가 체결한 북경조약에 의하여 러시아로 넘어간 우리 땅이다. 녹둔도는 둘레 약 8㎞의 섬으로 베이징조약 이전까지는 조선 땅이었다. 세종 때 여진족의 약탈을 막기 위하여 섬 안에 길이 1,246척의 토성을 쌓고 높이 6척의 목책을 둘러 병사들이 방비하는 가운데 농민들이 배를 타고 섬을 오가며 농사를 지었다. 1587년(선조 20)에는 여진족의 습격을 받고 큰 피해를 당해, 당시 책임자였던 조산만호造山萬戶 이순신李舜臣이 그 책임을 지고 해임된 바 있다. 1800년대 이후 두만강 상류의 모래가 유속流速에 밀려 내려와 녹둔도와 그 대안對岸 사이에 퇴적하여 육지와 연결되었다.

녹둔도에 대하여 조정에서 관심을 가진 러시아에 넘어 간지 20년이 지나서 이다. 임오군란을 겪은 후 고종이 왕권 강화와 함께 변경의 군사력 확충에 관심을 가지면서 거론되었다. 고종은 어윤중魚允中을 서북경략사로 임명하여 청국과 통상협상에 임하게 하면서 극비리에 조사하도록 지시하였다.[111)] 어윤중은 두만강, 녹둔도 등 변경지역에 대

110) 대구과학대학 특성화사업단, 2006. 국제 학술 심포지움 자료집, 대구, 도서출판일일사, pp.123~136.

111) 녹둔도에 대한 지형도俄國輿地圖(鹿屯島圖)가 극비리에 제작될 수밖에 없었던 정황은 녹둔도가 러시아에 넘어가면서 러시아는 이 지역에 대한 경비와 병영화를 추진하여 일반인의 출입을 통제함에 따라 접근이 쉽지

한 조사를 실시하였다. 1882년 10월에 “녹둔도가 역사적으로 조선의 영토이며, 조선인이 실질적으로 점유하고 있으나, 20년 전 러시아의 일방적인 영토 편입으로 조선에서 분리되었다.”고 보고하였다.[112)]

1883년 조선 정부는 어윤중에게 청측 대표를 통하여 녹둔도 반환문제를 제기해 달라고 여러 경로를 통하여 러시아 측에 제기하였다. 그 정황은 1883년 10월 13일 연해주 군무지사는 경흥부사가 동시베리아 총독에게 보고한 내용에 잘 나타나 있다. 이 편지는 국경수비대장 마쮸닌을 통해 전달한 서한(N. 9568)에 녹둔도를 반환해 달라는 경흥 부사의 요청서 요약문이 첨부되어 있다. 조선 정부의 녹둔도 반환 의지는 러시아와의 외교통로가 갖추어지지 않은 상황에서도 경흥부사를 통해 적극 개진되었음을 알 수 있다.[113)]

않았기 때문이었다. 녹둔도 섬의 주민은 모두가 조선인이었으나, 인구수에 대한 추정은 70-80명에서 800명에 이르기까지 매우 다양하였다. 양태진, 1990, 韓國邊境史硏究, 서울, 법경출판사, pp.244~249.

112) 녹둔도는 원래 우리나라 땅으로서 신이 조산에 도착하여 지형을 살펴보니, 섬 동쪽에 모래가 쌓여 저쪽 땅과 연접되어 있고 섬에 거주하는 사람등은 모두 우리나라 사람들이었으며, 다른 민족 사람들은 하나도 없었습니다. ‘此本我国之地, 而臣到造山, 查看地形, 島東為流沙所積, 與彼地連界, 而島中居民, 皆本国之民, 更無他族矣’ 從政年表(三) 高宗 20年 癸未 10月 18日條. 김경춘, 1980, 한청국경분쟁사, 서울, 삼광출판사, p.193.

113) 서한내용을 번역하면 “우리 조선의 중앙관료는 본래 조선에 속했던 녹둔지(끄라스노예 셀로)라는 지역을 조선에 양도할 가능성에 대해 청측 관리와 논의한 바 있습니다. 그러나 그들은 우리의 제안을 거부했습니다. 그 근거로 중국과 러시아간 국경선 분계 과정에서 상기한 지역이 러시아에 귀속되었기 때문이라고 합니다. 한 국가의 땅이 자국의 잘못도 없이 제 3국으로 넘어갔으면 당연히 그 땅을 돌려주는 것이 올바른 것이 아니겠습니까? 모든 국가에서는 이러한 문제를 해결하기 위한 법률과 분쟁 법원이 있을 것입니다. 따라서 국경수비대장께서 우리의 제안을 검토해 보시고 귀국의 정부와 상의한 다음에 상기 지역을 우리 국가에 돌려주시길 요청합니다. 녹둔지 마을은 과거에도 우리 국가에 속해 왔고 현재에도 우리 지역이

이러한 발표내용에 연변대학교 교수들도 많은 관심을 나타냈다. 토론 시간에 토자비를 답사하자는 제안이 나와 참석자 전원이 동의하여 공동 답사가 이루어졌다. 추운 날씨에도 불구하고 필자의 안내로 토자비 답사에 나섰다.114)

▲ 토자비 답사

천지로부터 몰아쳐 오는 혹독한 눈보라 속에서 白金, 三合, 圖們, 揮春을 지나 토자비를 바라보면서 우리가 되찾아야할 땅 북방영토北方領土에 대한

어야만 하기 때문입니다. 귀하께서 이 문제를 잘 해결해 주실 수 있다면 우리 양국간 우호관계는 더욱 긴밀해질 수 있으리라고 믿습니다."와 같다.

114) 아래 글은 토자비 답사를 마치고 '간도신문에 기고한 글을 그대로 옮겨 실었다.

생각을 되새겨 보는 계기가 되었다.

일본이 중국에 이 땅을 넘겨 준지 100년이 다 되어 가지만 남북 南北의 분단과 정부의 의지부족으로 우리 땅을 되찾지 못하고 있는 현실이 안타깝다. 대한제국 시기에는 우리 땅으로 편입하여 地籍公簿를 작성하고 세금을 징수하는 등 직접관리에 나섰으나, 소유권이 중국과 러시아로 넘어가 우리의 地籍主權이 완전히 상실되었다. 우리가 되찾아야 할 북방영토의 위치와 면적, 모양이 아직까지 확정되지 않고 있다. 특히, 중국이 동북공정으로 역사를 왜곡하고, 在中韓人 사회가 점차 와해되어 지고 있지만 정부에서는 공식적으로 북방영토에 대한 문제를 제기하지 않는 등 소극적 관리로 일관하고 있어 가슴을 더욱 더 아프게 한다.

북방영토를 원상회복시키기 위한 첫 단계는 地籍學的 접근방법에 의한 북방영토의 실체를 규명하고, 그에 부합된 대처방안을 모색하는 것이 필연적이라 생각된다. 지적학은 서양학문이 아니라 우리나라에서 세계 최초로 확립한 학문으로 인간과 토지 사이에서 발생하는 지적현상에 대하여 체계화된 원리를 탐구하는 학문이다. 지적학의 접근방법으로 경계를 확정하면 북방영토의 위치, 면적, 모양을 분석할 수 있다.

지적학의 접근방법에 의한 북방영토의 경계는 유조변책이 송화강과 만나 흑룡강으로 이어져 동해를 거쳐 두만강, 백두산, 압록강 하구에서 유조변책으로 이어지는 경계선이 가장 합당하다. 위치는 동쪽 끝의 경우 북위 52도 09분 13초, 동경 141도 32분 41초이며, 서쪽 끝은 북위 42도 34분 46초, 동경 124도 00분 31초이며, 남쪽 끝은 북위 39도 47분 26초, 동경 124도 13분 32초이며, 북쪽 끝은 북위 53도 20분 56초, 동경 119도 50분 59초가 된다. 북방영토의 면적은 639,952.7㎢로서 남·북한을 합한 한반도의 약 3배에 해당되며, 모양은 연해주

지역, 북간도지역, 서간도지역, 동간도지역 등 4개 지역으로 구성된 모양을 가지고 있다.

이러한 북방영토의 범위는 역사학, 정치학, 지리학의 측면에서 볼 때 다를 수도 있지만, 새정부에서는 북방영토의 위치·면적·모양을 시급히 확정하고, 清·日間島協約의 무효를 공식적으로 표명하여야 한다. 새정부는 남다른 역사관과 사명감을 가지고 정부 및 지방자치단체·국회에 담당기구를 설치하고, 남·북한이 통일 이전부터 북방영토문제에 대하여 공동 대응하도록 북측과 즉각 협의해 줄 것을 요청한다.

▲ 토자비 모습

아울러 각종 사전에 북방영토 용어를 등재하고, 교과서 및 각종 지도에 북방영토가 포함되도록 민간단체의 활동과 국민적 공감대 형성을 위한 교육·홍보활동 강화를 촉구한다. 특히, 재외한인이 거주하는 지역을 우리의 잠재적 영토로 인식하는 '非政治的·生活圈的 領土觀'을 확립하여 在中韓人과 연해주 고려인에게 실질적으로 혜택을 줄 수 있는 지원정책 수립을 기대한다.

土字牌를 바라보면서 한반도의 분단과 통일, 재외동포의 중요성을 다시금 생각한다. 토자비를 상실한지 150년이 되었다. 이 땅은 역사적이나 지리적인 측면에나 국제법적으로도 우리의 영토이다. 지금 당장은 실효적인 조치를 취할 수 없는 현실이지만 그렇다고 포기할 수 없다. 통일되면 북방영토와 함께 반드시 제기해야 한다.

토자비 가는 길은 재중동포의 삶과 애환이 담겨있는 산야, 퇴색한 건물에 걸려 있는 한글 간판들이 가난한 60년대 우리의 모습을 연상시킨다. 차창 밖을 바라보면서 북방영토문제가 바로 오늘을 살아가고 있는 우리가 해결해야 할 시대적 과제로서 지금부터 착실히 대비해야 할 현실이 되었음을 실감한다. 지적학을 연구하는 연구자로서 북방영토문제를 풀기 위한 여러 가지 숙제를 한꺼번에 떠안고 돌아오게 된 것 같아 마음이 매우 무겁다. 역사가 멎어버린 海蘭江이 아직까지 눈에 선하다.

2. 백두산지구 GPS 측량

여기에서는 5호국경표지 측량과 백두산정계비 위치 확인, 백두산정계비 역할의 재인식을 다루고 있다. 5호국경표지 측량은 2회에 걸쳐 실시한 백두산 천지와 답사경로에 대한 측량을 기록한 것이다. 백두산정계비 위치 확인은 박사학위 논문을 준비하면서 백두산정계비 위치가 문헌마다 다르게 나타나 정확한 위치를 확인한 내용이다. 그리고 백두산정계비 역할의 재인식은 지적학 시각에서 바라본 백두산정계비 역할에 대한 논문으로 학술지 지적에 게재한 글이다.

백두산지구 5호 국경표지 측량

국가정보원이 1999년도에 펴낸 「북한 전도」에 따르면 백두산의 높이가 지금까지 알려진 2,744m보다 6m가 더 높은 2,750m인 것으로 나타나 있다. 전문가들은 백두산의 높이가 달라진 것에 대해 여러 가지

가능성을 제시하고 있다. 먼저 측량기기의 발달로 인한 정확도 차이를 들고 있다. 일제 때 측량장비는 정확도가 떨어져 실제 높이를 제대로 측량하지 못했기 때문에 최신 장비와 측량기술을 이용해 측량했다면 훨씬 더 정확할 수 있다는 것이다.

그렇다고 북한이 측량한 결과를 그대로 받아들이는 것도 문제가 있다. 국가 공인기관이 백두산 높이를 변경한다면 우리나라 각종 지도와 교과서에 쓰여 있는 내용을 수정해야 하기 때문이다.

필자의 판단으로는 백두산 높이의 측량하는 기준에 따라 차이가 날 수 있다. 우리나라 산의 높이는 1900년대 초기에 실시한 수준측량에 의하여 결정되었다. 최초의 백두산 높이는 인천만을 기준으로 한 수준점에 의하여 결정되었을 것이다. 반면, 북한전도에 나타나 있는 백두산 높이는 북한이 원산만을 기준으로 한 수준점에 의하여 결정하였을 가능성이 높다. 북한은 분단 이후 수준점과 삼각점을 다시 설치하여 전국의 위치와 높이를 다시 산출하였다.[115] 백두산 등산로 입구에도 수준점을 설치하여 관측한 것으로 보아 백두산 높이도 정확하게 산출된 것으로 보인다. 그러나 여기서 눈여겨 봐야 할 것이 하나 있다. 원산만 수준점과 인천만 수준점의 높이 차이가 약 1.931m인데 백두산 높이는 왜 6m 정도 차이가 났는지 의문점이 발생한다. 이는 원산만 수준점의 기준을 다시 결정했거나 그렇지 않으면 당초 높이가 잘못되어 수정했을 가능성도 배제할 수 없다.

이러한 의문점을 해소하는 방법은 백두산 높이를 측정하는 것이 유일한 방법이다. 이러한 배경으로 필자는 2003년 키예프 국제 컨퍼런

---

115) 북한의 측량기준점은 조병현, 통일 이후 북한지역에 대한 지적제도 확립에 관한 연구, 연세대학교 행정대학원 석사학위논문, pp. 33-36. 참조.

스 사전회의에서 백두산 공동관측을 북한에 제안하였지만 뜻을 이루지 못하였다.

이후 백두산지구 측량은 2회에 걸쳐 진행되었다. 공식적으로 측량이 곤란하므로 우리가 일반 생활에 사용하고 있는 GPS에 의한 간이측량 방법을 활용하였다.

첫 번째 측량은 『2006 남·북·중 GIS/UIS 심포지움』때 이루어졌다. 탐사는 백두산·두만강 지역 답사와 탐사보고회로 진행되었다.

▲ 백두산지구 GPS 관측

관측은 백두산 천지 표지석과 답사 경로를 따라 주요지점에 대하여 실시하였다. 답사경로는 백두산 천지와 장백폭포를 거쳐 용정시-백금-삼합-연길시에 이르는 약 20㎞이다. 관측 결과 백두산 천지 표지석의 위치와 높이는 위도 42도 01분 38.6초, 경도 128도 04분 03.3초, 높이 2,637m로 나타났다. 우리가 알고 있는 표석석의 높이 2640m와 3m 차이가 발생하였다. 백두산지구 주요지점 관측에 관한 지금까지의 설명을 그림으로 나타내면 〈표 29〉와 같다.

표 29 '백두산지구' 주요지점 관측결과

위 도	경 도	높이	비 고
42-04-16.6	128-03-49.7	1676	백두산 등산로 입구
42-01-38.6	128-04-03.3	2637	백두산 천지 표지석
42-02-21.3	128-03-22.8	1938	장백폭포 표지석
42-03-40.5	128-03-34.1	1110	중화명산 장백산 앞
42-45-30.6	129-25-44.6	249	윤동주 생가

두 번째 관측은 2009년에 이루어 졌다. 필자와 '북한토지연구회' 소속 회원이 백두산을 답사하여 관측하였다. 한 겨울에 백두산 가는 길은 험난하였다. 오전에 눈이 많이 내려 차량통행이 금지되었다. 오후에는 주차장 3㎞ 전방까지 통행이 재개되어 관측이 가능하였다.

백두산지구의 경계는 1962년 10월 13일 체결한 조·중변계조약에 의거 확정되었다. 경계표지는 백두산지구의 국경선을 따라 조사측량을 실시하고, 압록강 상류 2,152m의 작은 지류(시령하)와 압록강이 만나는 지점에 1호 대형 경계표지를 세운 것을 시작으로 동쪽으로 천지를 지나 두만강의 원류인 홍토수가 약류하와 합쳐지는 곳까지 약 45㎞ 거리에 21개의 경계표지를 설치했다.

5호 경계표지의 국경선 방향은 자방위각 67도 58.3분 방향으로 백두산천지를 지나 백두산 천지의 산등성이 2,628m와 2,680m 간 안부이다. 표지의 위치는 2,520m와 2,664m의 청석봉 안부중심점이다. 좌표는 동경 128도 01분 40.9초, 북위 41도 59분 47.1초이며, 높이는

▲ 5호 국경점표지 관측

표지판에 2470m로 나타나 있다.

관측결과 5호 경계표지 위치는 동경 128도 01분 44.9초, 북위 41도 59분 48.5초이며, 높이는 2,469m이다. 경위도에서 4초, 1.4초 1", 높이는 1m 정도 차이가 발생하였다. 비록 간이 측량이지만 어느 정도 정확한 것으로 판단된다.

필자는 백두산 천지 표지석과 5호 경계표지 현지 관측에 이어 '백두산지구' 경계표지를 지도에 복원하였다.

지도마다 천지 분할선과 국경표지 위치가 불명확하게 표시되어 있어 이를 바로 잡고자하였다. 북한 5만분의1 지도에는 1번부터 5번 경계점까지 국경선이 이어져 오다가 끊어지고, 다시 6번부터 21번까지 국경선이 표시되어 있다. 5번과 6번이 끊어진 것은 북한에서 천지를 분할하는 경계선을 의도적으로 연결하지 않았기 때문이다.

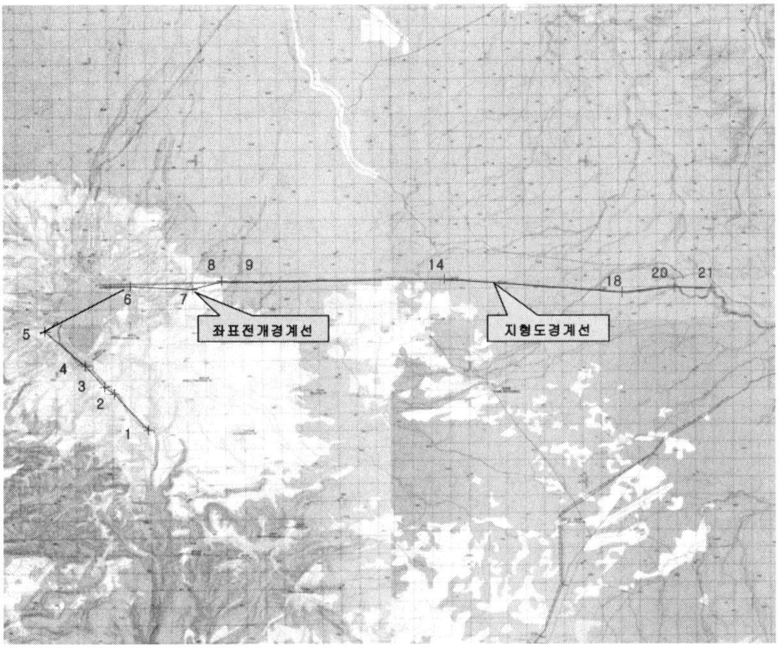

▲ '백두산지구' 경계점표지 복원 현황

자료 : 최신 북한 5만분의 1 지형도, 참고 작성.

1997년 북한 교육도서출판사가 펴낸 조선지도첩에 국경선이 천지의 동서 양끝까지만 나타나 있다. 복원 결과 경계점의 위치는 5번, 6번, 7번을 제외하고는 거의 일치하였다. 5번, 6번을 연결하면 북한지도에 나타난 것보다 백두산 천지 면적이 줄어들게 된다.

백두산정계비 위치 확인

필자는 박사학위 논문을 쓰면서 국경표지와 함께 백두산정계비 위치를 지도에 복원하였다. 백두산정계비가 위치한 곳은 행정구역상 양강도 삼지연군 신무성 노동자지구이다. 백두산정계비 위치는 발표한 시점과 방법에 따라 다르게 나타나 있다. KBS 한국방송은 1997년 9월 14일 북한에서 본 백두산에서 정계비의 주춧돌 모습을 통해 정계비가 "삼지연 42㎞, 백두산 밀영 34㎞, 백두산 6㎞ 지점에 있다."고 보도하였다. 대략적인 좌표는 북위 41도 59분, 동경 128도 09분으로 추정된다.[116] 일본 자료는 백두산정계비는 백두산 정상의 동남쪽 아래 북위 42도 06분, 동경 128도 9분, 해발 2,200m 지점에 있는 것으로 기록하고 있으며, 2005년 위성영상업체 위아㈜는 북위 41도 59분, 동경 128도 05분으로 산출하였다.

필자가 우리나라와 북한에서 발행한 최신지도와 인공위성영상을 정밀 분석하여 좌표를 산출한 결과 백두산정계비의 경위도좌표는 북위 41도 58분 48초, 동경 128도 06분 07초, 표고 2,239m로 확인되었다. 이를 직각좌표로 나타내면 백두산정계비의 X=22,425,600, Y=4,649,900이다. 이 값은 북한에서 현재 채택하고 있는 1942년 좌표체계에 의하여 산출하였기 때문에 좌표계에 따라 다소 차이가 있을 수 있으나, 위성영상에서 독취한 좌표와 거의 일치한다.[117] 백두

116) KBS 일요스페셜 '최초 공개, 북한에서 본 백두산', 1997년 9월 14일; KBS 일요스페셜 '백두산정계비 무엇을 말하는가?', 2006년 1월 13일자 방영, 참고작성.

117) 백두산 장군봉의 경위도좌표는 북한지도에서 독취한 값이 동경 128도 04분 36초, 북위 41도 59분 36초이며, 위성영상에서 독취한 값이 동경 128도 04분 37초, 북위 41도 59분 35초로서 경위도에서 1초 차이를

산정계비에 관한 지금까지의 설명을 그림으로 나타내면 〈표 30〉과 같다.

표 30 백두산정계비의 위치 좌표

구 분	B	L	비 고
KBS 한국방송	북위 41.992[118]	동경 128.09	2006년
위아(주)	북위 41도 59분	동경 128도 05분	1997년
일본자료	북위 42도 06분	동경 128도 09분	1913년

그리고 백두산정계비에서 백두산 장군봉까지 거리가 평균 2,524m로 산출되었다. 기록상에 나와 있는 10리(4,000m)와 비교해 볼 때 상당한 차이가 있지만, 3가지 방법을 평균한 값이기 때문에 정확한 것으로 판단된다.[119] 그리고 백두산정계비의 표고를 측정한 결과 2,239m로 나타났다. 자료에는 2,200m로 나타나 있어 39m 정도 차이가 발생하였다.

보이고 있다. 북한지도와 위성영상의 좌표계는 서로 상이하여 값이 다르게 나타나야 하지만, 공교롭게도 독취과정에서 상쇄하여 차이가 거의 없는 것으로 측정되었다. 그리고 백두산 장군봉의 직각좌표는 북한지도에서 독취한 값이 X=22,423,500, Y=4,651,300이다.

118) 북위 41.992와 동경 128.09는 경위도좌표의 60진법으로 나타내기 때문에 정확한 표현방법이 아니다. KBS 방영화면에 자막을 확인한 결과, 60진법으로 변환하면 북위 41도 59분 31초, 동경 128도 05분 24초가 된다.

119) 백두산정계비와 백두산 장군봉까지의 거리는 여러 가지 방법으로 산출하였다. ①경위도좌표에 의할 경우 2,529m ②직각좌표에 의할 경우 2,524m ③지도상에서 직접 측정한 경우 2,520m로 나타났다. 따라서 백두산정계비와 백두산 장군봉까지의 거리는 2,524m로 확정하였다.

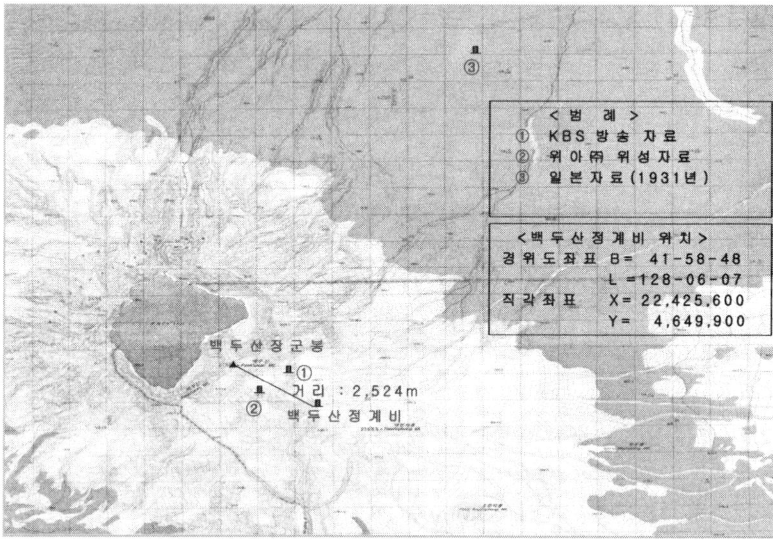

▲ 백두산정계비 위치

자료 : 최신 북한 5만분의 1 지형도, 참고 작성.

최근 북한 학자들과 고구려 유적을 공동 조사하기 위해 방북한 고구려연구재단 김정배 이사장은 "원래 백두산정계비를 세웠던 자리로 알려진 지점에서 정계비 받침돌을 찾았다"고 밝혔다. 정상인 장군봉 등정로에 있는 주차장 인근에서 정계비의 위치를 확인하였다.

정확한 위치는 백두산 병사봉(장군봉)과 대연지봉 사이 중간지점에 위치하고 있으며, 북한 당국이 1980년 세워둔 흰색 표석과 정계비를 받치던 받침돌이 남아 있다. 표석의 위치는 백두산 아래 주차장 인근의 군초소 뒤편이다.

필자가 2008년 인테넷을 조사하던 중 사진 1장을 발견하였다. 백두산 정계비터에 북한이 세운 경계석 표지가 찍힌 사진이다.

백두산 사진을 찍은 사람은 북한이 세운 백두산정계비 표지석인 줄

모르고 있는 듯 했다. 필자가 이메일을 보내 내용을 설명하고, 사진을 사용할 수 있도록 승낙을 받았다.[120] 이를 계기로 2008년 판 백두산정계비의 모습이 세상에 알려졌다.

▲ 2008년 판 백두산정계비 모습(왼쪽)

백두산정계비 역할의 재인식

필자는 백두산정계비에 대하여 기존의 가치에 지적학적으로 접근하여 역할을 재조명하였다. 지금까지 국내 지적학자들은 영토분쟁에 대한 관심이 비교적 부족하여 북방영토에 대한 영유권 문제나 국경분쟁에 대한 연구에 소홀하였다. 본 연구를 계기로 이에 대한 연구가 활발히 이루어져 영토의 소중함을 새로이 인식하고, 지적학에 대한 paradigm

120) 대한지적공사 조병현 선생님의 가르침으로 우연히 발견한 역사의 현장을 보았다. 북녘 땅을 밟기 전 백두산정계비는 백두산 정상 남동쪽 4km 아래, 북측 초소 뒤편에 있다는 이야기를 들은 적이 있었다. 백두산에 나뒹구는 하찮은 돌덩이하나에 강탈당한 조국강토와 지난 역사의 비애가 서려 있음을 생각할 때 그렇게 애틋하고 소중 할 수가 없다. 북방영토 분쟁의 중심에 서있는 역사의 장소가 어떻게 저런 황량한 모습으로 남아 있는지 의심이 갔다. 오마이뉴스 홈페이지 2008년 10월 23일 검색. (http://blog.ohmynews.com/cornerstone/rmfdurrl/154930)

이 확대되는 계기를 마련하고자 한국지적학회지에 기고하였다.

전체적으로 분량이 많기 때문에 백두산정계비에 대한 일반적인 사항과 기존의 평가에 대한 부분은 생략하고 설치 배경과 지적공부로서의 역할에 대한 재평가 사항만 옮긴다.[121)]

백두산정계비 설치는 오랜 봉금으로 한·청간 경계가 불분명한 변경지역을 양측 국왕이 파견한 대표들이 백두산을 직접 탐사 자연·지리적 요소인 분수령을 찾아 두 강을 경계의 기준으로 하는 정계비를 세워 경계표지를 분명히 한 것은 대표적인 경계설정의 사례로 여겨진다. 17세기말부터 18세기초 강희제(康熙帝, 1662~1722)때 까지도 양국간의 '봉금지역' 경계는 정확하지 못하였다. 청은 대륙의 정복과 세력팽창 과정에서 주변 접경국과의 국경획정이 절대적으로 필요해졌다. 강희제가 1709년 프랑스선교사 Regis로 하여금 국토측량에 종사하도록 하고, 지도 및 지리지 제작을 감수하게 한 것은 청의 이와 같은 국경획정의 의지를 단적으로 말해주는 것이라 하겠다. 이와 같은 역사적 사실로 볼 때, 청의 국경확정 정책이 상당히 높은 수준에 있었으며 또한, 국경획정에 있어 자국의 이익을 최대한으로 확인하는 외교술 및 측량기술 등이 크게 발달되어 있었다고 볼 수 있다. 백두산정계비의 건립도 청의 이와 같은 국경획정 정책의 일환으로 이루어진 것이다.[122)] 백두산정계비에 대한 지적학 측면의 역할을 제시하면 다음과 같이 정리할 수 있다.

121) 조병현·이범관·홍영희, 2007, 지적학 측면에서 본 백두산정계비의 역할 연구, 한국지적학회지, 제23권 제1호, 사단법인 한국지적학회, pp.23~28.

122) 朴容玉, 2000, 白頭山定界碑 建立의 재검토와 間島領有權, 間島領有權論叢, 백산학회편, p.122.

첫째, 백두산정계비는 단순한 비석이 아니라, 지적학 측면에서 볼 때, 지적정보 중 국가간의 인위적 경계를 나타내는 경계점 표지 역할을 하였다. 백두산정계비 설치 당시 토문강 상류지역에 축조된 석퇴-토퇴-목책과 연결되어 있다. 결국, 정계비와 석퇴-토퇴-목책의 연결선이 하나의 국경선이 되고, 영역의 한계가 지워졌다.

둘째, 백두산정계비는 국제조약에 의한 국경 경계점의 위치를 나타내고 있다. 설치 지점은 백두산 정상이 아니라, 남동방 4㎞, 해발 2,200m 지점이며, 비면碑面에는 위에 국경을 "西爲鴨綠, 東爲土門"이라 하였다. 그 이후 설치 위치에 대한 의견이 대립되었을 때, 조선에서 위치를 이동하였다고 억지를 부렸지만, 비문에 세겨진 내용이 바뀌지는 않는다. 비문에 세겨진 내용이 중요하지, 설치한 위치가 이동되었다고 해서 경계가 옮겨지는 것은 아니다.

셋째, 백두산정계비는 지적요소 중 가장 중요한 경계에 대한 사항을 82자로 비문에 세겨 공시한 지적공부의 역할을 하고 있다. 간도 땅은 무인지경에 가까웠으나, 조선 중기부터 조선인들이 진출하면서 조선과 청사이에 귀속문제를 놓고 다툼이 시작됐다. 청의 강희제는 1712년 목극등으로 하여금 백두산 일대를 직접 답사해 경계가 될 상류 등을 확인한 결과를 토대로 백두산정계비를 세웠다. 백두산정계비는 비교적 근대적 의미의 국경조약이다. 백두산정계비의 비문은 82개의 문자로 되었다. 체결 대표자의 서명이 누락되어 성문의 형식을 갖추지 못하였지만, 청국과 조선의 대표가 백두산에 올라 회담하고 합의한 것이므로 구두합의에 의한 조약이다. 백두산정계비의 비문은 구두합의의 증거가 된다.[123)]

123) 김명기, "국제법상 백두산정계비의 법적 성질", 2003.7.15. 독도본부 홈페

일반적으로 국제법 주체간의 합의는 성문의 형식을 취해 왔으나 구두합의 예도 적지 않다. 1797년 러시아의 Peter대제와 Brandenberg 제휴 FrederckⅢ간에 구두합의에 대한 동맹조약이 체결되었으며, 1863년 터어키와 서구제국간에 구두협정이 체결되었다. 1883년 프랑스 외무장관과 Austro-Hungaria 대리대사간에 체결된 통상조약을 구두합의로 그 효력을 연장시킨 일이 있다.

백두산정계비는 그 비문에 양측 대표의 서명이 없으므로 이를 조약으로 보기 어렵다는 견해도 있다. 백두산정계비는 청국과 조선의 쌍방대표가 백두산에 올라 회담하고 합의하여 건립한 것이므로 구두합의에 의한 조약이며, 정계비의 비문은 구두합의의 증거로 된다. 국제법상 구두합의도 당사자를 구속하므로 백두산정계비는 한국과 중국을 법적으로 구속한다. 그리고 정계비는 구두합의의 증거로 된다. 국가간의 구두합의는 그것의 기록으로 성문화되어(record in writting) 있는 경우와 마찬가지로 구두합의의 사실이 증명된 때에 이는 국제재판소에 의하여 적용될 수 있다. 백두산정계비에는 구두합의의 구절이 명문으로 기재되어 있으므로 구두합의의 장차 설명은 필요치 않다고 하겠다. 따라서 정계비의 비문에 표시된 바와 같이 우리와 중국의 국경은 두만강으로 이루어지는 것이 아니라 토문강으로 이루어지므로 간도는 우리의 영토가 되는 것이다.

필자는 백두산정계비에 대한 역할을 지적학 측면에서 접근하여 그 가치를 재평가하고자 하였다. 백두산정계비를 연구대상으로 설정하여 내용면에서는 특수하지만 연구결과는 만족할 만한 수준에 이르지 못하였다. 그러나 본 연구를 통하여 지적에 대한 연구대상과 연구범위를

이지(http://www.dokdocenter.org). 2003년 7월 15일 검색.

확대하고, 장기적으로 지적인의 위상과 국가 발전에 기여할 수 있다는 자신감을 얻어 그 성과는 매우 크다고 평가하였다.

▲ 백두산 정계비 역할 발표 및 토론(오른쪽에서 두 번째가 필자)

3. 통일기행 일번지 우리 땅 간도

여기에서는 우리의 기상 광개토대왕비와 중국의 역사 왜곡 현장 답사, 압록강에서의 북한 조망과 통일예행연습을 다루고 있다. 이 글은 2009년 5월 북한토지연구회 회원들과 함께 북방영토 답사를 다녀와서 홈페이지에 올린 글 중의 일부이다. 이번 통일기행은 우리 땅 북방영토를 일본이 중국에 내 준지 100년이 되는 해에 이루어져 그 의미를 더했다. 고구려 박작성에서의 퍼포먼스와 고려문에서의 주민 인터뷰는 아직도 잊혀지지 않는다.

우리의 기상 광개토대왕비

2009년 5월 3일 민족의 얼이 서려있는 고구려 유적지 집안으로 답사를 나섰다. 집안시는 길림성 최남단 위치하고 있다. 집안시의 인구는 21만 명으로 1만 5백여 명의 재중동포가 살고 있다. 압록강 건너편에는 험준한 산악 사이로 비좁게 촘촘이 들어앉은 북한 자강도 만포시가 위치하고 있다. 집안과 만포 사이로 흘러가는 압록강은 만고의 역사를 안고 유유히 흐르고 있다. 고구려의 장수왕이 서기 414년 부왕의 공정을 기리기 위해 세운 광개토대왕비부터 답사했다.

광개토대왕비의 정확한 명칭은 왕의 묘호인 「국강상광개통경평안호태왕」으로 마지막 세 글자를 따서 호태왕비로 부르고 있다. 비석의 높이는 6.39m로 한국 최대의 크기로 고구려 문화의 한 단면을 보여준다. 너비는 1.38~2.00m이고, 측면은 1.35~1.46m로 불규칙하다. 비의 머리 부분은 경사져 있다. 대석은 3.35×2.7m 이다.

호태왕비 모습이 세상에 알려진 것은 청에 의해 이 지역에 대한 봉금제도封禁制度가 해제된 뒤 일본 포병 중위 사쿠오酒句景信에 의해 발견되었다. 본래 비석만 있었으나 대형 비각을 세우고 세계문화유산으로 등록하였다.

먼 발치에서 유리벽 속의 호태왕비를 보니 왠지 서글픈 생각이 들었다. 우리의 기상, 호태왕비의 숨소리가 멈쳐진 느낌이다. 옆의 작은 문을 통하여 안으로 들어가자 여자 안내원의 설명이 있었다.

▲ 1909년대 호태왕비 모습

호태왕비가 위대한 것은 그 크기 때문이 아니라 4면에 새겨진 1,775자의 내용 때문이다. 이 기록은 우리나라 최초의 기록일 뿐 아니라 그 내용도 풍부하여 마치 한 권의 책을 읽는 것과 같다. 호태왕비는 그 기록 내용이 기년식紀年式으로 되어 있기 때문에 연나라, 부여, 신라, 백제, 일본 등 동아시아 국가 전체의 역사적 사실을 알 수 있다. 호태왕비의 내용을 통하여 당시 고구려가 동아시아에서 차지한 위치를 제대로 파악할 수 있고, 지금까지 우리나라 역사 서술이 중국 위주에서 우리의 입장에서 되살릴 수 있다는 점에서 귀중한 자료이다.

비문의 내용은 세 부분으로 구성되어 있다. 첫째 부분(제1면 1행~6행)

은 고구려의 건국신화와 동명왕, 유리왕, 대무신왕 등의 세계世系와 호태왕의 행장行狀을 기록해 놓았다. 둘째 부분(제1면 7행~3면 8행)에는 호태왕 때 이루어진 정복활동과 영토관리(만주 정복, 백제 정벌, 신라 구원, 동부여 및 숙신 정벌)에 대한 내용들을 연대순으로 기록해 놓았다. 셋째 부분(제3면 8행~4면 9행)은 능을 관리하는 수묘인守墓人 연호煙戶의 숫자와 차출방식, 수묘인의 매매금지에 대한 규정이다.

그러나 애석하게도 비문 내용을 놓고 한·중·일이 해석을 다르게 하는 부분이 있다. 일본은 참모본부에서 비밀리에 해독작업을 진행하여 1888년에 요코이 다다나오橫井忠直가 아세아협회 기관지 회여록會餘錄 제5집에 "고구려고비고高句麗古碑考"를 게재하였다. 여기에서 신묘년 기사를 "왜가 바다를 건너와서 백제와 신라 등을 깨고 신민으로 삼았다(倭以辛卯年來渡海破百殘ㅁㅁㅁ羅以爲臣民 : ㅁ는 훼손된 문자)"고 해석했는데, 이 내용을 4세기 후반 신공황후神功皇后가 한반도 남부지역을 정벌했다는 일본서기日本書記의 기록을 뒷받침하는 것으로 간주해 임나일본부설을 주장하였다.

이에 대해 민족주의 사학자 정인보는 1930년에 저술한 "광개토경평안호태왕릉비문석략廣開土境平安好太王陵碑文釋略"에서 "왜가 신묘년에 왔으므로, (고구려/광개토대왕)가 바다를 건너가 왜를 깨뜨리고 백제와 □□신라를 신민으로 삼았다"고 해석하여 일본인들과는 다른 견해를 제시했다. 1972년에는 재일동포 사학자 이진희李進熙가 참모본부의 이른바 석회도부작전설石灰塗付作戰說을 주장하였다. 그는 일본이 만주를 침략하기 위해 현대사는 물론 고대사까지 조작 왜곡하여 정당화하기 위한 조작극이라고 주장하였다. 1981년 이형구李亨求는 비문 자형字型의 짜임새結構, 좌우행과의 비교에서 나오는 자체字體의 불균형 등을 근거로 '倭'는 '後'를,

'來渡海破'는 '不貢因破'를 일본인이 위작僞作한 것이라고 지적하였다. 그럴 경우 신묘년 기사는 "백제와 신라는 예로부터 고구려의 속국으로 조공을 바쳐 왔는데, 그 뒤 신묘년(331)부터 조공을 바치지 않으므로 백제·왜구·신라를 공파해 신민으로 삼았다"는 내용이 된다. 이 주장대로라면 일본 사학계의 이른바 남조선경영론이 근거를 잃게 된다.

이에 반해 중국에서는 1984년에 왕젠췬王建群이 장기간의 실지조사를 토대로 "호태왕비연구好太王碑研究"를 발표했는데, 그는 이제까지 잘못 읽은 부분은 시정하고, 탈락된 문자를 복원했다고 주장하였다. 비문에 등장하는 왜倭를 일본 기타큐슈北九州의 해적집단으로 보아 임나일본부설을 부정했을 뿐만 아니라 이진희의 석회조작설도 비판하였다.124)

이러한 논란의 단초는 비문의 손상에서 비롯되었다. 발견 초기 보다 정교한 탁본을 만들기 위해 불을 피워 비석 표면의 이끼를 제거하는 과정에 비면의 일부가 탈락되었기 때문이다. 참으로 안타까운 일이 아닐 수 없다. 그러나 분명한 것은 고대사에 대한 자료가 부족한 현실을 감안 할 때 이 호태왕비야 말로 우리의 고대사의 수수께끼를 풀어줄 수 있는 중요한 자료임에는 틀림없다.

호태왕비를 뒤로 하고 장군총으로 향했다. 장군총은 집안에 산재해 있는 12,000여 기의 고구려 무덤떼 가운데 대표적인 돌무지무덤으로 고구려 20대 왕인 장수왕의 무덤으로 추정하고 있다. 집안의 고구려 고분 중 가장 웅장한 형태의 능으로 고구려의 비약을 상징하여 동방의

---

124) 이 내용은 네이버 백과사전(http://100.naver.com/100.nhn?docid=18492) 내용을 일부 요약 정리한 것이다. 현지에서 비문을 번역한 책을 구입하였으나 내용이 많아 실지 않았다. 구입한 책에 나와 있는 내용이 우리가 번역한 내용과 얼마나 차이가 있는지 확인하지 못하였다. 이 분야의 연구도 우리의 고대사와 한일관계를 밝히는 중요한 일이라 생각된다.

피라미드로 불린다. 높이가 12.4m, 길이가 31.6m로 7단 계단식 사각형 피라미드 형태다. 장군총은 국내성에서 4.5㎞ 떨어진 용산 기슭에 자리 잡고 있는데, 비교적 높은 곳에 있어 압록강과 집안 시내가 한눈에 들어온다.

고구려가 졸본에서 집안으로 도읍을 옮긴 것은 유리왕 22년으로 서기 3년이다. 그 천도에 따른 뒷이야기로 민족과 밀접한 전설이 남아 있다. 고구려 사람들은 단오와 추석에 조상을 위해 제사를 올렸다. 유리왕도 재위 18년이 되는 해에 제사를 지내게 되었다. 그런데 제사상에 올린 돼지가 달아나 버려 탁리와 사비가 붙잡아 뒷다리를 끌고 왔다.

용하다는 무당이 와서 모두가 생매장 당한 두 사람의 장난이니 제를 지내라고 했다. 그래서 제를 지내기로 하고 돼지를 붙잡아 왔으나 또 달아나고 말았다. 이 소식을 들은 사물택이라는 작은 나라에서 돼지를 가져와 바치고 고구려에 귀속되기를 간청했다. 유리왕은 이에 응하고 사물택이 자리했던 집안으로 도읍을 옮기고, 도읍지 이름을 국내성으로 불렀다. 국내성은 졸본성에 이은 고구려의 두번째 성으로 유리왕 때 축조되었다. 현재는 터만 남아있고 안쪽에는 아파트가 들어서 있다.

국내성을 뒤로 하고 환도산성으로 향했다. 환도산성은 고구려 유리왕 21년에 축조한 성으로 산봉우리와 주위능선을 이용하여 돌로 쌓은 난공불락의 천연요새이다. 환도산성 남문 안에 음마지飮馬池가 나온다. 음마지는 음마만飮馬灣, 연화지蓮花池라고도 부르는데 고구려 군사들이 말에 물을 먹이던 곳이다. 음마지 옆에 전투를 지휘하던 장대將臺가 있고, 500m쯤 올라가면 동쪽 산기슭 옛 궁전 터가 있다.

▲ 국내성 사진

현재는 흔적을 알 수 있는 터만 남아 있다. 궁전 터는 아는 사람이 안내하지 않으면 찾기 힘들다. 환도산성과 입구에 산재해 있는 무덤들을 둘러보았다. 집안에는 이러한 무덤이 12,000여개가 있다하니 그 당시 고구려의 위대함을 알 수 있을 것 같다.

장대에 올라가니 산 아래 성 안·밖이 한눈에 들어온다. 발밑에 천년의 이끼가 돋은 성벽 사이로 이름 모를 들꽃이 피어있다. 내려오는 길에 호태왕비와 모양이 비슷한 돌멩이를 하나 주워 가져 갈까 망설이고 있는데 일행은 저만치 내려가고 있다.

환도산성의 성벽들은 의구하고 초목은 피고 지는데 고구려는 영영 자취를 감추고 말았단 말인가.

호태왕비와 장군릉, 국내성과 환도산성을 다 보고 난 뒤 압록강 건너

만포시를 조망하였다. 벌거벗은 산 밑에 만포시가 보인다. 큰 굴뚝이 우뚝 솟아있는 제련소와 그 너머로 북한의 민둥산이 바둑판처럼 줄 서 있다. 만포시는 자강도 북서부에 있는 국경도시로서 동쪽은 자성군・장강군, 남쪽은 시중군・위원군, 북쪽과 서쪽은 압록강을 경계로 이곳과 접하고 있다. 제조업과 철도교통의 요충지로 혜산 만포청년선과 만포선의 종착역이다. 또 집안까지 하루에 한 번씩 운행한다.

우리가 이 땅을 지배했던 고구려 시대에도 흘러내렸던 저 압록강이 가로 막혀 갈수 없는 북한 땅, 북한 만포를 거쳐 와야 하는데 이곳에서 북한 땅을 바라보면서 한숨짓는 모습이 안타깝다. 고구려 유적지를 뒤로하고 이제 단동으로 떠나려 한다.

중국의 역사 왜곡 현장 답사

고구려 유적지를 뒤로하고 단동으로 향했다. 단동에는 북방영토 답사를 위해 필자가 어렵게 마련한 북한토지연구실이 있다.[125] 단동으로 가는 길은 험난했다. 비포장도로 옆의 농촌풍경과 과수원의 복사꽃에 찬사를 보내면서 두만강 너머 북한 땅을 조망하였다. 저녁이 다 되어 통일기행 일번지 단동에 도착하였다.

단동시는 요녕성에 위치한 면적 1만 4,918㎢, 인구 250만 명의 중국최대 국경도시이다. 북한의 신의주와 압록강을 사이에 두고 마주

125) 필자는 2001년부터 북한토지연구소(http://www.nkland.org)를 운영하고 있다. 연구소로서 체제는 갖추지 못하였지만 북한 및 간도문제에 대한 연구와 교육을 목적으로 설립하여 10년 동안 자료를 축적하고 있다. 遼寧省 丹東市 青年大街 韓國城에 공간을 마련하여 북방영토 답사 때 사용하고 있다.

하고 있다. 옛 이름은 안동이었으나 1965년 개명하였다. 단동은 아침 해가 뜨는 붉은 도시란 뜻이다. 나날이 발전하는 단동시의 모습에 놀라움을 금할 길 없다.

북한토지연구실에 여장을 풀고 야간연행에 나섰다. 내일부터 중국의 역사왜곡 현장인 고구려 박작성과 고려문을 찾아 나서고, 항미원조 기념관을 답사한다. 중국 문화체험과 북한 동포와의 통일 예행연습도 계획되어 있다.

박작성은 중국이 500여년 전 명성화 5년(1469)에 세워진 만리장성 동단 기점으로 선전하고 있는 호산장성을 말한다. 박작성은 단동시에서 북쪽으로 31㎞떨어진 지역에 위치하고 있다. 삼면이 강으로 둘러싸여 산 형세가 마치 누워있는 호랑이 모습과 같다하여 호산장성으로 불린다.

중국이 호산虎山에서 명나라 장성을 찾다가 고구려 산성을 하나 찾아냈는데 이 성이 바로 박작성이다. 당나라가 쳐들어 왔을 때 산을 이용하여 요새를 세웠고, 압록강으로 튼튼하게 막혀 있었기 때문에 함락시키지 못하였다는 기록이 나온다. 지금까지 발견된 고구려 성은 애하첨고성과 이 호산장성 뿐인데 애하첨고성은 평지에 쌓은 성이기 때문에 유일한 산성인 호산장성이 박작성이 된다.

지난달 18일 중국 국가문물국과 국가측회국은 만리장성의 길이가 종전 6,300㎞ 보다 더 긴 8,851.8㎞로 측정됐다고 발표했다. 장성의 길이가 2,551.8㎞(39%) 늘어난 이유는 동단東端을 산해관山海關에서 호산장성으로 연장했기 때문이다.

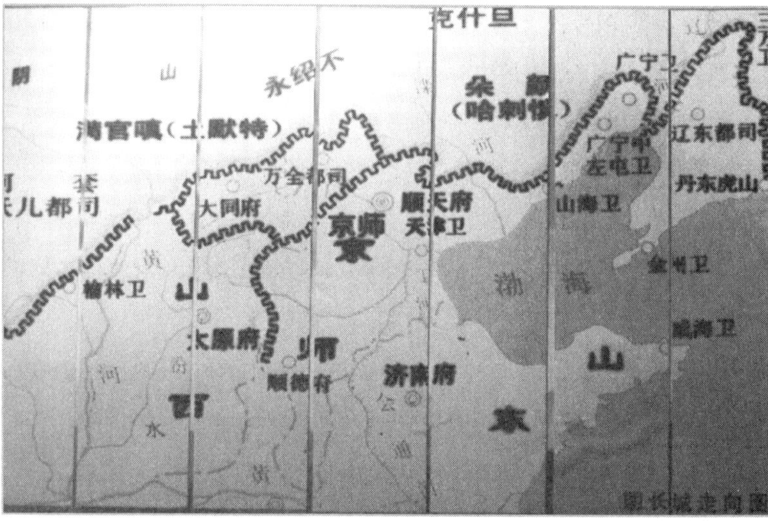

▲ 박물관에 전시되어 있는 만리장성 지도

고구려 유적과 문화가 고스란히 남아있는 북한 접경지역까지 중국 문화로 귀속시키는 중국의 조치는 동북공정의 일환으로 판단된다. 이미 5년 전인 2004년 사전 작업을 해 놓은 상태였다. 중국 정부는 2004년 5월 호산에 호산장성과 역사박물관을 미리 지어놓고 역사를 왜곡하고 있다. 이곳은 서간도라고 불렀다. 1897년 서변계西邊界 관리사를 임명하고, 1900년 무렵에는 평북 관찰사가 호적부를 작성하여 관리하였다.

필자의 제안으로 중국의 역사왜곡에 항의하기 위하여 퍼포먼스를 전개하였다. 중국 공안과 관리인이 없는 틈을 타서 준비한 걸게 그림을 펼쳐 들고 "만세 삼창과 우리 땅 간도"를 외쳤다. 2007년 방문 때부터 하고 싶은 일을 오늘 이룩한 것이다.

고구려 박작성을 내려 오면서 북한 땅을 조망하였다. 압록강 하중도의 하나인 우적도는 연암 최치원이 청나라에 첫발을 내딛었다고 추정되는 지역이다. 압록강의 퇴적작용으로 황금평과 함께 섬이 거의 중국 강변과 붙어 있다.

일보과一步跨를 찾았다. 압록강 지류에서 한걸음만 건너면 북한 땅이라는 의미이다. 이 곳은 압록강의 최대 폭이 2,000m인데 비해 1m도 채 되지 않는다. 지난번 방문 때는 철조망이 없어 실제로 북한 병사들과 대화를 나누었는데 최근 철조망을 설치하여 북한 병사는 만날 수 없다. 멀리 황금평에서 일하고 있는 북한 동포의 애처로운 모습에 슬픔이 밀려온다.

단동에서 심양으로 국도를 따라 130리를 가면 봉성시 조금 못 미쳐 고려문이 있던 변문진邊門鎭으로 향했다. 지금의 행정구역은 변문진 변문촌이다. 이 지역은 지명에서도 알 수 있듯이 당시 조선의 국경도시로 국경 출입을 위해 한국 관리가 파견된 엄연한 우리 땅이다.[126)]

고려문(高麗門, Korean-Gate)은 책문柵門의 하나로 우리나라 국경도시인 의주에서 약 48Km되는 곳에 있었다. 말하자면 고려문은 한국인이 중국에 들어가는 관문과 같은 곳이다. 이곳에는 출입국을 관리하기 위한 우리나라 별정소別定所가 설치되어 있었다. 의주부義州府의 집사執事가 항상 파견되어 주둔하고 있었다. 이곳에서는 봄과 가을에 정기적으로 교역 시장이 열려 많은 한국인이 찾아와 교역하고 돌아가곤 하였다.

고려문은 1966년 홍위병들에 의해 철거된 것으로 알려져 있다. 1996년 9월 17일 길림성 봉산구鳳山區에서 세운 변문진 표지석이 고려문의 흔적을 말해준다. 변문진의 진鎭은 바닷가나 강변에 군대가 진주하고 있을 경우에 흔히 쓰는 강변 혹은 해변이란 의미를 가지고 있으므로 중국 쪽의 제일 변두리에 세워졌던 변문邊門을 의미한다. 그러나 지금은 고려문의 흔적을 찾아볼 수 없다. 1966년 문을 없애고 그 자리에 1995년 5월에 높이 1.70㎠, 넓이 50㎠의 표지석을 세웠다. 붉은 글씨로 세겨진 변문진 글자 밑에 영어로 'Blarimen Zhen'을 새겼으며, 뒷면에는 '1995年 5月'이란 글씨가 있다.

126) 중국 학자들은 이 지역에 대한 중국의 실질적으로 지배하였으며, 책문이 '만주를 보호하기 위한 문화적 구분선'이었다고 주장한다. 러시아와 일본의 학자들은 대체로 국경선으로 해석한다. 이때까지 청의 공식문건에 나타난 가장 바깥쪽 변경은 이 곳 봉성鳳城이 된다. 청대 사서인 길림통지와 통문관지에 자세히 기록되어 있다.

▲ 변문진 표지 앞의 필자

표지석은 일면산一面山역에서 가까운 곳에 있다. 철길 건널목 도로변에 자리 잡고 있다. 일면산역은 원래 고려문역이었다. 1962년 김일성이 중국을 방문할 때 이곳을 지나가기 때문에 역 이름을 일면산역으로 바꾸었다.[127)]

이곳에서 남쪽으로 조금 가면 조선촌이라는 곳이 있었다. 이곳도 김일성이 지나가다가 조선 땅이라고 할까봐 이름을 탕하湯河라고 바꾸어 버렸다. 심양에서 단동까지 철도를 놓았던 일본 건설회사의 기록

127) 심양에서 단동까지 철도를 놓았던 일본건설회사 기록 間組百年事 185쪽에 보면 "고려문역"이 분명히 있다. 당시 "안동현安東懸-사하진沙河鎮-합마당蛤마塘-오룡배五龍背-탕산성湯山城-고려문高麗門-봉황성鳳凰城"이었던 것이 현재는 안동현-사하진-합마당-오룡배-탕산성-일면산-봉황성으로 되어 있다. "고려문"을 "일면산역"으로 바뀌었음을 알 수 있다.

을 보면(間組百年事 185쪽) 고려문역이 분명히 있었다. 안동현安東懸–사하진沙河鎮–합마당蛤마塘–오룡배五龍背–탕산성湯山城–고려문高麗門–봉황성鳳凰城이었으나 현재의 역 이름을 보면 단동–사하진–합마당–오룡배–탕산성–일면산–봉황성으로 되어 있어 고려문만 일면산역으로 바뀌었음을 알 수 있다.

변문진에서 북쪽은 한족漢族 마을이 있고, 그 건너편에 고려 마을이 있었다. 이곳에 사는 주민의 증언에 의하면 "이 지역은 조선 땅이 맞다. 당시 이 곳에 300호에 달하는 한국인 가구가 있었다. 최근까지 살고 있었는데 북한에서 이 지역을 내 놓으라고 해서 지금은 인근 다른 지역으로 이주시켜 한명도 없다."고 말했다. 이어 "고려문이 있던 자리에 변문진 표석을 세웠다."는 것이다.

조선과 청 사이에는 국경이라는 것이 없었는데 정묘호란의 강화조약인 강도회맹에 의해 양국간에 서쪽과 북쪽의 국경을 책정하였다. 1627년 3월 3일 체결한 강도회맹에 "조선 국왕은 금국과 더불어 맹약을 한다. 우리 두 나라가 이미 화친을 결정하였으니, 이후로는 서로 맹약을 준수하여 각각 자기 나라를 지키도록 한다.(朝鮮國與金國立誓 我兩國已講和好 今後兩國 各遵誓約 各守封疆)"는 내용으로 보아 양국간에 국경을 정했음을 알 수 있다.

그 당시 국경선이 어디인지는 알 수 없지만, 청 호부의 기록에 청의 태종이 1638년에 압록강 하류지점 남반에서 봉황성을 거쳐 감양변문京興을 지나 성창문城廠門과 왕청변문旺晴邊門에 이르는 150리 내지 200리 가량의 방압공사防壓工事를 실시하였다. 그리고 1670년(강희 9년)부터 개원開原 위원보威遠堡에서 시작하여 북쪽으로 전장 343.1㎞의 '유조변책柳條邊柵'을 1681년(강희 20년)까지 설치한 것으로 나타나 있으며, 지금도 사평四平에서 이수梨樹, 공주령公主嶺, 이통伊通, 장춘長春, 구태九台를 거쳐 서란舒蘭까지 구불구불 이어진 유조변의 유적이 아직도 남아 있다.

기록에 의하면 청나라는 봉황성으로부터 서쪽으로 산해관에 이르기까지 둘레 1,800여 리에 이르는 울타리를 쳤고, 그 중간에 총 17개의 문을 두었다. 그리고 각 문마다 지키는 관병을 두었고, 그 주위에 장정들을 선발하여 거주하게 하였다. 책문은 조선과 청나라의 실질적인 국경이었고, 그런만큼 일정한 통관 절차를 밟아야 했던 곳이었다. 연행사들은 역관을 보내 사신의 인적 사항과 인마人馬의 수 등을 적은 문서를 보냈고, 책문의 관리자인 봉성장鳳城將이 나와 인마를 점검하고 들여보냈다.

중국 정부는 책문이 있던 자리에 군부대를 주둔시키고, 군부대를 따라 무인 카메라를 설치하여 출입을 감시하고 있다. 봉황산과 무기고가 끝나는 지점에 작은 모래 언덕이 있는데 이곳이 바로 변문이 있던 자리로 추정된다.

그래도 압록강은 흐른다

통일기행 일번지 중에 으뜸은 압록강에서 유람선을 타고 북한지역을 조망하는 것이다. 압록강鴨綠江은 백두산에서 발원하여 총 800㎞를 흘러 서해로 들어간다. 중국과 조선의 자연 국경을 이루고 있는 강이다.

『신당서新唐書』에 따르면, 강물 빛이 오리鴨의 머리頭 빛깔처럼 푸르다綠는 뜻의 '압두록鴨頭綠'을 줄여 '압록鴨綠'이라고 하였다고 한다. 광개토대왕비에는 아리수阿利水, 대동여지도에는 대총강大總江으로 나와 있다.

▲ 이 곳이 조선 땅이었다고 설명하는 현지 주민

압록강 철교는 1909년 5월 일본총독부가 철도사용을 목적으로 건설하기 시작하여 1911년 10월 완공하였다. 길이 944m, 넓이 11m, 12개의 교각이 있다. 그 중 신의주 쪽에서 9번째, 중국 쪽에서 4번째 교각이 90° 회전이 가능하여 범선들이 통과 할 수 있다. 1950년 미군에 의해 폭파되어 신의주 쪽은 교각만이 단동 쪽은 철교와 교각이 그대로 남아 있어 지금도 역사적 현장을 그대로 보여주고 있다.

현재의 다리는 단교 옆에 다시 세운 것으로서 중국에서 북한으로 들어가는 물동량의 80%가 이 다리를 통과 한다. 북한과 중국의 경계구분은 철교의 구조물이 높은 곳이 중국으로 밤이면 화려한 조명이 들어온다. 양안의 판이한 풍경에 남다른 감동이 밀려온다. 통일이 되기 전까지 한국의 관광객이 많이 찾을 수 밖에 없는 곳이다.

압록강 유람선 관광은 언제나 짜릿한 매력이 있다. 이번은 2007년보다 천천히 더 가까이 북쪽을 조망하였다. 이번 코스는 선착장을 출발하여 압록강철교와 단교를 지나 신의주 주변을 가까이 다가가 멈췄다가 다시 되돌아오는 코스다. 유람선에서 건너뛰면 바로 닿을 것 같은 신의주는 우리 동포들에 대한 애틋한 연민의 정을 가지게 한다. 단동의 화려함을 저주하듯 압록강은 오늘도 말없이 흐르고 있다.

단교 너머로 우리가 중·고등학교 시절 역사 교과서에 배웠던 위화도의 모습도 보인다. 위화도는 고려말기 1388년(우왕 14년) 고려군이 요동을 정벌하기 위해 머물다가 이성계가 회군한 섬이다.

유람선을 타고 수풍댐으로 올라가면서 군인들과 주민들의 모습을 가까이서 보면 가슴을 쥐어짜는 듯한 아픔을 느낀다. 유람선이 신의주 가까이 가서 멈춰 섰다. 지붕위에 선전구호가 보이고 그 밑에 봄을 알리는 꽃이 피어 있다. 북한주민이 배위에 걸쳐 앉아 고개 숙이고 무엇인가 고민하고 있다. 단동과 신의주는 외관상으로는 너무 차이가 많이 난다. 눈부시게 발전하는 중국의 단동지역과 발전이 멈추어 서 버린 북한 신의주의 모습이 대조를 이루고 있다.

신의주는 러·일전쟁 직전에 일본이 임시철도 감독부 출장소를 설치하면서 일본인이 정착하기 시작했다. 1906년 경의선이 개통되면서 종착역이 되고, 압록강 철교가 가설되면서 국경도시가 형성되었다. 1907년 에 우정국郵政局이 들어서고, 그 해 일본의 만주침략의 선봉이 될 세관이 설치되었다. 1914년에는 의주로부터 평북 도청이 옮겨와 이 지역 행정의 중심지가 되었다.

현지인의 도움을 받아 북한 주민과 접촉할 수 있는 곳으로 이동하였다. 이곳은 북한과 물물교환이 이루어지는 곳이다. 북한의 골동품과

▲ 압록강에서 바라본 신의주

중국의 곡식이 많이 몰래 이루어진다. 이러한 밀수행위는 은밀하게 이루어지는데 큰 배를 타고 나가 작은 배로 갈아타서 이루어진다. 만약 단속에 걸릴 경우 번호판과 국기를 바꾸어 모면하기도 한다.

중국주민의 증언에 의하면 "비단섬 일부를 두달 전에 북한으로부터 샀다"고 한다. 양국은 1962년의 국경협정을 체결한 후 공동 측량조사를 거쳐 1964년 3월 '국경에 관한 의정서'도 체결했다. 그 동안 하천의 퇴적과 침식, 양측의 제방 축조로 유속에 변화가 생기면서 압록강 하구의 지형에 많은 변화가 생겼다. 그래서 경계가 모호한 섬이 많이 있단다.

중국은 압록강을 중심으로 대대적인 개발사업을 추진하고 있다. 유초도에서 비단섬으로 이어지는 압록강 국경지역에 총 97㎢(약 2천 935만평)

의 산업단지를 건설하기 위한 측량과 공사가 한창 진행 중이다. 동북 3성 진흥 계획의 일환으로 추진 중인 단동공단 조성에 필요한 기반시설을 다지면서 대대적인 분양에 나서고 있다.

비단섬을 지나면 동항 서해 바다로 이어진다. 서해 쪽의 중국과 북한의 경계는 압록강 하구 강·바다의 분계선에서부터 시작한다. 압록강 상류와 2,071m 동쪽의 가장 가까운 작은 지류의 회합지점까지 압록강을 경계로 한다.

국경조약 의정서에 의하면 강 가운데 측량을 거친 섬과 사주는 모두 205개이다. 그중 중국에 귀속된 것은 78개, 북한에 귀속된 것은 127개이다. 그러니까 압록강에 있는 많은 섬이 북한 땅으로 되어있다.

밀수선을 둘러보고 단동 시내에 위치한 항미원조 기념관으로 향했다. 기념관에는 한국전쟁과 관련한 자료가 전시되어 있다. 항미원조는 중국 입장에서 '미국에 대항하고, 조선을 원조한다'는 의미이다. 중국이 한국전쟁에 개입한 것은 바로 이 명분 때문이었다.

기념관은 단동 시내가 한 눈에 내려다보이는 산 위에 자리 잡고 있다. 기념관은 마치 평양의 현대적인 건축물을 연상케 한다.

전시물에 눈에 띄는 것이 많다. 한국전쟁 중 중국 파병을 요청한 김일성의 친필편지와 협정서, 경축사진, 김일성의 사진과 글귀도 전시되어 있다. 중국에 대한 고마움, 조선과 중국 인민이 영원히 공존 번영하자는 내용도 보인다. 중국은 "중국 인민의 안전과 평화, 그리고 조선의 독립을 위해 분연하게 떨쳐 일어났다."고 이 전시관을 통해 선언하고 있는 것 같다.

▲ 항미원조기념관에 전시되어 있는 김일성 친필

4. 토문 감계사 의인 이중하 묘소 참배[128)]

여기에서는 토문 감계사 의인 이중하 묘소 참배 때 강연한 자료를 실었다. 이 글은 2010년 6월 6일 현충일 날 한국백산학회와 공동으로 이중하 묘소를 참배하고 "의인 이중하를 추억한다"란 제목으로 강연한 내용이다. 이 글은 감계전말勘界顚末, 백두산일기白頭山日記와 뉴스메이커 기사, 간도학회 및 간도되찾기운동본부 자료, 조선왕조실록, 국사편찬위원회 홈페이지 등을 인용하여 정리하였다.

128) 이 글은 이중하선생 후손의 요청에 의하여 전주이씨 종중회보에 실기도 하였다. 全州李氏廣平大君派宗會, 2010, 廣平會報 제49호, pp.49~58 참조.

규당 이중하의 일생

이중히선생은 1846년 11월 9일 양평군 갈산면 공흥리 315번지에서 현감 이인식의 아들로 출생했다. 본관은 전주이며, 세종대왕의 다섯째 아들인 광평대군의 후손이다. 조선 말기 문신으로 자는 후경厚卿, 호는 규당圭堂·탄재坦齋이다.

고종 및 순종실록에 의하면 이중하선생은 1882년 9월 증광시增廣試 병과丙科에 급제하여 10월 홍문관교리弘文館校理가 되었고, 1884년 6월 시강원사서侍講院司書와 7월 경상도경시관慶尙道京試官, 10월 정부공사관政府公事官이 되었다.

1885년 3월 공조참의工曹參議와 4월 함경남도 안변부사安邊府使, 9월 토문감계사土們勘界使가 되어 청나라 차관差官 가원계賈元桂와 백두산정계비를 답사, 국경분쟁 해소에 노력하였다.

1886년 2월 덕원항감리德源港監理가 되었다. 1887년 3월 내무부內務府에서 계청啓請하여 도문계지圖們界址에서 길을 떠나 회담을 준비하여 4월에 두만강 국경선을 확정시켜 간도 땅을 차지하려는 청의 강압적인 태도에 "내 목을 자를지언정, 국경은 줄일 수 없다.吾頭可斷 國疆不可縮"며 목숨을 걸고 맞서 감계회담을 결렬시켰다.

1889년 7월 외무부참의外務府參議와 9월 한성부소윤漢城府少尹이 되었다. 1890년 10월 이조참의吏曹參議와 12월 충청도암행어사에 임명되었다. 1894년 4월 외무부협판승外務府協辦陞·아산청진영접관牙山淸陣迎接官과 7월 의정부도헌議政府都憲·경상도선무사慶尙道宣撫使·영해영천안핵사寧海永川按覈使, 10월 경상도위무사慶尙道慰撫使가 되고, 12월에 김홍집金弘集의 제1차 내각의 내부협판內部協辦에 임명되었다.

1895년 5월 대구부관찰사가 되었다. 1899년 7월 선원보략속수교정당상璿源譜略續修校正堂上과 8월 장례원소경掌禮院少卿·삼척봉묘시영건당상三陟封墓時營建堂上이 되었다. 1900년 2월 승가의陞嘉義와 1903년 1월 외부협판外部協辦, 3월 문헌비고찬집당상文獻備攷纂輯堂上이 되었다. 1904년 2월 평안남도관찰사와 평안남도선무사平安南道宣撫使가 되었다.

1906년 11월 서훈삼등팔괘장敍勳三等八卦章·시강원부첨사侍講院副詹事·장례원경掌禮院卿이 되었다. 1907년 5월 태의원경太醫院卿과 7월 존봉도감제조尊奉都監提調, 8월 장례원경掌禮院卿·궁내부특진관宮內府特進官에 임용되고, 1910년에는 규장각제학奎章閣提學을 지냈다. 1910년 국권피탈 후에는 이재극·이근상·이하영 등과 작잠회사柞蠶會社를 설립했다.

1917년 나라를 잃은 분노를 잊지 못한 채 세상을 떠났다. 묘는 경기도 양평군 양평읍 창대리 선산에 있으며, 묘소는 양평군에서 향토유적으로 지정하여 관리하고 있다. 이중하선생의 공덕을 기리기 위한 전국에 10기의 송덕비가 있다.

저서로는 "규당문집圭堂文集", "감계전말勘界顚末", "감계일기勘界日記"가 있다. 1891년에 계룡산 중악단中嶽壇 현판을 쓰기도 하였다. 아들 이범세가 문집을 모아 엮은 "이아당집"이 있다.

후손으로 아들 이범세, 손자 이흥종, 손녀 이석희, 증손자 이규영·규청이 있으며, 이인호 전 한국국제교류재단 이사장이 이석희씨의 딸이자 이중하선생의 외증손녀이다. 이중하선생의 천부적인 외교적 기질을 이어받아 러시아 대사까지 역임했다.

이중하선생은 함경도와 경상도에 걸쳐 청렴결백한 관리로 이름이 나 있다. 동학혁명 당시에 관리들이 많이 희생당했으나 후덕한 인품 덕택에 무사했다. 구한말 당시 열강의 틈바구니 속에서 임기응변으로 대처한 탁월한 외교관으로 평가받고 있다. 조정에서는 적임자를 찾지 못하면 이중하선생에게 임무를 맡겼다. 나라의 이익을 앞세운 그의 탁월한 외교적 수완에 대해서는 조정에서 높이 평가했기 때문이다. 또한 백두산정계비를 답사하면서 아름다운 시를 많이 남긴 시인이기도 하다.

박경리선생은 이중하선생을 독립운동을 전개한 간도의 투사들과 함께 간도에 거주하는 유민들의 터전을 지켜주기 위하여 목을 내걸고 항쟁한 의인義人이라 평가했다. 의인 이중하선생이 목숨을 걸고 지켜낸 간도 땅을 남북이 합심하여 하루빨리 되찾는 것이 오늘을 살아가는 우리의 시대적 과업이다.

吾頭可斷 國疆不可縮

함경도 안변부사였던 이중하선생은 1885년 조정으로부터 감계사로 임명받았다. 조선과 청의 국경선을 결정하는 을유감계담판에서 조선을 대표하는 외교관이 된 것이다. 1882년 임오군란 이후 서울 용산에 군대를 주둔시키고 있던 청은 조선에 대해 종주국임을 자처했다. 원세개가 가마를 타고 궁을 드나들고 선채로 고종을 알현할 정도로 위세가 대단했다.

이런 상황에서 길림장군이 우리 조정에 공문을 보내와 두만강 이북에 거주하던 우리 조선국민을 소환해 가라고 요구하고, 1883년 토문강 서북 지방에 사는 한민족을 추방하겠다고 선언했다. 이 무렵 조선인은 함경도 관찰사로부터 땅 소유권 문서를 발급 받고 지적부에 등록하여 세금까지 내고 있었다.

청의 부당한 요구에 대하여 우리 조정에서는 백두산정계비가 있는 곳에 두 차례 사람을 파견하여 정계비 탁본을 만들고 토문강의 원류를 답사하여 간도 일대는 한민족만 살고 있고 다른 민족은 없으며, 분명히 우리의 영토임을 주장하였다. 그러나 청은 토문강이 두만강이므로 두만강 이북은 청의 영토라고 주장하였다.

이와 같이 양국 간 주장이 서로 다르므로 1885년 내무부에서 "토문土們 땅의 국경 때문에 청에서 관원을 파견한다고 하여 안변부사安邊府使 이중하를 토문감계사土們勘界使로 임명하였다. 교섭아문 주사交涉衙門 主事 조창식을 토문감계종사관土們勘界從事官으로 차하하여 빨리 내려 보내 양쪽의 관원들이 모여 협상하도록 조치하였다. 청의 덕옥德玉과 함께 백두산정계비와 토문강상류 연결지대를 공동 조사하게 하였다. 조사 결과는 모두 우리의 주장과 부합되었다. "토문강은 송화강 상류의 한줄기로서 두만강과는 완전 별개이며, 두만강의 발원처는 정계비와는 백 여리나 떨어진 곳이므로 정계비의 두만강을 우리나라 국경으로 절대로 정할 수 없다."고 주장하였다. 그러나 청은 중국 발음의 토문이 두만강이라고 주장하였다. 그렇다면 토문과 도문은 글씨 자체도 다르고 지도상에서도 엄연히 토문과 두만이 따로 있다고 주장하자 또 "백두산정계비를 조선에서 토문강 쪽으로 옮겼다."고 생고집을 부렸다.

이러한 협상과정이 "감계일기"에 그대로 남아 있다. 청의 대표와 함께 1885년 10월 거의 한달 동안 겨울의 백두산을 답사하면서 고초를 겪은 상황이 잘 나타나 있다. 함경도 회령을 출발, 무산을 거쳐 10월 18일 백두산정계비에 갔다가 다시 10월 27일 무산에 도착하는 여정이다. 청의 대표들이 "천천히 좇아오는 것이 마지못해 하는 모습이어서 또한 가소로웠다"는 일기에서 이중하선생의 대담한 기개가 드러나 있다. 이중하선생이 두만강 발원지를 탐사하여 목극등이 정계비에 기록한

토문강이 청나라가 믿었던 것과 달리 두만강과는 전혀 별개의 강이라는 사실을 처음으로 밝혀 낸 것이다.

1887년 4월 7일부터 윤4월을 거쳐 5월 28일까지 약 2개월여의 기간에 30여 차례의 문답서와 대질에서 양측 관리는 무산이서茂山以西의 두만강상류 지방에 대한 고증과 조사를 실시하였다. 먼저 청에서 이 지역의 국경을 새로이 문제 삼고 나오자, 이에 조선에서는 흠정황欽定皇조통전변방문朝通典邊方門·흠정황조사예고欽定皇朝四裔考·황조여도皇朝輿圖 등의 중국측 기록과 1712년 목극등에 의해 세워진 백두산정계비 등을 근거로 반증을 제시하였다. 이러한 조선의 반증에 대하여 청에서는 목극등의 비는 분계지비分界之碑가 아닌 사변지비査邊之碑로서 분계와는 무관한 것이다. 기왕의 기록과 조사들은 다만 토인土人의 말에 의거하였기 때문에 빙신憑信할 수가 없으니 산세와 수형에 따라 새로 조사 측량할 것을 주장하였다.

1887년 3월 4일 덕원부사德源府使 이중하선생이 올린 상소에 정해감계담판에 임하는 심정이 잘 나타나 있다. "신이 재작년 겨울에 분에 넘치게도 토문강의 경계를 확인하라는 명을 받고, 중국 관원과 함께 백두산 꼭대기에 올라가 두만강의 근원을 두루 답사한 다음 달포나 논쟁했으나 끝내 결말을 보지 못하여 치계馳啓하고 대죄待罪하고 있었는데, 곧 다시 조사하도록 명을 받았습니다.

맡은 일이 중대한 만큼 응당 재촉해서 행장을 꾸려 길을 떠나야 하지만, 가만히 생각해 보건대, 나라의 일 가운데서도 국경에 관한 문제는 가장 중요한 것입니다. 우리 세종 때와 숙종 때 북쪽의 경계 문제를 처리한 것을 두루 상고하여 보니, 그때에는 중신重臣과 도신道臣이 함께 변경에 머물렀으며 임금과 신하, 상하 모두가 오랫동안 고생하며 주획籌

劃한 뒤에야 비로소 일을 마칠 수 있었습니다.

지금 신으로 말하면 배운 것이 없고 식견이 얕으며 품계가 낮고 사람이 보잘 것 없습니다. 그런데 갑자기 중임을 맡았으니 어찌 소홀하여 실수를 하지 않겠습니까? 만일 착오가 있게 되면 주륙誅戮한들 무슨 소용이 있겠습니까?

오늘날 경계를 확인하는 일은 지난 시기에 비할 것이 못 됩니다. 옛날의 경계를 다시 밝히고 유민들을 찾아다 안착시키는 데 지나지 않습니다. 그러나 옛날의 경계로 말한다면 수원水源이 일치하지 않고 목책木柵도 다 썩어서 실제의 장소가 옛 문헌과 맞지 않기 때문에 옳게 확인하기가 오늘날에는 난처합니다. 유민들로 말한다면 강에 대한 단속이 오랫동안 해이해져 넘어간 사람들이 아주 많은데 쇄환할 길이 없으며 그렇다고 내버려둘 수도 없습니다.

전번에 청에서 온 자문咨文에 저들의 국적에 편입시키겠다는 뜻을 보였지만, 이 역시 쉬운 일이 아닙니다. 이것은 강토와 백성들에게 관계되는 매우 중요한 문제이니, 묘당廟堂에서 충분히 의논하도록 해야 합니다. 옛날의 경계에 대해서는 도지圖誌를 살펴 고증하고 유민들에 대해서는 사리를 잘 헤아려 표획標劃할 곳은 어디서부터 어디까지이고, 안착시킬 곳은 이쪽 땅인가 저쪽 땅인가 하는 것을 충분히 토의하고 확정하여 다시 참작하여 결정해야 할 것입니다. 감당할 만한 사람을 새로 차하差下하여 다시 분명히 통지하면 나라의 체면도 정중하게 되고 사리에도 합당하게 될 것입니다." 하니, 비답하기를, "신중하게 조사해야 할 일이기 때문에 다시 획정하도록 한 것이니 너는 사양하지 말고 곧 가서 일을 처리하라." 하였다.

1887년 2차 회담에서 청은 더욱 고압적인 자세로 나왔다. 이중하선생은 도문과 두만이 동일 강임에 동의했으나, 토문과 두만은 동일 강이 아니라고 주장했다. 청국에서 서두수西豆水를 본 다음, 홍단수紅丹水를 경계로 정하자고 주장하다가 석을수石乙水로 다시 주장하였다. 이중하선생은 단호히 거부하면서 "내 목을 자를지언정, 국경은 줄일 수 없다吾頭可斷國疆不可縮. 어찌하여 당신들이 이런 협박을 가하느냐" 하면서 목숨을 걸고 청의 대표들에게 그 무례함을 책망하였다. 이중하선생은 목숨을 내놓겠다는 말로 청의 요구를 묵살했다. 청은 조선의 양보를 요구하였고 이에 대하여 조선은 비록 수리數里의 땅이며, 백성도 살 수 없고 경작도 할 수 없는 쓸모없는 것이지만 국토를 가벼이 할 수 없다고 하였다. 이중하선생은 양보를 하는 척 하면서도 현명하게 대처하였기 때문에 결국 합의를 보지 못하였다.

청은 다시 회담을 열어 국경을 결정하고자 하였으나, 이중하선생은 조금도 양보하지 않아 국경회담은 결국 합의를 보지 못하고 결렬되었다.

이러한 내용은 1887년 5월 28일 청의 관리와 교섭한 전말을 총리각국사무아문總理各國事務衙門에 올린 보고서에 잘 나타나 있다.

돌이켜보면 아직까지도 간도지역이 분쟁지역으로 남아 있는 것은 어려운 역경 속에서도 이중하선생이 국경에 관해 결론을 내리지 않았기 때문이다. 이중하선생의 선경지명과 나라 사랑하는 마음은 말로 다 헤아릴 수 없다.

王靈으로 오른 백두산

이중하선생이 1885년 8월 토문감계사로 명을 받고 백두산정계비를 답사한 내용이 백두산일기白頭山日記에 남아 있다. 일기에는 날자별 기록과 임금님을 향한 마음이 시로 잘 나타나 있다. 10월 15일 30리를 가서 홍단사紅丹祠에 이르러 제물을 진설하여 사신祠神에게 제사하였다. 축문을 읽고, 물을 떠서 띠를 벤 곳에 뿌리고 조그마한 정을 고하였다.

> "엎드려 바라건대, 우뚝하고 밝은 산신령은 우리 나라 여러 산의 으뜸입니다. 여러 강물의 근원이 되고 왕업의 기초를 열었으니 주周나라 기산岐山이나 한나라 풍豐 땅과 같습니다. 비석이 봉우리에 있으니 변경의 끝입니다. 이에 왕명을 받들어 산에 올라 짊어지고 부여잡고 눈 속을 뚫고 바람을 무릅쓰니 저 사람들 마음의 부담이 큽니다. 산신령께서는 우리 어리석은 사람을 불쌍히 여겨 말없이 도움을 내리시어 길이 처음과 끝을 편안하게 하소서"

10월 19일 아침 일찍 출발하여 30리를 갔다. 삼나무와 자작나무가 빽빽이 들어서서 마치 바늘이 찔러대는 것처럼 사람 얼굴을 마구 때렸다. 나무가지를 구부리고 꺾으면서 앞으로 나아갔다. 나무들이 기울어지고 높기도 하고 낮기도 하여 근근이 발을 디디면서 나아가 삼포杉浦에 도착하였다.

드디어 한밤 중에 밥을 짓고 말에게 꼴을 먹이고 일제히 산에 올랐다. 때는 차가운 눈이 흩날리고 달빛은 비쳤다 가렸다 하였다. 대각봉大角峯 북쪽 낭떠러지를 따라 올라갔다. 그 옆은 천 길이나 되어 깊이를 알 수 없는 계곡이 있었다. 한 번이라도 실족하면 생사를 알 수가 없다. 앞서 가며 짐을 짊어진 역부가 이와 같이 추운 혹한에 배가 고프고 얇은 옷을 입었으니 추위에 얼어 쓰러질까 염려되었다. 그런데도 오히려 힘을 다해 앞으로 나아가 나무를 베고 산을 뚫고 눈을 뚫어 길을 냈다. 마치 싸움터에 나가 적을 대하는 기세와 같다. 어려운 기색이 조금도 없으니 그 정성이 더욱 감탄할 뿐이다.

나는 몇 리를 걸어갔다. 그러나 눈이 깊어 발을 옮길 수가 없었다. 말이 넘어지고 혹 엎어지니 고생이 매우 심하였다. 내가 말 위에서 시를 지었다.

男兒宦役摠難謀(남아환역총난모) 남아의 벼슬살이는 모두가 어려운데
夢想那期此遠遊(몽상나기차원유) 이 먼 곳에서 유람할 줄 어찌 생각이나 했으랴.
積雪空山三百里(적설공산삼백리) 눈 덮인 텅 빈 산 삼백리 길을
五更驅馬上峯頭(오경구마상봉두) 오경에 말을 몰아 정상에 올랐노라.

수십 리를 가니 길이 더욱 험하고 눈은 더욱 깊이 쌓였다. 이 때는 하늘빛이 아직 밝지 않아 앞뒤를 분간할 수가 없었다. 조금 있으니 산의 모습이 점차 분명해지고 동쪽이 밝아졌다. 찬바람이 사방에서 불어오고 온 하늘이 흐릿하여 백두산의 여러 봉우리들이 정말로 어느 방향에 있는지 알 수가 없었다. 정계비가 있는 곳도 역시 찾을 수 없었다. 무산 사람 이종려, 김이헌, 황학채 등은 평소 산길에 익숙하다고 하여 처음부터 앞에서 인도한 사람이다. 그런데 민부民夫 등과 더불어 방황하면서 길을 찾아 헤매어 혹은 동쪽으로 혹은 서쪽으로 방향을 분간하지 못하였다. 눈바람이 몰아쳐 안주할 수가 없었다. 그때 마음이 멍해지는가 싶더니 사람들이 일제히 소리를 질렀다. 고개를 들어 바라보니 어두운 구름이 걷히고 둥글고 붉은 해가 동쪽 하늘에서 떠올랐다. 백두산이 짧은 순간에 눈앞에 전개되어 언덕, 골짜기를 낱낱이 볼 수가 있었다. 이때 마치 취했다가 깨어난 것 같기도 하고, 눈이 멀었다가 밝아진 것 같기도 하니 모두 하늘과 신의 조화라 하겠다. 나도 경이로워서 시 한 수를 지었다.

大冬持節白頭山(대동지절백두산) 한 겨울에 왕명 받고 오르던 백두산 길
風雪難分咫尺間(풍설난분지척간) 풍설이 흩날려서 지척조차 분간하기 어렵더니
頃刻豁然天宇霽(경각활연천우제) 잠깐 사이 탁 트여서 하늘이 맑아지자
一輪紅日着山顔(일륜홍일착산안) 뚜렷한 붉은 해가 산 위에 걸렸구나.

멀리 백두산 전체를 보니 아침 해가 쌓인 눈을 밝게 비추었다. 밝게 빛나고 조용한데 한 포기의 풀과 한 그루의 나무도 없었다. 우뚝 솟은 봉우리들이 가득 어우러져 하늘에 솟아 있다. 마치 수정으로 만든 궁전과 같고 옥으로 지어진 세계와 같다. 사람의 마음과 눈을 황홀하게 하였다. 신령스러운 기운이 감돌아 사람들로 하여금 두려워 떨며 공경하게 하고 삼가하여 두렵게 만들었다.

마침내 서로 정계비가 있는 곳을 가리키며 나아갔다. 높은 산과 골짜기가 매우 많았다. 하늘에서 부는 바람이 눈을 날려 곳곳에 쌓여 있다. 쌓인 것이 몇 천 년을 계속 내린 것인지 알 수가 없다. 매 번 이 계곡에 올 때마다 마치 깊은 바다를 건너는 듯했다. 정계비가 있는 곳은 눈으로 바라볼 수 있는 30리 거리였다. 정계비가 세워져 있는 곳에 도착하였다. 이곳은 공중의 세계로서 사방이 훤히 트였다. 오직 운무만이 깔려있을 뿐 어떠한 사물도 그 사이를 차단하지 않았다. 내가 시를 지었다.

天際峯頭咫尺分(천제봉두지척분) 하늘 끝과 산봉우리 지척에서 구분되니
瑤臺仙藥若將聞(요대선약약장문) 요대의 선약 찧는 소리 들리는 듯하네.
層巖仍積千年雪(층암잉적천년설) 층층 바위엔 천년 눈이 그대로 쌓여 있고
下界長鋪萬里雲(하계장포만리운) 하계에는 만리 구름 길게 길게 깔려 있네.
箕子舊邦開小域(기자구방개소역) 기자의 옛 나라가 조그맣게 열려 있고

康熙短碣記遺文(강희단갈기유문) 강희제가 남긴 글이 비석에 남아 있네.
伏波銅柱終無計(복파동주종무계) 복파 장군 세운 비석 끝내 어찌할 수 없으니
撫劍西風送夕曛(무인서풍송석훈) 칼 어루만지며 서풍에 저녁노을 보내노라.

이 봉우리는 사각四角인데 듣자니 중앙에 커다란 연못이 있다. 둘레가 80리나 된다고 한다. 항상 구름과 안개가 자욱하여 연못 가운데서 피어올라 하늘에 가득 찼다. 대개 산의 연못은 변화가 끝이 없다. 정계비가 있는 곳에서 10여 리 되는 곳에 있다고 하는데, 바람과 눈이 하늘에 가득해 올라가 볼 수 없어서 매우 유감이었다.

동쪽 봉우리 셋째 산기슭을 따라 계곡을 지나니 땅이 조금 평평해지며 양쪽으로 커다란 계곡이 나누어 펼쳐진다. 서쪽은 바로 압록강의 근원이고, 동쪽은 곧 토문강의 근원이니, 참으로 분수령이다. 그 분수령 가운데에 조그마한 비석이 세워져 있는데 앞면 위에는 가로로 '대청大淸' 이라는 두 글자가 씌어 있고, 그 아래 기문記文에 다음과 같이 기록되어 있었다.

"오라 총관 목극등이 천자의 명을 받들어 변경의 경계를 조사하고자 이곳에 도착하였다. 살펴보니 서쪽은 압록鴨綠이고 동쪽은 토문土門이다. 그러므로 분수령 위에 돌을 새겨 기록한다. 강희康熙 51년(1712) 5월 15일 필첩식筆帖式 소이창蘇爾昌, 통관通官 이가二哥, 조선 군관 이의복李義復, 조태상趙台相, 차사관 허량, 박도상, 통관 김응헌, 김경문"

비석의 동쪽 가에는 골짜기를 따라 인공 둔덕이 설치되어 있는데, 혹은 돌이나 흙으로 쌓아서 삼포杉浦 90리에 이르기까지 끊어지지 않는다. 옛 사람들의 힘쓴 것을 생각해보니 그 매우 크다. 비석의 표면에는

얼음 파편이 엉겨 붙어 있어서 깍아 내도 떨어지지 않아 불을 피워 녹인 뒤, 3장을 인출印出하여 그 중 한 장은 중국 파원에게 주고, 나머지 두 장은 품속에 넣었다.

이 때 음산한 바람이 더욱 심해지고, 눈꽃이 어지럽게 흩날렸다. 잠시도 머물지 못하고 서둘러 일어나 길을 되돌려 오는데, 겨우 수십보를 가자 길이 흐릿해져 찾을 수가 없었다. 가차을봉可次乙峯에 올라 사방을 둘러보니 어두컴컴하고 망망하여 큰 바다 한가운데 있는 것 같아서 그 끝을 볼 수가 없었다. 길을 가리키는 여러 사람들이 논의가 일치하지 않았다. 이 날 모두 백여 리를 갔는데, 사람과 말이 모두 굶주리면서도 모두 온전히 돌아올 수 있었으니, 어찌 인력으로 가능한 일이겠는가? 곧 왕령王靈이 지켜주신 것이리라. 내가 시 한 수를 지었다.

雪滿空江月滿天(설만공강월만천) 눈 내려 빈 강에 가득하고 달은 하늘에 가 득한데
飄然立馬白山嶺(표연입마백산령) 표연히 백두산 봉우리에서 말을 세웠네.
殆非人力能來此(태비인력능래차) 사람의 힘으로 여기에 올 수 있었던 것이
全仗王靈直向前(전장왕령직향전) 온전히 임금님의 영험이 앞으로 인도함이
拓地于今無李牧(척지우금무이목) 땅을 개척하려 한들 이제는 이목 같은 이가 없고
窮源從古說張騫(궁원종고설장건) 근원을 찾는 데는 예로부터 장건을 말 하였네.
玉樓是夜寒何似(옥루시야한하사) 궁궐은 이 밤에 얼마나 차거우실까
回首觚稜杳一邊(회수호릉묘일변) 머리 돌려 궁궐을 바라보니 한 곳이 아득 하여라.

또 시 한 수를 지어 신령의 도움에 감사를 드렸다.

密霧陰雲鎖萬重(밀무음운쇄만중) 짙은 안개 음산한 구름 만 겹이나 잠겼으니
深山日暮失歸踪(심산일모실귀종) 깊은 산에 날 저물어 돌아갈 길 잃었어라.
天門忽闢東南角(천문홀벽동남각) 하늘 문이 갑자기 동남쪽에서 열리더니
指路分明露數峯(지로분명노수봉) 여러 봉우리 드러나서 길이 환히 밝도다.

10월 22일 장파로 돌아 왔다. 마을 사람들이 모두 모여 서로 축하하며 말하기를, "10월에 백두산에 가는 행차는 지금까지 없었다. 그런데 한 사람도 다치지 않고 무사히 돌아왔으니 어찌 하늘이 도운 것이 아니겠는가?" 하면서 감사하기를 그치지 않았다. 그 사이의 산행은 불과 7일 이었는데 지나간 일을 회상하니 "마치 세상에서 떨어져 있던 사람이 다시 인간 세상에 돌아온 듯했다." 하였다.

감계 일화

감계에 얽힌 일화는 아들 이범세가 집필한 '이중하 문집'에 생생하게 실려 있다. 감계 당시 간도는 새로운 꿈을 이룰 수 있는 '신세계'였다. 독립운동가로서 빼앗긴 나라를 찾을 수 있는 '꿈의 땅'이었다. 비록 1909년 일본과 청의 간도협약 체결로 그 땅이 청의 영역 안으로 들어갔지만 유민들은 그때까지도 청의 영토라고 생각하지 않았다. 그 땅이 우리나라 땅이라 생각했다. 이중하선생이 있었기에 흉년으로 굶주린 주민들은 새로운 꿈을 안고 간도 땅으로 건너갈 수 있었다.

을유감계담판 도중에 청의 가원계가 복통으로 신음하는 것을 보고 이중하선생은 미리 준비해 둔 환약을 써보라고 주었다. 그러나 약을 먹은 후 복통이 더욱 심해지자 청의 대표는 자기를 죽이려고 독약을 준 것이라고 흉기로 이중하선생을 위협했다. 이때 이중하선생은 청의 대표 앞에서 남은 약을 입에 털어 넣었다. 다음날 아침 복통이 가라 앉자 청의 대표는 사과했다.

이중하선생의 꿋꿋한 기개를 느낄 수 있는 일화는 또 있다. 1909년 일진회가 한일합병을 주장하자, 민영소·김종한 등과 함께 국시유세단을 조직, 임시 국민 대연설회를 열고 한일합방의 부당성을 공격했다. 종1품 혹은 2품에게 주어지는 '규장각제학'이라는 벼슬에 이르렀지만 그는 1910년 한일합방으로 나라를 잃자 아들과 함께 경기도 양평으로 낙향했다. 조선총독부에서 회유할 목적으로 '후작'의 작위와 은사금 3,000원을 주려하자 "도둑이 내리는 작위를 어찌 내가 받을 것인가"하고 물리쳤다. 이후 그에게 합방기념 훈장까지 내려 졌다. 그는 분노를 참지 못하고 반박문과 함께 돌려보냈다.

1911년 2월 18일 이중하선생에게 찬시贊侍를 보내어 작년 10월 1일 은사금 사령서恩賜金 辭令書를 지수祗受하라는 뜻으로 칙유勅諭하도록 명하였다. 이중하선생은 분의分義상 받을 수 없다고 하면서 굳이 사양하고 받지 않았다. 나중에는 "눈이 멀어 총독부가 주는 후작작위를 받지 못한다"고 했더니 일제가 이를 시험하기 위해 눈에 송충이를 넣었다. "그때 이중하선생은 꿈쩍도 하지 않은 채 눈을 부릅떴다"는 이야기가 전해져 오고 있다.

5. 간도협약 체결 100년의 회고와 재조명

여기에서는 간도협약 체결 100년의 회고와 재조명을 다루고 있다. 간도협약 100년을 맞이하여 두 번의 학술대회가 있었다. 이번 학술대회에서는 간도와 조선족 동포, 역대 정부의 간도정책을 다루었다. 그리고 제5주년 간도의 날 기념 특별강연이 있었다. 필자는 강연을 통하여 북방영토문제 해결에 대한 정부의 관심과 노력을 촉구하고, 민간 차원의 교육과 홍보활동 강화를 주장하였다.

지적학의 시각에서 본 북방영토문제

한국간도학회와 간도되찾기운동본부는 공동으로 2009년 8월 25일 서울역사박물관에서 '간도협약 체결 100년의 재조명 학술대회'를 개최하였다. 이번 학술대회는 역대 정부의 간도정책 분석을 통해 간도협약의 무효를 중국 정부에 통보하지 않았던 이유가 무엇인지를 규명하는 자리였다. 연세대학교 김우준 교수는 이명박 정부의 간도정책에 대해선 "기업인 시절과 서울시장 시절 적극적으로 간도문제를 언론에 피력했던 것과 달리 대통령 취임 이후 손을 놓고 있는 실정이며, 남은 임기 동안에도 간도에 관한 정책이 입안되고 실행될 가능성은 거의 없어 보인다."고 지적했다.

▲ 역대정부 간도정책 학술대회 발표

필자는 지적학의 시각에서 본 북방영토문제를 발표하였다. 필자는 "일부에서는 찾지도 못할 간도에 대해 외교적 문제를 야기하여 중국의 반감과 혼란만 야기한다는 우려도 있지만, 지금 당장은 찾지 못하더라도 우리 후세대에서 찾을 수 있는 근거를 만들어주기 위하기 교육 및 홍보가 매우 중요하다"고 강조하였다. 그리고 북방영토지도를 활용한 홍보방안도 제시하였다. 각종 지도나 교과서에 이 지도를 등재하고, 어린이 날 행사로 간도지역을 행정구역별로 구획하여 퍼즐 맞추기 대회와 간도 골든벨을 실시할 때 활용할 수 있으며, 책받침과 티셔스 등에 새길 수 있도록 브랜드를 개발하여 활용한다면 널리 국민에게 알리고 교육효과도 거둘 수 있는 아이디어를 제공하였다. 또한, 우리 영토에 대한 인식 자체를 바꿔야 한다고 주장했다. "우리 영토는 간도지역을 포함하고 있는데 지금은 압록강・두만강 이북지역의 동간도・서간도지역은 중국이, 연해주지역은 러시아, 38도선 이북은 북한이 관할하고 있는 것으로 영토의식을 전환하도록 교육해야 하며, 초등학생이 우리나라 지도를 그릴 때 남・북한이 분단되어 있음에도 불구하고, 북한까지 포함하여 한반도를 그리듯이 간도지역을 포함하여 우리나라 지도를 그리도록 영토인식에 대한 교육과 홍보를 강화해야 한다"고 강조하였다.[129)]

간도영역과 재중동포 문제

백산학회와 해외동포연구소는 2009년 11월 18일 서울역사박물관에서 간도협약 100주년 기념 '간도와 조선족 동포에 대한 학술대회'를 개최하였다. 이 날 학술대회에서는 국가적인 차원에서 간도분쟁지역 선포에 관한 정부의 노력이 미비했음을 토로했다.

발제에 앞서 이윤기 소장은 개회사를 통해 "일본이 제2차 세계대전

129) 한국간도학회, 간도되찾기운동본부, 2009.8.25, 간도협약 체결 100년의 재조명 학술대회 자료집, pp.79~102.

이 끝나고 나서 제국시절에 체결된 조약은 모두 무효라고 했다"면서 "그런데도 100년이 지나도록 간도협약문제만은 그대로 남아 있다"고 밝혔다. 이날 발제는 서울교육대 김원수 교수의 국제관계로 본 간도협약-글로벌히스토리의 시각에서, 한국외대 임영상 교수의 중국조선족과 문화산업, 중국사회과학원 정신철이 중국의 민족정책과 조선족사회의 변화발전이란 주제로 각각 이루어졌다. 필자는 북방영토로 본 간도영역-지적학의 시각에서-를 발제하였다.

필자는 본 논문을 통하여 북방영토문제의 개념과 지적학문의 접근방법, 지적학의 시각에서 본 북방영토문제를 분석하였다. 필자는 발표를 통하여 간도문제에 대한 국가적인 노력과 역사 교육의 부재를 지적했다. "우리 정부가 공식적으로 분쟁지역으로 선포한 적이 없기 때문에 간도영역이 한·중간 분쟁지역이라는 사실도 모르고 있어 분쟁지역의 선포와 홍보에 정부의 체계적인 노력이 시급하다"고 주장했다. 국가차원에서 간도영역이 분쟁지역이라는 것을 국제사회에 널리 인식시켜 국제적인 공인을 받는 것이 무엇보다 중요함을 설명했다. 또 "우리 국민들은 대부분 역사에 대한 교육이 후퇴해 간도영역의 문제에 대해 올바로 인식하지 못하고, 중국이 우리 역사를 왜곡해도 그 내용을 잘 알지 못하고 있는 실정"이라며 "민간차원에서 교육과 홍보활동이 이뤄지고는 있지만 여전히 부족한 현실"이라고 강조했다.

향후 간도영역의 관리방향으로 정부와 지방자치단체, 국회에 북방영토담당기구의 확대 설치, 남·북한 북방영토 관리 공동대응 및 정부의 청·일간도협약의 무효에 대한 정부의 공식적 입장 표명, 문화족 접근방법에 의한 홍보활동 강화, 교과서 및 각종 지도에 간도영역의 위치·크기·모양의 게재 등을 제안했다.[130]

간도의 날 5주년 기념 강연

그리고 2010년 09월 04일 간도의 날 강연회를 가졌다. 이 날 인천대 노영돈교수는 지난해 논란이 됐던 간도 시효문제와 관련 "국제법상에 규정된 것이 없다"며 "이론상으로 존재해 인정해주자는 주장이 다수지만 시효가 확립된 것은 없다"고 잘라 말했다. 국제법상 조약을 맺은지 100년이 지나면 시효를 주장할 수 없다는 이 주장은 언론이나 일부 단체들이 국민적 관심을 불러 모으기 위해 틀린 말을 한 것이며 본질적인 모습은 바뀌지 않았다고 주장했다. 그리고 간도협약과 관련한 정부의 대응에 대해 "현재로선 우리 정부의 공식입장은 간도협약은 무효임을 인정하는 반면 법리상 간도 영유권 주장은 별개의 문제"라며 "정부의 안일하고 비굴한 외교 정책에 변화가 있기를 기대한다"고 꼬집었다.

필자는 "지적학적으로 본 간도면적" 이란 주제로 강연하였다. "지금은 비록 중국이 간도에 대한 실효적 지배를 하고 있다고 할지라도 그 중심에 있는 민족 고유의 문화와 역사까지 종속시킬 수 없다" 고 지적했다. 문화와 역사는 영토를 논할 때 최고의 가치를 지니며 그 어떤 것보다 결속력과 설득력을 갖게 한다. "간도 지역에 사는 동포들이 그곳에서 우리의 문화와 풍습을 잘 유지하고 있으면 우리의 땅"이라며 "잘 살고 있으면 언젠가 기회가 왔을 때 통합이 가능하게 될 것"이라고 강조했다.[131)]

---

130) 2009년 11년 18일자, 천지일보(http://www.newscj.com) 참조.
131) 2010년 09월 08일자, 천지일보(http://www.newscj.com) 참조.

지금까지 필자는 북방영토문제와 북한토지에 대한 논문 30편을 발표하였다. 특히, 2007년 5월 코액스에서 개최한 한국지적학회 춘계학술대회에서 논문 "우리나라 北方領土의 境界劃定에 關한 研究"를 발표하였다. 이 논문에서 필자는 기존연구의 "대동여지도 서문과 만주원류고지리지, 성종실록에 나타난 백두산이 만주대륙의 하얼빈 동북쪽에 위치한 평정산일 가능성이 높다" 는 점을 주목하였다. 이 경우 북방영토 범위는 요하-송화강-평정산-아무르강-동해를 포함하는 경계선으로 획정할 수 있다. 따라서 우리가 되찾아야할 땅을 인공위성영상으로 분석한 결과 북방영토의 면적이 696,829㎢로서 한반도의 3배에 해당한다고 주장하였다.[132)]

그리고 2009년 8월 간도협약 100년을 앞두고 "간도협약 무효결의안" 을 외교통상위원회에 제출하고 국회 정론관에서 기자회견을 가졌다. 또한 공무원과 직장인을 대상으로 북방영토에 대한 강연과 교육을 실시하고, 한국간도학회와 간도되찾기운동본부 활동을 열심히 지원하였다. 필자의 이러한 활동은 WeekIy people과 時事매거진 등 많은 언론에 보도되어 북방영토문제를 알리는데 미력하나마 기여하였다는 자긍심을 가지고 있다. 앞으로 통일과 북방영토 회복에 한결같은 마음으로 나아갈 것을 다짐한다.

132) 당시 발표내용은 2007년 05월 22일자 국민일보 1면과 다른 신문사, 인터넷에 게재되어 많은 관심을 끌었다. 위의 면적은 기존의 자료에 근거하여 산출하였는데 기존자료의 검증이 더 필요한 것으로 나타났다.

▲ 필자의 활동사항을 표지모델로 보도한 Weekly people

결론　평가와 전망

1. 북방영토문제 연구의 평가 375

2. 연구의 한계와 정책적 제언 38'0

여기에서는 지금까지 논의한 북방영토문제 연구를 종합적으로 평가하고, 연구성과의 한계와 북방영토문제 해결에 대한 정책적 대안을 제시한다.

1. 북방영토문제 연구의 평가

지금까지 지적학의 시각으로 북방영토에 대한 문제점을 분석하고 위성영상을 이용하여 지리적 범위를 산출하였다. 그리고 이를 뒷받침하기 위한 이론적 근거를 고찰하고, 실제 우리 땅을 방문한 답사기를 통하여 북방영토문제를 좀 더 이해하고자 하였다. 지금까지 연구한 결과를 총결적으로 요약하고 평가하면 다음과 같다.

당초 필자가 북방영토문제를 연구하게 된 목적은 지적학 접근방법을 통해 북방영토문제에 대한 실태를 조사·분석하고, 이를 토대로 문제점을 도출하며, 도출된 문제점에 대한 효율적 해결방향을 제시하는 것이었다.

위와 같은 연구의 목적을 효율적으로 달성하기 위하여 다양한 연구 방법과 시각을 동원하였다. 연구방법으로 시간적 범위는 조선과 청이 처음으로 국경선을 설정한 1627년 강도회맹부터 현재까지로 하였으며, 공간적 범위는 남·북한, 중국, 러시아를 중심으로 하였다. 접근방법은 지적학의 접근방법을 사용하였으며, 조사방법은 문헌조사법과 인터넷조사법을 병행하였고, 분석방법은 기술적記述的 분석방법을 사용하였다.

본 연구에서는 동북공정과 북방영토 연구의 배경을 설명하고, 북방영토에 대한 이론적 고찰을 통하여 북방영토에 대한 개념을 정립하였다. 우리나라의 북방영토는 '압록강과 두만강 이북에 위치한 일정한 지역으로 우리가 되찾아야하는 영토'로 정의하였다. 그리고 북방영토의 지리적 범위를 지적학적으로 풀어내기 위한 분석 모형(model)을 설계하였다. 접근이 어려운 지역의 측량과 지도제작이 가능한 최신 전자통신 기술과 인공위성영상을 지적학의 접근방법과 결합한 간접측량방법을 활용하였다.

이상을 토대로, 북방영토의 형성과정과 관리실태를 분석하여 분야별로 문제점을 도출하였다. 우리나라 북방영토의 문제점은 첫째, 북방영토의 지리적 범위가 확정되어 있지 않아 위치, 크기, 모양이 다양하게 제시되고 있다. 둘째, 이 지역을 우리가 개간하고 측량하여 지적공부를 작성하였으나 소유권이 청으로 넘어가 우리의 지적주권이 완전히 상실되어 우리에게 소유권이 존재하지 않으며, 그 당시 작성된 것으로 알려진 지적공부도 현재 남아있지 않다. 셋째, 북방영토에 거주하는 재중동포와 지정학적 가치가 매우 높으나 중국의 동북공정으로 인하여 재중동포의 위상이 크게 약화되었다. 넷째, 현재 중국과 러시아에 의하여 관리되고 있지만, 정부에서는 공식적으로 소유권 제기를 하지 않는 등 소극적 관리로 일관하고 있음을 지적하였다.

이러한 문제점에 대하여 본 연구에서는 유형별로 해결방향을 제시하였다. 첫째, 북방영토의 지리적 범위는 먼저, 최신 측량기법인 위성영상을 활용하여 북방영토 위치를 확정하였다. 동쪽 끝은 북위 52도 09분 13초, 동경 141도 32분 41초이며, 서쪽 끝은 북위 42도 34분 46초, 동경 124도 00분 31초이며, 남쪽 끝은 북위 39도 47분 26초, 동경 124도 13분 32초이며, 북쪽 끝은 북위 53도 20분 56초, 동경 119도 50분 59초가 된다.

그리고 북방영토의 크기를 639,952.7㎢로 확정하였다. 이 면적은 남・북한을 합한 면적의 약 3배에 해당된다. 세부적으로 연해주 지역은 313,573.3㎢이며, 북간도는 228,456.5㎢이며, 동간도 지역은 15,287.0㎢이며, 서간지역은 82,635.9㎢가 된다.

마지막으로 북방영토의 모양은 연해주지역, 북간도지역, 서간도지역, 동간도지역 등 4개 지역으로 제시하였다. 경계선 총길이가 7,603.1㎞이며, 한반도와 북방영토를 포함한 우리나라의 정중앙점은 북위 44도 07분 55초, 동경 130도 38분 30초로서 중국 흑룡강성 동우현으로부터 약 40㎞ 떨어진 지점으로 확인되었다.

둘째, 북방영토의 소유권 문제에 대한 해결방향을 제시하였다. 주요내용은 먼저, 단기적 관리방향은 본 연구의 결과로 제시된 북방영토에 대한 소유권 범위를 확정하고, 우리의 소유권을 주장하기 위한 단계별 시나리오 제시가 요구된다. 그리고 장기적 방향으로 분쟁에 대비하여 국제사법재판소 회부를 준비하면서, 실제 우리가 소유권을 행사하는 것과 유사한 잠재적 소유권 확보방안으로 비정치적·생활권적 영토관을 확립하여야 한다. 비정치적·생활권적 영토관은 현 시점에서 국제법적 영토개념의 차원을 넘어 준영토적 의미로 생활하면서 경제적·문화적 일체성을 유지하면서 장기적으로 소유권을 회복하는 대안이 될 수 있을 것이다.

셋째, 북방영토의 가치문제에 대한 해결방향을 제시하였다. 먼저, 인적 가치로 재중동포의 집거지역의 농업분야와 교육분야에 대한 실질적 지원과 한국기업의 투자와 채용, 재중동포의 한국방문 및 취업을 위한 신속한 비자발급 제도 도입이 필요하며, 이러한 정책을 효율적으로 추진하기 위한 법령제정을 제안하였다. 그리고 물적 가치는 북방영토에 대한 가치를 계량화하여 표본적으로 산출하고 북방영토 전체의 가치를 추정하기 위한 토지조사자료의 축적 및 평가가 요구된다.

넷째, 북방영토의 관리 문제에 대한 구체적인 해결방향을 제시하였다. 먼저, 자체관리방향으로서 내적으로는 정부와 지방자치단체, 국회에 북방영토담당기구가 확대 설치되어야 하고, 외적으로는 연해주 고려인자치구역 설치 지원이 필요하다. 그리고 공동관리 방향은 남·북한이 통일 이전부터 북방영토 관리에 공동대응하도록 준비해야 한다. 또한, 국가차원의 관리방향은 청·일간도협약의 무효에 대한 정부의 공식적 입장 표명 등 적극적 관리가 요구된다. 마지막으로 민간차원의 관리 방향은 국민적 공감대를 형성하기 위한 홍보활동의 강화와 각종 용어사전에 북방영토라는 용어를 등재하고, 교과서 및 각종 지도에 북방영토의 위치 · 크기 · 모양이 게재되도록 민간단체의 활동을 강조하였다.

그리고 통일한국 정부의 북방영토 귀속문제를 전망하였다. 정부에서 확인한 바와 같이 청일간도협약은 을사늑약에 기초하여 국제법적으로 원천무효이다. 따라서 국제법적으로 볼 때 우리 땅 간도를 중국이 불법적으로 점유하고 있기 때문에 1887년 정해담판 시점으로 되돌아가야 한다. 그런데 북한이 중국과 1962년 국경조약을 맺어 통일 이후 국제법상 조약의 국가승계문제가 발생한다. 조약법에 관한 비엔나 협약에 의해 자동승계원칙이 적용된다는 주장이 있지만 실제 통일 독일의 경우 당사국과 협의를 거쳐 조약의 효력을 결정하였다. 국경확정과 같은 민족사의 중요한 문제를 부분국가인 북한이 단독으로 결정할 수 없는 것이다. 북한이 중국과 맺은 비밀조약을 통일 한국이 수용할 수 없다. 유연한 백지의 원칙에 의거 통일한국과 중국이 긴밀히 협의하여 결정하여야 한다고 본다.

한편, 제4부에 '우리 땅 북방영토 가봐야 안다'를 실어 북방영토의 중요성을 되세겨 보고자 하였다. 이 부문은 당초 논문에 없었던 내용으로 정리하여 추가한 것도 하나의 성과이다. 주요내용은 북간도의 측량교육을 알아보고, 토자비 답사, 백두산지구 GPS측량, 백두산정계비 위치 확인, 토문 감계사 이중하를 추억하였다. 그리고 통일기행 일번지 간도와 북한지역을 조망하고 통일 예행연습을 통하여 북한을 이해하였다. 또한 필자의 최근 활동사항도 함께 정리하였다.

그 내용을 요약하면 다음과 같다. 첫째, 백두산 천지 주변에 설치되어 있는 5호 국경표지 위치를 측량하였다. 자료에는 동경 128도 01분 40.9초, 북위 41도 59분 47.1초로 나와 있는데 관측결과 동경 128도 01분 44.9초, 북위 41도 59분 48.5초로 산출되었다. 경위도에서 4초, 1.4초의 차이가 발생한 것으로 보아 어느 정도 정확하게 측량한 것으로 보인다.

둘째, 백두산지구 국경표지와 백두산정계비의 위치를 도상에서 확인하고 역할을 재조명하였다. 경계점 표지는 5번, 6번, 7번을 제외하고는 거의 일치하였다. 5번, 6번을 연결하면 북한지도에 나타난 것보다 북한의 백두산 천지 면적이 줄어들게 된다. 백두산정계비의 경위도좌표는 북위 41도 58분 48초, 동경 128도 06분 07초로 산출되었으며, 이를 북한에서 사용하고 있는 직각좌표로 나타내면 X=22,425,600, Y=4,649,900이 된다. 표고는 2,239m, 백두산정계비에서 백두산 장군봉까지 평면거리는 2,524m로 산출되었다. 백두산정계비는 지적학적으로 볼 때 단순히 국경을 나타내는 비석이 아니라 오늘날 지적공부와 같은 역할을 하였다.

셋째, "내 목을 자를지언정, 국경은 줄일 수 없다吾頭可斷 國疆不可縮"며 국경회담을 결렬시킨 의인 이중하선생의 일생을 살펴보았다. 선생의 나라 사랑하는 마음과 올곧은 충절이 가슴을 스민다. 선생이 목숨을 걸고 지켜낸 이 땅 간도를 남북이 합심하여 하루빨리 되찾는 것이 오늘을 살아가는 우리의 시대적 과업임을 명심하여야 한다.

필자는 이 책을 통하여 북방영토문제를 지적학적 접근방법으로 풀어내고자 노력했지만 부족한 부분들이 많이 발견된다. 서론에서 동북공정에 의한 역사왜곡 부분과 선행연구를 광범위하게 정리하지 못했으며, 통일한국 정부의 북방영토 귀속 전망도 깊이 있게 다루지 못했다. 북방영토에 대한 중국과 북한의 입장 분석도 최신 자료와 정보가 부족해 만족할 만한 성과를 거두지 못했다.

무엇보다도 북한·중국의 입장과 향후 변화를 예측하고, 북방영토에 미치는 영향을 분석하여 모형화하는 작업은 접근조차 하지 못했다. 북한은 심각한 경제난 해결과 김정은 세습체제 유지에 매몰되어 있으며, 중국은 소수민족문제가 아직도 상존하고 있다. 서장자치구와 신장위구르자치구의 독립투쟁 활동을 보면 우리에게도 반드시 기회가 올 수 있다. 우리에게 하나의 기회가 될 소수민족의 독립과 한반도 통일은 전혀 예상하지 못한 상황이 발생할 것이다. 통일이 되면 한반도와 재중동포 사회 간의 교류가 확대되고 이 지역 전체가 한민족韓民族의 영향이 미치게 된다. 그렇게 되면 통일한국과 중국의 국경선이 모호하게 되어 북경분쟁은 불을 보듯이 뻔하다. 이러한 역사적 흐름을 우리의 통일정책과 연계하여 북방영토문제 해결방향에 제대로 담아내지 못하였다.

이와 같이 보완해야 할 부족한 부분은 필자의 홈페이지 북한토지연구소(http://www.nkland.org)를 통해 새로운 정보를 제공할 것을 약속하며 독자 여러분의 허심탄회한 조언을 부탁한다.

2. 연구의 한계와 정책적 제언

필자는 이 책을 통하여 지적학의 접근방법으로 북방영토문제에 대한 범위와 소유권, 가치, 관리에 대한 해결방안을 제시하였다. 그러나 북방영토의 지리적 범위를 확정함에 있어서 위성영상과 처리용 S/W를 상용버전을 사용한 점과 현지답사를 통한 가치평가를 실시하지 못한 점이 연구의 기술적 한계로 남는다. 이와 같은 한계는 필자가 지속적으로 수정・보완하여 완성해야 할 과제로 남겨두고자 한다. 고정밀도의 위성영상 구입・사용과 처리용 S/W 성능 개선은 전문적인 기술습득과 경제적 부담, 장기적인 관점에서 접근이 필요하지만, 국책연구과제로 채택하여 수행한다면 충분히 가능할 것으로 판단된다.

현지답사의 필요성과 국내의 부족한 자료수집 또한, 개인이 이룩하기에는 한계가 있을 것으로 판단된다. 본 연구를 수행하면서 백두산지구와 압록강·두만강 하구지역 방문, 북한·중국·러시아 접경지역에 설치되어 있는 토자비를 답사하였지만, 유조변책의 흔적과 연해주 지역을 답사하지 못해 아쉬움이 남는다. 특히, 이 지역에 작성된 지적부(간도지방대장)와 세금징수 자료를 수집하지 못해 지속적인 수집활동이 요구된다.

그리고 북방영토에 대한 가치 평가부문은 일정한 행정구역을 표본으로 가치를 평가하여 확대 적용하면 북방영토 전체의 가치를 추정할 수 있게 될 것이다. 표본의 설정과 토지이용현황 및 토지대장, 등기부, 납세증명서 등 자료수집에 어려움이 있겠지만 다각적으로 노력한다면 접근이 가능할 것으로 판단된다. 단동에 마련한 연구실에서 장기간 머물면서 지속적인 연구활동을 전개할 예정이다.

필자는 우리 정부가 향후에 북방영토에 대한 소유권을 주장할 수 있도록 북방영토의 범위를 세 가지로 제시하였다. 이 세 가지 범위는 우리가 소유권을 주장할 때 다양한 용도로 활용할 수 있다. 청나라와 일본이 체결한 간도협약이 국제법 법리에 따르면 무효이기 때문에, 그 이전의 상태인 1712년 백두산정계비 설립으로 되돌아가서 백두산정계비의 유·무효성을 논의해야 한다. 백두산정계비가 국제법적으로 유효할 경우 토문-송화-흑룡강설과 토문강설에 근거한 범위를 주장할 수 있고, 무효일 경우 유조변책설에 의한 범위를 주장할 수 있다. 그리고 최악의 경우로 백두산정계비가 유효하고, 비문상의 토문에 대한 해석을 토문강까지만 확정되었다고 볼 때는 토문강설에 의한 범위를 주장할 수 있다. 아울러 본 연구의 결과로 작성된 '우리나라 북방영토 지도〔부록-1〕' 활용을 제안한다. 기존 지도에 대체하여 영토교육에 다양하게 활용하면 후손들의 역사의식 고취와 영토관의 정립에 크게 기여될 것으로 판단된다.

그리고 정부가 북방영토문제 해결에 적극 나설 것을 요청한다. 북방영토는 영토의식의 문제이기 때문에 우리의 주장만으로 찾을 수 있는 것은 아니다. 외적으로는 정부가 끊임없이 권리의식을 갖고 국제사회에 소유권을 주장해야 하며, 내적으로는 국민공감대 형성과 영토교육을 실시하고, 남·북한의 공조와 국제협력을 통하여 중국의 주장에 반박할 수 있는 논리와 근거를 찾는 데 정부가 적극 나서야 한다. 정부의 소극적인 태도가 지속될 경우에는 권원의 포기 내지는 중국의 영유권에 대한 묵인으로 해석될 수 있기 때문이다. 우리가 지금 당장은 북방영토를 찾지 못하더라도 언젠가 우리 다음 세대에서 찾을 수 있도록 사라져가는 자료들을 정리하고 연구하는 것은 북방영토의 소유권자에게 부여된 당연한 책무이다. 따라서 정부는 국정의 최고 책임자가 결단을 내릴 수 있도록 정책적 지원을 아끼지 말아야 한다.

또한, 영토문제에 대한 종합적이고 체계적인 연구와 전문가 양성이 필요하다. 현재 동북아시아를 포함한 세계 여러 곳에서 영토문제와 국경분쟁이 발생하고 있다. 영토·국경문제는 정치·군사·외교에 있어서 가장 민감하고 중요한 문제로 부상하였다. 최근 일본 정치인은 독도 영유권 주장을 행동으로 옮기고자 울릉도 방문을 시도하였으며, 중국은 이어도(해양과학기지)에 대해 영유권을 또 다시 주장하고 있다. 러시아는 두만강에 제방을 쌓아 이순신장군이 지킨 녹둔도를 영구히 차지

할려고 하고 있다. 이러한 주변국에 대해 철저한 연구와 함께 한 때 우리의 영향권 아래에 있었던 대마도와 간도, 녹둔도 등 우리 땅에 대한 종합적이고 체계적인 연구가 절실히 필요한 시점에 와 있다. 이 지역을 포함한 동아시아 지역은 여러 곳에 영토분쟁이 잠재해 있다. 통일 이후 북 · 중 국경조약의 자동 국가승계를 배제하는 치밀한 국제법적 연구와 전문가 양성이 절실하다.

마지막으로 북방영토문제에 대한 대책은 장기적 · 문화적인 방법으로 접근해야 한다. 정부는 한 · 중간의 종합적 관계를 고려하여 장기적인 관점에서 전략적으로 대처하고, 민간은 문화적 실행 로드맵을 수립하여 직접적으로 대응하여야 한다. 그러나 현실은 정부의 관련 기관과 민간 단체, 교육기관 등이 부족한 실정이다. 정부는 외교통상부 영토해양과와 동북아3과에서 담당하고 있으며 연구기관으로는 동북아역사재단 정도에 불과하다. 민간부분은 간도되찾기운동본부, 백산학회와 간도학회, 경일대학교 독도 · 간도교육센터가 있으나 백산학회를 제외하고는 중국의 동북공정 이후에 만들어져 역사가 짧다. 지금부터라도 정부의 관리조직과 연구 인력을 확대하고, 민간부분과 유기적인 협조체계를 강화하여야 한다.

이와 함께 필자가 강조하고 싶은 것은 재중동포 및 북한 학자와 현지 조사 및 연구사업의 필요성이다. 왜냐하면, 북방영토문제는 단순히 남한만의 문제가 아니라 우리 민족 공동의 문제점이라는 인식아래 남 · 북한 학자와 재중동포의 역사학자가 힘을 합쳐 다각적인 노력을 경주해야 한다. 중국과 북한에서 가지고 있는 발표되지 않은 자료를 활용하고, 청산리 바위 밑에 두고 온 지적공부와 일본이 감춘 백두산정계비를 찾아 나서야 한다. 재중동포와 남 · 북한 전문가가 힘을 합친다면 중국의 주장에 대한 반대 논리 개발이 가능할 것으로 판단된다.

필자는 북방영토 회복과 관련하여 우리에게 세 번의 기회가 올 것으로 확신하고 있다. 중국의 소수민족 독립과 한반도 통일, 그리고 우리가 만들어 가는 제3의 기회이다. 다음 정부 때 이러한 기회가 반드시 올 것이다. 중국의 경제성장과 민주화, 북한 김정일 정권의 붕괴, 쟈스민 혁명과 같은 사회변혁에 대비해야 한다. 주변강대국을 설득하고 이해시켜 통일을 이룩하고 북방영토 회복을 추진해야 할 것이다.

통일문제는 국토가 늘고 주는 것에 관한 것만 아니라 과거에서부터 현재, 미래까지 우리 민족의 운명에 영향을 미치는 중대한 문제로 보아야 한다. 북한주민과 재중동포에 대한 실질적 지원이 필요한 이유가 바로 여기에 있다. 그 곳에서 살고 있는 우리 민족의 번영과 역사를 잘 보존하는 것만으로도 중요한 의의를 가진다.

필자는 지적학의 시각에서 북방영토문제를 바라보면서 학문적으로 부족한 점을 많이 느꼈다. 지금까지 다양한 분야에서 북방영토문제에 대하여 연구를 수행한 학자들의 노력, 그리고 그들이 축적해온 풍부한 연구결과물에 힘입어 오늘의 성과가 있다고 본다. 오늘의 연구성과를 더욱 발전시키고, 앞으로 다양한 분야에서 심도있는 연구가 이루어질 수 있도록 정부의 관심과 후속 연구자들의 열정적인 탐구정신을 기대해 본다.

參考文獻

Ⅰ. 國內文獻

권혁수 역・陣偉芳저, 1988, 『청・일 갑오전쟁과 조선』, 서울, 백산자료원.
김경춘, 1980, 『한・청국경분쟁사』, 서울, 삼광출판사.
김득황, 1987, 『백두산과 북방강계』, 서울, 사사연.
_____, 2005, 『만주의 역사와 간도문제』, 서울, 남강기획 출판부.
김석주, 2006, 『북한의 경관과 관광명소』, 서울, 백산출판사.
김지남외 저・이상태외 역, 1998, 『조선시대 선비들의 백두산 답사기』, 서울, 혜안.
김현수・이민호, 2005, 『현대국제법』, 서울, 연경문화사.
김홍철, 1997, 『국경론』, 서울, 민음사.
김원웅, 2004, 『간도백서』, 서울, 다락방.
노계현, 2001, 『조선의 영토』, 서울, 한국방송통신대학교출판부.
_____, 1984, 『한국외교사』, 서울, 대왕사.
노웅희・박병석, 1994, 『교실 밖 지리여행』, 서울, 사계절.
류해웅, 2005, 『토지법제론』, 서울, 부연사.
박순표・최용규・강태석, 1993, 『지적학개론』, 서울, 형설출판사.
배진수, 1997, 세계의 도서분쟁과 독도시나리오, 성남, 한국군사문제연구원.
서길수, 2009, 『백두산 국경연구』, 서울, 여유당출판사.
신형식 외, 2004, 고구려는 중국사인가, 서울, 백산자료원.
심상룡 편저, 2005, 『간도는 우리 영토다』, 서울, 의성당.
안병우외12인, 2007, 『중국의 변강 인식과 갈등』, 경기, 한신대학교출판부.
안주섭・이부오・이영화, 2006, 『영토한국사』, 서울, 소나무.
안 천, 1994, 『만주는 우리 땅이다』, 서울, 도서출판 인간사랑.
양태진, 1981, 『한국의 국경연구』, 서울, 동화출판공사.
_____, 2007, 『조약으로 본 우리 땅 이야기』, 서울, 예나루.
_____, 2007, 『우리나라 영토이야기』, 서울, 예나루.

_____, 1992, 『1902년 변계호적안』, 서울, 법경출판사.
오윤경 외, 21세기 현대 국제법질서, 서울 : 박영사.
유병화, 1981, 『국제법총론』, 서울, 일조각.
유정갑, 1991, 『북방영토론』, 서울, 법경출판사.
유철종, 2006, 『동아시아 국제관계와 영토분쟁』, 서울, 삼우사.
육낙현, 2000, 『백두산정계비와 간도영유권』, 서울, 백산자료원.
이민수옮김 · 정약용지음, 2004, 『아방강역고』, 서울, 범우사.
이선영, 2006, 『토지가치론』, 서울, 법원사.
이상태, 2003, 『조선역사바로잡기』, 서울, 가람기획.
이윤기, 2005, 『잊혀진 땅 간도와 연해주』, 서울, 화산문화.
이성환. 2004, 『간도는 누구의 땅인가』, 서울, 삼정출판사.
이석우, 2004, 『영토분쟁과 국제법』, 서울, 학영사.
이한기, 1996, 『한국의 영토』, 서울, 서울대학교출판부.
_____, 1992, 『국제법강의』, 서울, 박영사.
임덕순, 1989, 『정치지리학』, 서울, 법문사.
염인호, 2010, 『또하나의 한국전쟁 -만주 조선인의 '조국'과 전쟁-』, 서울, (주)역사비평사
임 철, 1995, 『통일 한국의 땅 이야기』, 서울, 동연.
현규환, 1976, 『한국유이민사』, 서울, 삼화인쇄출판부.
원영희, 1979, 『지적학원론』, 서울 : 홍익문화사.
홍영희, 2006, 『간도론』, 대구, 삼지출판사.
이범관, 2007, 『지적학원론』, 대구, 삼지출판사.
_____, 2005, 『지적판례론』, 대구, 삼지출판사.
_____, 2004, 지적공시법론, 대구, 삼지출판사.
이찬희 · 임상선 · 윤휘탁, 2006, 『동아시아의 역사분쟁』, 서울, 동재.
장 신, 2004, 『국제법판례 요약집』, 광주, 전남대학교출판부.
정진위, 2000, 『새로운 동북아 질서와 한반도』, 서울, 법문사.
정현수외 5인, 2006, 『해외자료로 본 북한체제의 형성과 발전Ⅱ』, 서울, 선인.
존 파월슨 · 정희남옮김, 1998, 『세계 토지사』, 서울, 한국경제신문사.
제임스 왕 · 금희연옮김, 2000, 『현대중국정치』, 서울, 도서출판 그린.

최장근, 2005, 『간도영토의 운명』, 서울, 백산자료원.

최진욱, 2002, 『현대북한행정론』, 서울, 인간사랑.

강서화, 2005, 「조선후기의 북방영도의식」『한국사연구』, 129호, 한국사연구회.

곽주용, 2004, 「통일 이후 북방영토 분쟁에 관한연구」, 석사학위논문, 영남대학교 대학원.

김경춘, 1997, 『압록 · 두만강 국경문제에 관한 연구』, 박사학위논문, 국민대학교 대학원.

김득황, 1973, 「간도영유권 분쟁시기에 있어서 청의 서간도 개발경영」『백산학보』 15호, 백산학회.

김민배, 1000, 「북한토지의 효율적 활용을 위한 헌법적·제도적 과제, 한국토지공사.

김성호, 2005, 「간도문제에 대한 중국의 인식」『한국간도학회 국제학술대회 논문집』, 한국간도학회.

김정호, 2001, 『국제법상 간도영유권에 관한 연구』, 박사학위논문, 명지대학교 대학원.

김원수, 2010, 「외교혁명과 간도협약의 국제」『백산학보』 제86호, 백산학회.

노계현, 2004, 「간도문제에 있어서의 몇 가지 기초인식」『간도학보』 창간호, 한국간도학회.

노영돈, 2005, 「한 · 중 간도영유권문제와 국제법상의 시효문제」『백산학보』, 제71호, 백산학회.

_____, 2005, 「국제법적 측면에서 본 간도영유권 문제」『간도영유권에 대한 대국민 강연회자료집』, 한국간도학회.

_____, 2004, 「청 · 일 간도협약의 무효와 한국의 간도영유권」『간도학보』, 창간호, 한국간도학회.

노영돈, 이현미, 2010, 「북한과 러시아의 국경체제에 관한 연구」『백산학보』 제87호, 한국간도학회.

노계현 · 노영돈, 2005, ≪통일부 용역 보고서≫조-중 변계조약의 내용과 그 법적 효력에 관한 연구.

노영순, 2005, 「청불전쟁(1884~1885) 전후 중국-베트남 국경문제와 획정과정」『북방사논총』, 4호, 고구려연구재단.

류병찬, 1991, 「다목적지적제도의 모형개발에 관한 연구」『지적』, 대한지적공사.

문태성, 2006, 「한국의 통일에 대한 미·중·일·노 태도의 이중성 문제 분석」『박사학위논문』, 건국대학교 대학원.

박동기, 1999, 「통일한국에 있어서 북방영토에 관한 연구」, 석사학위논문, 조선대학교 정책대학원.

박선영, 2003, 「20세기 동아시아 국제관계의 민족주의 단면」『중국사연구』, 제26집.

_____, 2005, 「한국 국경획정의 과거와 현재」『북방사논총』, 4호, 고구려연구재단.

_____, 2006, 「소련이 '간도 지역을 북한의 영토로 획정'한 중화민국 외교부 사료와 간도문제에 대한 연구 과제」『중국사연구』 제43호.

_____, "일본 방위성 사료실에서 새롭게 발굴한 '간도' 관련 자료에 대하여", 『中國近現代史研究』제33집.

박용옥, 2000, 「백두산정계비 건립의 재검토와 간도영유권」『간도영유권간제론정』, 백산학회.

박장배, 2007, 「중국의 동북공정 경과와 쟁점 및 우리의 대응」 동북아역사재단 학술회의 자료집.

박명용, 2005, 「연해주를 둘러싼 한국과 러시아 영토문제」『북방사논총』, 4호, 고구려연구재단.

박한식, 1990, 「중국의 소수민족정책과 조선족」『국사관논총』, 제19집, 국사편찬위원회.

백동현, 2005, 「한말 민족의식과 영토관」『한국사연구』, 129호, 한국사연구회.

송근필·이범관·허종구·이현준, 2006, 「우리나라 지적조사사제도의 신설 방향연구」『한국지적학회지』, 제22권 제2호, 사단법인 한국지적학회.

신각수, 1991, 「국경분쟁의 국제법적 해결에 관한 연구」『박사학위논문』, 서울대학교 대학원.

_____, 1981, 「영토분쟁에 있어서 지도의 증거력」『국제법회논총』제26권 제1호, 대한국제법학회.

신용하, 1997, 식민지 근대화론 재정립 시도에 대한 비;판, 창작과 비판 겨울호.

신형식 외, 2004, 『고구려는 중국사인가』,백산자료원.
심헌용, 2005, 「근대 조・러 국경획정과 영토」『이주민 문제』, 북방사논총, 제6호, 고구려연구재단.
양태진, 1996, 『한국의 영토관리 정책에 관한 연구』, 한국행정연구소.
오상학, 2005, 「조선시대지도를 통해 본 대중국 인식의 변화」『북방논총』, 제5호, 고구려연구재단.
유봉영, 1972, 『백두산정계비와 간도문제』, 백산자료원.
유병하, 1983, 「국제법상 영토의 개념 및 그 권한」『영토간제연구』, 창간호, 고려대학교 민족문화연구소.
유임하, 1999, 「해방기 남북한소설의 토지개혁 형상화 문제」『동악어문논집』, 35집, 동악어문학회.
유영박, 1985, 「대청관계에서 본 녹둔도의 귀속문제」『영토문제연구』, 2집, 고대민족문제연구소.
육낙현, 2007, 「간도에 대한 인식 제고를 위한 국민공감대 형성방안」경 일대학교 독도・간도교육센터 개설 기념 자료집, 경일대학교 사회과학연구소, 독도간도교육센터.
윤희탁, 2006, 「동북공정의 문제점과 대응방향」 『정세와 정책』 통권124호
윤훈표, 2005, 「조선시대 북방개척과 영토의식」『한국사연구』, 129호, 한국사연구회.
이근관, 2010. 「통일 후 한-중 국경문제에 관한 국제법적 고찰」『북방사논총』, 제55권, 제4호, 대한국제법학회.
이돈수, 2004, 「18세기 서양고지도 속에 나타난 북방영토」『간도학보』, 창간호, 한국간도학회.
이명원, 2005, 「18세기 서양고지도를 통해 본 간도영유권 문제」석사학위논문, 인천대학교.
이범관, 1996, 「필지의 태양과 변동 연구」『지역사회개발연구』, 제21집 제2호, 한국지역사회개발학회.
_____, 1996, 「한국의 지적제도에 관한 연구」『박사학위논문』 단국대학교 대학원.
_____, 1997, 「지적제도의 구성요소와 기능 연구」『지역연구』 단국대학교 지

역연구소.
_____, 1998, 「토지연구」 『한국지적학회지』 제14권 제2호, 사단법인 한국지적학회.
_____, 1999, 「지적연구」 『한국지적학회지』 제15권 제1호, 사단법인 한국지적학회.
이범관・조병현, 2006, 「녹둔도의 영유권 분쟁에 관한 연구」 『한국지적학회 창립 30주년 기념추계 학술대회 논문집』, 사단법인 한국지적학회.
이범관・조병현・김홍택, 2006, 「국제법상 간도지역의 영유권에 관한 연구」 『한국지적학회 추계학술대회 논문집』, 사단법인 한국지적학회.
이병화, 2004, 「극동러시아 연해주 고려인 지치구역 건설에 관한 제언」,(재) 국제농업개발원 동북아우호협회.
이석우, 2005, 「국제법상 식민지 문제와 영토분쟁 -속국과 영토」 『백산학보』, 제71호, 백산학회.
이성환, 2005, 「을사조약과 간도문제」 『백산학보』, 71호, 백산학회.
이완종, 2005, 「러시아 극동진출과 중-러 국경획정 과정 연구」 『북방사논총』, 제4호, 고구려연구재단.
이왕무, 2005, 「아국여지도에 나타난 조선의 러시아 영역 인식과 국경 상황」 『북방사논총』, 제5호, 고구려연구재단.
이일걸, 1991, 「간도협약에 관한 연구」 『박사학위논문』, 성균관대학교 대학원.
_____, 1992, 「간도협약에 관한 국제법적 고찰」 『국제법학회논총』, 72호, 국제법학회.
_____, 2002, 「한말 이후의 북방영토문제, 한국사의 전개과정과 영토」, 국사편찬위원회.
_____, 2004, 「중국의 동북공정과 간도영유권 문제」, 백산학회. 국사편찬위원회.
_____, 2005, 「간도문제와 동북공정」 『간도영유권에 대한 대국민 강연회 자료집』, 한국간도학회.
조병현, 2001, 「統一 以後 北韓地域의 地籍制度 改編 方案 硏究」 『석사학위논문』 연세대학교 행정대학원.
_____, 2002, 「동북아시아 국가의 협력을 통한 북한의 지적제도 개편방안」,

『지적국제심포지엄논문집』, 대한지적공사.
_____, 2006, 「통일 한국의 영토문제에 관한 연구」『제29회 지적세미나 연구과제집』, 대한지적공사.
_____, 2007, 「지적학의 접급근에 의한 북방영토문제에 관한 연구」『박사학위논문』 경일대대학교 대학원.
조병현・이범관, 2007, 「우리나라 북방영토의 경계획정에 관한 연구」『2007 한국지적학회 춘계학술대회 논문집』, 사단법인 한국지적학회.
최장근, 2007, 「간도영유권의 현안적 고찰」『간도는 우리땅 힘모아 되찾자』, 간도되찾기운동본부 기본교육과정 자료집.
_____, 2005, 「일본 대륙낭인의 간도문제 개입과정」『백산학보』 71호, 백산학회.
_____, 2004, 「간도문제에 있어서 대륙낭인과 일진회의 관련성 고찰」『간도학보』, 창간호, 한국간도학회.
최정섭, 1997, 「간도문제와 국제 관계」『박사학위논문』, 전북대학교 대학원.
崔泰鉉, 2003, 「國境問題에 대한 國際法的 考察 –領土紛爭事例 整理 및 向後 展望–」, 국사편찬위원회 한국사학회편.
하종문, 2005, 「일본과 러시아의 국경획정 문제에 대한 고찰」『북방사논총』, 4호, 고구려연구재단.

3. 其他

건설교통부 국토지리정보원, 2007, 『외국고지도에 표현된 우리나라 지도 변천과정 연구』, 수원, 건설교통부 국토지리정보원.
고구려연구재단, 2004, 『북한의 최근 고구려사 연구』, 고구려연구재단.
_____________, 2004, 『조선시대 북방사 자료집』, 고구려연구재단.
_____________, 2005, 『조・청 국경회담 자료집』, 고구려연구재단.
_____________, 2005, 『만주 그 땅, 사람 그리고 역사』, 고구려연구재단.
_____________, 2006, 『2005년 고구려연구제단 북방사 연구자료 편람집』,고구려연구재단.
고등학교편, 2001, 역사부도, 서울, 교학사, p.41, 참고 작성.
남북회담사무국, 1998, 「통일이후 간도지역 회복에 관한 법적 연구」『북한 및 통일연구 논문집』.

동북아역사재단, 2009, 『동북아, 그 갈등과 협력의 역사』, 동북아역사재단.
대한지적공사, 2006, 『남북한 학술 심포지엄 참가보고서』, 대한지적공사.
백산학회, 2005, 『간도영토에 관한 연구』, 서울, 백산자료원.
_______, 2005, 『일본의 영토분쟁』, 서울, 백산자료원.
_______, 1998, 『한국의 북방영토』, 서울, 백산자료원.
선진통일연합, 2011, 선진과 통일 자료집.
한국우리민족사연구회, 2006, 『동북공정, 알아야 대응한다』, 서울, 백암.
한국지적학회, 2007, 『한국지적학회 30년사』.
한일관계사연구회, 1996, 『독도와 대마도』, 서울, 지성의 샘.
한국출판문화원 편, 1989, 한국침략사료논총, 제20권.
간도특별기획취재팀 편저, 2005, 되찾아야 할 땅 우리 땅 간도 이야기, 경향신문사.
국민일보, 1999.10.21, 62년 체결 朝/中변경조약 첫확인 -간도협약 때보다 280㎢ 늘어나.
경향신문, 2005.08.03, 백두산정계비 터 첫 확인.
_______, 2005.08.03, 정부 '간도는 한국땅' 문서 공개 '미적'.
뉴스메이커 762호, 2008.02.19, 〔역사〕 토문강 국경 울타리 60년 전에도 있었다.
_______, 2004.01.22., 뉴스메이커 제13권 제4호 통권558호, 영토는 타협할 사항이 아니다.
브레이크뉴스, 2005.01.18, 동북공정, 북한 붕괴후 흡수통합 전략.
세계일보, 2005.08.26, 설왕설래 : 간도와 토문강.
_______, 2005.09.04, 간도는 명확히 우리 땅입니다.
_______, 2005.09.04, 잃어버린 땅 간도 반드시 되찾아야.
시드니모닝헤럴드, 2011.05.30, Special treatment for Kim disguises depth of distrust.
시사저널, 2000.01.27, 북한·중국 국경조약 전문 최초 확인.
연합뉴스, 2004,01,23, 남북, 中 고구려사 편입주장 강력 대응.
오마이뉴스, 2004.07.28, 분쟁지역으로 선포해야.
_______, 2004.10.15, 간도, 외교적인 사기인가 역사적 사실인가.
_______, 2005.09.03., 간도 외교적인 사기인가, 역사적 사실인가.

우진지도문화사, 2006, 『最新 北韓・中國地圖』, 서울, 우진지도문화사.
월간개벽, 2003. 10월호, 『한민족의 역사를 왜곡한 세 가지 해독』.
월간지 마당, 1985. 2월호, 『간도는 우리 땅』.
조선일보, 1986.08.15., 국사교과서 새로 쓰야한다.
_______, 2005.08.04, 조・중 경계=토문강 확인.
중앙일보, 1992.09.09, 대한제국 간도주민 호적원부 첫 발견.
_______, 1992.08.04, 백두산정계비 터에 표석만… 고구려연구재단 첫 확인.
_______, 2005.08.05, 中조선족들 '백두산 돌려달라' 호소.
주간조선, 2003.09.11, 간도는 우리 땅.
_______, 2003.08.07., 한반도 괴지더의 비밀.
주간경향, 2004.01.15., 간도협약 무효상황 있었다.
한겨레, 1994.01.28, 여지로정도(조선시대 지도)/간도는 우리땅 명백히 입증.
한국일보, 2005.08.25, 토문강은 다른 강, 中 외교문서 공개.
_______, 2005.07, 고지도 특별전 : 간도・독도…고지도 보니 한국영토.

Ⅱ. 外國文獻

고영일, 1982, 『조선족력사연구』, 중국 심양, 료녕인민출판사.
리나영, 1985, 『조선민족해방투쟁사』, 평양, 조선노동당출판사.
류춘욱・김병호, 2007, 『중국 조선족 인구문제와 그 대책』, 북경, 민족출판사.
馬大正, 2004, 중국의 동북변강 연구, 서울, 고구려연구재단.
박청산, 2004, 『내 고향 연변』, 길림성, 연변인민출판사.
_____, 2002, 『연변항일혁명사적지』, 길림성, 연변인민출판사.
_____, 2005, 『천리두만강』, 길림성, 연변인민출판사.
배서철, 1996, 토지관리실용메뉴얼, 중국, 지린대학출판사.
백민성, 2001, 『유서 깊은 두만강변』, 중국, 연변인민출판사.
시노다 지사쿠 저・신영길 역, 2005, 『간도는 조선 땅이다』, 서울, 지선당.
沈茹秋, 1987, 『간도조사실록』, 연길, 연변대학출판사.
稲葉岩吉, 1915, 『만주발달사』, 동경, 大阪屋出版部.

윤광수, 2003, 『세월속의 중국조선민족』, 길림성, 연변인민출판사.

王中仁外, 2004, 『길림성지도책』, 길림성, 서안지도출판사.

허종호, 1991, 『조선 토지제도 발달사 I Ⅱ』, 평양, 조선백과사전종합출판사.

플로트니코바 마리나, 2006, 「1863년~1910년까지 연해주로의 한인 이주와 그들에 대한 러시아의 정책」『석사학위논문』, 한국학중앙연구원 한국학대학원.

Dale, P. F., & Mclaughlin, D. J., 1988, Land Information Management, New York : Oxford University Press.

Eisner, W. E., 1985, The Educational Imagnation, New York.: Macmillan Publishing Co. Inc.

Simpson, R. S., 1976, Land Law and Registration, Cambridge : Cambridge University Press.

Henssen, J. L. G., 1983, The New Cadastre Act in The Netherlands, FIG XVII International Congress, Sofia, Bulgaria.

E. Audinet, 1896, "De la prescription acquisitive", 3 R.G.D.I.P.

A. Gromyko, 1969, "Colonialism and territorial conflicts in Africa: Some comments", African Boundary Problems.

S. Johnes, 1945, 『Boundary-Making』.

S. Boggs, 1966, "International Boundaries: A Study of Boundary Functions and problems".

김일성종합대학, 1992, 국제법학(법학부용), 평양, 김일성종합대학출판사.

사회과학출판사, 1973, 일제조선침략일지, 평양, 사회과학출판사.

사회과학원법학연구소, 2002, 국제법사전, 평양, 사회과학출판사.

일본 국어사전 소학관대사전편집부, 1998, 大辭泉, 東京, 小學館出版社.

일본 국어사전 三省堂編修所, 2006, 大辭林, 東京, 三省堂出版社.

백과사전출판사, 1999, 조선대백과사전, 평양, 백과사전출판사.

Ⅲ. 웹문서

간도되찾기운동본부(http://www.gando.or.kr).

경향신문(http://www.khan.co.kr).
국가기록원 나라기록(http://contents.archives.go.kr).
규장각 한국학연구소(http://e kyujanggak.snu.ac.kr).
네이버 백과사전(http://100.naver.com).
뉴스천지(http://www.newscj.com).
동북아역사재단 홈페이지(http://www.nahf.or.kr).
북한토지연구소(http://www.nkland.org).
사이버 외교 사절단 반크(www.prkorea.com).
조선일보(http://news.chosun.com).
조선왕조실록(http://sillok.history. go.kr).
통일부 (http://www.unikorea.go.kr).
한국교육신문 홈페이지(http://www.hangyo.com).

부록 1. 우리나라 북방영토 지도

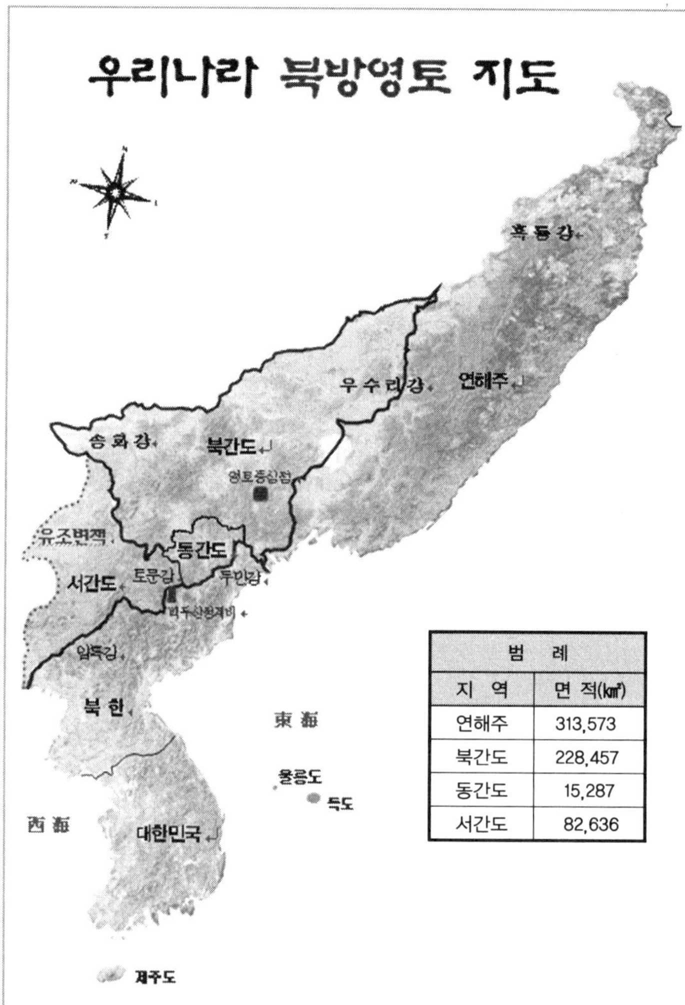

범 례	
지 역	면 적(㎢)
연해주	313,573
북간도	228,457
동간도	15,287
서간도	82,636

찾아보기

4극점 95 213 217 220
GPS 52 320
간도대장 146 243 246
간도되찾기운동본부 134 352 371 383
간도론 30 31
간도문제 28 34 43 194 237
간도분쟁 19 42 180 368
간도소유권 문제 31
간도시찰사 72 197
간도신문 134 135
간도영유권 24 31 182 197 300
간도임시 파출소 34
간도학보25 31
간도협약 26 31 48 81 128 131 142 152 174 181 184 185 192 197 199 206 236 265 266 267 368 371
감계담판 41 175 167 177 355 365
강도회맹 206 208
강희제 330
경계표지 110 111 116 117 118 324
경위도좌표 328
고구려 15 16 22 24 139 261 328 333 334 336 337 338 340 341 342 343
고구려연구재단 20 21
고려문 92 344 346
고지도 72 142
교과서 20 22 255 257 319 369 378
국가소멸 297
국경분쟁29 42 280 282 302 353
국경조약 45 81 254 273 351
국경획정 28 29 65 262 264 272 274 275 330
국제사법재판소 67 230 241 279 377
국제연합교육과학문화기구16
국제재판 279
녹둔도 252 314 315 316 383
다물정신 28
다민족통일론 14
당빌 102 136
대한지적공사 92
독도 영유권 21 282
동간도 133 145 218 221 224 237 257 368 376
동북공정과 영토문제 23
동북아역사재단 257 383
레메조프 130
레지 102 136
레지선 28 127 221 222 223
만주지역 28 91 129 163 22`1 222
맥킨더 32
모택동48
목극등 104
목책 358
무인지대 35 211
물적조약 81 301
민족공동체 198 286 291
발해만 24
발해사 20
백두산정계비 22 25 26 30 35 41 72 99 104 106 107 128 143 174 180 206 207 212 238 254 320 326 328

329 330 331 378 381
백두산정계비 좌표 107
백산학회 24
변계호적안 34 146 150
본느선 137
봉금지역 146
봉황성91 137 138 210 211 212 346
부베 102
북경조약 202
북방경계 28 127
북방민족나눔협의회 131 135
북방영토 257
북방영토 크기 220
북방영토의 범위 52 53 54 77 85 86 91 109 142 193 206 207 237 248 319 381
북방영토의 위치 78 86 93 99 142 143 206 207 208 212 213 217 218 319 378
북방영토의 지리적 범위 34 52 54 99 128 129 132 141 155 206 375 376
북변간도관리도 132
분계점 122 123
분수령 272 363
비밀조약 50 271 378
사포대 72 152 202
사회과학원15
상세지도 111
새로운 영토관 82 85 239 241
새중국지도 103
서간도31 72 129 133 136 145 150 151 202 221 227 376
석을수 214 359
석퇴 105 106 107 108 143 206 331
송화강 36 37 86 128 138 179 188 208 215 220 224 228 356 371
스빠파리가 130
시노다 지사쿠 107
신변 207
신증동국여지승람 38
심요지역 128 130
양천척 104
역사교과서 22
역사교육21
역사왜곡13 22 23 341 397
연변 159 307 311
연해주영유권문제 50
영토관 30 82 239 240 241
영토문제25 130 252
영토변천사 28 33
영토보전의 원칙 59
영토주권 65 66 261 275 276 281
외국지도 132 136
요계관방지도 106
요동반도135
우수리강 118 120 129 132 188
유조변책 101 108 207 208 212 221 224 238 238 346
을사늑약 199 231
을유 17
이도재 72
이만지 104
이범윤 247
인공위성영상 34
인적조약 81 298
일본 육지측량부 91 29
임야대장 82
자르트 102
장군봉 328
장백산 133 138
재중동포 16 106 160 165 166 167 169

172 191 196 245 310 368 380 383
정중앙점 226 228 229 376
정해 17 174
정해감계담판 41
조·중변계조약 26
조공관계 41
조선총독부 218 258 366
조선통감부 46
좌표변환 91 92 94
중국변강사지연구중심 14 15
중국사회과학원369
지권35 33
지권발급 28 33
지도의 증거력 54 269 273 274 275
지도제작 274
지리학 51 102
지방정부 20
지적 31 80 83 85 150 162 163 254 307 311 312 370
지적공부 84 85 251
지적기술론 85
지적제도 313
지적주권 81 84 85 162
지적지 33 307
지적행정론 85
지적활동 54 75 77 78 84
직각좌표 124 328 379
천리경 104
청태종 28
타타르지도 139
토문강 31 39 86 108 128 143 151 174 176 207 215 218 331 335 356
투자비 54
토자비 공동답사 26
토지개혁 37 84 160 162
토지등급 82
토지이동 76 77
토지증명서 37
토지평가 174
토지행정 84
통감부간도파출소 35
평면직각좌표 95
평양좌표계 122
평양협정 49
평화조약 61
포괄적 승계 81 298 300 301
플로트니코바 마리나 36 40
하천국경선 125
한국간도학회 24
한국사 18 20 22
한국지도 139 216
한국지적학회 128 371
한반도 19 73 127 168 191 198 201 215 233 234 287 294 297 336 380 384
한중역사공동연구회 21
홍익인간 71
홍토수 110 214
황여전람도 102
황철산 40